SPANISH AMERICAN MODERNISM

SPANISH
AMERICAN
MODERNISM

A Selected Bibliography

Robert Roland Anderson

THE UNIVERSITY OF ARIZONA PRESS

TUCSON, ARIZONA

About the Author . . .

ROBERT ROLAND ANDERSON since 1959 has taught courses and seminars in Modernism at the University of Arizona. Besides giving public lectures on the subject in the U.S. and Mexico he also has published a number of articles. Before joining the faculty at the U of A, he taught at Claremont Men's College in California. He holds a B.A. from the University of Denver and an M.A. from the University of Alabama, and has also studied at the Universidad Nacional Autónoma de Mexico and at the Instituto Tecnológico y de Estudios Superiores de Monterrey. He holds a Ph.D. from the University of California at Berkeley.

THE UNIVERSITY OF ARIZONA PRESS

Copyright © 1970
The Arizona Board of Regents
All Rights Reserved
Manufactured in the U.S.A.

I.S.B.N. 0-8165-0193-9
L. C. No. 73-82616

In memory of the era that produced *Azul* . . .,
the *Yellow Book,* the Bloomsbury Group,
and the Great War.

> *Bruma y tono menor—¡toda la flauta!*
> *Y Aurora, hija del Sol—¡toda la lira!*

CONTENTS

INTRODUCTION

BASICALLY, this is a selected bibliography of books, articles, and pamphlets concerning the literary production of eighteen authors generally considered to be representative of the period of Spanish American literature known as Modernism.

Two words in this sentence must be stressed. "Basically" implies exceptions, and these exist. For example, book reviews, in the main, have been excluded. The term "selected" applies not only to the entries themselves but also to the original choice of the eighteen authors. Whereas the compiler of a definitive bibliography has the arduous task of finding everything written on his subject, the selective bibliographer has the delicate chore of determining solid criteria for his selections.

I have endeavored to examine all the items listed here for the purposes of verifying the accuracy of the data and of examining the contents in order to provide clue words and phrases in the Index. Items containing data which may for one reason or another be inaccurate or incomplete have been starred in an effort to avoid a major pitfall in the field of bibliography: the perpetuation of incorrect information from one generation of bibliographers to the next.

THE CRITERIA FOR ENTRIES

Usefulness. I have sought items that will be useful to the researcher who is primarily interested in literary criticism, both at the "term paper" level of the undergraduate and at the more sophisticated level of the authors of books and articles in the field. I have attempted to include a fair cross-section of biographical studies of some substance, but have excluded short, anecdotal pieces, reports on oddities or idiosyncrasies, purely necrological items ("Ante la tumba de . . ."), peripheral histories ("Un amorío de . . ."), and other items that have not seemed essential to enlightenment about the author's work. To be sure, it could be argued that every bit of knowledge is significant in the total consideration of an author's production, but in placing necessary limitations, I have chosen to omit the types named above as the least helpful.

Variety: chronological, qualitative, and geographical. Preponderances do occur; 1966, for example, was the fiftieth anniversary of Darío's death and 1967 the centennial of his birth. Hundreds of studies flooded the critical market during those two years. It is highly probable that more items appeared on Darío during 1967 alone than during the centennial of any other Spanish American author.

To speak of the quality of the entries listed here is to speak of the taste of the compiler. Perhaps the only statement to make is a relatively meaningless one, that the studies represented here run from "superior" to those of not such high ranking. Probably no two people would similarly evaluate every single item.

The geographical variety has taken care of itself. The scope is limited to Western Europe and the New World, principally because of the availability of books, journals, bibliographies, and other such materials. Spanish and English are the main languages represented. There is a sprinkling of works in French, Italian, and Portuguese. German is ignored on the whole, with the exception of a couple of important studies on Darío. I have not included Russian principally because of the general inability of Hispanic scholars to read the language. Those who do know Russian, however, should see: Leo Okinshevich, compiler. *Latin America in Soviet Writings; a Bibliography.* Vol. I: 1917-1958; Vol. II: 1959-1964. Edited by Robert G. Carlton. Published for the Library of Congress by the Johns Hopkins Press, Baltimore, 1966. 2 vols. (Hispanic Foundation Publications 2.) Other Latin American scholars may find useful the following: Daniel Spelman Wogan, *A literatura hispano-americana no Brasil, 1877-1944; bibliografia de crítica, história literária e traducões.* Baton Rouge, Louisiana, Louisiana State University Press, 1948, 98 pp.

Omission of unpublished works. I have excluded theses, dissertations, and abstracts, even though it is my impression that some of the most valuable studies on individual Modernists are in the form of unpublished doctoral dissertations. Well-known catalogs of dissertations and abstracts are available in most libraries.

Those interested in locating dissertations should see, in addition to the well-known catalogs, the following: Homero Castillo, "La literatura hispano-americana en las tesis doctorales de los Estados Unidos," *Anales de la Universidad de Chile* (123):131-141, 1961. The list goes through 1959. Professor Castillo's work is complemented and up-dated by: Ross F. Larson, "La literatura hispano-americana en las tesis doctorales de los Estados Unidos," *Anales de la Universidad de Chile* (133): 157-170, 1965. Professor Larson include items omitted in the former listing and his work is complete through 1964, with an additional list of topics announced through 1969.

Omission of Newspapers and Sunday Supplements. Although a few publications included here have the size, shape, and general appearance of newspapers, I have treated them as journals because of their contents and frequency of appearance. *La estafeta literaria* and *Nivel,* for instance, are included, while *El Nacional* (Mexico) and *La Nación* (Buenos Aires) are excluded. A further reason for such a distinction was based on the difficulty of acquisition of Spanish American newspapers by students in the U. S., although perhaps this particular justification is not wholly defensible in the large population centers. As in the case of dissertations, I believe that "literary supplements" contain a number of solid studies—although the tendency is always away from documentation—so that perhaps this would be the point to suggest one of several possible bibliographical studies for the future.

Exclusion of book reviews. In the main, book reviews have been excluded. Some that bear titles and some that have gained renown for one reason or another (because they are involved in polemics, for example) have been included. In all cases the selection was governed by length and by the degree of critical achievement evident in the review.

Exclusion of personal letters. Since this is a bibliography *on,* not *of* the works of the authors, personal letters have been excluded, unless they appear edited with critical commentary. Alberto Ghiraldo's *El archivo de Rubén Darío* is therefore included. I have made one exception to the "on-not-of" rule by including selected pieces written by the Modernists about each other or about Modernism in general. Thus, Rodó's famous essay on Darío and Díaz Rodríguez' essay on Modernism both appear.

Inclusion of anthology introductions. I have endeavored to include a fair sampling of anthologies of the Modernists' works that contain a substantial critical introduction. As is the case throughout the book, no attempt was made to be all-inclusive, and anthologies that contain merely a "biographical sketch" of the authors do not appear.

Selection of reprintings. To resolve the problem of how many and which reprintings to list, I have taken a middle-of-the-road approach. It has not seemed necessary to list all the reprintings of an article that has appeared in a dozen different places; on the other hand, it has seemed advisable to list its first printing whenever possible, for history's sake, and its latest appearance, in the interest of possibly greater availability. On many occasions I have added one or two other printings, especially if doing so provides a geographical variety, which also increases the scope of availability. The listings of reprint articles are in chronological order, beginning with the earliest date. It is not uncommon for reprints to appear under different titles.

Although newspapers are excluded, journal articles have often appeared first in newspapers. When this information is supplied in the journal or book that is reprinting such an item, it appears in quotation marks after the appropriate entry. These original newspaper appearances, however, have generally not been verified, and they are often incomplete. Such quoted references are particularly abundant in the section on Larreta. Rather than verifying each original printing, then adding "Reprinted in *La gloria de don Ramiro en veinticinco años de crítica,*" it seemed more useful to the researcher to do as I have done, since all those items are found in one volume. Thus the original printing that is noted in quotation marks merely represents a desire to be faithful to history by keeping knowledge of the origin of those pieces close by. These remarks apply also to *La obra de Enrique González Martínez.*

In the case of books, I have distinguished between new editions and mere reprintings. The latter are listed with no explanation, but new editions are indicated by their edition number. A special effort was made, of course, to locate the latest edition of each book. Book editions and reprintings are listed in reverse chronological order. When the user is referred in a particular entry to a book in "General References" that shows several editions, the edition used for that entry is indicated.

Inclusion of translations. Translations of both articles and books are listed, along with a notation calling attention to any possible title changes.

THE CHOICE OF AUTHORS

The problem of choosing authors was resolved by deciding not to try to please everybody. The basic question involved in the choice was, "What is a Modernist?" Some critics limit their definition of Modernism to the 1880's and 1890's; others extend it to Rubén Darío's death in 1916 and speak of two stages; José Juan Arrom speaks of Juan Montalvo as one of those who prepared the way for Modernism (*Esquema generacional de las letras hispanoamericanas,* pp. 162-163), while Ricardo Gullón sees 1940 as the end of the period (*Direcciones del modernismo,* p. 32). Certain critics compound the chronological arguments with nationalistic feelings, and almost everyone evinces strong personal opinions. Many speak of *Don Segundo Sombra* as a Modernist novel, while a few have written about *Zogoibi* in the same terms. An indication of the enormous variety of concepts of Modernism can be found in Ned

Davison's *The Concept of Modernism in Hispanic Criticism.* (See "General References" for bibliographical data on the works mentioned above.)

The choice of the 18 authors included in this bibliography finds general agreement in the critical works of those who have published in the field. The selection and omission of authors, like the selection and omission of individual entries, was based ultimately on personal judgment. The volume is intended to provide a useful "tool of the trade" that students at all levels of competency can suit to their own specific aims.

EXPLANATION OF ENTRIES

The order of data in each article entry roughly follows the procedure used in the *Index to Latin American Periodical Literature*: the author's name, surname first; title of the article in quotation marks with comma; abbreviation of the journal, in italics; volume of the issue, if any. If a journal bears only "Año," it is treated as a volume number; if both volume and "Año" appear on the journal, only the volume number is used. This number, whether volume or "Año," immediately follows the journal abbreviation and is not between parentheses. If the journal is paginated consecutively throughout an entire volume (or "Año"), the next mark is a colon, followed by the pagination of the article, a comma, and the date. If each number of the journal begins pagination anew, the issue number appears in parentheses immediately following the volume number and preceding the colon. Some journals have no volume or "Año" designation, but only an issue number; the latter still appears in parentheses, now, of course, immediately after the journal abbreviation.

In a few cases both volume and issue number are included in spite of consecutive pagination because the issue number is more prominent (*Cuadernos americanos,* for example). The month is generally omitted, but in certain cases the day and month seem to be an aid and therefore do appear (*Repertorio americano*).

One who seeks consistency in every journal entry will surrender to frustration, for journals change over the years, some going from volume and number to "Año" and no number, to number alone, then back, and so on. In general I have followed the journals, using whatever designation might appear on the particular number in question, always trying to stay within the general framework outlined above.

The "época" designation has been omitted in all cases since it adds nothing to the entry as long as the above information is present. The basic rule has been to provide just enough data to enable one to find the article in question.

EXPLANATION OF THE NINETEEN MAIN SECTIONS

The General References section contains entries of two types: (1) books and articles too general or too all-inclusive to qualify for inclusion in any of the other sections, and (2) volumes from which two or more chapters or sections have been listed individually elsewhere. Full information on entries of the second type appear in General References; the individual sections listed elsewhere refer to the title of the book, with a notation to see General References, followed by pagination of the section in question. Items in General References do not refer the user to the sections listed elsewhere, however.

If a book consists of a series of essays by one author, each with a distinctive title, and all of them applicable to the section in which the entry appears, the titles are given separately, immediately following the main entry. If, however, a book is a collection of essays by several authors, each essay will be found under its own author. I have chosen this method because I feel that researchers look more often for individual treatments than for the mere contents of a given volume, which can be found if one possesses the main information on the volume.

CROSS REFERENCES

Titles involving two or more authors are listed under each author, and a cross reference is made. Wherever possible, I have cross-referenced the entries involved in polemics, adding the word "polemic" and including the entire allusion in parentheses.

One particular polemic, the longest and most involved in the area of Modernist studies, was too cumbersome to cross-reference fully. I refer to the controversy concerning the origins and the definition of Modernism carried on by Antonio Aita, Manuel Pedro González, Juan Marinello, Ivan A. Schulman, Arturo Torres Ríoseco, and a number of others. To allude under any given article to all the others would have been to amass many repetitious allusions. On the other hand, some cross-listing is essential, so I have chosen to refer in each case to the one, two, or three items most closely associated with it. Hence, under Antonio Aita, "El significado del modernismo," in General References, one is referred only to Manuel Pedro González, "Marginalia modernista: apostillas a un artículo de Antonio Aita," and not to the myriad of works that followed this one. The C. M. Bowra-Torres Ríoseco polemic, on the other hand, is fully cross-referenced because of its relatively limited scope. In any case, if the reader checks each cross reference, he will be led to another and eventually will be able to track down all items in any given polemic of which this compiler was aware.

Book reviews are usually listed as cross references, since most of them bear a title.

Pseudonyms are indicated as such and are cross-listed with the corresponding real name.

ANNOTATIONS

This bibliography is not fully "annotated" in the traditional sense; to have done so would have increased the physical proportions several times. There are numerous remarks throughout, however, two types of which have already been mentioned: polemics are noted, and attention is called to reprintings of articles with changes of title or contents.

Titles that are misnomers and do not reflect the actual contents are also noted. Some titles merely need to be clarified. In the General References section, for example, the item by Roberto Vilches, "Las revistas literarias del siglo XIX," requires only a short comment to explain the limits of the study.

Historical data are often supplied. If a study was originally read as a paper, all available information on the original reading is recorded. Offprints are described by the phrase "Also separately," followed by pertinent publishing data. Winners of prizes are duly recognized. *Homenaje* issues are indicated in parentheses under the name of the journal.

Contents are listed as "immediately following" if a journal lacks pagination; otherwise the articles in the issue are found under individual authors.

Incorrect pagination appearing in indices is corrected. In one case several pages of a book involving the chapter in question were bound out of sequence, and this fact is noted.

One unauthorized translation was discovered, thanks to a hand-written note by the author found in one of the copies (*see* Coester, Alfred. "Amado Nervo"), and the note is reproduced. One or two other types of remarks will be found from time to time, but those described here encompass the majority.

AUTHOR LISTINGS

Anonymous entries appear at the beginning of each of the nineteen major sections in alphabetical order according to title. If the author of an unsigned study is actually known, however, his name will appear in brackets in proper alphabetical order.

Anthologies are listed under the name of the author of the introduction, prologue, or whatever title the critical portion of the anthology may bear.

English alphabetization is used with regard to *ch, ll, ñ,* and *rr.* Multiple family names are treated the same in both Spanish and English systems of alphabetization; thus *Vargas* precedes *Vargas Vila,* provided two different authors are involved. Authors are often inconsistent in the use of their own names, using now one family name, now two or more. I have made no attempt to indicate such inconsistencies under any given section, since the author's name appears only on his first entry, a dash being used for entries that immediately follow.

THE INDEX

The index is arranged alphabetically by section in the same order as the main nineteen sections. In each section clue words and phrases are listed alphabetically. The clue words will, I hope, provide a useful tool for the researcher who has a specific topic in mind, as well as for the curious browser who merely wants ideas, or who may wish to determine superficially what topics have been treated.

Only items that contain a certain specificity of topic or title are indexed; general works with general titles such as "Rubén Darío" or "El modernismo" are not. If a general title hides a specific topic, however, it is indexed: "Rubén Darío" may really be an article on "Sonatina." Starred items are excluded from the Index unless their titles indicate a probable specificity of topic.

If an article of twenty pages devotes nineteen of them to one novel of an author and the final page merely names half a dozen of his short stories, the half dozen names are not indexed. The article will be referred to in the index under the title of the novel and the words "prose" and "novel," since it seems probable that one might look for such clue words. As another example, an article on "El fardo" will be referred to under Darío with the clue words "El fardo," "prose," and "short stories," but not under "realism," "naturalism," nor even "Azul."

ACKNOWLEDGMENTS

The compilation of any bibliography of length requires the cooperation and services of many individuals and institutions. I am indebted particularly to the following, without whose participation this project would have remained in the frustrating realm of the impossible.

I wish to think the Graduate College of the University of Arizona for several grants that provided means of travel otherwise unavailable to me. Dean Herbert D. Rhodes and his Faculty Research Support Committee were most generous throughout the stages of research.

Professor Renato Rosaldo, head of the Department of Romance Languages at the University of Arizona, made available to me funds for photocopying and microfilm orders and consistently called my attention to items I might want to include. I am very grateful for his personal and professional support during the project.

The Library of Congress, along with the libraries at the University of California, the University of Texas, and the University of Arizona, provided extraordinary services that saved valuable time in the collection of data. The list of inter-library loan services employed throughout the country is extensive. However, I wish to thank in particular Miss Louise Prichard of the University of Arizona Library, whose patience must have been sorely tried by the impossible requests and endless orders heaped upon her during a three-year period. Miss Elizabeth Franklin was also of great help with reference problems in the University of Arizona Library.

Among the individuals who contributed to the bibliography, I wish to mention foremost my friend, Professor Hensley C. Woodbridge, Latin American Bibliographer at Southern Illinois University. Professor Woodbridge unselfishly devoted countless hours to enlarging and improving the bibliography in general, with special attention to the section on Rubén Darío. His high standards and thorough professionalism provided a constant incentive and challenge from the initial stages through the final reading. His abundant help, all done through time-consuming correspondence, remained constant, while at the same time he aided others in similar projects and continued his own voluminous production.

My thanks go also to my friend and colleague, Professor Jack E. Davis, for his professional help and for his gracious hospitality during my research at the Berkeley libraries. The excellence of his own bibliographical work has been an inspiration from the beginning. Similar hospitality and professional assistance were given by my friends, Mr. and Mrs. George Wing at the University of Texas.

I imposed upon a number of people to read various sections of the bibliography in their own fields of specialization. Each of them, whether friend or stranger to me at the time, responded immediately with contributions of time and knowledge that invariably improved upon my own work. Among those who provided numerous entries and answered countless questions regarding form and content were Professors Luis Monguió, Ivan A. Schulman, Boyd G. Carter, Homero Castillo, Lowell Dunham, Mireya Jaimes Freyre, and Esperanza Figueroa A. From abroad, Professors José Jirón Terán and Porfirio Martínez Peñaloza sent valuable advice and hard-to-find items from private collections.

My own desire for a bibliography of Modernism began to grow as a result of teaching seminars at the University of Arizona. As is often the case, the initial impetus is attributable to the presence of graduate students, which, as one illustrious professor has said, points up "one of the reasons we keep them around."

The students who assisted me, both graduates and undergraduates, cleared up many troublesome details, always with attention to accuracy and in a spirit of willing cooperation. Some received recompense through the Special Masters Program, sponsored by the Ford Foundation; the others were paid by the Department of Romance Languages, University of Arizona. I wish to mention especially the following, who collectively spent many hours in the library searching for items and abstracting contents: Mrs. Maria Noni Spencer Desmond, Misses Darlene Powell, Dixie Huss, Janice Dewey, Carolyn Balkema, and Mr. John Zahner. Mr. Zahner's careful checking of the rough draft saved me much time. Miss Dewey was of great assistance in the final typing of the manuscript. Conversion into book form then became a reality, thanks to the University of Arizona Press, through which publication has been effected.

In a project such as this, it is impossible for one's immediate family to escape any enthusiasm felt by the author for his work. My wife Harriet voluntarily assumed the rigors of bibliographical detective work during a period of author convalescence to maintain progress and to bolster morale. Each of my daughters, Dona, Cynthia, Nancy, and Kathleen performed numerous tasks from running errands to checking alphabetization. Kathleen, at age 10, was responsible for at least one correction in the final draft.

Finally, I should like to express my gratitude to Professor Arturo Torres-Ríoseco, who through his encouragement and close friendship over the years since early graduate days has been a faithful symbol of the importance of blending the human and the academic. Any deviation from this principle or any infraction of the requirements of good scholarship in the present work are directly ascribable to the author alone.

ROBERT ROLAND ANDERSON

ABBREVIATIONS

A—Atenea. Concepción, Chile.

AANALH—Anales de la Academia Nacional de Artes y Letras. La Habana.

Abs—Abside. Mexico.

Act—Actualidades. San Salvador.

AFZ—Anuario de filología. Universidad del Zulia. Maracaibo, Venezuela.

AG—Amitié guerinienne. Toulouse.

AgMod—Agricultura moderna. La Habana.

Agón—Agón. Cuadernos de filosofía, arte y letras. Montevideo.

AL—Alma latina. Revista mensual de arte ilustrada. San Juan, Puerto Rico.

ALetM—Anuario de letras. Universidad Nacional Autónoma de Mexico.

Alfar—Alfar. Montevideo.

Alpha—Alpha. Lima.

Am—Amauta. Lima.

Amaru—Amaru. Revista de artes y ciencias. Publicación de la Universidad Nacional de Ingeniería. Lima.

Amer—América. Revista de la Asociación de Escritores y Artistas Americanos. La Habana.

Americ—The Americas. A Quarterly Review of Inter-American Cultural History. Published by the Academy of American Franciscan History. Washington, D. C.

AmerQ—América. Publicación del Grupo América. Quito.

AmerRA—América. Revista antológica. Mexico.

AmerW—Américas. Washington, D. C.

AmMerc—The American Mercury. New York.

Anaq—Anaqueles. San Salvador.

AnAt—Anales del Ateneo. Montevideo.

AnSSarm—Anales de la Sociedad Sarmiento. Tucumán.

AnUCh—Anales de la Universidad de Chile. Santiago de Chile.

AnUCu—Anales de la Universidad de la Cuenca. Ecuador.

AnUMon—Anales de la Universidad. Montevideo.

AnUN—Anales de la Universidad de Nariño. Pasto, Colombia.

AnUSD—Anales de la Universidad de Santo Domingo. Ciudad Trujillo.

Arbor—Arbor. Revista general de investigación y cultura. Madrid.

Ariel—Ariel. Revista del Centro Estudiantil Ariel. Montevideo.

ArJM—Archivo José Martí. La Habana.

ArLet—Armas y letras. Monterrey, N. L., Mexico.

Arte—Arte. Ibagué, Columbia.

As—Asomante. Revista trimestral. Asociación de graduados de la Universidad de Puerto Rico. San Juan, P. R.

At—Ateneo. San Salvador.

Atenea—Atenea. Publicación bimestral de la Asociación de ex-alumnos del Colegio Nacional de La Plata. La Plata, Argentina.

Atl—Atlante. London.

Azul—Azul. Revista de ciencias y letras. Buenos Aires.

B—The Bookman. Dodd, Mead and Co. New York.

BAAL—Boletín de la Academia Argentina de Letras. Buenos Aires.

Bab—Babel. Santiago de Chile.

BAbr—Books Abroad. An International Literary Quarterly. Norman, Oklahoma.

BAC—Boletín de la Academia Colombiana. Bogotá.

BACL—Boletín de la Academia Cubana de la Lengua. La Habana.

BBC—Boletín de bibliografía cubana. La Habana.

BBMP—Boletín de la Biblioteca Menéndez y Pelayo. Santander.

BCCCI—Boletín de la Comisión Chilena de Cooperación Intelectual. Santiago de Chile.

BHAB—Boletín de historia y antigüedades. Bogotá.

BHi—Bulletin hispanique. Bordeaux.

BHS—Bulletin of Hispanic Studies. Liverpool, England. (Called the *Bulletin of Spanish Studies* through 1948. See *BSS*).

BibAAL—Bibliografía argentina de artes y letras. Buenos Aires.

Bibliog—Bibliograma. Buenos Aires.

Biblos—Biblos. Boletín semanal de información bibliográfica publicada por la Biblioteca Nacional. Mexico, Imp. "La Azteca."

BIIL—Boletín del Instituto de Investigaciones Literarias. La Plata, Argentina.

BILC—Boletín del Instituto de Literatura Chilena (dependiente de la Facultad de Filosofía y Educación de la Universidad de Chile).

Bit—Bitácora. Caracas.

BLH—Boletín de literaturas hispánicas. Universidad de Litorial. Rosario.

Boh—Bohemia. La Habana.

BolANC—Boletín del Archivo Nacional. La Habana.

BolANH—Boletín de la Academia Nacional de Historia. Buenos Aires.

BolANL—Boletín de la Academia Nacional de Letras. Montevideo.

BolAsCB—Boletín de la Asociación Costarricense de Bibliotecarios. San José, C. R.

BolAVC—Boletín de la Academia Venezolana Correspondiente de la Española. Caracas.

BolBBUMSM—Boletín bibliográfico de la Biblioteca de la Universidad Mayor de San Marcos. Lima.

BolBL—Boletín bibliográfico. Lima.

BolBM—Boletín bibliográfico mexicano. Mexico.

BolBNG—Boletín de la Biblioteca Nacional de Guatemala. Guatemala.

BolBNL—Boletín de la Biblioteca Nacional. Lima.

BolBNM—Boletín de la Biblioteca Nacional. Mexico.

BolBNS—Boletín de la Biblioteca Nacional. San Salvador.

BolBNSa—Boletín de la Biblioteca Nacional. Santiago de Chile.

BolCB—Boletín cultural y bibliográfico. Bogotá.

BolET—Boletín de estudios de teatro. Buenos Aires.

BolFCh—Boletín de filología. Universidad de Chile.

BolFM—Boletín de filología. Instituto de estudios superiores. Montevideo.

Boliv—Bolívar. Bogotá.

BolUNTuc—Boletín de la Universidad Nacional de Tucumán.

BPU—Bulletin of the Pan American Union. Washington, D. C.

Br—Brecha. San José, Costa Rica.

BRAE—Boletín de la Real Academia Española. Madrid.

Bronce—Bronce. Lima.

BSS—Bulletin of Spanish Studies. Liverpool, England. (Becomes the *Bulletin of Hispanic Studies* in 1949. See: *BHS.*)

CaBr—Cadernos brasileiros. Rio de Janeiro.

Caldas—Revista Caldas. Universidad de Caldas. Manizales, Colombia.

Cap—Capacitación. Mexico.

Cart—Carteles. La Habana.

CasAm—Casa de las Américas. La Habana.

CCLC—Cuadernos del congreso por la libertad de la cultura. Paris.

CCMU—Cuadernos de la cátedra Miguel de Unamuno. Universidad de Salamanca.

Cent—Centro. Buenos Aires.

CentAm—La Centro-americana. San Salvador.

Centro—Centro. Center for Latin American Studies, The City College of the City University of New York.

Cerv—Cervantes. Madrid.

CHisp—Cuadernos hispanoamericanos. Seminario de problemas hispanoamericanos. Madrid.

CI—Cuadernos del idioma. Buenos Aires.

CIB—Cooperación intelectual, boletín. Santiago de Chile.

CienCul—Ciencia y cultura. Universidad del Zulia. Maracaibo, Venezuela.

CL—Comparative Literature. University of Oregon. Eugene, Ore.

Clar—Claridad. Buenos Aires.

Clav—Clavileño. Madrid.

CMLR—Canadian Modern Language Review. Toronto, Ontario.

Col—Colónida. Lima.

Colum—Columna. Buenos Aires.

Comb—Combate. San José, Costa Rica.

Cont—Contemporáneos. Mexico.

Cord—Cordillera. La Paz, Bolivia.

Cri—Crisol. Mexico.

Crit—Criterio. Buenos Aires.

Cron—Crónica. La Habana.

CrSur—La cruz del sur. Revista de artes y letras. Montevideo.

CuAm—Cuadernos americanos. Mexico.

CubCon—Cuba contemporánea. La Habana.

CubPro—Cuba profesional. La Habana.

CuDC—Cuadernos dominicanos de cultura. Ciudad Trujillo.

Cul—Cultura. Revista del Ministerio de Educación. San Salvador.

CuLit—Cuadernos de literatura. Revista general de las letras. Instituto "Miguel de Cervantes" de filología hispánica. Madrid.

CulP—Cultura peruana. Lima.

CulSov—Cultura soviética. Mexico.

CulUn—Cultura universitaria. Dirección de Cultura, Universidad Central de Venezuela. Caracas.

CulV—Cultura venezolana. Revista mensual. Caracas.

CurCon—Cursos y conferencias. Buenos Aires.

CuUniv—Cuadernos universitarios. Universidad Nacional de Nicaragua. León.

D—*The Dial.* Chicago—New York. (New York since 1918.)

Davar—*Davar.* Buenos Aires.

DHR—*Duquesne Hispanic Review.* Dept. of Modern Languages, Duquesne University, Pittsburgh, Pa.

EAcLP—*Estudios de la Academia Literaria del Plata.* Buenos Aires.

ECA—*Estudios centro-americanos.* Revista mensual de Orientación y Cultura dirigida por los P. P. Jesuitas de C. A.

Eco—*Eco.* Bogotá.

EdM—*Educación.* Managua.

EdQ—*Educación.* Quito.

EL—*La estafeta . literaria.* Dirección general de prensa. Madrid.

Elite—*Elite.* Managua.

EM—*La España moderna.* Madrid.

EnEd—*Enciclopedia de educación.* Montevideo.

EP—*España peregrina.* Mexico.

Es—*Estaciones.* Mexico.

Esp—*Espiral.* Revista mensual de artes y letras. Editorial Iqueima, Bogotá.

Est—*Estudio.* Madrid.

EstAm—*Estudios americanos.* Revista de síntesis e interpretación. Sevilla.

EstBA—*Estudios.* Buenos Aires.

Estilo—*Estilo.* Revista de cultura. San Luis Potosí, Mexico. ·

Estud—*Estudios.* Revista de cultura hispánica. Duquesne University, Pittsburgh, Pa.

EtC—*Et caetera.* Guadalajara, Jal., Mexico.

F—*Folklore.* Lima.

Fan—*Fanal.* Lima.

El federal escolar. La Habana.

FH—*Folia humanística.* Editorial Glarma, Barcelona.

FilLet—*Filosofía y letras.* Mexico.

FrAmer—*France-Amérique.* Revue mensuelle du comité France-Amérique. New York.

FT—*Finis terrae.* Santiago de Chile.

Fuego—*Fuego.* Bogotá.

G—*La gaceta.* Fondo de Cultura Económica. Mexico.

Gar—*Garcilaso.* Lima.

Germ—*Germinal.* Cárdenas, Cuba.

GL—*Guión literario.* Ministerio de Cultura. San Salvador.

Gra—*Grafos.* La Habana.

H—*El hogar.* Buenos Aires.

HCPC—*Hojas de cultura popular colombiana.* Bogotá.

Hem—*Hemisferio.* Mexico.

Hip—*Hiperión.* Montevideo.

HiPro—*Hijo pródigo.* Mexico.

Hisp—*Hispania.* U. S.

Hispanof—*Hispanófila.* Madrid.

Hist—*Histonium.* Buenos Aires.

HMex—*Historia mexicana.* Mexico.

HonRot—*Honduras rotaria.* Tegucigalpa.

Hor—*Horizontes.* Pontes, Puerto Rico.

HR—*Hispanic Review.* Philadelphia, Pa.

Hum—*Humanismo.* Revista mensual de cultura. Mexico.

Humb—*Humboldt.* Hamburg.

HumH—*Humanismo.* La Habana.

HumP—*Humanidad.* Popayán, Columbia.

Hums—*Humanitas.* Revista de la Facultad de Filosofía y Letras, Universidad Nacional de Tucumán, Argentina.

IAA—*Ibero-Amerikanisches Archiv.* (Bonn, Ibero-Amerikanisches Faschungsinstitut; Berlin, Ibero-Amerikanisches Institut.) Berlin.

Ideas—*Ideas.* Buenos Aires.

IES—*Revista del Instituto de Estudios Superiores.* Montevideo.

IlN—*Ilustración nariñense.* Pasto, Columbia.

Ind—*Indice.* La Habana.

Ins—*Insula.* Universidad Católica de Santo Tomás de Villanueva. La Habana.

IntAm—*Inter-América.* New York.

IPNA—*Organo del Instituto Cultural Peruano-Norteamericano.* Lima.

JIAS—*Journal of Inter-American Studies.* Gainesville, Florida.

KFLQ—*Kentucky Foreign Language Quarterly.* Department of Modern Foreign Languages, University of Kentucky, Lexington, Ky.

L—*Letras.* Lima.

Lect—*La lectura.* Revista de ciencias y artes. Madrid.

Lectura—*Lectura.* Mexico.

Leng—*El lenguaje.* Guatemala.

LetAs—*Letras.* Asunción, Paraguay.

LetEc—*Letras del Ecuador.* Quito.

LetHab—*Letras.* La Habana.

LetMex—*Letras de México.* Mexico.

LetPat—*Las letras patrias.* Mexico.

LetPer—*Letras peruanas.* Revista de humanidades. Lima.

Lib—*Liberalis.* Buenos Aires.

Lit—*Literatura.* La Habana.

LitAr—*La literatura argentina.* Revista bibliográfica. Buenos Aires.

LM—Les langues modernes. Association des professeurs de langues vivantes de l'enseignement public. Paris.

Lot—Lotería. Lotería Nacional de Beneficiencia. Panamá.

Lyc—Revista Lyceum. La Habana.

LyP—El libro y el pueblo. Mexico.

MarS—Mar del sur. Lima.

MemCN—Memoria de El Colegio ·Nacional. Mexico.

MenALHC—Mensuario de arte, literatura, historia y crítica. La Habana.

MerFr—Mercure de France. Paris.

Merid—Meridiano. Huancayo, Peru.

Met—Metáfora. Mexico.

MH—Mundo hispánico. Madrid.

Mic—Micrófono. La Habana.

MIHC—Mensajes de la Institución Hispanocubana de Cultura. La Habana.

ML—Mexican Life. (Called *Vida mexicana* in the Spanish version). Mexico.

MLF—Modern Language Forum. Los Angeles, California.

MLJ—Modern Language Journal. Manasha, Wisconsin.

MLN—Modern Language Notes. Baltimore, Maryland.

MLQ—Modern Language Quarterly. University of Washington. Seattle, Wash.

MN—Mundo nuevo. Published in association with the Instituto Latinoamericano de Relaciones Internacionales. Paris.

MP—Mercurio peruano. Revista mensual de ciencias sociales y letras. Lima.

MPh—Modern Philology. University of Chicago Press.

Mund—Mundial. Lima.

NAnt—Nuova antologia. Rome.

NAR—North American Review. New York.

ND—La nueva democracia. New York.

NicInd—Nicaragua Indígena. Instituto Indigenista Nacional. Managua.

Niv—Nivel. Gaceta de cultura. Mexico.

NMQ—New Mexico Quarterly. University of New Mexico. Albuquerque.

Nos—Nosotros. Buenos Aires.

NRFH—Nueva revista de filología hispánica. Colegio de México.

NS—Die Neueren Sprachen. Marburg in Hessen.

NT—Nuestro tiempo. Madrid.

NTL—El nuevo tiempo literario. Bogotá.

Num—Número. Montevideo.

Orbe—Orbe. Organo de la Universidad Nacional del Sureste. Managua.

Org—Organon. Revista da faculdade de filosofía. Universidade do Rio Grande do Sul.

Out—Outlook. New York.

P—Poetry. A Magazine of Verse. Chicago.

PAG—Publicaciones de la Academia Guatemalteca. Guatemala.

PajPap—La pajarita de papel. Tegucigalpa.

Pal—Palabra. Lima.

PalAm—Palabra americana. Lima.

PalHom—La palabra y el hombre. Xalapa, Veracruz, Mexico.

Pan—Panorama. A record of inter-American cultural events. Washington, D. C.

PanAm—The Pan American. New York.

PanEst—Panorama estudiantil. Managua.

Papeles—Papeles. Revista del Ateneo de Caracas.

PapSAr—Papeles de Son Armadans. Madrid.

Patod—Para todos. San Salvador.

PE—Poesía española. Madrid.

Peg—Pegaso. Montevideo.

Per—Peruanidad. Lima.

Phylon—Phylon. The Atlanta University Review of Race and Culture. Atlanta, Ga.

PL—Poet Lore. Boston.

Pluma—La pluma. Revista mensual de ciencias, artes y letras. Montevideo.

PMLA—Publications of the Modern Language Association. U. S.

Pol—Política. Caracas.

Pop—Popayán. Popayán, Colombia.

PR—Puerto Rico. San Juan, P. R.

Pres—Presente. Lima.

Primerose—Primerose. Chillán, Chile.

Prot—Proteo. Montevideo.

PubMIPM—Publicaciones del Ministerio de Instrucción Pública. Managua.

R—Realidad. Buenos Aires.

RABA—Revista americana de Buenos Aires.

RABM—Revista de archivos, bibliotecas y museos. Madrid.

RABNH—Revista del Archivo y Biblioteca Nacionales. Tegucigalpa.

RAmLat—Revue de l'Amérique Latine. Paris.

RArg—Revue argentine. Paris.

RArNCR—Revista de los archivos nacionales de Costa Rica. San José, C. R.

Raz—La razón. Montevideo.

RAzul—Revista azul. Mexico. (Dir: Manuel Gutiérrez Nájera.)

RBA—Revista de bellas artes. Instituto Nacional de Bellas Artes y Literatura. Mexico.

RBC—Revista bimestre cubana. La Habana.

RBNHab—Revista de la Biblioteca Nacional. La Habana.

RC—Revista chilena. Santiago de Chile.

RCB—Revista de cultura brasileña. Madrid.

RCHG—Revista chilena de historia y geografía. Santiago de Chile.

RCMNSR—Revista del Colegio Mayor de Nuestra Señora del Rosario. Bogotá.

RCPC—Revista conservadora del pensamiento centroamericano. Managua.

RCSCh—Revista católica de Santiago de Chile.

RdL—Revista do livro. Instituto Nacional do Livro. Rio de Janeiro.

REH—Revista de estudios hispánicos. Departamento de estudios hispánicos de la Universidad de Puerto Rico. Río Piedras.

Renacimiento—Renacimiento. Madrid.

RepAmer—Repertorio americano. San José, C. R.

RepCent—Repertorio centroamericano. Consejo superior universitario centroamericano. Secretaría permanente. San José, Costa Rica.

REU—Revista de estudios universitarios. Mexico.

RevAcGHNic—Revista de la Academia de Geografía e Historia de Nicaragua. Managua.

RevAm—La revista de América. Paris.

RevAmer—Revista de América. Publicación mensual de "El Tiempo". Bogotá.

RevCal—Revista Calasancia. Madrid.

RevCol—Revista colombiana. Bogotá.

RevCu—Revista cubana. La Habana.

RevDC—Revista dominicana de cultura. Ciudad Trujillo.

RevDup—Revista Duperial. Buenos Aires.

RevEd—Revista de educación. Ministerio de Educación de la Provincia de Buenos Aires. La Plata, Argentina.

RevEdM—Revista de educación. Medellín.

RevEsp—Revista de las Españas. Madrid.

RevFLCH—Revista de la facultad de letras y ciencias. Universidad de La Habana.

RevGua—Revista de Guatemala. Guatemala.

RevHab—Revista de La Habana. La Habana.

RevHisp—Revue hispanique. The Hispanic Society of America. New York.

RevHum—Revista Humanidades. Universidad de Los Andes. Mérida, Venezuela.

RevInd—Revista de Las Indias. Bogotá.

RevLAB—Revista del Liceo "Andrés Bello."

RevLAI—Revista de literatura argentina e iberoamericana. Mendoza, Argentina.

RevLit—Revista de literatura. Madrid.

RevLL—Revista de lenguas y literaturas. Tucumán.

RevMIPS—Revista del Ministerio de Instrucción Pública. San Salvador.

RevML—Revista mexicana de literatura. Mexico.

RevMS—Revista mexicana de sociología. Mexico.

RevN—La revista nueva. Panama.

RevOc—Revista de occidente. Madrid.

RevOr—Revista de oriente. Santiago de Cuba.

RevProf—Revista del profesorado. Buenos Aires.

RevRev—Revista de revistas. Mexico.

RevSem—Revista semanal. Lima.

RevSoc—Revista socialista. Buenos Aires.

RevUBA—Revista de la Universidad de Buenos Aires.

RevUCau—Revista de la Universidad del Cauca. Popayán, Colombia.

RevUCP—Revista de la Universidad Católica del Perú. Lima.

RevUCuz—Revista universitaria. Cuzco.

RevUIU—Revista de la Unión Industrial Uruguaya. Montevideo.

RevUNC—Revista de la Universidad Nacional de Córdoba. Córdoba, Argentina.

RevUT—Revista de la Universidad. Tegucigalpa.

RevUY—Revista de la Universidad de Yucatán. Mérida.

RevUZ—Revista de la Universidad del Zulia. Maracaibo, Venezuela.

RFE—Revista de filología española. Madrid.

RHM—Revista hispánica moderna. Hispanic Institute, Columbia University, New York and Instituto de Filología, Universidad de Buenos Aires.

RHum—Revista de humanidades. Córdoba, Argentina.

RI—Revista iberoamericana. U. S.

RIB—Revista interamericana de bibliografía. Division of Philosophy and Letters, Department of Cultural Affairs, Pan American Union. Washington, D. C.

RICP—Revista del Instituto de Cultura Puertorriqueña. San Juan, P. R.

RIE—*Revista de ideas estéticas.* CSIC, Instituto Diego Velázquez. Madrid.

RIL—*Revista iberoamericana de literatura.* Departamento de literatura iberoamericana, Universidad de la República. Montevideo.

RIP—*Revista del Instituto Paraguayo.* Asunción.

RJav—*Revista javeriana.* Bogotá.

RLC—*Revue de Littérature Comparée.* Paris.

RM—*Revista moderna.* Mexico.

RN—*Romance Notes.* Department of Romance Languages, University of North Carolina. Chapel Hill, N. C.

RNac—*Revista nacional.* Montevideo.

RNC—*Revista nacional de cultura.* Caracas.

RNPan—*Revista nueva.* Panama.

Rom—*Romance.* Mexico.

RP—*Revista del Pacífico.* Facultad de Filosofía y Educación. Instituto Pedagógico. Universidad de Chile. Valparaíso.

RPC—*Revista peruana de cultura.* Organo de la Comisión Nacional de Cultura. Lima.

RR—*Romanic Review.* Columbia University Press. New York.

RSh—*Revista Shell.* Caracas.

Rueca—*Rueca.* Mexico.

RyF—*Razón y fe.* Madrid.

Salón 13—*Salón 13.* Guatemala.

San Marcos—*San Marcos.* Revista de cultura general. Instituto de periodismo, Universidad de San Marcos. Lima.

Sarm—*Sarmiento.* Tucumán.

SCB—*South Central Bulletin.* South Central Modern Language Association. New Orleans, La.

SdA—*Sembradores de amistad.* Monterrey, N. L., Mexico.

SemArRD—*Seminario-Archivo Rubén Darío.* Madrid.

SFyB—*Santafé y Bogotá.* Bogotá.

Sint—*Síntesis.* Revista cultural de El Salvador.

Soc—*Social.* Lima.

SpRev—*Spanish Review.* New York.

SR—*Southwest Review* (formerly the *Texas Review*). University of Texas, Austin.

Stu—*Studium.* Lima.

Sur—*Sur.* Buenos Aires.

Sus—*Sustancia.* Tucumán.

Sym—*Symposium.* A journal devoted to modern foreign languages and literatures. Dept. of Romance Languages. University of Syracuse.

T—*La torre.* Revista general de la Universidad de Puerto Rico. Río Piedras.

Tex—*Texao.* Arequipa.

Th—*Thesaurus.* Boletín del Instituto Caro y Cuervo. Bogotá.

TN—*Tierra nueva.* Bucaramanga.

3 (Tres)—*3.* Lima.

Triv—*Trivium.* Instituto Tecnológico y de Estudios Superiores. Monterrey, N. L., Mexico.

Tur—*Turismo.* Lima.

U—*Universidad.* Mexico.

UAnt—*Universidad de Antioquia.* Medellín, Colombia.

UBog—*Universidad.* Bogotá.

UCh—*Universidad de Chile.*

UHab—*Universidad de La Habana.*

UHon—*Universidad de Honduras.* Secretaría General de la Universidad Nacional Autónoma de Honduras. Tegucigalpa.

ULim—*Universidad.* Lima.

UMex—*Universidad de México.* UNAM.

UMont—*Universidad.* Monterrey, N. L., Mexico.

Un—*Unión. Revista de escritores y artistas de Cuba.* La Habana.

UNCol—*Universidad Nacional de Colombia.* Bogotá.

UNW—*United Nations World.* New York.

UPB—*Universidad Pontificia Bolivariana.* Medellín, Colombia.

USanC—*Universidad de San Carlos.* Guatemala.

USanFe—*Universidad.* Santa Fe, Argentina.

UVer—*Universidad veracruzana.* Revista trimestral. Xalapa, Veracruz, Mexico.

UZ—*Universidad de Zaragoza.*

V—*Verbum.* Buenos Aires.

Var—*Variedades.* Lima.

VenCon—*Venezuela contemporánea.* Caracas.

Ver—*Veracruz.* Organo del Centro Veracruzano de Cultura. Veracruz, Mexico.

VN—*Vida nuestra.* Buenos Aires.

VU—*Vida universitaria.* Semanario informativo y cultural auspiciado por el patronato universitario de Nuevo León. Monterrey, N. L., Mexico.

VyPM—*Vida y pensamiento de Martí.* La Habana.

Xallixtlico—*Xallixtlico.* Guadalajara, Jal., Mexico.

XUS—*Xavier University Studies.* New Orleans.

YBML—*The Year Book of Modern Languages.* Cambridge, England.

ZF—*Zona franca.* Revista de literatura e ideas. Caracas.

SPANISH AMERICAN MODERNISM

General References

1. Aita, Antonio. "El significado del modernismo," *Nos,* 71:361-375, 1931. (See: González, Manuel Pedro. "Marginalia modernista: Apostillas a un artículo de Antonio Aita" and "Apostillas a una réplica del Sr. Aita." (Polemic.)

2. _____. "Sobre el significado del modernismo," *Nos,* 73:80-83, 1931. (See: González, Manuel Pedro. "Marginalia modernista: Apostillas a un artículo de Antonio Aita." Polemic.)

3. Alegría, Fernando. "La novela modernista," *Breve historia de la novela hispanoamericana.* México, Ediciones de Andrea, 1959, pp. 118-142. Manuales Studium 10.)

4. _____. *Walt Whitman en Hispanoamérica.* México, Ediciones de Andrea, 1954, 419 pp. "Bibliografía": pp. 411-419. (Colección Studium 5.)

5. _____. "Whitman y los modernistas," *Walt Whitman en Hispanoamérica* [q. v.], pp. 250-281. (Darío, Lugones, and Chocano.)

6. Anderson Imbert, Enrique. *Crítica interna.* Madrid, Taurus Ediciones, 1961, 281 pp. (Persiles 16.)

7. _____. *Estudios sobre escritores de América.* Buenos Aires, Editorial Raigal, 1954, 222 pp. (Biblioteca Juan María Gutiérrez.)

8. _____. *Historia de la literatura hispanoamericana.* 3rd ed., México, Fondo de Cultura Económica, 1961, 2 vols. 2nd ed., *ibid.,* 1957. 1st ed., *ibid.,* 1954, 430 pp. Translated by John V. Falconieri. *Spanish American Literature, A History.* Detroit, Wayne State University Press, 1963, x, 616 pp. Bibliography: pp. 561-565.

9. Antuña, José G. *Litterae. Ensayos—crítica—comentarios.* Prólogo de Francisco García Calderón. Paris, Casa Editorial Franco - Ibero - Americana, 1926, viii, 249 pp.

10. Arango Ferrer, Javier. *2 horas de literatura colombiana.* Antioquia, Imp. Departmental de Antioquia, 1963, 169 pp. (Colección La Tertulia.)

11. _____. *La literatura de Colombia.* Buenos Aires, Imp. y Casa Editora "Coni," 1940, 158 pp. (Las Literaturas Americanas III.)

12. Araujo, Orlando. "El modernismo literario," *RNC,* 20 (126):7-24, 1958.

13. Ardura, Ernesto. "El mundo azul del modernismo," *CCLC* (63):39-43, 1962.

14. Argüello, Santiago. "El modernismo," *Modernismo y modernistas* [q. v.], vol. 1, pp. 35-45.

15. _____. "El modernismo en su origen," *Modernismo y modernistas* [q. v.], vol. 1, pp. 47-116.

16. _____. "El modernismo llega a la América Española," *Modernismo y modernistas* [q. v.], vol. 1, pp. 117-134.

17. _____. *Modernismo y modernistas.* Guatemala, Imp. Tipografía Nacional, 1935, 2 vols. ("Colección guatemalteca," vols. 6-7.)

18. Arias Larreta, Abraham. "Literatura mestiza y modernismo," *Amer,* 42 (1): 6-12, 1954.

19. Arrieta, Rafael Alberto. "Decadentismo, simbolismo, modernismo," *Introducción al modernismo literario* [q. v.], pp. 37-49.

1

20. Arrieta, R. A., dir. *Historia de la literatura argentina*. Dirigida por . . . Buenos Aires, Ediciones Peuser, 1959, 6 vols.
21. _____. *Introducción al modernismo literario*. Buenos Aires, Editorial Columba, 1961, 63 pp; *ibid.*, 1956, 63 pp. (Colección Esquemas 24.)
22. _____. "El modernismo 1893-1900," *Historia de la literatura argentina* [q. v.], vol. 3, pp. 439-483.
23. _____. "El modernismo finisecular," *Introducción al modernismo literario* [q. v.], pp. 50-54.
24. _____. "Modernismo y americanismo," *Introduccíon al modernismo literario* [q. v.], pp. 54-57.
25. Arrom, José Juan. *Esquema generacional de las letras hispanoamericanas; ensayo de un método*. Bogotá, Instituto Caro y Cuervo, 1963, esp. pp. 152-182.
26. Ayala Duarte, Crispín. "El modernismo," *Primeras jornadas de lengua y literatura hispanoamericana* [see under Universidad de Salamanca], pp. 409-429.
27. Bajarlía, Juan Jacobo. *Literatura de vanguardia; del Ulises de Joyce a las escuelas poéticas*. Buenos Aires, Editorial Araujo, 1946, 191 pp.
28. Balseiro, José A. *Expresión de Hispanoamérica*. Primera serie. Prólogo de Francisco Monterde. San Juan de Puerto Rico, Instituto de Cultura Puertorriqueña, 2 vols., esp. vol. 1, 1960, 293 pp.
29. Bar-Lewaw, Itzhak. "Modernismo e impresionismo," *Temas literarios iberoamericanos* [q. v.], pp. 15-32.
30. _____. *Temas literarios iberoamericanos*. Prólogo de Pedro Gringoire. México, B. Costa-Amic, Editor, 1961, 153 pp. "Bibliografía selecta": pp. 149-153.
31. Barret, Rafael. *Al margen. Críticas literarias y científicas*. Montevideo, O. M. Bertani, Editor, 1912, 185 pp.
32. Barrientos, Alfonso Enrique. *Gómez Carrillo. 30 años después*. Barcelona, Ediciones Rumbos, 1959, 253 pp.
33. _____. "El modernismo," *Gómez Carrillo* . . . [q. v.], pp. 175-184.
34. Barrios Mora, José R. *Compendio histórico de la literatura de Venezuela*. Obra adaptada a los programas de educación secundaria y normal, con informe favorable de la Comisión Ad Hoc designada por el M. E. N. 4th ed., Caracas,

Ediciones Nueva Cádiz, 1955, 254 pp. 3rd ed., *ibid.*, 1952, 254 pp. 1st ed., Caracas, Tip. La Nación (Distribuidores exclusivos: Libería "Suma"), 1948, 320 pp.
35. _____. "Exposición acerca del movimiento modernista de Venezuela," *Compendio histórico de la literatura de Venezuela* [q. v.], 4th ed., pp. 155-160.
36. Bayona Posada, Nicolás. *Panorama de la literatura colombiana*. Bogotá, Ediciones Samper Ortega, 1942, 148 pp.
37. Bellini, Giuseppe. *La poesia modernista*. Milano-Varese, Istituto Editoriale Cisalpino, 1961, 116 pp.
38. _____. *La poesia modernista, formazione e sviluppo*. Milano, La Goliardica, n. d. [1957?], 127 pp.
39. Berenguer Carisomo, Arturo [y] Jorge Bogliano. *Medio siglo de literatura americana*. Madrid, Instituto de Cultura Hispánica, 1952, 281 pp.
40. Berisso, Luis. *El pensamiento de América*. Precedido de un prólogo por Víctor Pérez Petit y de una noticia biográfica por Paul Groussac. Buenos Aires, Félix Lajouane, Editor, 1898, xxi, 418 pp.
41. *Blanco-Fombona, Rufino. "Ensayo sobre el modernismo literario en América," *RevAm*, ene. 1913.
42. _____. *Letras y letrados de Hispano-América*. Paris, Sociedad de Ediciones Literarias y Artísticas, 1908, xxvi, 309 pp.
43. _____. "El modernismo," *El modernismo y los poetas modernistas* [q. v.], pp. 11-48. Includes: "El momento y la filiación del modernismo," pp. 13-22; "Los poetas modernistas," pp. 23-26; "Caracteres del modernismo," pp. 27-31; "Rubendarismo y modernismo," pp. 32-37; "La revolución modernista," pp. 38-43; "El criollismo," pp. 44-48.
44. _____. *El modernismo y los poetas modernistas*. Madrid, Editorial Mundo Latino, 1929, 364 pp. (See: Torres Ríoseco, Arturo. "El modernismo y la crítica.")
45. Bolaño e Isla, Amancio. "Modernismo," *Estudios literarios*. México, Editorial Porrúa, 1960, pp. 117-129.
46. Bollo, Sarah. *El modernismo en el Uruguay; ensayo estilístico*. Montevideo, Impresora Uruguaya, 1951, 141 pp.

47. _____. "Los modernistas, 1895-1915," *Literatura uruguaya, 1807-1965*. Montevideo, Ediciones Orfeo, 1965, vol. 1, pp. 162-163; "El modernismo, 1895-1915," pp. 163-171; "Revistas modernistas, 1895-1915," pp. 171-172; "Las revistas," pp. 173-177; "Tendencias modernistas (1895-1915)," p. 177; "Las tendencias," pp. 177-179; "Poesía modernista, 1895-1915," pp. 179-199; "Novela y cuento modernistas, 1895-1915," pp. 199-207; "Drama modernista, 1895-1915," pp. 207-208; "Crítica y ensayo modernistas, 1895-1915," pp. 209-225.

48. Bonet, Carmelo M. "Neopreciosismo y el estilo modernista," *CurCon*, 50:20-50, 1957.

49. Botero, Ebel. *Cinco poetas colombianos (estudios sobre Silva, Valencia, Luis Carlos López, Rivera y Maya)*. Manizales, Imp. Departamental, 1964, 270 pp.

50. Brenes-Mesén, Roberto. *Crítica americana*. San José, C. R., Ediciones del Convivio, 1936, 195 pp.

51. Brummel (pseud.). See: Puga y Acal, Manuel.

52. Bueno, Salvador. *Contorno del modernismo en Cuba*. La Habana, 1950, 11 pp. "Conferencia pronunciada en la Universidad del Aire el día tres de septiembre de 1950." Bibliography: p. [12].

53. Cansinos-Assens, Rafael. *Poetas y prosistas del novecientos (España y América)*. Madrid, Editorial América, 1919, 314 pp.

54. Carden, Poe. "Parnassianism, Symbolism, Decadentism—and Spanish-American Modernism," *Hisp.* 43:545-551, 1960.

55. Cardona Peña, Alfredo. "Algunos antecedentes del modernismo," *LetMex*, 5:311-312, 15 ago. 1946.

56. Carilla, Emilio. *Estudios de literatura argentina (siglo XX)*. Tucumán, Universidad Nacional de Tucumán, Facultad de Filosofía y Letras, 1961, 149 pp. (Cuadernos de Humanitas 6.)

57. Carsuzán, María Emma. *La creación en la prosa de España e Hispanoamérica*. Buenos Aires, Editorial Raigal, 1955, 200 pp.

58. Carter, Boyd G. "Nota bibliográfica sobre revistas literarias de México," *BolBNM*, 17 (3/4):41-52, 1966.

59. _____. *Las revistas literarias de Hispanoamérica: breve historia y contenido*. México, Ediciones de Andrea, 1959, 282 pp. (Colección Studium 24.)

60. Castagnino, Raul H. *Imágenes modernistas: Rubén Darío, Rufino Blanco-Fombona, Amado Nervo, R. M. del Valle-Inclán*. Buenos Aires, Editorial Nova, 1967, 135 pp. (Compendios Nova de Iniciación Cultural 50.)

61. Clarke, Dorothy Clotelle. *A Chronological Sketch of Castilian Versification Together With a List of Its Metric Terms*. Berkeley, University of California Publications in Modern Philology, vol. 34, no. 3, 1952, esp. pp. 310-316.

62. Coester, Alfred. "The Modernista Movement in Spanish American Literature," *BPU*, 44:173-177, 1917.

63. [_____]. Goerter [*sic*], A. "El movimiento modernista," *RNPan*, 6:126-135, 1919.

64. _____. *A Tentative Bibliography of the Belles-Lettres of Uruguay*. Cambridge, Mass., Harvard University Press, 1931, viii, 22 pp.

65. Colín, Eduardo. *Verbo selecto*. México, Ediciones México Moderno, 1922, 109 pp.

66. Coll, Pedro Emilio. *El castillo de Elsinor, palabras*. Madrid, Editorial América [1916?], 388 pp.

67. _____. "Decadentismo y americanismo," *El castillo de Elsinor, palabras* [q. v.], pp. 57-70.

68. Colmo, Alfredo. "El modernismo literario en la Argentina," *Nos*, 37:194-199, 1921.

69. Contreras, Francisco. *Les écrivains contemporains de l'Amérique espagnole*. Paris, La Renaissance du Livre [1920], 184 pp.

70. Córdova, Ramiro de. *Neurosis en la literatura centroamericana; contribución al estudio del modernismo en Guatemala, El Salvador, Honduras, Nicaragua y Costa Rica*. Managua, Editorial Nuevos Horizontes, 1942, 86 pp.

71. [Crispo Acosta, Osvaldo]. "Lauxar" (pseud.). *Motivos de crítica hispanoamericanos*. Montevideo, Imp. y Librería Mercurio, de Luis y Manuel Pérez, 1914, 444 pp.

72. Cruz, Manuel de la. *Obras de . . .* Vol. 3. *Literatura cubana*. Madrid, Editorial "Saturnino Calleja," 1924, 428 pp. (Biblioteca Calleja.)

73. *La cultura y la literatura iberoamericanas. Memoria del séptimo congreso del Instituto Internacional de Literatura Iberoamericana, Berkeley, California, 1955.* México, Ediciones de Andrea, 1957, 236 pp. (Colección Studium 16.)

74. Dauster, Frank. *Breve historia de la poesía mexicana.* México, Ediciones de Andrea, 1956, 198 pp. (Manuales Studium 4.)

75. Davison, Ned J. *The Concept of Modernism in Hispanic Criticism.* Boulder, Colorado, Pruett Press, Inc., 1966, ix, 118 pp.

76. _____. *Sobre Eduardo Barrios y otros estudios y crónicas.* Albuquerque, New Mexico, Foreign Books, 1966, 149 pp.

77. Díaz-Plaja, Guillermo. "El modernismo, cuestión disputada," *Hisp,* 48:407-412, 1965. (See: Jiménez, Juan Ramón. *El modernismo. Notas . . . Polemic.*)

78. _____. *Modernismo frente a noventa y ocho.* Madrid, Espasa-Calpe, 1951, XX, 366 pp.

79. Díaz Rodríguez, Manuel. "Paréntesis modernista o ligero ensayo sobre el modernismo," *Camino de perfección y otros ensayos.* Paris, Librería Paul Ollendorff, n. d., pp. 115-145.

80. Díez-Canedo, Enrique. *Letras de América; estudios sobre las literaturas continentales.* Mexico, El Colegio de México, 1944, 426 pp.

81. Díez Echarri, Emiliano. "Métrica modernista: innovaciones y renovaciones," *RevLit,* 11:102-120, 1957.

82. Dominici, Pedro César. *Tronos vacantes. Arte y crítica.* Buenos Aires, Librería "La Facultad," Juan Roldán y Cía., 1924, 250 pp.

83. Donoso González, Francisco. "Misticismo moderno en América," *Al margen de la poesía; ensayos sobre poesía moderna e hispano-americana.* Paris, Agencia Mundial de Librería, 1927, pp. 75-95.

84. Englekirk, John E. *Edgar Allen Poe in Hispanic Literature.* New York, Instituto de las Españas en los Estados Unidos, 1934, esp. pp. 152-417.

85. _____. "La literatura y la revista literaria en Hispanoamérica," *RI,* 26:9-79, 1961; 27:219-279, 1961; 28:9-73, 1962; 29:9-66, 1963.

86. _____. "Notes on Whitman in Spanish America," *HR,* 6:133-138, 1938.

87. _____. " 'The Raven' in Spanish America," *SpRev,* 1 (2):52-56, 1934.

88. _____. "Whitman y el anti-modernismo," *RI,* 13:39-52, 1947.

89. Falcao Espalter, Mario. *Interpretaciones; lira—cincel—color y forma.* Montevideo, Librería A. Monteverde y Cía., 1929, xvi, 389 pp.

90. Faurie, Marie-Josèphe. *Le modernisme hispano-américain et ses sources française.* Paris, Centre de Recherches de l'Institut Hispanique, 1966, 295 pp.

91. _____. "El modernismo hispanoamericano y sus fuentes francesas," *CCLC* (98):66-70, 1965.

92. Fein, John. "Eugenio de Castro and the Introduction of Modernismo to Spain," *PMLA,* 73 (no. 5, pt. 1):556-561, 1958.

93. _____. *Modernismo in Chilean Literature. The Second Period.* Durham, N. C., Duke University Press, 1965, x, 167 pp. "General Bibliography": pp. 158-162.

94. Ferreira, João-Francisco. *Capítulos de literatura hispano-americana (do século XV aos nossos dias).* Porto Alegre, Brasil, Edições da Faculdade de Filosofia, 1959, 444 pp.

95. _____. "O modernismo," *Capítulos de literatura hispano-americana* [q. v.], pp. 304-320.

96. Ferreres, Rafael. *Los límites del modernismo y del 98.* Madrid, Taurus Ediciones, 1964, 186 pp.

97. _____. "Los límites del modernismo y la generación del noventa y ocho," *CHisp* (73):66-84, 1956. Also in: *Los límites del modernismo y del 98* [q. v.], pp. 18-39. "La tesis de este artículo fue leída como ponencia en las jornadas literarias organizadas por el Instituto de Cultura Hispánica en La Coruña, en 1954. Dada, como conferencia, en el Instituto de España en Londres, en 1955."

98. _____. "La mujer y la melancolía en los modernistas," *CHisp,* 53:456-467, 1963. Also in: *Los límites del modernismo y del 98* [q. v.], pp. 57-72.

99. Ferro, Hellén. *Historia de la poesía hispanoamericana.* New York, Las Americas Publishing Co., 1964, 428 pp.

100. Fierro González, Margarita. *Revistas mexicanas en que se inicia el modernismo.* México, UNAM, 1951, 128 pp.

101. Figueira, Gastón. *La sombra de la estatua* (*impresiones estéticas*). Serie primera. Buenos Aires, L[i]brería del Colegio, 1923, 119 pp. (*His* Colección "Astrea" 1.)

102. Figueroa, Esperanza. "El cisne modernista," *CuAm*, 142 (5):253-268, 1965.

103. Filartigas, Juan M. *Artistas del Uruguay*; *impresiones literarias*. Primera serie. Montevideo, Editorial Renacimiento, 1923, 65 pp.

104. Fogelquist, Donald F. "El carácter hispánico del modernismo," *La cultura y la literatura iberoamericanas* [see under *La cultura* . . .], pp. 139-146.

105. *_____. *Españoles de América y Americanos de España*. Madrid, Editorial Gredos, 1967.

106. Ford, Jeremiah Denis Matthias and Maxwell I. Raphael. *A Bibliography of Cuban Belles-Lettres*. Cambridge, Mass., Harvard University Press, 1933, x, 204 pp.

107. Fraker, Charles F. "Gustavo Adolfo Bécquer and the Modernists," *HR*, 3:36-44, 1935.

108. Frugoni, Emilio. *La sensibilidad americana*. Montevideo, Editor Maximino García, Librería "El Correo," 1929, 250 pp.

109. Gálvez, Manuel. *Amigos y maestros de mi juventud 1900-1910*. Buenos Aires, Editorial Guillermo Kraft, 1944, 375 pp.

110. García Calderón, Ventura. *Semblanzas de América*. Madrid, Imp. de G. Hernández y Galo [1920?], 206 pp. (Biblioteca Ariel, editada por la revista hispano-americana "Cervantes.")

111. García-Girón, Edmundo. "'La azul sonrisa'. Disquisición sobre la adjetivación modernista," *RI*, 20:95-116, 1955.

112. _____. "El modernismo como evasión cultural," *La cultura y la literatura iberoamericanas* [see under *La cultura* . . .], pp. 131-138.

113. García Godoy, F[ederico]. *Americanismo literario; José Martí.—José Enrique Rodó.—F. García Calderón.—R. Blanco-Fombona*. Madrid, Editorial América, [1917], 248 pp. (Biblioteca Andrés Bello.)

114. García-Prada, Carlos. *Estudios hispanoamericanos*. México, El Colegio de México, 1945, 338 pp.

115. Gicovate, Bernardo. "Antes del modernismo," *Conceptos fundamentales de literatura comparada* [q. v.], pp. 63-77.

116. _____. *Conceptos fundamentales de literatura comparada; iniciación de la poesía modernista*. San Juan, P. R., Ediciones Asomante en colaboración con la Universidad de Tulane, 1962, 149 pp.

117. _____. "El modernismo y su historia," *HR*, 32:217-226, 1964. (Concerning Juan Ramón Jiménez, *El modernismo. Notas de un curso* (*1953*) [q. v.].)

118. _____. "El signo de la cultura en la poesía hispanoamericana," *La cultura y la literatura iberoamericanas* [see under *La cultura* . . .], pp. 117-122.

119. Giusti, Roberto F. *Nuestros poetas jóvenes; revista crítica del actual movimiento poético argentino*. Buenos Aires, Albasio y Cía., 1911 [cover dated 1912], 190 pp. (Edición de "Nosotros.")

120. Goerter, A. See: Coester, A.

121. Goić, Cedomil. "Generación de Darío. Ensayo de comprensión del modernismo como una generación," *RP*, 4 (4):17-35, 1967.

122. Goldberg, Isaac. *Studies in Spanish American Literature*. New York, Brentano's, 1920, x, 377 pp. Translated by R. Cansinos-Assens. *La literatura hispanoamericana. Estudios críticos*. Prólogo de E. Díez Canedo. Madrid, Editorial América [1922?], 414 pp.

123. Gómez Carrillo, Enrique. *El modernismo*. Nueva edición, corregida, Madrid, F. Beltrán, 1914, 317 pp. 1st ed., Madrid, Librería de Fernando Fé, Imp. de José Blass y Cía., n. d., 250 pp.

124. Gómez Lobo, Arturo. *La literatura modernista y el idioma de Cervantes*. Ciudad Real, Imp. del "Diario," 1908, 68 pp. "Trabajo premiado en el certamen literario que se celebró en Ciudad Real, el 21 de agosto del año 1908."

125. González, José Ignacio. "Baldomero Sanín Cano y el modernismo literario en Colombia," *UAnt*, 37 (146):560-570, 1961.

126. González, Manuel Pedro. See also under "Rubén Darío" and "José Martí."

127. _____. "Apostillas a 'Qué cosa fue el modernismo'," *Notas en torno al modernismo* [q. v.], pp. 39-63. (See: Marinello, Juan. "Qué cosa fue el modernismo." Polemic.)

128. González, M. P. "Apostillas a una réplica del Sr. Aita," *RBC*, 29:59-66, 1932. (See: Aita, Antonio. "Sobre el significado del modernismo." Polemic.)

129. _____. *Estudios sobre literaturas hispanoamericanas: glosas y semblanzas.* México, Editorial Cultura, 1951, 386 pp. (Cuadernos americanos 19.)

130. _____. "Marginalia modernista," *A*, 153:70-83, 1964. (Concerning Juan Ramón Jiménez. *El modernismo. Notas de un curso* [q. v.].)

131. _____. "Marginalia modernista: Apostillas a un artículo de Antonio Aita," *RBC*, 28:371-380, 1931. (See: Aita, Antonio. "El significado del modernismo" and "Sobre el significado del modernismo." Polemic.)

132. _____. "Una notable revaloración del modernismo," *CuAm*, 80 (2):283-292, 1955.

133. _____. *Notas en torno al modernismo.* México, Universidad Nacional Autónoma de México, Dirección General de Publicaciones, 1958, 115 pp. (See: Juan Marinello, *Sobre el modernismo* . . . Polemic.)

134. González-Blanco, Andrés. *Escritores representativos de América.* Madrid. Editorial América [1917], ii, 351 pp. Biblioteca Andrés Bello.

135. González Guerrero, Francisco. "El modernismo y la renovación de la técnica," *Met*, 1(4):6-14, 1955.

136. González Martínez, Enrique. *Algunos aspectos de la lírica mexicana.* México, Editorial "Cultura", 1932, 42 pp. "Discurso pronunciado . . . la noche del 20 de enero de 1932, en el acto de su recepción como individuo de número de la Academia mexicana, correspondiente de la española. Contestación del director de la Academia, don Federico Gamboa."

137. González Peña, Carlos. *Historia de la literatura mexicana, desde los orígenes hasta nuestros días.* Séptima edición, corregida, México, Editorial Porrúa, 1960, xiii, 463 pp.

138. Grecia, Pablo de (pseud.). See: Miranda, César.

139. Grillo, Max. *Alma dispersa.* Paris, Garnier hnos., n. d., 247 pp.

140. Gullón, Ricardo. *Direcciones del modernismo.* Madrid, Editorial Gredos, 1963, 242 pp. (Biblioteca Románica Hispánica. VII. Campo Abierto 12.)

141. _____. "Exotismo y modernismo," *CHisp*, 59:5-21, 1964. Also in: *Direcciones del modernismo* [q. v.], pp. 84-111.

142. _____. "Indigenismo y modernismo," *Literatura iberoamericana* . . . [see under *Literatura* . . .], pp. 97-108.

143. Gullón, Ricardo [y] Eugenio Fernández Méndez. See: Jiménez, Juan Ramón. *El modernismo. Notas* . . .

144. Hamilton, Carlos D. "Notas sobre la renovación modernista," *CCLC* (32): 46-49, 1958.

145. _____. *Nuevo lenguaje poético de Silva a Neruda.* Bogotá, Instituto Caro y Cuervo, 1965, viii, 261 pp. (Serie Minor 10.) "Bibliografía": pp. 247-250.

146. Henríquez Ureña, Max. *Breve historia del modernismo.* 2nd ed., México, Fondo de Cultura Económica, 1962, 559 pp. "Bibliografía": pp. 529-535. 1st ed., *ibid.*, 1954, 544 pp. (One of the fullest and best-known histories of the movement.)

147. _____. "Estudio sobre el intercambio de influencias literarias entre España y America durante los últimos cincuenta años," *El retorno de los galeones* (*bocetos hispánicos*). Madrid, Renacimiento, 1930, esp. pp. 21-56.

148. _____. *Les influences françaises sur la poésie hispano-américaine.* Paris, Institut des Études Américaines [1938], 12 pp. In Spanish: "Las influencias francesas en la poesía hispanoamericana," *RI*, 2:401-417, 1940. "Este estudio fue escrito en francés para ser presentado en el 'Congreso de las Naciones Americanas', reunido en París por iniciativa del 'Institut des Études Américaines'. Al traducirlo al español, el autor ha agregado algunas notas complementarias."

149. _____. "El modernismo en México," *LetPat* (2):47-86, 1954.

150. _____. "El verso y la prosa de habla española al despuntar el modernismo," *Breve historia del modernismo* [q. v.], 2nd ed., pp. 35-52.

151. Henríquez Ureña, Pedro. *Ensayos críticos.* La Habana, Imp. de Esteban Fernández, 1905, 116 pp.

152. _____. "El modernismo en la poesía cubana," *Ensayos críticos* [q. v.], pp. 33-42. Also in: *Obra crítica* [q. v.], pp. 17-22.

153. _____. *Obra crítica*. México, Fondo de Cultura Económica, 1960, xiii, 844 pp. "Proyectada por Pedro Henríquez Ureña y publicada en memoria suya."

154. Hidalgo, Alberto. *Muertos, heridos y contusos*. Buenos Aires, Imp. Mercatali, 1920, 160 pp.

155. Holguín, Andrés. *La poesía inconclusa y otros ensayos*. Bogotá, Editorial Centro-Instituto Gráfico Ltda., 1947, 178 pp.

156. *Hommage a Ernest Martinenche; études hispaniques et américaines*. Paris, Éditions D'Artrey [1939?], 537 pp.

157. Ibáñez, Roberto. "Americanismo y modernismo," *CuAm*, 37 (1):230-252, 1948.

158. *Influencias extranjeras en la literatura iberoamericana y otros temas. Memoria del noveno congreso del Instituto Internacional de Literatura Iberoamericana, 31 de agosto, 1 y 2 de septiembre, 1959*. México, 1962, 223 pp.

159. Instituto Nacional de Bellas Artes. Departamento de literatura. *Las revistas literarias de México*. México, INBA, 1963, 254 pp. (Ediciones del Instituto Nacional de Bellas Artes.) (A second volume, "Segunda serie," 1964, does not concern journals associated with Modernism.)

160. Jerez Villarreal, Juan. "Una revolución literaria," *UHab*, 27 (164):171-183, 1963.

161. Jiménez, Juan Ramón. "Alerta," *RevAmer*, 3:177-184, 1945.

162. _____. *El modernismo. Notas en torno de un curso, 1953*. Edición, prólogo y notas de Ricardo Gullón y Eugenio Fernández Méndez. México, Aguilar, 1962, 369 pp. (See: González, Manuel Pedro. "Marginalia modernista;" Díaz-Plaja, Guillermo. "El modernismo, cuestión disputada;" Gicovate, Bernardo. "El modernismo y su historia;" Schulman, Ivan A. "Reflexiones en torno a la definición del modernismo." Polemic.)

163. _____. "El modernismo poético en España y en Hispanomérica," *RevAmer*, 6:17-30, 1946.

164. Jones, Cecil Knight. "Modern Hispanic American Literary Development: The Modernist Movement," *Modern Hispanic America*, A. Curtis Wilgus, ed. Washington, D. C., The George Washington University Press, 1933, pp. 308-337. (Studies in Hispanic American Affairs, vol. 1.)

165. Júlio, Sílvio. *Escritores antilhanos*. Rio de Janeiro, Livraria H. Antunes, 1944, 267 pp.

166. Kercheville, Francis Monroe. *A Study of Tendencies in Modern and Contemporary Spanish Poetry from the Modernista Movement to the Present Time*. Albuquerque, University of New Mexico Press, 1933, 64 pp. (The University of New Mexico Bulletin. Modern Language Series, vol. 4, no. 2; whole no. 234.)

167. Korn, Guillermo. *Obra y gracia de El cojo ilustrado*. Caracas, Facultad de Humanidades y Educación, Instituto de Investigaciones de Prensa, Universidad Central de Venezuela, 1967, 42 pp.

168. Kress, Dorothy. "El peso de la influencia francesa en la renovación de la prosa hispanoamericana," *Hisp*, 20:125-132, 1937. With a different title and without notes: "Síntesis del modernismo," *A*, 52 (154):84-91, 1938.

169. Lacau, María Hortensia y Mabel Manacorda de Rosetti. "Antecedentes del modernismo en la literatura argentina," *CurCon*, 31:163-192, 1947.

170. Lafleur, Héctor René, Sergio D. Provenzano y Fernando Pedro Alonso. *Las revistas literarias argentinas (1893-1960)*. Buenos Aires, Cuadernos de las Ediciones Culturales Argentinas, Ministerio de Educación y Justicia, Dirección General de Cultura, 1962, 282 pp. (Biblioteca del Sesquicentenario. Serie Cuadernos Culturales.)

171. Lamothe, Louis. *Los mayores poetas latinoamericanos de 1850 a 1950*. México, Libro Mex Editores, 1959, 305 pp. "Bibliografía": pp. 303-305.

172. _____. "Sinopsis del modernismo," *Los mayores poetas latinoamericanos de 1850 a 1950* [q. v.], pp. 9-19.

173. "Lauxar" (pseud.). See: Crispo Acosta, Osvaldo.

174. Lazo, Raimundo. "Caracterización y balance del modernismo en la literatura hispanoamericana," *CuAm*, 64 (4):242-251, 1952.

175. Leavitt, Sturgis E. *Argentine Literature. A Bibliography of Literary Criticism, Biography, and Literary Controversy*. Chapel Hill, N. C., The University of North Carolina Press, 1924, 92 pp.

175. Leavitt, Sturgis E. (cont.)
(University of North Carolina Studies in Language and Literature. Number 1.)

176. _____. "Bibliography. VI. Special. Uruguayan Literature," *Hisp*, 5:121-132, 1922; 5:186-196, 1922.

177. _____. *Hispano-American Literature in the United States; a Bibliography of Translations and Criticism.* Cambridge, Mass., Harvard University Press, 1932, x, 54 pp.

178. _____. *Hispano-American Literature in the United States; a Bibliography of Translations and Criticism 1932-1934 (With Additional Items From Earlier Years).* Chapel Hill, N. C., The University of North Carolina Press, 1935, 21 pp.

179. _____. *Revistas hispanoamericanas; índice bibliográfico 1843-1935.* Recopilado por Sturgis E. Leavitt de la Universidad de North Carolina con la colaboración de Madaline W. Nichols y Jefferson Rea Spell. Santiago de Chile, Fondo histórico y bibliográfico José Toribio Medina, 1960, 589 pp.

180. Lee, Muna. "Contemporary Spanish-American Poetry," *NAR*, 219:687-698, 1924.

181. Leguizamón, Julio A. "Modernismo y época contemporánea," *Historia de la literatura hispanoamericana.* Buenos Aires, Editoriales Reunidas, 1945, vol. 2, pp. 239-594.

182. *Libro jubilar de Alfonso Reyes.* México, Dirección General de Difusión Cultural, UNAM, 1956, 416 pp.

183. *Literatura iberoamericana; influjos locales. Memoria del X congreso del Instituto Internacional de Literatura Iberoamericana.* Iniciado en la Universidad "Benito Juárez", de Oaxaca; clausurado en la Universidad Nacional Autónoma de México (30 de agosto-2 de septiembre de 1961). México, 1965, 232 pp.

184. *Llach, E. *El modernismo en literatura.* Sevilla, 1914.

185. Llambías de Azevedo, Alfonso. *El modernismo.* Montevideo, Casa del Estudiante, 1950, 31 pp.

186. López Velarde, Ramón. *El don de febrero y otras prosas.* Prólogo y recopilación de Elena Molina Ortega. México, Imp. Universitaria, 1952, 365 pp.

187. Loprete, Carlos Alberto. *La literatura modernista en la Argentina.* Buenos Aires, Editorial Poseidon, 1955, 126 pp. "Bibliografía": pp. 125-126.

188. _____. "El modernismo," *La literatura modernista en la Argentina* [q. v.], pp. 7-25.

189. _____. "La polémica de lo moderno," *La literatura modernista en la Argentina* [q. v.], pp. 44-63.

190. _____. "Revistas, periódicos y diarios [del modernismo]," *La literatura modernista en la Argentina* [q. v.], pp. 25-43.

191. Lozano, Carlos. "Parodia y sátira en el modernismo," *CuAm*, 141 (4):180-200, 1965.

192. Magis, Carlos Horacio. *La literatura argentina.* "Primera edición," México, Editorial Pormaca, 1965, 307 pp. (Colección Pormaca 20.)

193. Mapes, Erwin K. "El modernismo en las letras chilenas," *RCHG*, 76:480-495, 1935.

194. _____. "Recent Research on the Modernista Poets," *HR*, 4:47-54, 1936.

195. Marasso Rocca, Arturo. *Estudios literarios.* Buenos Aires, "El Ateneo," P. García, 1920, 294 pp.

196. Mariátegui, José Carlos. *Siete ensayos de interpretación de la realidad peruana.* Lima, Empresa Editora Amauta, 1959, 305 pp; *ibid.*, 1957; Santiago de Chile, Editorial Universitaria, 1955, 264 pp; Lima, Biblioteca "Amauta," 1952, 375 pp; Lima, "Librería Peruana," 1934, 2 vols; 1st ed., Lima, Editorial Minerva, 1928, 264 pp.

197. Marinello, Juan. *Literatura hispanoamericana; hombres, meditaciones.* México, Ediciones de la Universidad Nacional de México, 1937, 186 pp.

198. _____. "El modernismo, estado de cultura," *Literatura hispanoamericana; hombres, meditaciones* [q. v.], pp. 119-123.

199. _____. "Qué cosa fue el modernismo," *Agón* (3):3-6, mar. 1955. (See: Manuel Pedro González, "Apostillas a 'Que cosa fue el modernismo'." Polemic.)

200. _____. *Sobre el modernismo (polémica y definición).* México, Universidad Nacional Autónoma de México, Dirección General de Publicaciones, 1959, 96 pp. (See: Manuel Pedro González, *Notas en torno al modernismo.* Polemic.)

201. Márquez Sterling, Manuel. *Burla burlando . . .* La Habana, Imprenta Avisadora Comercial, 1907, 277, iv pp.
202. Martínez, José Luis. *Literatura mexicana siglo XX 1910-1949.* Primera parte. México, Antigua Librería Robredo, 1949, XV, 360 pp. (Clásicos y modernos 3. Creación y Crítica Literaria.) *Literatura mexicana siglo XX.* Segunda parte. Guías bibliográficas. *Ibid.,* 1950, 202 pp. (Clásicos y modernos 4. Creación y Crítica Literaria.)
203. Matlowsky, Bernice D., comp. *The Modernist Trend in Spanish-American Poetry; a Selected Bibliography.* Washington, Dept. of Cultural Affairs, Pan American Union, 1952, v, 26 pp. (Columbus Memorial Library. Bibliographic series, no. 38.)
204. Maya, Rafael. "Las consecuencias del modernismo literario [en Columbia]," *Consideraciones críticas sobre la literatura colombiana* [q. v.], pp. 47-48.
205. _____. *Consideraciones críticas sobre la literatura colombiana.* Bogotá, Editorial de la Librería Voluntad, 1944, 146 pp.
206. _____. *Los orígenes del modernismo en Colombia.* [Bogotá ?], Imp. Nacional, 1961, 151 pp. (Biblioteca de autores contemporáneos 2.)
207. _____. "La prosa 'estética' del modernismo. (Un recuerdo de Ventura García Calderón)," *BolCB,* 7:377-380, 1964.
208. Mazzei, Angel. *Lecciones de literatura americana y argentina, con antología comentada y anotada.* 3rd ed., Buenos Aires, Editorial Ciordia, 1958, 455 pp.
209. _____. *El modernismo en la Argentina: las baladas.* Buenos Aires, Editorial Ciordia, 1958, 55 pp.
210. _____. *El modernismo en la Argentina; Enrique Banchs; el día domingo en la poesía argentina.* Buenos Aires, Editorial Ciordia y Rodríguez, 1950, 77 pp.
211. Mead, Robert G., Jr. *Temas hispanoamericanos.* México, Ediciones de Andrea, 1959, 159 pp. (Colección Studium 26.)
212. Mejía Sánchez, Ernesto. "Hércules y Onfalia, motivo modernista," *Influencias extranjeras en la literatura iberoamericana y otros temas* [see under *Influencias . . .*], pp. 41-54.
213. Melián Lafinur, Alvaro. *Figuras americanas.* Prólogo de Francisco García Calderón. Paris, Casa Editorial Franco-Ibero-Americana, 1926, xx, 191 pp.
214. _____. *Literatura contemporánea.* Buenos Aires, Sociedad Cooperativa Editorial Limitada, 1918, 285 pp.
215. Miranda, César. "El decadentismo en América," *RNac,* 52:29-69, 1951. (First published in *Evolución* (Montevideo), 2 (18):387 ff., 1907.)
216. [_____]. Grecia, Pablo de (pseud.). *Prosas: Omar Kháyyám—Julio Herrera y Reissig—Rubén Darío—Villaespesa—Guerra Junqueiro.* Montevideo, Librería Nacional A. Barreiro y Ramos, 1918, 129 pp.
217. Miró, Rodrigo. "Los modernistas panameños y la literatura de la república," *Hum,* 3 (13):64-70. 1953.
218. *Miscelánea de estudios dedicados a Fernando Ortiz por sus discípulos, colegas y amigos con ocasión de cumplirse sesenta años de la publicación de su primer impreso en Menorca en 1895.* La Habana [Sociedad Económica de Amigos del País], 1955—. v.
219. Monguió, Luis. "El agotamiento del modernismo en la poesía peruana," *RI,* 18:227-267, 1953.
220. _____. "El concepto de poesía en algunos poetas hispanoamericanos representativos," *RHM,* 23: 109-132, esp. pp. 117-126, 1957. Also in: *Estudios sobre literatura hispanoamericana y española* [q. v.], pp. 7-41, esp. pp. 17-31.
221. _____. "De la problemática del modernismo: la crítica y el 'cosmopolitismo'," *RI,* 28:75-86, 1962.
222. _____. *Estudios sobre literatura hispanoamericana y española.* México, Ediciones de Andrea, 1958, 181 pp. (Colección Studium 20.)
223. _____. "La modalidad peruana del modernismo," *RI,* 17:225-242, 1952. Slightly revised: *La poesía postmodernista peruana* [q. v.], pp. 9-25.
224. _____. *La poesía postmodernista peruana.* Berkeley, University of California Press and México, Fondo de Cultura Económica, 1954, 251 pp.
225. _____. "Sobre la caracterización del modernismo," *RI,* 7:69-80, 1943.
226. Monterde, Francisco. "Consideraciones sobre el modernismo," *Memoria del primer congreso internacional de cate-*

226. Monterde. Francisco (cont.)
dráticos de literatura iberoamericana,
agosto, 1938. México, Universidad Nacional Autónoma de México, 1939,
pp. 123-128.

227. _____. "Federico Gamboa y el modernismo," RHM, 31:329-330, 1965.

228. _____. "La poesía y la prosa en la
renovación modernista," RI, 1:145-
151, 1939.

229. Mora, Luis María. Los maestros de principios del siglo. Bogotá, Editorial ABC,
1938, 203 pp.

230. More, Ernesto. Huellas humanas. Lima,
Editorial San Marcos, 1954, 149 pp.

231. *Moretió, Y. "Acerca la las raíces ideo-
logicas del modernismo hispanoamericano," Philologica Pragensia, 8 (47):
45-63, 1965.

232. Morris, Lloyd R. "Contemporary Literature in Latin America," Out, 126:237-
238, 1920.

233. *Mostajo, Francisco. El modernismo y el
americanismo [con] Los modernistas
peruanos. Arequipa, Imp. de la Revista del Sur, 1896. The latter title
appeared in *1896 in La neblina, a
journal edited by José Santos Chocano.
Also in: *San Marcos, 2 (5):143-155,
jul/sept.

234. Navarro Tomás, Tomás. Estudios de
fonología española. Syracuse, Syracuse
University Press, 1946, 217 pp.

235. _____. "Modernismo," Métrica es-
pañola, reseña histórica y descriptiva.
Syracuse, N. Y., Syracuse University
Press, 1956, pp. 386-460.

236. Nervo, Amado. "El modernismo," Rev-
DC, 1:257-259, 1955. (Reprinted from
*La cuna de América, S. D., No. 45,
10 nov. 1907.)

237. Nieto, Silvia. "Algunos aspectos del modernismo en el Uruguay," Universidad
de Salamanca. Primeras jornadas de
lengua y literatura hispanoamericana
[see under Universidad de Salamanca],
pp. 385-393.

238. Noé, Julio. "La poesía," in Arrieta, Rafael
Alberto, dir. Historia de la literatura
argentina [q. v.], vol. 4, pp. 61-129.

239. El nuevo mercurio, 1 (1907). Contains
answers to the question, "¿Qué es el
modernismo?" by the following: Emilia
Pardo Bazán, p. 336; Manuel Machado,
pp. 337-340; Manuel Ugarte, pp. 340-
342; Zahori, pp. 400-402; José Suárez
de Figueroa, pp. 402-404; F. Michel
de Champourcin, pp. 404-406; Eduardo de Ory, pp. 406-407; Rodrigo
Soriano, p. 407; Miguel de Unamuno,
pp. 504-506; Ramiro de Maeztu, pp.
506-508; Carlos Arturo Torres, pp.
508-511; Eduardo Talero, pp. 511-513;
E. Ramírez Angel, pp. 513-519; M.
Márquez Sterling, pp. 519-521; Manuel
Machado, pp. 590-593; Francisco Contreras, pp. 635-642; Miguel A. Ró-
denas, pp. 642-654; Felipe Sassone, pp.
654-657; José Francés, pp. 657-660;
Alfonso Hernández Catá, pp. 660-663;
Roberto Brenes Mesén, pp. 663-670;
Rafael López de Haro, pp. 670-672;
Amado Nervo, pp. 793-797; Andrés
González Blanco, pp. 797-805; Luis
Rodríguez Embil, pp. 805-806; Tulio
M. Cestero, pp. 886-891; Jesús E.
Valenzuela, pp. 891-894; Eloy Fariña
Núñez, pp. 1137-1139; Marcos Dea,
pp. 1248-1250; Francisco F. Fernán-
dez, pp. 1250-1252; Guillermo An-
dreve, pp. 1423-1429; Carlota Wer-
ther, pp. 1429-1430.

240. Número. La literatura uruguáya del 900.
Montevideo, Número, 1950, 340 pp.
"Este libro es reedición del volumen
especial (Año 2, No. 6-7-8) de la
revista NÚMERO."

241. Núñez, Estuardo. "El sentimiento de la
naturaleza y el modernismo en el
Perú," MP, 25:558-564, 1942.

242. Núñez Segura, José A., S. J. Literatura
colombiana; sinopsis y comentarios de
autores representativos. 5th ed., Medellín, Editorial Bedout, 1961, 627 pp.

243. Oberhelman, Harley D. "La Revista Azul
y el modernismo mexicano," JIAS,
1:335-339, 1959.

244. Onís, Federico de. España en América,
estudios, ensayos y discursos sobre
temas españoles e hispanoamericanos.
Madrid-Caracas, Librería Villegas,
1955, 853 pp. (Ediciones de la Universidad de Puerto Rico.)

245. _____. "Historia de la poesía modernista (1882-1932)," España en
América [q. v.], pp. 182-190.

246. _____. "La poesía hispanoamericana,"
CCLC (21):11-19, esp. pp. 16-18,
1956.

247. _____. "Sobre el concepto del modernismo," T, 1:95-103, 1953, Also in:
Pan, 3 (9):21-27, 1954; España en
América [q. v.], pp. 175-181; NicInd
(43):25-32, 1967.

248. Ormond, Irving, "Mexico's New Poets," *B*, 49:101-106, 1919.

249. Ortega Torres, José Joaquín. *Historia de la literatura colombiana*. Bogotá, Editorial Cromos, 1935, vi, 1214 pp.

250. Oyuela, Calixto. *Poetas hispanoamericanos*. Buenos Aires, Academia Argentina de Letras, 1949-1950, 2 vols. (Biblioteca de la Academia Argentina de Letras. Serie Clásicos Argentinos, vols. 7-8.)

251. Phillips, Allen W. *Estudios y notas sobre literatura hispanoamericana*. Prólogo de Alfredo Roggiano. México, Editorial Cultura, 1965, XIV, 189 pp.

252. Picón-Salas, Mariano. *Formación y proceso de la literatura venezolana*. Caracas, Editorial Cecilio Acosta, 1940, 271 pp. (Cover dated 1941.) "Bibliografía resumida": pp. 247-250. "Apéndice a la bibliografía de la literatura venezolana entre los años 1930 a 1940, por Pascual Venegas Filardo": pp. 251-262. Republ: *Estudios de literatura venezolana*. Caracas, Edime, 1961, 320 pp. (Grandes libros venezolanos.)

253. _____. "Letras venezolanas. Ciclo de la poesía moderna venezolana (1880-1940)," *RNC*, 2 (16):90-114, 1940.

254. _____. "El modernismo y la generación del 95," *Literatura venezolana*. 4th ed., México, Editorial Diana, 1952, pp. 165-188.

255. *_____. *Proceso y contenido de la literatura venezolana*.

256. Plácido, A. D. *Impresiones literarias; crítica*. Ex libris, madera de Héctor Ragni. Montevideo, A. Monteverde y Cía., 1938, 159 pp.

257. *Polidori, Erminio. *Introduzione allo studio del modernismo letterario iberoamericano*. Milano, Gastaldi, 1953, 156 pp.

258. Portnoy, Antonio. "El modernismo en la literatura argentina," *Hem*, 3:35, 1943.

259. Posada Mejía, Germán. "El modernismo," *UAnt*, 20 (80):469-473, 1946. Also in: *Elite*, 7 (78):15-17, 1947.

260. [Puga y Acal, Manuel]. *Brummel* (pseud.). *Los poetas mexicanos contemporáneos; ensayos críticos de Brummel*. Primera serie: Salvador Díaz Mirón. Manuel Gutiérrez Nájera. Juan de Dios Peza. México, Imp. Litografía y Encuadernación de I. Paz, 1888, 195 pp.

261. Raed, José. *El modernismo como tergiversación historiográfica*. Buenos Aires, Editorial Devenir, 1964, 38 pp. (Colección El Ensayo. Historia 1.)

262. Ramos Mimosa, Adriana. *El modernismo en la lírica puertorriqueña*. San Juan, Instituto de Cultura Puertorriqueña, 1960, 30 pp. (Ciclo de conferencias sobre la literatura de Puerto Rico.)

263. Real de Azúa, Carlos. "Ambiente espiritual del novecientos," *Num*, 2:15-36, 1950.

264. Remos y Rubio, Juan J. *Historia de la literatura cubana*. Vol. 3, *Modernismo*. La Habana, Cárdenas y Cía., 1945, 586 pp.

265. *Las revistas literarias de México*. See: Instituto Nacional de Bellas Artes.

266. Reyes, Alfonso. "De poesía hispanoamericana," *Obras completas* [q. v.], vol. 12, pp. 256-270. "*The Nation*, Nueva York, 29 de marzo y 5 de abril de 1941." See also: *Pasado inmediato y otros ensayos*. México, El Colegio de México, 1941, second chapter.

267. _____. "El gimnasio de la 'Revista nueva'," *Obras completas* [q. v.], vol. 4, pp. 360-362. Reprinted from *Reloj de sol. Quinta serie de simpatías y diferencias*. Madrid, Tip. Artística, 1926. See also: *Reloj de sol . . . in Simpatías y diferencias*. Vol. 2, Edición y prólogo de Antonio Castro Leal. México, Editorial Porrúa, 1945, pp. 183-345. "El material de este libro procede de varias revistas de España y América . . ." (From *Obras completas*, vol. 4, p. 356.)

268. _____. *Obras completas*. México, Fondo de Cultura Económica, 1955—, v.

269. Rivera, Modesto. *El modernismo: la prosa*. San Juan, Instituto de Cultura Puertorriqueña, 1960, 31 pp. (Ciclo de conferencias sobre la literatura de Puerto Rico, vol. 1, no. 5.)

270. Rodríguez Fernández, Mario. *El modernismo en Chile y en Hispanoamérica*. Ensayo ilustrado con textos de poetas nacionales. Homenaje al centenario del nacimiento de Rubén Darío. Santiago de Chile, Instituto de Literatura Chilena, Universidad de Chile, Facultad de Filosofía y Educación. Publicaciones del Instituto de Literatura Chilena, 1967, 259 pp. (Serie B. Monografías y Ensayos 1.)

271. Rodríguez Monegal, Emir. "La generación del 900. Apunte preliminar," *Num,* 2:37-61, 1950.

272. Roggiano, Alfredo. "El modernismo y la novela en la América Hispana," *La novela iberoamericana. Memoria del quinto congreso del Instituto Internacional de Literatura Iberoamericana.* Edición a cargo de Arturo Torres Ríoseco. Albuquerque, N. M., University of New Mexico Press, 1951, pp. 25-45.

273. _____. "El origen francés y la valoración hispánica del modernismo," *Influencias extranjeras en la literatura iberoamericana y otros temas* [see under "Influencias . . ."], pp. 27-39.

274. Rohde, Jorge Max. "El modernismo," *Las ideas estéticas en la literatura argentina.* Buenos Aires, Imp. y Casa Editora "Coni," 1921, vol. 1, pp. 259-312.

275. Rosa-Nieves, Cesáreo. "Preludio al tema del modernismo en Puerto Rico," *RI,* 22:359-363, 1957.

276. Rusconi, Alberto. *Ensayos estilísticos.* Montevideo, Imp. Central, 1951, 167 pp.

277. Salinas, Pedro. "El cisne y el buho. (Apuntes para la historia de la poesía modernista)," *RI,* 2:55-77, 1940. Also in: *Literatura española siglo XX* [q. v.], pp. 45-65; reprinted in *La obra de Enrique González Martínez* [see under "Colegio Nacional"], pp. 147-165.

278. _____. *Literatura española siglo XX.* 2nd ed., aumentada. México, Antigua Librería Robredo, 1949, vii, 227 pp. (Clásicos y Modernos; Creación y Crítica Literaria 1.)

279. _____. "El problema del modernismo en España o un conflicto entre dos espíritus," *Hommage a Ernest Martinenche* [q. v.], pp. 271-281. Also in: *Literatura española siglo XX* [q. v.], 2nd ed., pp. 13-25.

280. Sánchez, Luis Alberto. " 'A falta de laureles . . .'," *Balance y liquidación del 900* [q. v.], pp. 61-70.

281. _____. "Antesala del modernismo," *Balance y liquidación del 900* [q. v.], pp. 25-36.

282. _____. *Balance y liquidación del 900.* Santiago de Chile, Ediciones Ercilla, 1941, 210 pp. Later published as: *¿Tuvimos maestros en nuestra América? Balance y liquidación del novecientos.* Buenos Aires, Editorial Raigal,

1956, 192 pp. (Biblioteca Nuestra América 3.)

283. _____. *Escritores representativos de América.* Primera serie. 2nd ed., Madrid, Editorial Gredos, 1963, 3 vols. 1st ed., *ibid.,* 1957, 2 vols. (Biblioteca Románica Hispánica. 2. Estudios y Ensayos 33.)

284. _____. "Estética del Arielismo," *Balance y liquidación del 900* [q. v.], pp. 145-169; "Estética del Arielismo II," pp. 170-181.

285. _____. *Historia de la literatura americana (desde los orígenes hasta 1936).* Santiago de Chile, Ediciones Ercilla, 1937, 681 pp. Contains: "Iniciación del modernismo," pp. 445-476; "El modernismo. Novecentismo y postmodernismo," pp. 477-501; "El modernismo (conclusión)," pp. 502-553.

286. _____. "El modernismo, hecho social," *Balance y liquidación del 900* [q. v.], pp. 37-42.

287. _____. "Setenta años de hazaña modernista," *ND,* 38 (4):30-32, 1958.

288. _____. "Síntesis de la literatura peruana," *ND,* 17 (6):20-21, esp. p. 21, 1936.

289. Sánchez Trincado, José Luis. *Stendhal y otras figuras.* Buenos Aires, Imp. López, 1943, 125 pp.

290. Sanín Cano, Baldomero. *De mi vida y otras vidas.* Bogotá, Editorial ABC, 1949, 254 pp. (Ediciones "Revista de América.")

291. Santos González, C. *Poetas y críticos de América.* Paris, Casa Editorial Garnier hermanos [1912], iii, 568 pp.

292. Schade, George D. "La mitología clásica en la poesía modernista hispanoamericana," *La cultura y la literatura iberoamericanas* [see under "La cultura . . ."], pp. 123-129.

293. Schulman, Ivan A. "Carta abierta a Raúl Silva Castro," *CuAm,* 156:268-270, 1968. (See: Silva Castro, "Reflexiones en torno a la definición del modernismo." Polemic.)

294. _____. "Génesis del azul modernista," *RI,* 25 (50):251-271, 1960. Reprinted with omissions of the second and third paragraphs in *Génesis del modernismo . . .* [q. v.], pp. 115-138.

295. _____. *Génesis del modernismo. Martí, Nájera, Silva, Casal.* México, El Colegio de México, Washington University Press, 1966, 221 pp. (In the sections that include Nájera, Schulman opposes

Boyd G. Carter, *En torno a Gutiérrez Nájera y las letras mexicanas del siglo XIX* [q. v.].)

296. _____. "Reflexiones en torno a la definición del modernismo," *CuAm*, 147 (4):210-240, 1966. (See: Jiménez, Juan Ramón. *El modernismo. Notas* . . . and: Silva Castro, Raúl. "Reflexiones en torno a la definición del modernismo," Polemic.)

297. _____. "Los supuestos 'precursores' del modernismo hispanoamericano," *NRFH*, 12:61-64, 1958. (Against Bernardo Gicovate. *Julio Herrera y Reissig and the Symbolists* [q. v.], and others such as "el primero que 'calificó de *precursoras*' formas poéticas que se escribieron años después de la fecha en que generalmente se fija la génesis del modernismo." Schulman supports his arguments with: Manuel Pedro González, "José Martí: jerarca del modernismo;" Federico de Onís, "La poesía hispanoamericana;" and Alfredo A. Roggiano, "Poética y estilo de José Martí" [q. v.]. Polemic.)

298. Seluja Cecín, Antonio. "El ambiente montevideano," *El modernismo literario en el Río de la Plata* [q. v.], pp. 83-84.

299. _____. "Balance final. Interpretación periodológica," *El modernismo literario en el Río de la Plata* [q. v.], pp. 147-159.

300. _____. "Iniciación de la prosa modernista en el Uruguay," *El modernismo literario en el Río de la Plata* [q. v.], pp. 89-95.

301. _____. "La lírica femenina y el modernismo," *El modernismo literario en el Río de la Plata* [q. v.], pp. 127-133.

302. _____. "El modernismo en América," *El modernismo literario en el Río de la Plata* [q. v.], pp. 9-35.

303. _____. *El modernismo literario en el Río de la Plata*. Montevideo, Imp. Sales, 1965, 166 pp. "Bibliografía": pp. 161-166. "Ensayo premiado por la Academia Nacional de Letras, concurso 'Raúl Montero Bustamante' 1960."

304. _____. "Otras figuras del modernismo uruguayo," *El modernismo literario en el Río de la Plata* [q. v.], pp. 135-145.

305. _____. "Los poetas menores," *El modernismo literario en el Río de la Plata* [q. v.], pp. 75-82.

306. _____. "Revistas y publicaciones del modernismo," *El modernismo literario en el Río de la Plata* [q. v.], pp. 39-41.

307. _____. "Revistas y publicaciones modernistas," *El modernismo literario en el Río de la Plata* [q. v.], pp. 85-88.

308. Shaw, D. L. "Modernismo: A Contribution to the Debate," *BHS*, 44:195-202, 1967.

309. Siebenmann, Gustav. "Reinterpretación del modernismo," *Pensamiento y letras en la España del siglo XX*. Congreso internacional en Vanderbilt University para celebrar el centenario del nacimiento de Miguel de Unamuno 1864-1964. Germán Bleiberg y E. Inman Fox, editores. Nashville, Tennessee, Vanderbilt University Press, 1966, pp. 497-511. (The title page is also printed in English on this multi-lingual book.)

310. Silva Castro, Raúl. "¿Es posible definir el modernismo?" *CuAm*, 141 (4):172-179, 1965.

311. _____. "Reflexiones en torno a la definición del modernismo," *CuAm*, 153 (4):181-192, 1967. (See: Schulman, Ivan A. "Reflexiones en torno a la definición del modernismo." Polemic.)

312. Silva Uzcátegui, R. D. *Historia crítica del modernismo en la literatura castellana; estudio de crítica científica. Psicopatología de los corifeos del modernismo, demostrada con los actos, las teorías, las innovaciones i las poesías de ellos mismos*. Barcelona, Imprenta Vda. de Luis Tasso, 1925, 459 pp. (Based strongly on Max Nordau's *Degeneration*.)

313. Sister Mary Edgar Meyer, O. S. F. "Walt Whitman's Popularity Among Latin-American Poets," *Americ*, 9:3-15, 1952.

314. Soto, Luis Emilio. "El cuento. XII. Doble faz del modernismo," in Arrieta, Rafael Alberto, dir. *Historia de la literatura argentina* [q. v.], vol. 4, pp. 316-318.

315. Spell, Jefferson Rea. "Mexican Literary Periodicals of the Nineteenth Century," *PMLA*, 52:272-312, 1937. "Mexican Literary Periodicals of the Twentieth Century," *PMLA*, 54:835-852, 1939.

316. Stabb, Martin S. "La Bella Dormida: An Interpretation of the Image in Selected Spanish American Poets," *Hisp.* 46:259-264, 1963.

317. Suárez Calimano, Emilio. "Orientación de la literatura hispano-americana en los últimos veinte años," *Nos*, 57:285-314, 1927. (Número aniversario.)

318. Tagle, Armando. *Estudios de psicología de crítica*. Vol. 1, Buenos Aires, Talleres Gráficos Capellano Hnos., 1933, 291 pp.

319. Tamayo Vargas, Augusto. *Literatura peruana*. Lima, Editorial "D. Miranda," 1953-1954, 2 vols.

320. Tauro, Alberto. " 'Colónida' en el modernismo peruano," *RI*, 1:77-82, 1939.

321. _____. *"Contemporáneos" y "Cultura". Dos revistas de la generación modernista. (Contribución a una bibliografía peruana)*. Lima, Librería e Imprenta Gil, 1938, 24 pp. (Universidad Mayor de San Marcos, Seminario de Letras.)

322. Toro y Gisbert, Miguel de. *Los nuevos derroteros del idioma*. Paris, R. Roger y F. Chernoviz, Editores, 1918, 376 pp.

323. Torre, Guillermo de. *La aventura y el orden*. 2nd ed., Buenos Aires, Editorial Losada, 1948, 190 pp. "Advertencia Editorial: Por razones de espacio . . . nos hemos visto obligados, de acuerdo con el autor, a distribuir en dos volúmenes al material de *La aventura y el orden*, cuya primera edición, hoy agotada, publicó esta Editorial en 1943. Los capítulos de las partes que no cupieron en esta nueva edición, pasan a formar parte de otro tomo que, bajo el título *Tríptico del sacrificio*, aparece simultáneamente también en esta 'Biblioteca Contemporánea', con la incorporación de varias páginas inéditas . . ."

324. _____. "Modernismo y noventaiochismo," *La aventura y el orden* [q. v.], 2nd ed., pp. 184-185.

325. Torrendell, J[uan]. *Crítica menor*. 2nd ed., Buenos Aires, Editorial Tor, 1933, 2 vols.

326. Torres Ríoseco, Arturo. *Ensayos sobre literatura latinoamericana*. México, Fondo de Cultura Económica, 1953, 207 pp.

327. _____. *Ensayos sobre literatura latinoamericana*. Segunda serie. Berkeley and Los Angeles, University of California Press; "Impreso y hecho en México," Fondo de Cultura Económica, 1958, 204 pp.

328. _____. *The Epic of Latin American Literature*. Revised Edition, New York, Oxford University Press, 1946, 280 pp. 1st ed., *ibid.*, 1942, 279 pp. In Spanish as *La gran literatura iberoamericana*. Buenos Aires, Emecé Editores, 1964, 1961, 1960, 1951, 1945. The most recent printing bears the title *Nueva historia de la gran literatura iberoamericana* and contains two additional chapters, "El ensayo," pp. 263-276 and "La hora actual," pp. 277-319.

329. _____. *La hebra en la aguja*. Prólogo, "Vida, obra y pensamiento de Arturo Torres Ríoseco", de Alfredo A. Roggiano. México, Editorial Cultura, 1965, xxvi, 174 pp. (Biblioteca del Nuevo Mundo. II. Estudios y Ensayos 1.)

330. _____. "Influencia de la cultura francesa en la literatura hispanoamericana," *CCLC* (78):69-75, 1963.

331. _____. "El modernismo y la crítica," *Nos*, 65: 320-327, 1929. Also in: *Hisp*, 12:357-364, 1929. (A criticism of Rufino Blanco-Fombona's book, *El modernismo y los poetas modernistas*, among other things.)

332. _____. *New World Literature; Tradition and Revolt in Latin America*. Berkeley, University of California Press, 1949, 250 pp.

333. _____. "Notas sobre el origen del estilo modernista," *Influencias extranjeras en la literatura iberoamericana y otros temas* [see under "Influencias . . .], pp. 11-15. Also in: *La hebra en la aguja* [q. v.], pp. 15-20.

334. _____. *Precursores del modernismo*. [2nd ed.], New York, Las Americas Publishing Co., 1963, 221 pp. Bibliography: pp. 219-221. 1st ed., Madrid, Talleres Calpe, 1925, 124 pp.

335. Ugarte, Manuel. *Escritores iberoamericanos de 1900*. 2nd ed., México, Editorial Vértice, 1947, 269 pp. (Colección Nuestra América.) 1st ed., Santiago de Chile, Editorial Orbe, 1943, 271 pp.

336. _____. "El *modernismo* en España," *Las nuevas tendencias literarias* [q. v.], pp. 41-50.

337. _____. *Las nuevas tendencias literarias*. Valencia, F. Sempere y Cía., n. d. [1909]; "Prólogo" dated 1908, viii, 227 pp.

338. Umphrey, George W. "Fifty Years of Modernism in Spanish - American Poetry," *MLQ*, 1:101-114, 1940. Subtitles: "Modernism in Spanish-American Literature," pp. 103-105; "Rubén Darío and Parnassianism," pp. 105-106; "Darío and Modernism," pp. 106-109; "Mundonovismo," pp. 109-112; "Vanguardism," pp. 112-113; "Conclusión," pp. 113-114.

339. Universidad de Salamanca. *Primeras jornadas de lengua y literatura hispanoamericana.* Comunicaciones y ponencias. Filosofía y Letras, Tomo X, núm. 1. Salamanca, 1956.

340. Universidad Nacional. Facultad de Humanidades y Ciencias de la Educación. Departamento de Letras. *Estudios literarios.* Buenos Aires, 1966, 197 pp.

341. Uribe Ferrer, René. "El modernismo: su significado y su ámbito," *Modernismo y poesía contemporánea* [q. v.], pp. 13-39.

342. _____. *Modernismo y poesía contemporánea.* Prólogo de Rafael Maya. Medellín, Colombia, Imp. Departamental de Antioquia, 1962, 177 pp. (Ediciones "La Tertulia," vol. 5.)

343. Valdés, Ricardo. "Una opinión sobre el lirismo modernista," *RC,* 4:210-217, 1918.

344. Valenzuela, Jesús Emilio. "Modernismo," *RM,* 8:131-132, 1907.

345. _____. "Los modernistas mexicanos," *RM,* 1:139-143, 152-157, 1898. "De *El Universal.*"

346. Vázquez, Jorge Adalberto. *Perfil y esencia de la poesía mexicana.* México, Secretaría de Educación Pública, 1955, 74 pp. (Biblioteca Enciclopédica Popular 228.)

347. Vela, Arqueles. *Teoría literaria del modernismo; su filosofía, su estética, su técnica.* México, Ediciones Botas, 1949, 367 pp.

348. Venegas Filardo, Pascual. *Novelas y novelistas de Venezuela; notas críticas.* Caracas, Asociación de Escritores Venezolanos, 1955, 57 pp. (Cuadernos literarios de la "Asociación de Escritores Venezolanos" 86.)

349. Vian, Francesco. *Il "modernismo" nella poesia ispanica.* Milano, La Goliardica, 1955, 342 pp. "Nota bibliografica": pp. 25-46. (Edizioni Universitarie.)

350. _____. "Il 'modernismo' nella poesia ispanica," *Il "modernismo" nella poesia ispanica* [q. v.], pp. 1-24.

351. Vilches, Roberto. "Las revistas literarias del siglo XIX," *RCHG,* 91: 324-355, 1941; 92:117-159, 1942. (Concerning journals before 1858 and from 1858 to 1900, respectively.)

352. Villagrán Bustamante, Héctor. *Crítica literaria.* Montevideo, A. Monteverde y Cía., 1929, viii, 112 pp.

353. Zerega Fombona, Alberto. *Le symbolisme français et la poésie espagnole moderne.* Paris, Mercure de France, 1919, 84 pp.

354. Zum Felde, Alberto. *Crítica de la literatura uruguaya.* Montevideo, Maximino García editor, 1921, 356 pp.

355. _____. *Indice crítico de la literatura hispanoamericana.* Tomo I. *El ensayo y la crítica.* Tomo II. *La narrativa.* México, Editorial Guaranía, 1959, 2 vols.

356. _____. "El modernismo en la narrativa," *Indice crítico de la literatura hispanoamericana* [q. v.], vol. 2, pp. 375-411. Portions are reprinted in: *La narrativa en Hispanoamérica* [q. v.], pp. 276-290.

357. _____. *La narrativa en Hispanoamérica.* Madrid, Aguilar, 1964, 379 pp. (Ensayistas Hispánicos.)

358. _____. *Proceso intelectual del Uruguay y crítica de su literatura.* Montevideo, Editorial Claridad, 1941, 639 pp.

Julián Del Casal
(1863-1893)

1. Acosta, Agustín. "Evocación de Julián del Casal," *RevCu*, 19:5-15, 1945.
2. Albuquerque Lima, Sílvio Júlio de. See: Júlio, Sílvio.
3. Anderson Imbert, Enrique. "Julián del Casal," *Historia de la literatura hispanoamericana* [see "General References"], vol. 1, pp. 332-336.
4. Augier, Angel. *Crónicas habaneras*. Compilación e Introducción por . . . Prólogo por Samuel Feijóo. Santa Clara, Cuba, Dirección de Publicaciones, Universidad Central de las Villas, 1963, 303 pp. "Prólogo": pp. 7-8; "Prosa periodística y literaria de Julián del Casal [by Augier]": pp. 9-18.
5. _____. "Julián del Casal," *UHab* (50/51):133-144, 1943.
6. _____. "6 notas sobre Julián del Casal," *UHab*, 27 (164):161-170, 1963.
7. Balseiro, José A. "Cuatro enamorados de la muerte en la lírica hispanoamericana," *Expresión de Hispanoamérica* [see "General References"], vol. 1, pp. 121-137, esp. pp. 127-132. (Also concerning Martí, Nájera, and Silva.)
8. Bar-Lewaw, Itzhak. "La prosa de José Martí y de Julián del Casal," *Temas literarios iberoamericanos* [see "General References"], pp. 33-46.
9. Berger, Margaret Robinson. "The Influence of Baudelaire on the Poetry of Julián del Casal," *RR*, 37:177-187, 1946.
10. Blanco-Fombona, Rufino. "Julián del Casal (1863-1893)," *El modernismo y los poetas modernistas* [see "General References"], pp. 87-102.
11. Borrero Echeverría, Esteban. "In memoriam (por Julián del Casal). El lirio de Salomé," *Prosas* [see Consejo Nacional de Cultura], vol. 1, pp. 37-39. "*El Fígaro*, Año 1899, Pág. 391."
12. Cabrera Saqui, Mario. "Julián del Casal y el modernismo," *RBC*, 57:28-53, 1946. "Bibliografía": pp. 49-53.
13. _____, *Poesías completas*. Recopilación, ensayo preliminar, bibliografía y notas de . . . La Habana, Publicaciones del Ministerio de Educación, Dirección de Cultura, 1945, 349 pp. "Ensayo preliminar": pp. 7-40; "Bibliografía": pp. 41-47.
14. Caillet-Bois, Julio. "Julián del Casal," *R*, 1:282-287, 1947.
15. Chacón y Calvo, José María. "En torno a un epistolario de Julián del Casal," *BACL*, 7:346-373, 1958.
16. Consejo Nacional de Cultura. *Julián del Casal. Prosas*. Edición del centenario. La Habana, 1963, 3 vols., esp. vol. 1. "Prólogo [unsigned]": pp. 9-15; "Cronología de Julián del Casal": pp. 17-21; "Escritos sobre Julián del Casal": pp. 23-111. (See: Martí, José; Varona, Enrique José; Sanguily, Manuel; Darío, Rubén; Lara, Justo de; Borrero Echeverría, Esteban; Márquez Sterling, M.; Henríquez Ureña, Pedro; Portuondo, José Antonio; Lezama Lima, José; Vitier, Cintio.)
17. Cruz, Manuel de la. "Julián del Casal," *Cromitos cubanos*. In *Obras*, vol. 5. Madrid, Editorial Saturnino Calleja, 1926, pp. 229-243. (Biblioteca Calleja.) Published with Aurelio Mitjans, *Estudio sobre el movimiento científico y literario de Cuba*. Habana, Imp. de A. Alvarez y Cía., 1890, pp. 299-321.
18. _____. "Julián del Casal," *Literatura cubana. Obras*, vol. 3 [see "General References"], pp. 425-428. "*La Habana Elegante*, Habana, 29 de octubre de 1893."
19. Darío, Rubén. "Julián del Casal," *Prosas* [see Consejo Nacional de Cultura], vol. 1, pp. 31-35. "*La Habana Elegante*, 17 de junio de 1894."

20. Duplessis, Gustavo. "Julián del Casal," *RBC*, 54:31-75, 1944; 54:140-170, 1944; 54:241-286, 1944. "Bibliografía" pp. 283-286. Also in: *UHab*, 27 (164):7-131, 1963. "Bibliografía": pp. 131-134. And separately: La Habana, Molina y Cía., 1945, 127 pp.

21. Englekirk, John Eugene. "Julián del Casal," *Edgar Allen Poe in Hispanic Literature* [see "General References"], pp. 230-239.

22. Estenger, Rafael. "José A. Silva y Calibán sonríe (recuerdos inéditos de Casal)," *CubCon*, 23:31-44, 1920.

23. Fernández de Castro, José A. "Aniversario y revisión de Casal," *RevHab*, 1:51-56, 1930.

24. Ferro, Hellén. "Julián del Casal; pintura y modernismo; sensualismo decadente; decadentismo y aire puro," *Historia de la poesía hispanoamericana* [see "General References"], pp. 159-163.

25. Figueroa, Esperanza. "Apuntes sobre Julián del Casal," *RI*, 7:329-335, 1944.

26. _____. "Bibliografía de Julián del Casal," *BBC*, 2 (3/4):33-38, 1942.

27. _____. "Julián del Casal y el modernismo," *RI*, 31:47-69, 1965.

28. _____. "Julián del Casal y Rubén Darío," *RBC*, 50:191-208, 1942.

29. *_____. "Revisión de Julián del Casal," *Primer congreso nacional de historia. La Habana, octubre 8-12, 1942*. II. *Trabajos presentados*. La Habana, 1943.

30. García Vega, Lorenzo. "La opereta cubana en Julián del Casal," *Un*, 3(2): 59-79, 1964.

31. Geada de Prulletti, Rita. "Bibliografía de y sobre Julián del Casal (1863-1893)," *RI*, 33:133-139, 1967.

31a. _____. "El sentido de la evasión en la poesía de Julián del Casal," *RI*, 32:101-108, 1966.

32. Geada y Fernández, Juan J. *Selección de poesías de Julián del Casal*. Introducción por . . . Habana, Cultural, 1931, cxvii, 184 pp. (Colección de Libros Cubanos, vol. 23.) "Introducción": pp. vii-cxiv, "Bibliografía": pp. cxv-cxvii.

33. Gicovate, Bernardo. "Tradición y novedad en un poema de Julián del Casal," *NRFH*, 14:119-125, 1960. With an introductory paragraph, also in *Conceptos fundamentales de literatura comparada* [see "General References"], pp. 105-116.

34. González, Manuel Pedro. "Un notable estudio argentino sobre Julián del Casal. Glosa de aniversario," *RI*, 19:253-260, 1954. (Concerning José María Monner Sans. *Julián del Casal y el modernismo hispanoamericano* [q. v.].)

35. Guanabacao, César de (pseud.). See: Sos, Ciriaco.

36. Guerra Flores, José. "La poesía de Julián del Casal," *Abs*, 27 (3):301-307, 1963.

37. Henríquez Ureña, Camila. "Julián del Casal, poeta de la muerte," *UHab*, 27 (164):145-160, 1963.

38. Henríquez Ureña, Max. "Julián del Casal," *Breve historia del modernismo* [see "General References"], 2nd ed., pp. 115-134.

39. Henríquez Ureña, Pedro. "Ante la tumba de Casal," *Prosas* [see Consejo Nacional de Cultura], vol. 1, pp. 41-42. "*El Fígaro*, octubre 25 de 1914." (Not purely necrological.)

40. _____. "El modernismo en la poesía cubana," *Ensayos críticos* [see "General References"], pp. 33-42; *Obra crítica* [see "General References"], pp. 17-22.

41. Júlio, Sílvio. "Julián del Casal," *Escritores antilhanos* [see "General References"], pp. 146-178.

42. Lamothe, Louis. "Julián del Casal," *Los mayores poetas latinoamericanos de 1850 a 1950* [see "General References"], pp. 49-54.

43. Lara, Justo de. "Julián del Casal," *Prosas* [see Consejo Nacional de Cultura], vol. 1, pp. 35-37. "*El Hogar*, La Habana, 29 de octubre de 1893, Año X, Núm. 36, Pág. 2."

44. Lazo, Raimundo. "Julián del Casal y su poesía a los cien años," *UHab*, 27 (164):135-143, 1963.

45. Leslie, John K. "Casal's *Salomé*: the Mystery of the Missing Prophet," *MLN*, 62:402-404, 1947.

46. Lezama Lima, José. "Julián del Casal," *Analecta del reloj: ensayos*. La Habana, Orígenes, 1953, pp. 62-97. Republished as part of the "Escritos sobre Julián del Casal," [introduction to] *Julián del Casal. Prosas*. Tomo I. Edición del Centenario. La Habana, Consejo Nacional de Cultura, 1963, pp. 69-90. (Biblioteca Básica de Autores Cubanos.)

47. Lizaso, Félix and José A. Fernández de Castro. "Julián del Casal," *RepAmer*, 9:245-246, 22 dic. 1924.

48. Loynaz de Alvarez Cañas, Dulce M. "Ausencia y presencia de Julián del Casal," *BACL*, 5:5-26, 1956.

49. Márquez Sterling, M. "El espíritu de Casal," *Prosas* [see Consejo Nacional de Cultura], vol. 1, pp. 39-41. "*El Fígaro*, octubre 26, 1902."

50. Martí, José. Julián del Casal," *Prosas* [see Consejo Nacional de Cultura], vol. 1, pp. 25-26. "*Patria*, New York, 31 de octubre de 1893."

51. Meza, Ramón. "Julián del Casal," *Rev-FLCH*, 11:105-142, 1910.

52. Meza Fuentes, Roberto. "Un desterrado del mundo," *De Díaz Mirón a Rubén Darío* [see under "Salvador Díaz Mirón"], 1st ed., pp. 93-109.

53. Monner Sans, José María. "Biografía y semblanza de Julián del Casal," *BAAL*, 16:411-437, 1947. (The author emphasizes at the end the psychological relationship between Casal's life and the nature of his works.)

54. _____. "La iniciación poética de Julián del Casal," *A*, 89:214-222, 1948.

55. _____. "Julián del Casal bajo el influjo parnasiano," *BAAL*, 17:75-85, 1948.

56. _____. *Julián del Casal y el modernismo hispanoamericano*. México, Colegio de México, 1952, 273 pp. Antología: pp. 119-238.

57. _____. "Los temas poéticos de Julián del Casal," *CuAm*, 49 (1):246-260, 1950.

58. Nunn, Marshall E. "Bibliography," *Selected Prose of Julián del Casal*. University of Alabama Press, 1949, pp. 135-140. (University of Alabama Studies, Number 4.)

59. _____. Julián del Casal. First Modernista Poet," *Hisp*, 23:73-80, 1940.

60. _____. "Vida y obras de Julián del Casal," *Amer*, 4 (1):49-55, 1939.

61. Onís, Federico de. "Julián del Casal, 1863-1893," *España en América* [see "General References"], pp. 194-195.

62. Oyuela, Calixto. "Julián del Casal," *Poetas hispanoamericanos* [see "General References"], vol. 2, pp. 57-60.

63. Poncet, Carmen P. "Dualidad de Casal," *RBC*, 53:193-212, 1944.

64. Portuondo, José Antonio. *Angustia y evasión de Julián del Casal*. La Habana, Molina y Cía., 1937, 37 pp. "Conferencia leída el 10 de febrero de 1937, en el Palacio municipal, correspondiente a la serie sobre Habaneros ilustres, y publicada en el número 13 de los Cuadernos de historia habanera [Primera Serie, 1937]." Republished as part of "Escritos sobre Julián del Casal," [introducción] *Julián del Casal. Prosas*. [see Consejo Nacional de Cultura], vol. 1, pp. 42-68. (Biblioteca Básica de Autores Cubanos.)

65. *Remos y Rubio, Juan J. "Los albores del modernismo en Cuba," *Mic*, 1937, pp. 236-244.

66. _____. "Julián del Casal y su influencia," *Historia de la literatura cubana* [see "General References"], pp. 72-99. Contains: "Valores poéticos de Casal," pp. 72-80; "Sus poesías," pp. 80-88; "Los hermanos Uhrbach," pp. 88-93; "Juana Borrero," pp. 93-99.

67. Sanguily, Manuel. "Corona fúnebre," *Prosas* [see Consejo Nacional de Cultura], vol. 1, pp. 29-31. "*Hojas literarias*, octubre 31 de 1893."

68. Schulman, Ivan A. "Las estructuras polares en la obra de José Martí y Julián del Casal," *RI*, 29:251-282, 1963; *Génesis del modernismo* [see "General References"], pp. 153-187.

69. [Sos, Ciriaco]. Guanabacao, César de (pseud.). *Julián del Casal o un falsario de la rima*. La Habana, Imp. y pap. "La Prensa," 1893, 31 pp. (Biblioteca de "El Arlequín.")

70. Torres Ríoseco, Arturo. "*A Rebours* and Two Sonnets of Julián del Casal," *HR*, 23:295-297, 1955. In Spanish: *Ensayos sobre literatura latinoamericana* [see "General References"], pp. 90-92. (Concerning "Salomé" and the sonnet on "L'Apparition.")

71. _____. "En torno a seis poetas hispanoamericanos. ¿Es Julián del Casal precursor del modernismo o no?" *Ensayos sobre literatura latinoamericana, segunda serie* [see "General References"], pp. 145-147.

72. _____. *The Epic of Latin American Literature* [see "General References"], rev. ed., p. 94.

73. _____. "Julián del Casal (1863-1893)," *Precursores del modernismo* [see "General References"], 1st ed., pp. 35-46.

74. *Universidad de la Habana,* 27 (164):7-183, 1963. (Entire number dedicated to Julián del Casal.)

75. Urbina, Luis G. "Julián del Casal (fragmento)," *RAzul,* 2:181-182, 20 ene. 1895.

76. Varona, Enrique José. *"Hojas al viento," Prosas* [see Consejo Nacional de Cultura], vol. 1, pp. 26-29. *"La Habana Elegante,* La Habana, junio 1 de 1890."

77. Vian, Francesco. "Julián del Casal (1863-1893)," *Il "modernismo" nella poesia ispanica* [see "General References"], pp. 113-125.

78. Vitier, Cintio. "Casal como antítesis de Martí. Hastío, forma, belleza, asimilación y originalidad. Nuevos rasgos de lo cubano. 'El frío' y 'lo otro'," *Lo cubano en la poesía.* Universidad Central de las Villas, Departamento de Relaciones Culturales, 1958, pp. 242-268. Republished as part of the "Escritos sobre Julián del Casal," [introduction to] *Prosas* [see Consejo Nacional de Cultura], vol. 1, pp. 90-111.

José Santos Chocano

(1875-1934)

1. Adán, Martín (pseud.). See: Fuente Benavides, Rafael de la.
2. Agénore Magno, G. "La 'Terra del sole' nella poesia vibrante di Santos Chocano," *NAnt,* 263:330-339, 1929.
3. Aguilar Machado, Margarita. *José Santos Chocano, sus últimos años.* Lima, Editorial "Thesis," 1965, 227 pp.
4. Albuquerque Lima, Sílvio Júlio de. See: Júlio, Sylvio.
5. Alegría, Fernando. "J. S. Chocano," *Walt Whitman en Hispanoamérica* [see "General References"], pp. 276-281.
6. Alvarado Quirós, Alejandro. "Chocano," *RepAmer,* 29:377-378, 29 dic. 1934.
7. Amunátegui y Reyes, Miguel Luis. *Críticas i charlas.* Santiago de Chile, Imp. Cervantes, 1902, esp. pp. 107-113.
8. Anderson Imbert, Enrique. "José Santos Chocano," *Historia de la literatura hispanoamericana* [see "General References"], vol. 1, pp. 385-386.
9. Aramburu y Machado, Mariano. "La poesía de José Santos Chocano," *Literatura crítica.* Paris, Sociedad de Ediciones Literarias y Artísticas. Librería Paul Ollendorff, n. d. [1909], pp. 157-165.
10. Bendezú, Francisco. "José Santos Chocano," *L* (74/75):192-195, primero y segundo semestres de 1965. "Discurso pronunciado por . . . en nombre del Departamento de Literatura de la Facultad de Letras de la Universidad Nacional Mayor de San Marcos, con ocasión de la repatriación de los restos del poeta José Santos Chocano."
11. Berisso, Luis. "José S. Chocano," *El pensamiento de América* [see "General References"], pp. 253-260.
12. Blanco-Fombona, Rufino. "José Santos Chocano," *El modernismo y los poetas modernistas* [see "General References"], pp. 273-293.
13. Calderón y de Galvez, E. "El elemento exclusivo en la literatura peruana," *RevEsp,* 9:530-534, 1934.
14. Carrere, E. "José Santos Chocano, el aventurero: poeta, amador y pirata," *CentAm,* 21 (271):3, 18, 1935.
15. Cejador, Julio. *Cabos sueltos; literatura y lingüística.* Madrid, Perlado, Páez y Cía., sucesores de Hernando, 1907, esp. pp. 351-366.
16. *_____.* "Chocano y los demás poetas jóvenes de América," *Lect,* 2:240-248, 1907.
17. Champion, Emilio. "Breve ensayo sobre el sentido de la poesía peruana," *L,* 4:459-474, esp. pp. 466-467, 1938.
18. Chariarse, Leopoldo. "Chocano, Eguren y Vallejo o la actitud y destino del poeta," Universidad de Salamanca. *Primeras jornadas de lengua y literatura hispanoamericana* [see under Universidad de Salamanca in "General References"], pp. 395-404, esp. pp. 396-399.
19. Chavarri, Jorge M. "La vida y arte de José Santos Chocano, el poeta de América," *KFLQ,* 3:67-75, 1956.
20. [Crispo Acosta, Osvaldo]. "Lauxar" (pseud.). "José Santos Chocano," *Motivos de crítica hispanoamericanos* [see "General References"], pp. 213-224.
21. Díez-Canedo, Enrique. "Aproximaciones a Chocano," *Letras de América* [see "General References"], pp. 132-145.
22. E[nrique] S[erpa]. "Urbina y Chocano," *RevCu,* 1:184-185, 1935.

23. Elmore, Edwin. *Vasconcelos frente a Chocano y Lugones; los ideales americanos ante el sectarismo contemporáneo.* "Consideraciones" [as introduction] de Teodoro Elmore Letts, dated at "Lima, 31 de octubre de 1926," 64 pp. On cover: "El último trabajo intelectual de mi hermano cuya primera parte 'La Crónica' no quizo publicar mostrándoselo a Chocano.—T.E.L."

24. Englekirk, John Eugene. "Froylán Turcios, Alvaro Armando Vasseur, José Santos Chocano, León de Greiff, José María Eguren, and Others," *Edgar Allan Poe in Hispanic Literature* [see "General References"], esp. pp. 401-404.

25. Enríquez, Plinio. "El poeta Chocano frente al arte actualista," *RABA,* 53: 24-30, 1934.

26. *Espinoza Ortega, Leandro. "La obra de Chocano," *Elite,* 9:13-15, 1948.

27. Ferro, Hellén. "José Santos Chocano; primeras obras; inventor de neologismos; obras, aventuras, americanismo; aportes a la poesía; reivindicación de España y del indio; 'La epopeya del Pacífico'," *Historia de la poesía hispanoamericana* [see "General References"], pp. 177-181.

28. Frugoni, Emilio. "El caso Santos Chocano," *La sensibilidad americana* [see "General References"], pp. 221-224. (The Index begins the section erroneously on p. 225.)

29. [Fuente Benavides, Rafael de la]. Adán, Martín (pseud.). "Chocano," *RevInd* (39):63-70, 1942.

30. [_____]. "De lo barroco en el Perú. Chocano," *MP,* 25:228-235, 1944.

31. García Calderón, Ventura. "José Santos Chocano," in C. Santos González, *Poetas y críticos de América* [see "General References"], pp. 521-537. Also in: *Semblanzas de América* [see "General References"], pp. 107-123. (In the latter, García Calderón has added a final section to the study and has deleted the initial section.)

32. _____."La literatura peruana," *RevHisp,* 31:esp. pp. 383-388, 1914.

33. *Gatica Martínez, Tomás. *Ensayos sobre literatura hispanoamericana (conferencias encargadas por el Ministerio de Educación Pública para los liceos de Chile).* Santiago de Chile, Editorial Andes, 1930, esp. pp. 284-289.

34. Gil Sánchez, Alberto. "José Santos Chocano," *UAnt,* 21 (83):363-365, 1947.

35. Goldberg, Isaac. "José Santos Chocano (1875—)," *Studies in Spanish American Literature.* [see "General References"], pp. 246-295.

36. González Blanco, Andrés. "José Santos Chocano," *Los contemporáneos.* Segunda serie. Paris, Garnier hnos., 1908, pp. 1-82. See also: "V. El poeta. José Santos Chocano," *Escritores representativos de* América.

37. _____. "El poeta de América (José Santos Chocano)," *NT,* 2:220-237, 1907; 2:330-365, 1907.

38. _____. "V. El poeta. José Santos Chocano," *Escritores representativos de América* [see "General References"], pp. 221-351. (A re-working and amplification of the chapter, "José Santos Chocano," in *Los contemporáneos.* Segunda serie [q. v.].)

39. G[onzález] Prada, M[anuel]. "J. Santos Chocano," in C. Santos González, *Poetas y críticos de América* [see "General References"], pp. 507-520.

40. Henríquez Ureña, Max. *Breve historia del modernismo* [see "General References"], 2nd ed., esp. pp. 335-348.

41. Jiménez, Max. "José Santos Chocano," *RepAmer,* 30:7, 5 ene. 1935.

42. Jiménez Borja, José. "José Santos Chocano y su sombra poética," *RevUCP,* 3 (12):10-16, 1935.

43. Jozef, Bella. "Castro Alves y José Santos Chocano," *L* (64):48-57, primer semestre de 1960.

44. Júlio, Sylvio. "A poesia de Santos Chocano," *Ideas y combates.* Rio de Janeiro, Ed. Revista de Lingua Portugueza, 1927, pp. 163-177.

45. Lamothe, Louis. "José Santos Chocano," *Los mayores poetas latinoamericanos de 1850 a 1950* [see "General References"], pp. 141-149.

46. "Lauxar" (pseud.). See: Crispo Acosta, Osvaldo.

47. López Velarde, Ramón. "José Santos Chocano," *El don de febrero y otras prosas* [see "General References"], pp. 68-69. "En *La Nación,* México, D. F., 15 de julio de 1912."

48. Mariátegui, José Carlos. `"Chocano," *Siete ensayos de interpretación de la realidad peruana* [see "General References"], 3rd ed., pp. 287-292.

49. Márquez Sterling, Manuel. *"Alma América,"* in *Burla burlando* . . . [see "General References"], pp. 103-110.

50. Mazzei, Angel. "José Santos Chocano," *Lecciones de literatura americana y argentina* [see "General References"], pp. 325-326.

51. Meza Fuentes, Roberto. "La poesía de José Santos Chocano," *Nos,* 81:286-311, 1934. Also in: *AnUCh,* 93 (18): 91-119, segundo trimestre de 1935.

52. Miró Quesada Laos, Carlos. "José Santos Chocano, el cantor de América," *Rumbo literario del Perú.* Buenos Aires, Emecé Editores [1947], pp. 61-70.

53. Monguió, Luis. *La poesía postmodernista peruana* [*see* "General References"], esp. pp. 13-16.

54. More, Ernesto. "José Santos Chocano," *Huellas humanas* [see "General References"], pp. 133-149.

55. Múnoz Marín, L. "The Song Maker of a Continent," *AmMerc,* 4:337-339, 1925.

56. Núñez, Estuardo. "Mesa redonda: Chocano visto por Sánchez. Dos comentarios sobre *Aladino o vida y obra de José Santos Chocano,"* *L* (65):200-203, segundo semestre de 1960. (See: Sánchez, Luis Alberto. *Aladino o vida y obra de José Santos Chocano.*)

57. _____. "Peruanidad y americanidad en Chocano," *RevInd,* (46):189-212, 1942.

58. _____. "El poeta Chocano en Nueva York," *CuAm,* 75 (3):292-298, 1954.

59. _____. "Sentimiento de la naturaleza en la moderna poesía del Perú. II. El modernismo. III. José Santos Chocano. IV. José María Eguren," *RI,* 7:153-186, 1943.

60. Onís, Federico de. "José Santos Chocano, 1867?" *España en América* [see "General References"], pp. 224-225.

61. Peñuelas, Marcelino C. "Whitman y Chocano: Unas notas," *CuAm,* 89 (5): 223-231, 1956.

62. Plácido, A. D. "José Santos Chocano, el poeta de América," *Impresiones literarias; crítica* [see "General References"], pp. 77-118.

63. Rada Gamio, Pedro José. *La coronación del poeta José Santos Chocano.* Lima, Imp. "La Equitativa," 1922, 23 pp.

64. Reyes, Antonio. "Chocano: el hombre y el poeta," *BolAVC,* 14:379-382, 1947.

65. Rice, John Pierrepont. "José Santos Chocano," *P,* 11:260-264, 1918.

66. Rodríguez, José María. *Poetas y bufones, polémica Vasconcelos-Chocano. El asesinato de Edwin Elmore.* Paris-Madrid-Lisboa, Agencia Mundial de Librería, [192-?], 177 pp.

67. *Rodríguez Mendoza, Emilio. *José Santos Chocano bosquejado por . . . .* Santiago de Chile, Nascimento, 1934, 31 pp. (Ediciones de la Revista Atenea.)

68. _____. "Oro de Indias. La cabeza del virreinato," *A,* 27:423-439, 1934. Also in: *RepAmer,* 29:377-380, 29 dic. 1934.

69. _____. "La una han dado y sereno . . .," *A,* 24:14-19, 1933.

70. Romero de Valle, Emilia. "México en la poesía y la vida de Chocano," *RHM,* 29:234-251, 1963.

71. Rosa-Nieves, Cesáreo. "José Santos Chocano en Puerto Rico," *Literatura iberoamericana* [see under "Literatura..." in "General References"], pp. 203-210.

72. Rosenbaum, Sidonia C., compiler. *Bibliografía hispánica.* No. 1. José Santos Chocano. New York, Instituto de las Españas en los Estados Unidos, 19—, 3 pp.

73. _____. "José Santos Chocano: bibliografía," *RHM,* 1:191-193, 1935. (See: Torres Ríoseco, Arturo. "José Santos Chocano . . . .")

74. Rubio, D. "Un gran cantor de Suramérica," *MLJ,* 7:297-300, 1923.

75. Russell, Dora Isella. "Darío y Chocano," *ND,* 41 (3):48-51, 1961.

76. _____. "José Santos Chocano," *RNac,* 55:68-84, 1952.

77. Sánchez, Luis Alberto. *Aladino o vida y obra de José Santos Chocano.* México, Libro Mex, Editores, 1960, 551 pp. (See: Núñez, Estuardo. "Mesa redonda: Chocano visto por Sánchez"; and Sánchez, L.A. "Por qué y cómo escribí *Aladino.*")

78. _____. "Amanecer, ocaso y mediodía de José Santos Chocano," *CuAm,* 78 (6):241-249, 1954.

79. _____. "Chocano en Centro-américa (1920-1921)," *RI,* 25:59-72, 1960.

80. _____. "Chocano en Puerto Rico (1913-1914). Evocaciones y retos: Frente a Estados Unidos y Mexico y con España," *T,* 9(34):17-48, 1961.

81. _____. "Chocano, traductor. Un aspecto y un libro ignorado del gran poeta," *RI*, 23:113-119, 1958. (Concerning Fontoura Xavier, *Opalos*. Paris-México, Librairie Vda. de Ch. Bouret, 1914, trans. by Chocano.)

82. _____. "Intempestiva resurrección de Chocano," *RPC* (6):22-38, 1965.

83. _____. "José Santos Chocano," *Escritores representativos de América* [see "General References"], 2nd ed., vol. 3, pp. 117-128.

84. _____. " 'Melificó toda acritud el arte . . .'," *Balance y liquidación del 900* [see "General References"], esp. pp. 50-52.

85. _____. "La odisea de Chocano: Cuba y Santo Domingo," *CuAm*, 107 (6): 188-208, 1959.

86. _____. *Obras completas*. Compiladas, anotadas y prologadas por . . . . México, Aguilar, 1954. "Prólogo": pp. 11-37. "Bibliografía de José Santos Chocano": pp. 37-39; "Colaboraciones": p. 39.

87. *_____. "Por qué y cómo escribí *Aladino*," *UHon*, mayo/jun. 1961, p. 5; *Lot*, 6 (69):55-62, 1961. (See: Sánchez, Luis Alberto. *Aladino o vida y obra de José Santos Chocano*.)

88. _____. "Revisando a Chocano," *A*, 109:284-291, 1953. Also in: *Boliv* (17):321-329, 1953.

89. Sánchez, Luis Alberto y Julio Ortega. *José Santos Chocano* [por] Luis Alberto Sánchez; *José María Eguren* [por] Julio Ortega. Lima, Editorial Universitaria, c. 1964 [cover dated 1965], 130 pp. (Biblioteca Hombres del Perú XXX, Tercera Serie.)

90. Serpa, Enrique. See: E[nrique] S[erpe].

91. *Sotela, R. "El poeta Chocano," *BolBNG*, 3:482-483, 1935.

92. *Soto, J. B. "José Santos Chocano," *Cri*, 13:95-100, 1935.

93. Suárez Miraval, Manuel. "Santos Chocano, poeta de trunco pedestal," *CCLC* (18):85-90, 1956.

94. Tamayo Vargas, Augusto. "José Santos Chocano," *L* (43):206-214, segundo semestre de 1949.

95. _____. "José Santos Chocano," *Literatura peruana* [see "General References"], vol. 2, pp. 221-238.

96. _____. "Personalidad poética de José Santos Chocano," *RdL*, 4:49-63, 1959.

97. _____. "Sobre 'El último paladín' de Chocano," *L* (72/73):207-208, primero y segundo semestres de 1964.

98. Torres Ríoseco, Arturo. *The Epic of Latin American Literature* [see "General References"], rev. ed., esp. pp. 114-115.

99. _____. "José Santos Chocano (1875-1934)," *RHM*, 1:188-191, 1935. Also in: *Ensayos sobre literatura latinoamericana* [see "General References"], pp. 172-180. (See: Rosenbaum, Sidonia C. "José Santos Chocano: bibliografía.")

100. _____. "José Santos Chocano—'Poet of America'," *BAbr*, 9:251-252, 1935.

101. _____. "Sobre José Santos Chocano," *A*, 40:438-447, 1937. (A bibliography.)

102. Ugarte, Manuel. "José Santos Chocano," *Escritores iberoamericanos de 1900*, [see "General References"], 2nd ed., pp. 93-106.

103. _____. "El romanticismo de José Santos Chocano," *PalAm*, 12:57-61, 1944.

104. Umphrey, George W. "José Santos Chocano y Walt Whitman," *MP*, 7:553-565, 1922. Also in: *Ideas*, 2:31-40, 1929.

105. _____. "Spanish-American Poets of Today and Yesterday: II. José Santos Chocano, el Poeta de América," *Hisp*, 3:304-315, 1920.

106. Vargas Llosa, Mario. "Chocano y la aventura," *EstAm*, 17 (90/91):147-152, 1959.

107. Vian Francesco. "José Santos Chocano (1875-1934)," *Il "modernismo" nella poesia ispanica* [see "General References"], pp. 272-288.

108. Zubizarreta, Armando. "Santos Chocano, lírico e ególatra," *CaBr*, 3 (4):76-80, 1961.

Rubén Darío

(1867-1916)

1. _____. "Góngora and Darío," *Hisp,* 11:275-278, 1928. (Concerning Petriconi, H. "Góngora und Darío" [q. v.].)
2. _____. "Semana dariana del centenario en Nicaragua," *ECA,* 22:455-459, 1967. (Includes titles of papers read.)
3. *Academias de la lengua española.* See: Organización de Estados Centroamericanos.
4. Acosta, Vicente. "Musa Centro-Americana. Las 'Primeras notas' de Rubén Darío," *Anaq* (6):69-86, sept. 1955/ dic. 1959.
5. Acuña Escobar, Francisco. "Don Juan Valera y la estética rubendariana," *Elite,* 3 (32):3-4, 1942.
6. Agramonte, Roberto D. "Vivencia americana de Darío," *T,* 15:323-371, 1967. (Concerning Darío's relationship to Unamuno, Martí, Casal, and others.)
7. Aguado-Andreut, Salvador. "Análisis de un soneto de Darío: hombre y poeta," *RI,* 25:135-139, 1960. (Concerning a poem to Valle-Inclán.)
8. _____. "Dos poetas representativos: Víctor Hugo y Rubén Darío," *Salón 13,* 1 (3):7-8, 1960.
9. _____. "En el mundo poético de Rubén Darío: huir . . . volar . . . ser otra cosa," *Hispanof,* 4 (10):47-56, 1960.
10.* _____. "La luz en el mundo poético de Rubén Darío," *Saggi e ricerche in memoria di Ettore Li Gotti* (Palermo), 1:36-58, 1962.
11. _____. *Por el mundo poético de Rubén Darío.* Palabras del Rector Edmundo Vásquez Martínez. Guatemala, Imp. Universitaria, Editorial Universitaria, 1966, 307 pp. (Universidad de San Carlos de Guatemala, vol. 54.)
12. Albareda, Ginés de. "Rubén Darío y España," *CHisp,* 71:588-600, 1967.
13. Albornoz, Aurora de. "'A Roosevelt': un poema muy actual de Rubén Darío," *CuAm,* 117 (4):255-258, 1961.
14. Alegría, Fernando. "Darío," *Walt Whitman en Hispanoamérica* [see "General References"], pp. 250-265.
15. Aleixandre, Vicente. "'Encuentro' sobre Rubén Darío," *BRAE,* 47:39-45, 1967.
16. _____. "Los encuentros. Rubén Darío en su pueblo castellano," *RevOc,* 1:291-300, 1963.
17. Alemán Bolaños, Gustavo. *Divulgaciones de Rubén Darío.* Texto para "La Cátedra Rubén Darío", creada por el Ministerio de Educación Pública de Nicaragua. Managua, D. N., Talleres Nacionales, 1958, 507 pp.
18. _____. *La juventud de Rubén Darío (1890-1893).* Guatemala, Universidad de San Carlos de Guatemala, Editorial Universitaria, 1958, 204 pp.
19. _____. "Libros inéditos de Rubén Darío," *Nos,* 34: 249-253, 1920.
20. Alfa. "El viaje literario. (De la cartera de apuntes de un crítico.) Cuando Rubén Darío estuvo en Chile," *A,* 76:225-247, 1944; 76:410-431, 1944.
21. Alfaro, Ricardo J. "Rubén Darío, símbolo y vínculo del hispanoamericanismo," *Lot* (69):10-12, 1947. "Palabras pronunciadas en el homenaje a Darío, radiodifundido por Radio Centroamericana en 18 de enero de 1947."
22. Alfaro Arriaga, Alejandro. *Rubén Darío, precursor de la prosodia castellana autónoma.* Tegucigalpa, Honduras, n. pub., 1964, 31 pp.
23. Allison, Esther M. "Rubén Darío: vida y obra," *RPC* (11/12):141-146, 1967.
24. Alonso, Amado. "Estilística de las fuentes literarias. Rubén Darío y Miguel Angel," *MarS,* 8 (22):1-10, 1952. Also in: *Materia y forma en poesía.* Madrid, Editorial Gredos, 1955, pp. 381-397. (Biblioteca románica hispánica. II. Estudios y ensayos 17.) (Concerning "Lo fatal.")
25. Alos, Concha. "Rubén en la Isla Dorada," *EL* (360/361):16-17, 1967.
26. Alsina, José. "'Canto épico a las glorias de Chile' y otros cantos," *RC,* 11:86-87, 181-183, 1927.
27. *Alvar, Manuel. "Rubén Darío y Musset (a propósito de 'El clavicordio de la abuela')," *Studia philologica. Homenaje ofrecido a Dámaso Alonso.* Madrid, Editorial Gredos, 1960, vol. 1, pp. 79-87.

28. Alvarado Sánchez, José. "Rubén Darío, materia y quintaesencia," *L*, 38 (76/77):69-78, 1966.

29. Alvarez Hernández, Dictino, S. J. *Cartas de Rubén Darío (epistolario inédito del poeta con sus amigos españoles)*. Madrid, Taurus Ediciones, 1963, 238 pp.

30. _____. "El Seminario-Archivo Rubén Darío de Madrid," *RyF*, 157:646-649, 1958.

31. *Anales de la Universidad de Chile*. "Homenaje a Rubén Darío," *AnUCh*, 99 (41):1-513, primer trimestre de 1941. (Entire number dedicated to Rubén Darío.)

32. Anderson, Robert Roland. " 'Rubén Darío en 1967'. Apostillas a un artículo de Salvador Echavarría," *EtC*, 3 (8/10):51-60, 1968. (See: Echavarría, Salvador. "Rubén Darío en 1967." Polemic.)

33. Anderson Imbert, Enrique. "Aleixandre, Rubén Darío y Unamuno," *Sur* (230):100-101, 1954.

34. _____. "Amado Alonso y el modernismo," *Los domingos del profesor; ensayos*. Prólogo de Alfredo A. Roggiano. México, Editorial Cultura, 1965, pp. 121-125. (Biblioteca del Nuevo Mundo 2. Estudios y Ensayos.)

35. _____. *La originalidad de Rubén Darío*. Buenos Aires, Centro Editor de América Latina, 1967, 291 pp. (Biblioteca de Literatura. Literatura hispanoamericana. Estudios.)

36. _____. "*Prosas profanas* en Inglaterra," *Sur* (180):88-90, 1949.

37. _____. "Rubén Darío," *Historia de la literatura hispanoamericana* [see "General References"], vol. 1, pp. 365-371.

38. _____. "Rubén Darío en Inglaterra [1949], "*Los grandes libros de occidente*. México, Ediciones de Andrea, 1957, pp. 192-196.

39. _____. "Rubén Darío, poeta," in *Rubén Darío. Poesía. Libros poéticos completos y antología de la obra dispersa*. Estudio preliminar de . . . . Edición de Ernesto Mejía Sánchez. México, Fondo de Cultura Económica, 1952, pp. VII-LI. (Biblioteca Americana [20]. Serie de Literatura Moderna. Vida y Ficción.) Reprinted in *Estudios sobre escritores de América* [see "General References"], pp. 166-207 and *Crítica interna* [See "General References"], pp. 163-209.

40. Antuña, José G. "Rubén Darío y Julio Herrera y Reissig," *Litterae. Ensayos—crítica—comentarios* [see "General References"], pp. 243-247.

41. Aquino, Enrique. "El arte y la vida universal según Darío," *Amer*, 7 (1):55-59, 1940.

42. _____. *Bajo el sol del camino*. Managua, Talleres Nacionales, 1948, pp. 7-51. Contains: "Rubén Darío en Nicaragua . . . su concepto del arte y de la vida universal;" "La ética y el arte en Rubén Darío;" " 'Coloquio de los centauros';" "La Psiquis de Rubén Darío;" "Rubén Darío y Luis H. Debayle."

43. _____. "Estudio sobre la personalidad literaria de Rubén Darío," *Elite*, 8 (90):3-8, 1948; 8 (91):19-23, 1948. (Premio de literatura "Rubén Darío," 1948. Also in *De los rosales de la vida*. Managua, Talleres Nacionales, 1949, pp. 7-67.

44. Arciniegas, Germán. "Darío o la doble perspectiva en el destino de América," *T*, 15:311-321, 1967.

45. Arellano, Jorge Eduardo. "A propósito del centenario dariano. El homenaje de los libros," *NicInd* (43):57-62, 1967. (Concerning Diego Manuel Sequeira, *Rubén Darío criollo en El Salvador; Rubén Darío y los nicaragüenses (Revista conservadora del pensamiento centroamericano*, no. 65); Luis Alberto Cabrales, *El provincialismo contra Darío;* C. M. Bowra *et al., Rubén Darío en Oxford;* and an anthology of poems published by *Nuevos horizontes*. For all but the last item, see individual authors.)

46. Arévalo Martínez, Rafael. "Alrededor de Darío y de Nervo, poetas y poetisos," *PAG*, 2:153-173, 1934.

47. _____.*Llama y el Rubén poseído por el "Deus."* Guatemala, Editorial, Librería Renacimiento, 1934, 143 pp. Contains: "Llama": pp. 1-91; "El Rubén poseído por el deus": pp. 93-114; "Anécdotas de Rubén Darío": pp. 115-143.

48. Argüello, Santiago. "Rubén Darío. La encarnación del modernismo," *Modernismo y modernistas* [see "General References"], vol. 2, pp. 5-196. Includes: "El mesianismo de Rubén Darío," pp. 11-15; "El Rubén de mis recuerdos," pp. 17-30; "El Mesías modernista en acción," pp. 31-38;

48. Argüello, Santiago. (cont.)
"Rubén el ecuménico," pp. 39-46;
"¿Es sólo forma?" pp. 47-49; "Eso,"
pp. 51-54; "La triple naturaleza de
Rubén," pp. 59-60; "Alegoriza el poeta
con su 'Reino interior'," pp.
61-64; "Muy siglo XVIII," pp.
65-76; "El Rubén clásico," pp.
77-92; "Mi esposa es de mi tierra; mi querida, de París,"
pp. 93-114; "La musa patriótica," pp.
115-134; "El paisaje en Darío," pp.
135-153; "El erotismo del poeta," pp.
155-165; "Aspecto místico de Rubén
Darío," pp. 167-196.

49. Arias, Augusto. "Rubén Darío, americano y universal," *LetEc,* 13 (108):
1, 28, 1957.

50. Armijo, Roberto. "Rubén Darío y su
intuición del mundo," *RepCent* (7/8):
20-28, 1967.

51. Arrieta, Rafael Alberto. "II. El Ateneo.
La Revista de América." (In "General
References," under Arrieta, see: "El
modernismo 1893-1900.")

52. _____. "I. Rubén Darío en Buenos
Aires." (In "General References," under Arrieta, see: "El modernismo
1893-1900.")

53. _____. "Rubén Darío y la Argentina," *T,* 15:373-394, 1967.

54. _____. "Rubén Darío y las academias
de la lengua," *BAAL,* 32:7-15, 1967.

55. Arrom, José Juan. "El oro, la pluma y
la piedra preciosa. Indigaciones [*sic*]
sobre el trasfondo indígena de la
poesía de Darío," *Hisp,* 50:971-981,
1967.

56. *Asomante.* "Homenaje a Rubén Darío,
I," *As,* 23 (1):1-93, esp. pp. 7-70,
1967. (Entire number dedicated to
Rubén Darío.)

57. *Asomante.* "Homenaje a Rubén Darío,
II," *As,* 23 (2):1-98, esp. pp. 7-76,
1967. (Entire number dedicated to
Rubén Darío.)

58. Asturias, Miguel Angel. "En medio del
camino de la muerte," *T,* 15:273-284,
1967.

59. *Atenea,* 165 (415/416):1-456, 1967.
(Entire number dedicated to Rubén
Darío.)

60. *Ateneo de El Salvador,* 4 (34): feb.
1916. (Number dedicated to the memory of Rubén Darío.)

61. Aubrun, Charles V. "La fortune de Rubén
Darío en France," *LM,* 62 (1): 30-32,
1968.

62. _____. "Homenaje a Rubén Darío,"
CCLC (88):90-91, 1964.

63. Avilés Ramírez, Eduardo. "Defensa y
explicación de Rubén Darío de Avilés
Ramírez a M. P. González," *CCLC*
(78):48-50, 1963. Also in: *SemArRD*
(9):27-32, 1964. (The author defends
Darío against M. P. González, "Aclaraciones en torno a la génesis del
modernismo" [q. v.]. González submitted still another article to *SemArRD,* not printed [see no. 10, p. 71]
because "el trabajo que hoy nos envía
el señor González está crudo de palabra
. . . .")

64. _____. "La gran mentira de Rubén
Darío," *RevAmer,* 21:131-133, 1950.

65. _____. "Influencia de Martí en Darío,"
ArJM, 6 (1/4):436-437, 1952.

66. _____. "Rubén Darío, diamante poliédrico," *CuUniv,* 1 (2):73-81, 1967.

67. Avrett, Robert. "Music and Melodic
Effects in 'Sinfonía en gris mayor',"
RN, 1:30-32, 1959. In Spanish:
"Música y efectos melódicos en 'Sinfonía en gris mayor'," *SemArRD* (3):
33-37, 1960.

68. Ayala, Juan Antonio. "Rubén Darío en
El Salvador," *LyP,* 20 (35):18-20,
1958.

69. Azorín (pseud.). See: Martínez Ruiz,
José.

70. Baciu, Stefan. "Rubén Darío visto a
través de la aplicación del método
marxista-leninista," *CuUniv,* 1 (2):
53-60, 1967.

71. Baeza Flores, Alberto. "De país en país.
Martí en Darío," *RNC,* 28 (178):
37-45, 1966.

72. Bajarlía, Juan Jacobo. "Rubén Darío y la
'Prosas profanas'. Sus ritmos en versos
libres y medidos. 'La marcha triunfal',"
Literatura de vanguardia [see "General
References"], pp. 85-91.

73. Ballew, Hal L. "Rubén Darío's Literary
Personality," *SCB,* 27 (4):58-63, Winter, 1967.

74. Balmaceda Toro, Pedro. "Los 'Abrojos'
de Rubén Darío," *AnUCh,* 99 (41):
193-198, primer trimestre de 1941.
Also in: *Estudios y ensayos literarios.*
Santiago de Chile, 1889, pp. 211-220.

75. Balseiro, José Agustín. "Argentina: región de la aurora," *CI,* 1 (4):37-48,
1966. Reprinted in: *Seis estudios sobre
Rubén Darío* [q. v.], pp. 89-102.

76. _____. "Estudios rubendarianos: Arieles y Calibanes," *RHM,* 31:46-53, 1965. Slightly rewritten in *Seis estudios sobre Rubén Darío* [q. v.], pp. 117-132.

77. _____. "Estudios rubendarianos: 'No hay escuelas, hay poetas'," *JIAS.* 6:439-443, 1964. Rewritten in *Seis estudios sobre Rubén Darío* [q. v.], pp. 73-87.

78. _____. "Presencia de Wagner y casi ausencia de Debussy en la obra de Rubén Darío," *Memoria del IV Congreso de Academias de la Lengua Española.* Buenos Aires, Academia Argentina de Letras, 1966, pp. 394-405. Also in: *T,* 15:107-119, 1967.

79. _____. "Rubén Darío y la lengua inglesa," *As,* 23 (2):35-43, 1967. Also in *Seis estudios sobre Rubén Darío* [q. v.], pp. 103-116.

80. _____. *Seis estudios sobre Rubén Darío.* Madrid, Editorial Gredos, 1967, 143 pp. (Biblioteca Románica Hispánica. II. Estudios y Ensayos 103.)

81. Balza Santaella, Tito. "El impresionismo cromático en *Prosas profanas,*" *RevUZ* (37):147-157, 1967.

82. Baquero Goyanes, Mariano. "El hombre y la estatua (A propósito de un cuento de Rubén Darío)," *CHisp,* 71:506-518, 1967. (Concerning "La muerte de la emperatriz de la China," "La Vénus d'Ille" of Prosper Mérimée, and "The Last of the Valerié" of Henry James.)

83. Barbagelata, Hugo D. *Rubén Darío (1867-1916) et José Enrique Rodó (1871-1917).* Préface de Francis de Miomandre. Paris, Éditions France-Amérique, 1958, 35 pp.

84. Barnola, Pedro P., S. J. "Sinceridad humano-lírica de Darío," *ECA,* 22:437-443, 1967.

85. Baró, Ignacio Martín, S. J. "Rubén Darío entrevisto," *ECA,* 22:444-445, 1967.

86. Barra, Eduardo de la. "Prólogo" to *Azul . . .* Valparaíso, Imp. y Litografía Excelsior, 1888, pp. [iii]-xxxiv. Reprinted in *La Tribuna* (Santiago de Chile), ago. 20-23, 1888 and in the Guatemala edition of *Azul . . .,* 1890.

87. Barrera, T. J. "Rubén Darío," *LetHab,* 3:353-357, 1916.

88. Barrientos, Alfonso Enrique. "Darío y Gómez Carrillo," *Gómez Carrillo 30 años después* [see "General References"], pp. 139-154.

89. Barrios, Gilberto. "Cantor nacional y continental," *RCPC,* 13 (65):118-120, 1966.

90. _____. "Martí, Darío y el modernismo," *EdM* (20):43-47, 1962. Reprinted in *Nuestro Rubén* [q. v.], pp. 56-63. (See: Schulman, Ivan A. *Símbolo y color en la obra de José Martí.* Polemic.)

91. _____. *Nuestro Rubén.* Prólogo por Boyd G. Carter. León, Nic., Talleres de la Editorial Hospicio, 1965, 71 pp.

92. _____. "Rubén Darío, poeta nacional de América y del mundo," *RepAmer,* 46:145-147, 30 abril 1950. With different title: "Rubén Darío, poeta de América y del mundo," *Soc,* 22 (388): 7-9, 16, 1952.

93. _____. "Rubén Darío y los judíos," *RCPC* (71):1-21, 1966.

94. Barrios, Roberto. "Una visita a Rubén Darío," *Nos,* 21:303-305, 1916.

95. Barrios Mora, José R. "La influencia de Darío en la poesía americana de esta época," *Compendio histórico de la literatura de Venezuela* [see "General References"], 4th ed., pp. 160-161.

96. Batllori, Miguel. "Chopin y Rubén Darío en Mallorca; el medio geográfico y la creación artística," *AANALH,* 31:105-110, 1950. "Conferencia pronunciada en la sesión celebrada el 6 de febrero de 1950."

97. _____. "Rubén Darío a Catalunya y Mallorca," *Vuit segles de cultura catalana a Europa; assaigs dispersos.* Próleg del Dr. Jordi Rubió. Barcelona, Editorial Selecta, 1958, pp. 236-243. (Biblioteca Selecta 252.)

98. _____. "Rubén Darío en Mallorca," *ECA,* 5 (40):10-12, 1950.

99. Battistessa, Angel J. "Frente a Rubén Darío poeta," *BAAL,* 32:17-38, 1967.

100. Bazán Dávila, Raúl. "Rubén Darío en Chile," *CHisp,* 54:75-88, 1963. "Palabras pronunciadas en la Universidad del Brasil con motivo de un homenaje a la memoria de Rubén Darío, por el Embajador de Chile en Brasil."

101. Bazil, Osvaldo. *Vidas de iluminación. La huella de Martí en Rubén Darío. Cómo era Rubén Darío.* La Habana, Julio Arroyo y Cía., 1932, 76 pp. See also: "La huella de Martí en Rubén Darío," *ArJM,* 4 (4):481-494, 1949; same title in *Antología crítica de José Martí* [see under González, Manuel Pedro], pp. 237-245. Reprinted in: Rodríguez Demorizi, Emilio. *Rubén Darío y sus amigos dominicanos* [q. v.], pp. 204-219.

102. Beardsley, Theodore S., Jr. "Rubén Darío and the Hispanic Society: The Holograph Manuscript of ¡*Pax!*" *HR*, 35: 1-42, 1967.

103. Bellini, Giuseppe. "La poesia di Rubén Darío," *La poesia modernista* [see "General References"], pp. 55-73.

104. _____. "Rubén Darío visto desde Italia," *As*, 23 (2):54-60, 1967.

105. _____. "Significado y permanencia de la poesía de Rubén Darío," *A*, 165: 267-277, 1967.

106. Beltrán Guerrero, Luis. *Rubén Darío y Venezuela*. Caracas, Instituto Nacional de cultura y Bellas Artes, 1967, 32 pp. (Colección Homenajes 2.)

107. Bendaña, Alberto. *Tránsito hacia un poema de Darío*. Managua, Talleres Tipográficos "San José," de Julio C. Hernández B., 1949, 37 pp.

108. Benedetti, Mario. "Señor de los tristes," *CasAm*, (42):78-80, 1967. "Leído el 20 de enero de 1967."

109. Benítez, Jaime. "En el centenario de Rubén Darío," *T*, 15:37-44, 1967. Discurso pronunciado . . . en la celebración del cincuentenario del Movimiento Altrusa Internacional . . . en el Hotel San Juan, en la noche del 11 de abril de 1967."

110. Benítez, Nelba. "Buenos Aires en 1890," *Rubén Darío* [see under Universidad Nacional de La Plata], pp. 67-98.

111. Benítez, Rubín. "La celebración del amor en 'Primaveral', de Darío. Voz poética y tono," *Ins*, 22 (248/249):6, 28, 1967.

112. *Benítez Vinueza, Leopoldo. *Julio Herrera y Reissig y Rubén Darío*. Montevideo, La Mañana, 1952.

113. Berenguer Carisõmo, Arturo. "Influencia de Rubén Darío en la literatura española," *Nos*, 17:261-274, 1942; 18: 48-63, 1942.

114. _____. *Rubén Darío y la poesía argentina*. Buenos Aires, Publicaciones de la Embajada de Nicaragua en la República Argentina, Establec. Gráfico REGO, n. d. [195-?], 22 pp. "Esta conferencia fue irradiada por L. R. A., Radio del Estado, el 28 de julio de 1955."

115. Berenguer Carisomo, Arturo y Jorge Bogliano. "Rubén Darío," *Medio siglo de literatura americana* [see "General References"], pp. 19-70.

116. Berger, Wilhelm. "Rubén Darío (1867-1916)," *NS*, 5:244-249, 1956.

117. Bergez, José Antonio. *Ruben Darío y el momento estético de su creación*. Buenos Aires, Mercedes, 1946, 38 pp. (Biblioteca Popular Sarmiento.)

118. Berisso, Emilio. "Rubén Darío. Notas efímeras," *Nos*. 21:246-251, 1916.

119. Berisso, Luis, "Rubén Darío," *RM*, 2: 139-143, 1899.

120. _____. "Rubén Darío," *Nos*, 21:129-131, 1916.

121. _____. "Rubén Darío," *El pensamiento de América* [see "General References"], pp. 299-315.

122. _____. "Sobre Rubén Darío," *Nos*, 81: 405-408, 1934.

123. Bermúdez, Alejandro. *Rubén Darío; pinceladas de apoteosis*. San Salvador A. C., Imp. del "Diario del Salvador," 1916, 17 pp. "Fantasía mística publicada en la edición extraordinaria que el Diario del Salvador consagró a la memoria del gran poeta, el 13 de febrereo de 1916."

124. Bermúdez, Alejandro, hijo. "La Marcha triunfal. Intento de interpretación," *Elite*, 3:29-30, 1941. "Trabajo leído por su autor en el acto conmemorativo organizado por el Ateneo de Masaya."

125. Betanzos Santos, Manuel. "Rubén Darío: incomprendido y fatalista," *SemArRD*, (10):19-25, 1965.

126. Blanco-Fombona, Rufino. *Letras y letrados de Hispano-América* [see "General References"], pp. ix-xix and 235-239.

127. _____. "Rubén Darío," *El modernismo y los poetas modernistas* [see "General References"], pp. 147-188.

128. Bolaños, Pío. "Rubén Darío y la música," *RepAmer*, 45:17-20, 20 marzo 1949.

129. *Boletín de la Academia Argentina de Letras*, 32: esp. pp. 7-160, 1967. (Number dedicated to Rubén Darío.)

130. *Boletín de la Real Academia Española*. "Conmemoración de Rubén Darío en el primer centenario de su nacimiento," 47:23-78, 1967. "Discursos pronunciados en sesión pública celebrada por la Real Academia Española el 6 de abril de 1967." (See articles under: Pemán, José María; Aleixandre, Vicente; Rosales, Luis.)

131. Bonaba Amigó, Roberto. "En torno al modernismo literario. Delmira Agustini replica a Rubén Darío," *RNac*, 2:557-570, 1957. (Concerning the influence of Darío's "Sonatina" on Agustini's "Capricho.")

132. Bonet, Carmelo M. "Rubén Darío y el estilo generacional de su época," *BAAL,* 32:39-78, 1967.

133. Bonilla, Abelardo. *América y el pensamiento poético de Rubén Darío.* San José, Editorial Costa Rica, 1967, 133 pp.

134. _____. "Rubén Darío y América," *RepCent* (7/8):29-33, 1967.

135. Borgen, José Francisco. *Rubén Darío; radiocharlas para el pueblo.* Managua, Nicaragua, Tipografía Gurdian, n. d. ["Presentación" dated 1941], 47 pp.

136. Borghini, Vittorio. *Rubén Darío e il modernismo.* Genoa, Publicazioni dell' Istituto Universitario di Magistero, 1955, 452 pp.

137. Boti, Regino E. "Cuestiones rubendarianas: El soneto de 13 versos," *La vida literaria.* Supl. a *España y América* (Cádiz), 1:78, 1927.

138. _____. "Martí en Darío," *CubCon,* 37:112-124, 1925. Also separately: La Habana, Imp. El Siglo XX, 1925, 17 pp. And in: *ArJM,* 4 (2):378-388; BACL, 1:584-596, 1952.

139. _____. "Rubén Darío, el soneto de trece versos, los sonetos de más o menos versos y el sonetino," *Libro jubilar de homenaje al Dr. Juan M. Dihigo y Mestre.* La Habana, Universidad de la Habana, 1941, pp. 139-151.

140. _____. "Rubén Darío en la Habana (Discusión cronológica)," *REH,* 2:148-155, 1929.

141. Bowra, C. M. "Rubén Darío," *Inspiration and Poetry.* London, MacMillan and Co., Ltd., New York, St. Martin's Press, Inc., 1955, pp. 242-264. Trans. Aída Fajardo y Nilita Vientós Gastón. Reprinted in *As,* 12 (2):6-22, 1956; and in *Rubén Darío en Oxford* [q. v.].

142. Bowra, C. M., Arturo Torres Ríoseco, Luis Cernuda y Ernesto Mejía Sanchez. *Rubén Darío en Oxford.* Managua, Talleres Tipográficos de la Editorial Unión de Cardoza y Cía., Ltda., 1966, 112 pp. (Academia Nicaragüense de la Lengua.) Contains: Bowra, "Rubén Darío;" Torres Ríoseco, "Rubén Darío visto por un inglés;" Cernuda, "Experimento en Rubén Darío;" Mejía Sanchez, "Rubén Darío, poeta del siglo XX." (The first three are listed separately. The last was read at the First International Congress of Hispanists, in Oxford, England, Sept. 10, 1962 and was printed only after the demise of Cernuda. A fragment is reprinted in *La gaceta,* 14 (155):6-7, 1967, as an answer to Raúl Leiva, "El experimento de Luis Cernuda" [q. v.]. For review, see: Charry Lara, Fernando. "Rubén Darío en Oxford." Polemic.)

143. Boyd, Lola E. " 'Lo de dentro' in Rubén Darío," *Hisp,* 45:651-657, 1962.

144. Bravo, Carlos A. "Rubén Darío, poeta y hombre," *Elite,* 3 (32):19-22, 1942.

145. Bravo-Villasante, Carmen. "Rubén Darío, a la luz de Francisca Sánchez," *CHisp,* 63:389-394, 1965.

146. _____. "Rubén Darío y la literatura infantil," *CHisp,* 71:529-535, 1967.

147. Bueno, Salvador. "Contorno del modernismo en Cuba," *CHisp,* 71:481-489, 1967.

148. Buitrago B., Edgardo. "Consideraciones polémicas acerca de la vigencia y actualidad de Rubén Darío," *RepCent* (7/8):6-19, 1967. (In defense of Darío, in the light of a number of critics involved in well-known polemics, e. g., Juan Marinello and Manuel Pedro González; A. Torres Ríoseco, C. M. Bowra, Luis Cernuda, and Ernesto Mejía Sánchez; Guillermo Díaz Plaja, and others.)

149. _____. 'El poeta y la poesía en Rubén Darío," *CuUniv,* 2 (4):19-22, 1955.

150. C. [José María de Cossío?]. "Rubén Darío y Menéndez Pelayo," *BBMP,* 8: 316-319, 1926.

151. Cabezas, Juan Antonio. *Rubén Darío (un poeta y una vida).* Madrid, Talleres Tipográficos Sáez, 1944, 294 pp. "Bibliografía rubeniana": pp. 295-296. (Ediciones Morata.) (Colección Lyke.)

152. Cabrales, Luis Alberto. "Posición de Darío en la literatura castellana," *NicInd* (43):33-43, 1967.

153. _____. *Provincialismo contra Darío.* Managua, Ediciones del Ministerio de Educación, 1966, 88 pp. (Premio Centroamericano Rubén Darío 1965.)

154. _____. *Rubén Darío, breve biografía.* Managua, Secretaría de la Presidencia de la República, 1964, 38 pp. (Ediciones Cuadernos Darianos. Colección Ensayos 1.)

155. Cabrales, L. A. "El sentimiento religioso en la obra poética de Rubén Darío," *RevAcGHNic*, 2:415-423, 1938. See also: "El sentimiento religioso en su poesía," *RCPC*, 13 (65):85-88, 1966. Regarding the former: "Estudio leído por su autor en el homenaje de la 'Asociación La Salle' en el cincuentenario de AZUL."

156. Caillet-Bois, Julio. "Rubén Darío," *BAAL*, 10:319-327, 1942.

157. _____. "Rubén Darío. Apuntes para una bibliografía de sus obras malogradas," *Sur*, 19 (162):101-109, 1948.

158. Campbell, Brenton. "La descripción parnasiana en la época de Rubén Darío," *UAnt*, 43 (164):355-363, 1967.

159. _____. "La descripción parnasiana en la poesía de Rubén Darío," *RI*, 32:91-99, 1966.

160. Campos, Jorge. "Gavidia, Rubén, Martí y el modernismo," *Ins*, 17 (192):11, 1962.

161. _____. "Una polémica rubeniana (Nota para el estudio de la fama póstuma de Rubén),"*CHisp*, 71:545-550, 1967. (Concerning Julio Cejador and his anti-Darío article, "De Rubén Darío a 'Almafuerte' y Gabriel y Galán," in *Nuevo Mundo*, no. 1219, 18 mayo 1917, answered by Emilio Carrére, "Los rubenianos," *Nuevo Mundo*, no. 1231, 10 ago. 1917.)

162. _____. "El 'Rubén Darío' de Torres Bodet," *Ins*, 22 (248/249):9, 1967. (Review of *Rubén Darío—abismo y cima* [q. v.].)

163. _____. "Rubén Darío y sus biógrafos," *Ins*, 16 (170):11, 1961.

164. Campoy, Antonio Manuel. "El último Raro," *EL* (360/361):27, 1967.

165. Cañas, E. "Rubén Darío en Centro América," *Act* (8):2-5, 1915.

166. Cano, José Luis. "Darío y Bonafoux," *As*, 23 (2):50-53, 1967.

167. _____. "Este otro Rubén Darío," *CHisp*, 44:134-136, 1960. (Concerning Antonio Oliver's book by the same title [q. v.].)

168. _____. "Juan Ramón Jiménez y Rubén Darío," *T*, 5 (19/20):119-136, 1957. ". . . conferencia pronunciada en el Ateneo de Santander (España), el 26 de abril de 1957 . . . ."

169. _____. *Poesía española del siglo XX. De Unamuno a Blas de Otero.* Madrid, Ediciones Guadarrama, 1960. 543 pp. (Colección Guadarrama de Crítica y Ensayo 28.) Contains: "Unamuno y Rubén Darío," pp. 13-27; "Rubén Darío y Don Juan Valera," pp. 39-47; "Rubén Darío y Salvador Rueda," pp. 49-59; "Tres poetas frente al misterio, Rubén Darío, Machado, Aleixandre," pp. 163-170.

170. _____. "Polémica sobre Rubén Darío," *Ins*, 22 (248/249):16-17, 1967. (See: Bowra., C. M. et al. *Rubén Darío en Oxford.*)

171. _____. "Rubén Darío visto por 'Azorín'," *CHisp*, 71:453-459, 1967.

172. _____. "Rubén Darío y Andalucía," *RSh*, 4 (16):42-45, 1955.

173. _____. "Rubén Darío y don Juan Valera," *RevHum*, 2:153-158, 1960.

174. _____. "Rubén y Unamuno," *Clav*, 4 (23):18-22, 1953.

175. _____. "Tres poetas frente al misterio (Darío, Machado, Aleixandre)," *CuAm*, 108 (1):227-231, 1960.

176. _____. "Voces españolas en la muerte de Rubén," *RNC*, 28 (178):46-50, 1966. (Concerning mainly Juan González Olmedilla. *La ofrenda de España a Rubén Darío* [q. v.].)

177. Cansinos-Assens, Rafael. "El poseído del 'deus'," *PanEst*, 1 (3):34-39, 1966.

178. _____. "Rubén Darío," *Poetas y prosistas del novecientos* [see "General References"], pp. 9-21.

179. _____. "El sentimiento cristiano en nuestra lírica moderna: Rubén Darío," *Los temas literarios y su interpretación.* Madrid, V. H. Sanz Calleja, Imp. y Casa Editorial, n. d., pp. 59-73. (Colección de Ensayos Críticos.)

180. Cantú, Arturo. "En el primer centenario de Darío," *VU*, 16 (826):1, 22 ene. 1967.

181. Capdevila, Arturo. "El espíritu religioso de Rubén Darío," *RArNCR*, 10:32-37, 1946.

182. _____. "Rubén Darío," *Nos*, 21:288, 1916.

183. _____. "Rubén Darío en Córdoba de la Argentina," *RevAmer*, 3:373-376, 1945.

184. _____. "Rubén Darío en Córdoba. La noche trovadoresca," *BAAL*, 32:81-91, 1967.

185. _____. *Rubén Darío, "un bardo rei".* Buenos Aires, Espasa-Calpe Argentina, 1946, 165 pp. (Colección Austral 607.)

186. Carbonell, Diego. *Lo morboso en Rubén Darío. Ensayos de interpretación cien-*

tífica. Prólogo de J. A. Cova. Caracas, Editorial Cecilio Acosta, 1943, 228 pp. (Biblioteca de Escritores y Asuntos Venezolanos XXXI.)

187. *_____. "Rubén Darío," *VenCon,* 1:159-163, 1916.

188. Cardoña Peña, Alfredo. "Algunos antecedentes del modernismo," *LetMex,* 5:311-312, 15 ago. 1946. Also in: *G,* 13 (146): 5, 11-13, 1966.

189. Carilla, Emilio. "Darío en la Argentina," *Rubén Darío* [see under Universidad Nacional de La Plata], pp. 99-114.

190. _____. "Darío y Groussac," *Ins,* 22 (248/249):8, 1967.

191. _____. "Estilística de las fuentes literarias," *CHisp,* 60:467-484, 1964. (Concerning "A Phocas," "El campesino," and "Lo fatal.")

192. _____. *Una etapa decisiva en Darío (Rubén Darío en la Argentina).* Madrid, Editorial Gredos, 1967, 198 pp. (Biblioteca Románica Hispánica. II. Estudios y Ensayos 99.)

193. _____. "Las revistas de Rubén Darío," *A,* 165:279-292, 1967. (Concerning *Revista de América, Mundial Magazine,* and *Elegancias.*)

194. _____. "Rubén Darío en Buenos Aires," *RIB,* 17:174-182, 1967.

195. _____. "Rubén Darío y la *Letanía de Nuestro Señor don Quijote,*" *Cervantes y América.* Buenos Aires, Imp. de la Universidad, 1951, pp. 59-68.

196. _____. "Rubén Darío y las letras argentinas," *AFZ,* 5:167-182, 1967.

197. Carlos, Alberto J. "La cruz en el 'Responso a Verlaine'," *Hisp,* 48:226-229, 1965.

198. Carnicé de Gallez, Esther. *Lugones y Darío en el centenario de mayo.* Bahía Blanca, Argentina, Extensión Cultural, Universidad Nacional del Sur, 1962, 45 pp. (Serie El Viento.) (Concerning "Canto a la Argentina.")

199. Carreño, Eduardo. "Rubén Darío y la gramática," *RNC,* 3 (31):74-78, 1942.

200. _____. "Silva contra Darío," *RNC,* 2 (26):107-113, 1941. (See also: Fogelquist, Donald F.)

201. Carrera Andrade, Jorge. "Influencia rubeniana en América y España," *RNC,* 28 (178):20-21, 1966.

202. _____. "Interpretación de Rubén Darío, en la conmemoración del primer centenario de su nacimiento," *Humb,* 6 (21):111-116, 1965. "Discurso pronunciado durante el acto de inaugura-ción de la Semana Dariana, en el Palacio Nacional de Managua, el 6 de febrero de 1964." Also separately: *Interpretación de Rubén Darío.* Managua, Talleres de la Editorial "San Enrique," Publicaciones de la Secretaría de la Presidencia de la República, 1964, 21 pp. (Ediciones "Cuadernos Darianos." Colección Ensayos 2.)

203. Carter, Boyd G. "Archivo Rubén Darío," *EdM,* 5 (26):49-52, 1964.

204. _____. "Darío, periodista y redactor: en busca de la *Revista de América,*" *EdM,* 3 (18):40-50, 1961.

205. _____. "Darío y *El Mercurio de América,*" *A,* 165:293-308, 1967.

206. _____. "En el centenario de Darío. La 'Revista de América'," *SdA,* 23 (196): 5-7, 1968.

207. _____. "*Mundial Magazine* (París, Francia)," *Las revistas literarias de Hispanoamérica* . . . [see "General References"], pp. 123-125.

208. _____. *Rubén Darío y la "Revista de América."* Edición facsimilar de la *Revista de América* de Darío y Jaimes Freyre, con estudio, notas e índices. Managua, Publicaciones del Centenario de Rubén Darío, Ministerio de Educación, 1967, 126 pp.

209. Carvalho, Elysio de. "Rubén Darío," *RM,* 15:137-145, 1910.

210. _____. *Rubén Darío.* Rio de Janiero, Imprensa Nacional, 1906, 54 pp.

211. _____. "Rubén Darío, príncipe de los poetas de lengua castellana," *Príncipes del espíritu americano.* Trad. del portugués y prólogo de César A. Comet. Madrid, Editorial América, n. d., pp. 51-118. (Biblioteca de Autores Célebres.)

212. *Casa de las Américas.* "Encuentro con Rubén Darío," (42):2-137, esp. pp. 5-81, 1967. "Para Rubén Darío [poems]": pp. 83-137. (Contains the papers presented at the "Encuentro con Rubén Darío" held in Havana, Cuba, January 16-22, 1967.) (See also: González, Manuel Pedro. "Balance de un encuentro.")

213. Casco, Remigio. *Rubén Darío.* León, Nic., Imp. "El Socorro," 1967, 14 pp.

214. Cassou, Jean. "Rubén Darío," *CasAm* (42):5-6, 1967. Trans. Magaly Muguercia.

215. Castagnino, Raúl H. "Imágenes de Rubén Darío," *Imágenes modernistas* [see "General References"], pp. 15-58.

216. Castagnino, R. H. " 'No soy más que un hombre de arte . . .'," *Rubén Darío* [see under Universidad Nacional de La Plata], pp. 128-137.
217. Castilla, Antonio. "Rubén Darío y Jaimes Freyre," *PajPap,* 4:84-88, 1953.
218. Castillo, Homero. "Caupolicán en el modernismo de Darío," *RI,* 19:111-118, 1953. Also in: *A,* 120:267-275, 1955.
219. _____. "Recursos narrativos en 'El fardo'," *A,* 165:29-37, 1967.
220. Castro, Humberto de. "Whitman y Poe en la poesía de Rubén Darío," *BolCB,* 10:90-104, 1967.
221. Casro Leal, Antonio. "Rubén Darío en Oxford," *EdM,* 4 (22):80-82, esp. pp. 80-81, 1962. (Concerning Ernesto Mejía Sanchez, "Rubén Darío, poeta del siglo XX" [q. v.].)
222. Castro Méndez, Margarita, ed. "Rubén Darío: artículos inéditos escritos en Costa Rica," *RHM,* 21:186-194, 1955. (Concerning articles appearing in Costa Rican newspapers between 1891 and 1892.)
223. Castro y Calvo, José María. *Rubén Darío y el modernismo en la literatura hispano-americana, lección inaugural del I curso de literatura hispanoamericana.* Barcelona, Instituto de Estudios Hispánicos, 1949, 19 pp. See also: "Rubén Darío y el modernismo en la literatura hispanoamericano," *ArLet,* 11 (8):1-2, 6-7, 1954.
224. Cernuda, Luis. "Experimento en Rubén Darío," *PapSAr,* 19:123-137, 1960. Reprinted in: Bowra, C. M. et al. *Rubén Darío en Oxford* [q. v.], pp. 56-77. (A comment on Bowra's "Rubén Darío," in *Inspiration and Poetry* [q. v.]. See also: Raúl Leiva, "El experimento de Luis Cernuda." Polemic.)
225. Céspedes, Augusto. "Rubén Darío en Bolivia," *Pol* (68):39-46, 1967.
226. Cestero, Tulio M. *Rubén Darío, el hombre y el poeta.* La Habana, Imp. "La Universal" de Ruiz y Cía., 1916, 19 pp. Also in: *A,* 81:151-162, 1945.
227. Chamorro, Pedro Joaquín. "Rubén Darío y Enrique Guzmán," *RevAcGHNic,* 2:407-413, 1938. "Tomado del diario *La Prensa,* 30 de julio de 1938."
228. Charry Lara, Fernando. "Rubén Darío en Oxford," *Eco* (48):663-667, 1967. (See: Bowra, C. M. *et al.*)
229. Chasca, Edmundo de. *"El reino interior* de Rubén Darío y *Crimen amoris* de Verlaine," *RI,* 21:309-317, 1956. Also in· *EdM,* 3 (16):52-58, 1961.
230. Chirinos Soto, Enrique. "Amor, tiempo y muerte en los poemas de Rubén Darío," *MP,* 39:445-454, 1958.
231. Chocano, José Santos. "Redescubrimiento de Rubén y de Nervo," *Obras completas* [see: Sánchez, Luis Alberto, under "José Santos Chocano"], pp. 1610-1612.
232. Coester, Alfred. "The Influence of Pronunciation on Rubén Darío's Verse," *Hisp,* 15:257-260, 1932.
233. Colín, Eduardo. "Rubén Darío, el poeta de la gracia," *Verbo selecto* [see "General References"], pp. 9-18.
234. Colmo, Alfredo. "Sobre Rubén Darío," *Nos,* 21:342-346, 1916.
235. Coloma González, Fidel. See: Universidad Nacional Autónoma de Nicaragua.
236. Comité Nacional Rubén Darío. *Nicaragua y Rubén Darío en el XXV aniversario de su muerte, 6 de febrero de 1916— 6 de febrero de 1941.* Managua, Talleres Nacionales de Imprenta y Encuadernación, 1941, 298 pp. (A collection of studies and *homenajes.*)
237. Concha, Jaime. "El tema del alma en Rubén Darío," *Diez estudios sobre Rubén Darío* [see under Loveluck, Juan], pp. 49-71. Also in: *A,* 165:39-62, 1967.
238. Conde, Carmen. *Acompañando a Francisca Sánchez (resumen de una vida junto a Rubén Darío).* Managua, Nicaragua, Editorial Unión, 1964, 251 pp.
239. _____. "El archivo de Rubén Darío en España," *CCLC* (29):29-34, 1958.
240. _____. "Desde dentro del Seminario-Archivo de Rubén Darío," *SemArRD* (1):15-19, 1959. Also in: *CuUniv,* feb. 1963, pp. 23-34.
241. _____. "Rubén Darío y la dramática persecución de Rosario Murillo," *CHisp,* 71:601-623, 1967.
242. *Contreras, Francisco. *Rubén Darío et les nouvelles lettres hispano-améri-caines.* Paris, 1920.
243. _____. *Rubén Darío, su vida y su obra.* 2nd ed., Santiago de Chile, Ediciones Ercilla, 1937, 364 pp. (Colección Contemporáneos.) 1st ed., Barcelona, Agencia Mundial de Librería, 1930, 319 pp. "Bibliografía": pp. 313-319. (Los Grandes Escritores.)

244. _____. "Rubén Darío y su primera novela," Estudio preliminar a *Emelina.* Paris, 1927, pp. ix-xxx.

245. Córdova, Ramiro de. *Neurosis en la literatura centroamericana* . . . [see "General References"], pp. 41-56.

246. Coronado, Nicolás. "Rubén Darío," *Nos,* 53:313-319, 1926.

247. Cossío, José María de. "El modelo estrófico de los 'layes, decires y canciones' de Rubén Darío," *RFE,* 19: 283-287, 1932. See also: Henríquez Ureña, Pedro, same title, *RFE,* 19:421-422, 1932.

248. _____. "Rubén Darío y Menéndez y Pelayo," *BBMP,* 8:316-319, 1926.

249. Costas, Carlos-José. "Música sin partitura, con dos excepciones," *EL* (360/361): 33-34, 1967.

250. Crema, Eldoardo. "Rodó y Rubén Darío," *RNC,* 28 (178):72-79, 1966. (Concerning Rodó's essay on Darío.)

251. Crespo, Manuel. "¿Un poeta de El Salvador que se anticipa a Rubén Darío? y Juicio literario de Darío sobre Olmedo y Rivas Groot," *RepAmer,* 41 (980):209-211, 1945.

252. [Crispo Acosta, Osvaldo]. "Lauxar" (pseud.). "Rubén Darío," *Motivos de crítica hispanoamericanos* [see "General References"], pp. 59-94.

253. *_____. "Rubén Darío," *Peg,* mar. 1921, pp. 97-110.

254. _____. *Rubén Darío y José Enrique Rodó.* Montevideo, Editorial Mosca Hnos., 1945, 173 pp. 1st ed., Montevideo, Agencia General de Librería y Publicaciones, 1924, 235 pp.

255. Cruz, Salvador. "Rubén en el recuerdo de París," *PanEst,* 1 (3):31-33, 15 dic. 1966.

256. *Cuadernos hispanoamericanos.* 71:247-647, 1967. (Entire number dedicated to Rubén Darío.)

257. *Cuadernos universitarios.* "Homenaje a Rubén Darío en el primer centenario de su nacimiento," 1 (2) [two volumes], esp. vol. 1, pp. 1-95 and vol. 2, pp. 315-440, 1967.

258. Cuadra, Pablo Antonio. "Introducción al pensamiento vivo de Rubén Darío," *CHisp* (5/6):89-102, 1948. Also in: *Torre de Dios; ensayos sobre poetas.* Managua, Talleres de la Tip. Universal, 1958, pp. 83-125. (Academia Nicaragüense de la Lengua Correspondiente de la Real Española 9.) With the title, "Su pensamiento vivo," *RCPC,* 13 (65):96-101, 1966.

259. _____. "Un nicaragüense llamado Rubén Darío," *CuUniv,* 1 (2):89-95, 1967.

260. _____. "Pequeña invectiva contra la Rojería española," *Lectura,* 30 (1): 1 nov. 1941. (See: Larrea, Juan. "¿Rubén Darío contra Bolívar?" and "Vaticinio de Rubén Darío." Polemic.)

261. Cuadra Chamorro, Pedro Joaquín. See also: Chamorro, Pedro Joaquín.

262. _____. [No title]. Managua, Tipografía y Encuadernación Nacional, 1925, 11 pp. "Discurso pronunciado por el señor subsecretario de Instrucción Pública, don Pedro J. Cuadra Ch., en la ceremonia de la colocación del retrato de Rubén Darío en la Biblioteca Nacional, el 12 de octubre de 1925."

263. _____. *Rubén Darío.* Granada, Nicaragua, Talleres Tipográficos de "El Centro-americano," 1943, vii, 162 pp.

264. *Cultura.* "Homenaje a Rubén Darío. Primer centenario de su nacimiento," (43):1-196, ene./mar. 1967. (Entire number dedicated to Rubén Darío.)

265. *Cupo, Carlos Oscar. "Fuentes inéditas de 'Cantos de vida y esperanza'," *RevProf,* mar./jun. 1940, pp. 39-46.

266. Curutchet, Juan Carlos. [No title], *CHisp,* 71:643-647, 1967. (Concerning Jaime Torres Bodet's *Rubén Darío—abismo y cima* [q. v.].)

267. Cvirny, Lumir. "Rubén Darío," *CasAm* (42):7-14, 1967. "Leído el 17 de enero de 1967."

268. Darío, Rubén III. *Rubén Darío y los mercaderes del templo.* Buenos Aires, Editorial Nova, 1967, 245 pp.

269. Davison, Ned. "Zorrilla, Darío, and 'Yo soy aquel'," *RN,* 6 (2):131-134, 1965. Also in: *Sobre Eduardo Barrios y otros estudios y crónicas* [see "General References"], pp. 104-107.

270. Debayle, Luis Henri. *Homenaje a Rubén Darío.* Managua, Nicaragua, Imprenta Nacional, 1933, 36 pp.

271. _____. "Rubén Darío," *Al correr de la vida. Discursos, conferencias y juicios.* Managua, Nicaragua, Imprenta Nacional, 1935, pp. 69-103.

272. Delgado, Jaime. "Rubén Darío, poeta transatlántico," *CHisp,* 71:289-331, 1967.

273. Delgado, Washington. "Situación social de la poesía de Rubén Darío," *L*, 38 (76/77):44-59, 1966.

274. Della Costa, Pablo, hijo. "Rubén Darío y el primer centenario de Méjico," *Nos*, 21:264-267, 1916.

275. D'Entremont, Elaine. "The Influence of Joris Karl Huysmans' *A Rebours* on Rubén Darío," *RN*, 5:37-39, 1963.

276. Depestre, René. "Rubén Darío: con el cisne y el fusil," *CasAm* (42):73-76, 1967. Trans. Magaly Muguercia. "Leído el 20 de enero de 1967."

277. Devoto, Daniel. "García Lorca y Darío," *As*, 23 (2):22-31, 1967.

278. D'Halmar, Augusto (pseud.). See: Thompson, Augusto G.

279. Díaz Arrieta (Alone), Hernán. "El sentimiento religioso en la obra de Rubén Darío," *T*, 15:255-272, 1967.

280. Díaz Medrano, Teodoro. *Rubén Darío. En el cincuentenario de su inmortal "Azul."* Managua, Tip. Alemana de Carlos Heuberger, 1938, 18 pp. (Biographical Pamphlets 39.)

281. Díaz-Plaja, Guillermo. "Coordinada 1: Rubén Darío," *Juan Ramón Jiménez en su poesía*. Madrid, Aguilar, 1958, pp. 73-92.

282. _____. "Crónica menor de un gran centenario," *CHisp*, 71:631-637, 1967. (Concerning the Darío Centennial in Nicaragua.)

283. _____. "Fieles contrastes de Valle-Inclán. I. Rubén Darío," *Las estéticas de Valle-Inclán*. Madrid, Gredos, 1966, pp. 257-270. (Biblioteca Románica Hispánica. II. Estudios y Ensayos 85.)

284. _____. "Juan Ramón Jiménez y Rubén Darío," *CienCul*, 2 (6):135-152, 1957.

285. _____. "La poesía del novecientos. El modernismo y la generación del 98," *La poesía lírica española*. Barcelona, Editorial Labor, 1937, esp. pp. 352-361. (Colección Labor. Sección III: Ciencias Literarias 401-402.)

286. _____. *Rubén Darío. La vida*: La obra: *Notas críticas*. México, Editora Nacional, 1957, 224 pp. (Colección económica; libros de bolsillo, buenos, bonitos, baratos 665.) (Colección Los Grandes Hombres.) First printed: Barcelona, Sociedad General de Publicaciones, 1930, 224 pp.

287. _____. "Rubén Darío y Cataluña," *T*, 15:181-193, 1967.

288. Diego, Eliseo. "Rubén Darío," *CasAm* (42):80-81, 1967. "Leído el 20 de enero de 1967."

289. Diego, Gerardo. "Ritmo y espíritu en Rubén Darío," *CHisp*, 71:247-264, 1967.

290. Díez-Canedo, Enrique. *Conversaciones literarias (1915-1920)*. Madrid, Editorial América [1921?], 277 pp. See especially: "La sombra," pp. 152-156 and "Rubén Darío y España," pp. 261-267.

291. _____. "De la vida literaria. Una digresión de Alomar y unos versos de Darío," *RepAmer*, 2:327, 20 jun. 1921.

292. _____. "Hacia una edición completa de Rubén Darío," *Letras de América* [see "General References"], pp. 71-91.

293. _____. "Otras notas acerca de Darío. I. Una digresión de Alomar y unos versos de Darío. II. Rubén Darío en la Sorbona. III. Casticismo y americanismo," *Letras de América* [see "General References"], pp. 92-103.

294. _____. "La poesía castellana y Rubén Darío," *Colección Ariel* (San José, C. R.), 11 (2):336-342, 1916.

295. _____. "Rubén Darío, Juan Ramón Jiménez y los comienzos del modernismo en España," *HiPro*, 2 (9):145-151, 1943.

296. Dobles Segreda, Luis. "Rubén Darío in Heredia," *IntAm*, 4:78-81, 1920.

297. Dolan, Miguel Eduardo. "Darío en versiones al inglés," *Rubén Darío* [see under Universidad Nacional de La Plata], pp. 510-520.

298. Dominici, Pedro César. "Rubén Darío," *Tronos vacantes. Arte y crítica* [see "General References"], pp. 15-32.

299. Donoso, Armando. "La juventud de Rubén Darío," *Nos*, 31:443-528, 1919. (Not strictly biographical.)

300. _____. "Rubén Darío en Chile," [introduction to] *Obras de juventud de Rubén Darío* .... Edición ordenada, con un ensayo sobre Rubén Darío en Chile, por .... Santiago de Chile, Editorial Nascimento, 1927, pp. 7-112.

301. Doyle, Henry Grattan. *A Bibliography of Rubén Darío (1867-1916)*. Cambridge, Mass., Harvard University Press, 1935, 27 pp. "A companion volume to 'Rubén Darío' by A. Torres Ríoseco, published by the Harvard Council on Hispano-American studies. Cf. Pref. of the director."

302. Durán, Manuel. "Tradición y originalidad en Rubén Darío," *Ins,* 22 (248/249): 3, 27, 1967.

303. Durand, René L.F. "El motivo del centauro y la universalidad de Rubén Darío," *T,* 15:71-97, 1967. "Conferencia pronunciada en el local de la Alianza Francesa de Managua el día 18 de enero de 1967 . . . . Se publica con unas cuantas adiciones y algunas notas del autor."

304. _____. *Ruben Darío.* Présentation, choix de textes, traduction, bibliographie par . . . . Vichy, Pierre Seghers, Éditeur, 1966, 186 pp., esp. pp. 5-104. (Poètes d'Aujourd'hui 139.)

305. _____. "Rubén Darío et les lettres françaises," *RIB,* 17:157-164, 1967.

306. Durón, Jorge Fidel. " 'El viaje a Nicaragua' de Rubén Darío," *NicInd* (43): 15-19, 1967.

307. Dyson, John P. "Tragedia dariana: la princesa de la eterna espera," *A,* 165: 309-319, 1967.

308. Echavarría, Salvador. "Rubén Darío en 1967," *EtC,* 2 (6) 40:170-180, 1967. (See: Anderson, Robert Roland. Polemic.)

309. Echeverri Mejía, Oscar. "Rubén Darío, a los cincuenta años de su muerte," *Cul* (43):78-86, 1967. (See: Echeverry Mejía, Oscar.)

310. Echeverría Magariño, Raúl. *La fuente.* (*Libro apócrifo de Rubén Darío*). Guatemala, Imp. El Faro, 1963, 166 pp.

311. Echeverry Mejía, Oscar. "Rubén Darío a los cuarenta y cinco años de su muerte," *EdM,* 5 (29):53-61, 1964. "Conferencia pronunciada por su autor en el teatro de Colón, de Bogotá, en 1956; y en el Seminario-Archivo 'Rubén Darío', de Madrid (España) en 1961." See also: *BolCB,* 8:921-929, 1965. (Same as Echeverri Mejia, Oscar, above.)

312. *Élite* (Managua). "Edición especial dedicada al poeta. XXV aniversario de su muerte." Año 3:1-61, 1941. "Número extraordinario."

313. *Élite* (Managua). 3 (32): 1942. (See Bravo, Carlos A. and Acuña Escobar, Francisco for the two principal articles in this memorial issue.)

314. *Élite* (Managua). Año 6:1-44, esp. 9-14, 1946. (Generally called an *homenaje,*

this issue contains only two substantial articles, one biographical. For the other, see: Marasso, Arturo.)

315. Ellis, Keith. "Un análisis estructural del poema 'A Roosevelt'," *CHisp,* 71:523-528, 1967.

316. Ellison, Fred P. "La conferencia de Rubén Darío sobre Joaquim Nabuco: Introducción y texto," *RI,* 27:329-356, 1961.

317. _____. "Rubén Darío and Brazil," *Hisp,* 47:24-35, 1964.

318. _____. "Rubén Darío y Portugal," *Hispanof,* 2 (4):23-33, 1958.

319. Englekirk, John Eugene. "Rubén Darío," *Edgar Allan Poe in Hispanic Literature* [see "General References"], pp. 165-210.

320. _____. "Rubén Darío y los críticos chilenos," *RHM,* 1:261-265, 1935.

321. Enguídanos, Miguel. "El cuaderno de navegación de Rubén Darío," *RHM,* 32:153-185, 1966. (See also: Oliver Belmás, Antonio. "El cuaderno de hule negro.")

322. _____. "Dos poetas paralelos: Miguel de Unamuno y Rubén Darío," *CHisp,* 71:427-444, 1967.

323. _____. " 'Sonatina' oída desde lejos," *Ins,* 22 (248/249):7, 1967.

324. _____. "Tensiones interiores en la obra de Rubén Darío," *PapSAr,* 46: 161-189, 1967.

325. Enríquez, María Dolores. "Espíritu y letra del Seminario-Archivo Rubén Darío," *SemArRD* (1):27-30, 1959.

326. *Entrambasaguas, Joaquín de. "Colón en la poesía de Rubén Darío," in *Studi colombiani* (Genova. Publicazioni del Civico Istituto Colombiano), 3:171-180, 1951.

327. _____. "Góngora y Velázquez en Rubén Darío," *SemArRD* (5):5-12, 1961.

328. _____. "La técnica del modernismo en Rubén," *EL* (360/361):21-24, 1967.

329. Espinosa, Francisco. "El modernismo en América," *Sint,* 1 (11):65-77, 1955.

330. Espinosa, Horacio. *Rubén Darío.* Managua, Nicaragua, Tip. Rodríguez, 1944, 29 pp. "Edición del Comité pro premio nacional Rubén Darío 1944."

331. Esquenazi-Mayo, Roberto. "El interamericanismo de Darío," *Ins,* 22 (248/249):10, 1967.

332. *La estafeta literaria.* Extra. (360/361):
1-80, esp. pp. 1-51, dic. 31-ene. 14,
[1966]-1967. (Entire number dedicated to Rubén Darío.)

333. Estrella Gutiérrez, Fermín. "Una página
olvidada de Rubén Darío," *BAAL,*
27:133-141, 1962.

334. *Estudios centroamericanos.* 22(226):429-
459, 1967. (Entire number dedicated
to Rubén Darío.)

335. Falcao Espalter, Mario. "Rodó y Darío
vistos por la crítica," *Interpretaciones
. . .* [see "General References"], pp.
239-251.

336. Falcón, César. "Poesía revolucionaria.
Situación de Rubén Darío y sus here-
deros," *Es,* 2:115-137, 1957.

337. Fariña, Núñez, Eloy. "El significado de
la obra de Rubén Darío," *Nos,* 21:132-
135, 1916.

338. Farré, Luis. "El modernismo religioso de
principios de siglo," *Rubén Darío* [see
under Universidad Nacional de La
Plata], pp. 117-127.

339. Faurie, M. J. "Rubén Darío est-il le
poète de l'Amerique Latine?" *LM,* 62
(1):48-56, 1968.

340. Fay, Eliot G. "Rubén Darío in New
York," *MLN,* 57:641-648, 1942.

341. Fernández, Oscar A. "Síntesis cronológica
de vida y obra de Rubén Darío (1867-
1916)," *Rubén Darío* [see under Universidad Nacional de La Plata], pp.
15-25.

342. Fernández Larraín, Sergio. "Rubén Darío
en mi archivo. Homenaje en el primer
centenario de su nacimiento 1867-
1967," *A,* 165:63-94, 1967.

343. Fernández Molina, Antonio. "Rubén
Darío en Mallorca," *As,* 23 (2):61-
65, 1967.

344. Fernández, Moreno, César. "Las revistas
literarias en la Argentina," *RHM,* 29:
46-54, esp. p. 46, 1963. (See this
item under "Ricardo Jaimes Freyre.")

345. Ferreira, João-Francisco. "Rubén Darío,"
*Capítulos de literatura hispano-ame-
ricano* [see "General References"], pp.
324-342.

346. Ferrer Canales, José. "González Prada
y Darío," *Hisp,* 41:465-470, 1958.

347. _____. "Oro cívico de la espiga," *T,*
15:405-427, 1967.

348. Ferreres, Rafael. "Diferencias y coincidencias entre Salvador Rueda y Rubén
Darío," *CHisp,* 57:39-44, 1964. Also

in: *Los límites del modernismo y del
98* [see "General References"], pp.
73-81.

349. Ferrero, José María. "El 'Año lírico' de
Rubén Darío," *Estudios literarios* [see
under Universidad Nacional . . . in
"General References"], pp. 129-147.

350. _____. "Darío y Baudelaire: un esbozo
de aproximación," *Rubén Darío* [see
under Universidad Nacional de La
Plata], pp. 339-351.

351. Ferrero Acosta, Luis. "Presencia de
Rubén Darío en 'Repertorio Americano', 1919-1956," *BolAsCB,* 1:34-39,
1957.

352. Ferro, Hellén. "Rubén Darío; obras y
fechas; primera época; segunda época;
'Cantos de vida y esperanza'; otros
aspectos; precursor del Postmodernismo; la poesía negroide; ejemplos de sus
diversas tendencias; Darío y el Mundonovismo; biografía; Nicaragua en
época de Darío; imperialismo y Pan-
americanismo," *Historia de la poesía
hispanoamericana* [see "General References"], pp. 163-173.

353. Figueira, Gastón. "La amistad Rubén
Darío-Juan Ramón Jiménez," *RNC,*
28 (178):52-57, 1966.

354. _____. "Dos críticos de Darío," *T,*
15:217-228, 1967. (Concerning the
prologues of Eduardo de la Barra and
Juan Valera to *Azul . . . .*)

355. _____. "Itinerario estético de Rubén,"
As, 23 (2):66-69, 1967.

356. _____. "Revisión de Darío," *RIB,* 17:
147-156, 1967.

357. Figueroa, Esperanza. "Julián del Casal
y Rubén Darío," *RBC,* 50:191-208,
1942.

358. Fiore, Dolores Ackel. *Rubén Darío in
Search of Inspiration (Greco-Roman
Mythology in His Stories and Poetry).*
New York, Las Americas Publishing
Co., 1963, 178 pp. "A Selected Bib-
liography": pp. 167-174.

359. Fitzmaurice-Kelly, J. "Rubén Darío,"
YBML, 1920, pp. 166-168.

360. Flores, Mario. "Algo más sobre Rubén
Darío en Costa Rica," *RepAmer,* 28:
256-255, 28 abr. 1943. (Article runs
from one page onto the preceding
page.)

361. Flores López, Santos. *Rubén Darío; psicología y tendencia de su obra poética
por alcanzar la belleza soñada o ab-*

soluta y su lucha entre lo finito y lo infinito; ensayo. Managua, Academia Nicaragüense de la Lengua, 1958, 280 pp. (Colección "Lengua" 8. Letras.)

362. Floripe, Rodolfo O. "Rubén Darío y Jules Lemaître: una fuente secundaria de *Azul,*" *RI,* 17:285-292, 1952.

363. Fogelquist, Donald F. "Dualidad modernista: hispanismo y americanismo," *CHisp,* 71:410-426, 1967.

364. _____. *"Helios,* voz de un renacimiento hispánico," *RI,* 20:291-299, 1955. (*Helios* first published "A Roosevelt" and "Un soneto a Cervantes," among other Spanish American contributions.)

365. _____. "Iniciación de Rubén Darío en el culto a Martí," *Memoria del congreso de escritores martianos* [see under "José Martí"], pp. 503-569.

366. _____. *The Literary Collaboration and the Personal Correspondence of Rubén Darío and Juan Ramón Jiménez.* Coral Gables, Florida, University of Miami Press, 1956, 46 pp. "Bibliography": pp. 44-46. (University of Miami Hispanic American Studies 13.)

367. _____. "More About Silva, Darío, and García Prada," *Hisp,* 43:572-574, 1960. (See: Fogelquist, "The Silva-Darío Controversy" and García Prada, Carlos, "¿Qué se propone Fogelquist?" Polemic.)

368. _____. "Una nota sobre 'Al rey Oscar'," *A,* 165:321-327, 1967.

369. _____. "Rubén Darío y Juan Ramón Jiménez," *SemArRD* (7):5-16, 1963.

370. _____. "Salvador Rueda y Rubén Darío," *RHM,* 30:189-204, 1964.

371. _____. "The Silva-Darío Controversy," *Hisp,* 42:341-346, 1959. (See: Fogelquist, "More About Silva, Darío, and García Prada" and García Prada, Carlos, "¿Silva contra Darío?" Polemic.)

372. Foresti Serrano, Carlos. "La huella de Dante en Darío (primera aproximación)," *RP,* 4 (4):5-16, 1967.

373. Franco, Jean. "Rubén Darío y el problema del mal," *Amaru* (2):77-81, 1967.

374. Frisbie Youmans, Charles. *Rubén Darío y el modernismo.* México, UNAM, 1963, 110 pp. Bibliography: pp. 109-110.

375. Fuentes, Pedro. "La Argentina en el archivo inédito de Rubén Darío," *EstBA* (497):582-583, 1958.

376. G. A. J. "Cronología rubendariana," *ECA,* 22:429-430, 1967.

377. Gallardo, Ricardo. "El hispanismo en la obra de Rubén Darío," *SemArRD* (10):59-66, 1965.

378. Gallegos Valdés, Luis. "Rubén Darío, poeta de la hispanidad," *Cul* (43):65-77, 1967.

379. Galvez, Carlos M. "El movimiento pendular de la cultura," *NicInd* (43):11-13, 1967.

380. Gálvez, Manuel. "La influencia de Darío," *Nos,* 21:142-143, 1916.

381. _____. "Rubén Darío," *Amigos y maestros de mi juventud . . .* [see "General References"], pp. 239-252.

382. Gamallo Fierros, Dionisio. "Rubén Darío como encarnación de la conciencia humana. La presencia de España en la vida íntima y en la obra literaria de Rubén," Universidad de Salamanca. *Primeras jornadas de lengua y literatura hispanoamericana* [see "General References" under Universidad de Salamanca], pp. 405-408.

383. García-Abrines, Luis. "Una curiosa aliteración simbolista de Rubén Darío," *RHM,* 28:45-48, 1962. (Concerning "A Goya.")

384. García Blanco, Manuel. "Rubén Darío y Unamuno," *CulUn* (43):15-28, 1954. Also in: *América y Unamuno.* Madrid, Editorial Gredos, 1964, pp. 53-74. (Biblioteca Románica Hispánica. II Estudios y Ensayos 75.)

385. García Calderón, Ventura. "Los primeros versos de Rubén Darío," *RevHisp,* 40:47-55, 1917. Also in: *LetHab,* 4: 385-387, 1917.

386. _____. "Rubén Darío," *MerFr.* 114: 385-399, 1916.

387. _____. "Rubén Darío," *Semblanzas de América* [see "General References"], pp. 35-75.

388. García de Castro, Ramón. "Rubén Darío y Asturias," *PapSAr,* 46:305-320, 1967.

389. García-Diego de la Huerga, Tomás. "En torno a Rubén Darío," *Huellas de mi jornada.* Prólogo de Enrique Lafuente Ferrari. Madrid, Talleres de Artes Gráficas "Arges," 1955, pp. 237-251.

390. García-Girón, Edmundo. "La adjetivación modernista en Rubén Darío," *NRFH,* 13:345-351, 1959.

391. Garciá Nieto, José y Francisco-Tomás
Comes. *Poesía hispanoamericana; de
Terrazas a Rubén Darío.* Madrid, Ediciones Cultura Hispánica, 1964, 159
pp. (Colección Nuevo Mundo.)
392. García Prada, Carlos. *Cuentos y poesías.*
Introducción, selecciones y notas de
. . . . Madrid, Ediciones Iberoamericanas, 1961, 249 pp. (Biblioteca de
Autores Hispanoamericanos IV.) "Introducción": pp. 7-38. Also in: *Letras
hispanoamericanas; ensayos de sim-
patía.* Madrid, Ediciones Iberoamericanas, 1963, pp. 207-239.
393. _____. "¿Qué se propone Fogelquist?"
Hisp, 44:309-311, 1961. (See: Fogelquist, Donald F. "More About Silva,
Darío, and García Prada." Polemic.)
394. _____. "¿Silva contra Darío?" *Hisp,*
43:176-183, 1960. (See the Fogelquist
article mentioned above.) (Polemic.)
395. Garciasol, Ramón de. *Lección de Rubén
Darío.* Madrid, Taurus Ediciones, 1960,
232 pp. (Persiles 17.) "Premio 'Pedro
Henríquez Ureña', 1955, de la Asociación Cultural Iberoamericana de Madrid."
396. _____. "Musas de carne y hueso,"
CHisp, 71:574-587, 1967.
397. _____. "Notas sobre el modernismo en
España," *PapSAr,* 46:197-226, 1967.
398. _____. "Los versos iniciales de Rubén
Darío," *CuLit,* 5:37-84, 1949.
399. Gardes, Roxana. "Lo raro en 'Los raros',"
Rubén Darío [see under Universidad
Nacional de La Plata], pp. 179-192.
400. Garfias, Francisco. "Rubén, lujoso, y
Juan Ramón, lunático," *EL* (360/
361):37-41, 1967.
401. Garmendia, Hermann. "Detractores literarios de Rubén Darío en Venezuela," *RNC,* 28 (178):88, 1966.
402. Gastaldi, Santiago. "Rodó, Verlaine y
Rubén Darío," *At,* 42 (203):44-46,
1954.
403. Gavidia, Francisco. "Estampas de ayer.—
Rubén Darío," *Sint,* 1 (12):17-28,
1955. "Del Repertorio Salvadoreño,
julio de 1889."
404. _____. "Estudio sobre la personalidad
de Rubén Darío," *Discursos, estudios
y conferencias.* San Salvador, Imp. Nacional, 1941, pp. 234-245. (Biblioteca
Universitaria.)
405. _____. *Obras de Francisco Gavidia.*
San Salvador, Imp. Nacional, 1913—.
("Of great interest for the study of the
metrical innovations of Rubén Darío"

—Henry Grattan Doyle, *A Bibliography of Rubén Darío* (*1867-1916*).)
406. _____. "Sobre la versificación de 'Los
aeronautas'," *Cul* (3):120-127, 1955.
407. Ghiano, Juan Carlos. "La versión auto-
biográfica de Darío," *Rubén Darío* [see
under Universidad Nacional de La
Plata], pp. 29-63.
408. Ghiraldo, Alberto, ed. *El archivo de
Rubén Darío.* Buenos Aires, Editorial
Losada, 1943, 508 pp. 1st ed., Santiago de Chile, Editorial "Bolívar,"
1940, 318 pp.
409. _____. *Obras poéticas completas.*
Ordenación y prólogo de . . . . Madrid,
Aguilar, 1932, xlvi, 1263 pp. "Prólogo": pp. v-xlvi.
410. Gicovate, Bernardo. "Dante y Darío,"
Hisp, 40:29-33, 1957.
411. _____. "De Ruben Darío a César Vallejo: una constante poética," *T,* 13
(49):27-44, 1965.
412. _____. "Lectura de un poema de
Rubén Darío. Reflexiones sobre la
originalidad," *As,* 23 (1):38-42, 1967.
(Concerning the poet's three "Nocturnos," which Gicovate states can be
read as one poem.)
413. Gil, Ildefonso-Manuel. "Rubén Darío en
la prosa de Valle-Inclán," *CHisp,* 71:
472-480, 1967.
414. Gil Sánchez, Alberto. "Estampas literarias: Rubén Darío," *UAnt,* 22 (85):
131-135, 1948.
415. Giordano, Jaime. "Teoría del enigma:
Darío a la luz del simbolismo," *A,*
165:95-131, 1967.
416. Giusti, Roberto F. "La angustia meta-
física en Rubén Darío," *BAAL,* 32:
107-127, 1967.
417. _____. "El archivo de Rubén Darío,"
Nos, 22:311-315, 1943. (Concerning
Alberto Ghiraldo's *El archivo de Rubén
Darío* [q. v.].)
418. Gobierno de Nicaragua. See: Homenaje
del . . . .
419. Goić, Cedomil. "Generación de Darío.
Ensayo de comprensión del modernismo como una generación," *RP,* 4
(4):17-35, 1967.
420. Goldberg, Isaac. "Rubén Darío (1867-
1916)," *Studies in Spanish American
Literature* [see "General References"],
pp. 101-183.
421. _____. "Rubén Darío: The Man and
the Poet," *B,* 49:563-568, 1919.
422. Gómez Carrillo, Enrique. "Con Rubén
Darío en Guatemala," *Treinta años*

de mi vida. Libro 1°. El despertar del alma. Tomo I, *Obras completas.* Madrid, Editorial Mundo Latino [1920?], pp. 219-233.

423. Gómez Espinosa, Margarita. *Rubén Darío, patriota.* Madrid, Ediciones Triana, 1966, 384 pp.

424. Gómez Naranjo, Pedro A. "Perfil de Centroamérica: Rubén Darío en Guatemala," *RevAmer,* 7:220-224, 1946.

425. Gómez Paz, Julieta. "Rubén Darío, la boca dulce," *Rubén Darío* [see under Universidad Nacional de La Plata], pp. 388-396.

426. _____. "Rubén Darío y Rosalía de Castro," *As,* 23 (2):44-49, 1967.

427. Gondra, Manuel. "En torno a Rubén Darío," *Hombres y letrados de América.* Prólogo de Natalicio González. Asunción del Paraguay, Editorial Guaranía, 1942, pp. 201-240. (Biblioteca Paraguaya.) (Written in 1898.)

428. González, Manuel Pedro. See also under "General References" and "José Martí."

429. _____. "Aclaraciones en torno a la génesis del modernismo," *CCLC* (75): 41-50, 1963. (See: Avilés Ramírez, Eduardo. "Defensa y explicación de Rubén Darío." Polemic.)

430. _____. "Apostilla rubeniana," *Estudios sobre literaturas hispanoamericanas* [see "General References"], pp. 343-346. (Concerning Arturo Marasso. *Rubén Darío y su creación poética* [q. v.].)

431. _____. "La apoteosis de Rubén Darío. Intento de explicación del fenómeno," *A,* 163:125-138, 1966. (See other articles by González on Darío and Martí. Polemic.)

432. _____. "Balance de un encuentro," *ZF* (48):54-55, 60, ago. 1967. (Concerning the Cuban celebration of Darío's centennial, called "Encuentro con Rubén Darío" [see *Casa de las Américas*], whose participants and papers González attacks openly.)

433. _____. "En el centenario de Rubén Darío. (Deslindes indeclinables)," *CasAm* (42):36-51, 1967. "Leído el 19 de enero de 1967." (Another of M. P. G.'s polemical articles on the beginnings of Modernism, Darío, and Martí.) Also in: *A,* 165:329-356, 1967.

434. _____. "I. Iniciación de Rubén Darío en el culto a Martí. II. Resonancias de la prosa martiana en la de Darío (1886-1900)," *Memoria del congreso de escritores martianos* [see under "José Martí"], pp. 503-569. Reprinted in *Diez estudios sobre Rubén Darío* [see under Loveluck, Juan], pp. 73-122. (See: Schulman, Ivan A. "Resonancias martianas en la prosa de Rubén Darío.")

435. _____. "El retorno a Darío. (A propósito del último libro de A. Torres-Ríoseco)," *RBC,* 29:189-197, 1932. (Concerning *Rubén Darío, casticismo y americanismo* [q. v.].)

436. _____. "Revaloración de Rubén Darío," *Estudios sobre literaturas hispanoamericanas* [see "General References"], pp. 337-342. (Concerning Pedros Salinas. *La poesía de Rubén Darío* [q. v.].)

437. _____. "Rubén Darío, cuentista," *Estudios sobre literaturas hispanoamericanas* [see "General References"], pp. 328-336.

438. González Blanco, Andrés. *Los grandes maestros. Salvador Rueda y Rubén Darío; estudio cíclico de la lírica española en los últimos tiempos.* Madrid, Librería de Pueyo, 1908, 302 pp. (Biblioteca Hispano-Americana.)

439. González Olmedilla, Juan, ed. *La ofrenda de España a Rubén Darío.* Liminar de Rufino Blanco-Fombona. Madrid, Editorial América, concesionaria exclusiva para la venta: Sociedad española de librería, 1916, xii, 266 pp. "Buena parte de los trabajos aquí reunidos vieron la luz pública diseminados en la prensa." (See: Cano, José Luis, "Voces españolas en la muerte de Rubén.")

440. González Sol, Rafael. "La primera edición de 'Azul' de Rubén Darío," *BolBNS* (64/69):53, 1945. (The author states that the first copies of *Azul* . . . were printed by Francisco Lainfiesta in Guatemala.)

441. Granjel, Luis S. "Rubén Darío 'Fin de siglo'," *CHisp,* 71:265-278, 1967.

442. Grecia, Pablo de (pseud.). See: Miranda, César.

443. Guandique, José Salvador. "Darío y Gavidia," *RIB,* 17:191-201, 1967.

444. _____. *Gavidia, el amigo de Darío; ensayo.* Tomo I. San Salvador, Ministerio de Educación, Dirección General de Publicaciones, of 2 vols., 1965-1966. (Colección Certamen Nacional de Cultura 32.)

445. Guereña, Jacinto Luis. "Con Azorín y otros dentro de Rubén Darío," *As*, 23 (2):70-76, 1967.

446. Guerrero, Francisco. "Rubén Darío y su trayectoria estilística," *A*, 142:80-86, 1961.

447. Guerrero, Obdulia. "Valle-Inclán y su vinculación con el modernismo rubeniano," *CHisp*, 71:551-555, 1967.

448. Guerrero C., Julián M y Lola Soriano de Guerrero. *Rubén Darío: poeta místico y diplomático*. Managua, Editora Central, 1966, 184 pp.

449. Guillén, Fedro. "La ausencia de Darío," *ZF* (34):46-47, 1966.

450. Guillermo, Edenia. "Darío y América," *RIB*, 17:165-173, 1967.

451. Gullón, Ricardo. "Esteticismo y modernismo," *CHisp*, 71:373-387, 1967.

452. _____. "Machado reza por Darío," *Ins*, 22 (248/249):3, 1967. (Concerning a poem by Machado: "Misterioso y silencioso . . . .")

453. _____. "Pitagorismo y modernismo. Valoraciones," *MN* (7):22-32, 1967. Subtitles: "Caminos de perfección," pp. 22-23; "Pitágoras," pp. 23-24; "Sócrates, Buda, Cristo," pp. 24-26; "Ritmo y unidad, leyes de la poesía," pp. 26-29; "Dudas," pp. 29-30; "Reencarnaciones," pp. 30-32.

454. _____. "Relaciones entre Rubén Darío y Juan Ramón Jiménez," *UMex*, 18 (3):11-13, 1963. Also in: *PapSAr*, 31:233-248, 1963.

455. _____. "Rubén Darío, España y los españoles," *As*, 23 (1):15-23, 1967.

456. _____. "Rubén Darío y el erotismo," *PapSAr*, 46:143-158, 1967.

457. Gutiérrez, Fermín Estrella. "Dos notas sobre Rubén Darío a los cien años de su nacimiento," *BAAL*, 32:93-106, 1967.

458. Gutiérrez Gutiérrez, Ernesto. "El tema del cisne en Rubén Darío," *CuUniv* (9):21-25, 1958.

459. Gutiérrez Lasanta, Pbro. Francisco. *Rubén Darío; el poeta de la hispanidad*. Zaragoza, Talleres Editoriales "El Noticiero," 1962, 195 pp.

460. Guzmán, Beatriz M. "Notas de color en 'Prosas profanas'," *Rubén Darío* [see under Universidad Nacional de La Plata], pp. 217-241.

461. Hamilton, Carlos D. "Rubén Darío, emperador de la belleza," *Nuevo lenguaje poético* . . . [see "General References"], pp. 33-48.

462. _____. "Rubén Darío en la isla de oro," *CHisp*, 71:556-573, 1967.

463. Haydée Gaibisso, Alicia. "Darío y las letras lusobrasileñas," *Rubén Darío* [see under Universidad Nacional de La Plata], pp. 497-509.

464. Hebblewaite, Frank P. "Una bibliografía de Rubén Darío (1945-1966)," *RIB*, 17:202-221, 1967.

465. Henríquez Ureña, Max. "Dos apostillas anecdóticas acerca de Rubén Darío," *CuUniv*, 1 (2):1-9, 1967.

466. _____. "En torno a las prosas de Rubén Darío," *T*, 15:155-177, 1967.

467. _____. *Rodó y Rubén Darío*. La Habana, Sociedad Editorial Cuba Contemporánea, 1918, 152 pp. Bibliography of and on Rodó: pp. 63-69; of and on Darío: pp. 141-149. "Dos conferencias dadas en Santiago de Cuba: la de Darío el 22 de febrero de 1916; la de Rodó el 9 de junio de 1918." For the article on Darío, see also: *CubCon*, 18:274-326, 1918. A reworking with changes in subtitles appears in *BAAL*, 15:203-271, 1946.

468. _____. "Rubén Darío," *Breve historia del modernismo* [see "General References"], 2nd ed., 90-114.

469. Henríquez Ureña, Pedro. "El modelo estrófico de los 'layes, decires y canciones' de Rubén Darío," *RFE*, 19:421-422, 1932. (Concerning Cossío, José María de, same title, *RFE*, 19:283-287, 1932.)

470. _____. "Rubén Darío," *Ensayos críticos* [see "General References"], pp. 53-70. A slight reworking appears in: *Horas de estudio*. Paris, Librería Paul Ollendorff [1909], pp. 113-137. Collected in: *Obra crítica* [see "General References"], pp. 95-105; and in: Rodríguez Demorizi, Emilio. *Rubén Darío y sus amigos dominicanos* [q. v.], pp. 223-236.

471. _____. "Rubén Darío y el siglo XV," *RevHisp*, 50:324-327, 1920. (The Index erroneously begins the article on p. 326.)

472. _____. *La versificación irregular en la poesía castellana*. 2nd ed., Madrid, Imp. de la Librería y Casa Editorial Hernando, 1933, pp. 317-325. 1st ed.,

Madrid, Revista de filología española, 1920, pp. 280-287.

473. Hermana Mary Ávila, C. S. J. "Principios cristianos en los cuentos de Rubén Darío," *RI,* 29-39, 1959.

474. Hernández Aquino, Luis. "Apuntes para nuestra historia literaria: Rubén Darío y Puerto Rico," *RICP,* 3 (9):1-2, 1960.

475. _____. "Presencia de Rubén Darío en Puerto Rico," *T,* 15:429-435, 1967.

476. _____. "Rubén llega a Puerto Rico," *El* (360/361): 14-15, 1967.

477. Herrera, Luis Carlos. "Inquietud religiosa en Rubén Darío en sus *Cantos de vida y esperanza,*" *RJav,* 65:322-327, 1966.

477a. Herrero Mayor, Avelino. *Rubén Darío; gramática y misterio en su poesía, con otras amenidades estilísticas.* Buenos Aires, Editorial Pleamar, 1968 (c. 1967), 198 pp. (Colección Arquetipos.)

478. *Homenaje a Rubén Darío.* Publicaciones del Instituto de Literatura de la Facultad de Letras y Ciencias Humanas de la Universidad Nacional Mayor de San Marcos 25, 1967.

479. "Homenaje a Rubén Darío en París," *SemArRD* (9):15-25, 1964. Consists of two speeches given Feb. 1, 1964, in Paris, to commemorate the installation of a plaqué at the house where Darío lived from 1909 to 1912, No. 4 Herschel St. The speeches were given by Jean Auburtin, President of the Paris City Council, and Charles Aubrun, Professor at the Sorbonne. Both articles translated into Spanish by Luis Ibarra.

480. Homenaje del Gobierno de Nicaragua en el XLIII aniversario de su muerte. *Rubén Darío: crítica; selección de estudios de crítica literaria.* Managua, 1959, 100 pp. "Bibliografía sumaria": pp. 97-98.

481. Hierro, José. "La huella de Rubén en los poetas de la posguerra española," *CHisp,* 71:347-367, 1967.

482. Huerta, Eleazar. "Perfiles de Rubén Darío," *A,* 165:133-146, 1967.

483. Hurtado Chamorro, Alejandro. "Luces y sombras en su prosa y en su poesía," *RCPC,* 13 (65):135-138, 1966.

484. _____. *La mitología griega en Rubén Darío.* Ávila, Editorial La Muralla, 1967, 248 pp.

485. _____. *Observaciones en la obra poética de Rubén Darío. Americanismo. Orientalismo. Francesismo. Helenismo. Españolismo.* Granada, Nic., Editorial "Magys," 1962, 183 pp.

486. Ibarra, Cristóbal Humberto. *Francisco Gavidia y Rubén Darío; semilla y floración del modernismo; ensayo.* San Salvador, Ministerio de Cultura, Departamento Editorial, 1958, 151 pp. (Colección Certamen Nacional 13. Segundo premio, Certamen Nacional de Cultura, República de El Salvador, 1957.)

487. Ibarra, Luis. "En recuerdo de Rubén Darío," *CCLC* (24):34-37, 1957.

488. Iglesias Hermida, Prudencio. "Sorolla y Rubén Darío. Los dos colosos de Tebas," *Hombres y cosas de mi patria y de mi tiempo.* Madrid, Imp. Artística de Sáez Hnos., 1914, pp. 81-86.

489. *Insula,* 22 (248/249) esp. pp. 1-17, 1967. (Half the number is dedicated to Rubén Darío.)

490. Irving, Evelyn Uhrhan. See also: Uhrhan, Evelyn.

491. _____. [No title], *RIB,* 16:437-439, 1966. (Concerning Charles D. Watland. *Poet-Errant: A Biography of Rubén Darío* [q. v.].)

492. _____. Rubén Darío in Guatemala," *KFLQ,* 10:14-19, 1963. Also in: *Salón 13,* 3 (3):45-51, 1962.

493. _____. "Rubén Darío's First Days in Guatemala," *Hisp,* 46:319-322, 1963.

494. _____. "Seminario Archivo Rubén Darío, No. 6," *Hisp,* 46:175-176, 1963. (A discussion of the contents of that issue.)

495. Irving, Thomas Ballantine. "Darío y la patria," *USanC* (43):89-110, 1957. Also separately: Publicación del Ministerio de Gobernación. Homenaje a Rubén Darío. Managua, Nic., Talleres Nacionales, 1959, 35 pp.

496. _____. "San Marcos de Colón. (Rastros de la niñez de Rubén Darío)," *RI,* 20:311-322, 1955.

497. Jaimes Freyre. Raúl. "Rubendaríadas," *Anecdotario de Ricardo Jaimes Freyre* [see under "Ricardo Jaimes Freyre"], pp. 65-85.

498. Jaimes Freyre, Ricardo. "Rubén Darío," *RepAmer,* 38:2, 15, 4 ene. 1941. "Discurso leído en el Teatro de la Opera de Buenos Aires, la noche del 21 de mayo de 1916 . . . ."

499. Jaramillo Meza, J. B. "Rubén Darío," *Rubén Darío y otros poetas; impresiones personales*. Manizales, Imp. Departamental de Caldas, 1947, pp. 7-19.

500. Jáuregui, María Francisca de. "Estudio grafológico sobre Rubén Darío," *CHisp*, 71:624-628, 1967.

501. Jiménez, Juan Ramón. See under "General References."

502. Jiménez Martos, Luis. "La métrica en Rubén," *EL* (360/361):25-26, 1967.

503. Jinesta, Carlos. "Rubén Darío en Costa Rica," *RepAmer*, 38:130, 138, 31 mayo 1941. A fragment of the book: *Rubén Darío en Costa Rica, loanza*. México, 1944, 75 pp. (Darío lived in Costa Rica from Aug. 24, 1891 to May 11, 1892.)

504. Jirón Terán, José. *Bibliografía general de Rubén Darío (Julio 1883-Enero 1967)*. Publicaciones del centenario de Rubén Darío. Managua, Nicaragua, Editorial San José, de Julio C. Hernández B., 1967, "Año Rubén Darío," 128 pp. "Tirada aparte de Cuadernos Universitarios." See: *CuUniv*, 1 (2):315-440, 1967.

505. Johnston, Marjorie C. "Rubén Darío's Acquaintance With Poe," *Hisp*, 17:271-278, 1934.

506. Jorge, Zulema Inés. "El 'Canto a la Argentina'," *Rubén Darío* [see under Universidad Nacional de La Plata], pp. 291-297.

507. Jover, Marcelo (pseud.). See: St. Hilaire, Martin de.

508. Judicini, Joseph V. "Rubén Darío y la renovación de la prosa castellana," *RI*, 30:51-79, 1964.

509. Junco, Alfonso. "Ejemplaridad de Rubén Darío," *Abs*, 31 (1):36-46, 1967. "En Nicaragua, durante la semana del encuentro internacional en honor del poeta."

510. *Kirkpatrick, Frederick Alexander. "Rubén Darío," *YBML*, 1920, pp. 158-165.

511. Köhler, Rudolph. "La actitud impresionista en los cuentos de Rubén Darío," *Eco* (48):602-631, 1967.

512. Labrador Ruiz, Enrique. "Darío y el buen humor," *LyP*, 20 (35):13-17, 1958.

513. _____. "Darío y las águilas," *Lyp*, 18 (25):67-70, 1956.

514. Lagmanovich, David. "Lo americano en 'Los raros' de Rubén Darío," *CCLC* (90):49-57, 1964.

515. Lamothe, Louis. "Rubén Darío," *Los mayores poetas latinoamericanos de 1850 a 1950* [see "General References"], pp. 75-89.

516. Landarech, Alfonso María, S. J. *Estudios literarios. Capítulos de literatura centroamericana*. San Salvador, Ministerio de Cultura, Departamento Editorial, 1959. Contains: "Rubén Darío en El Salvador," pp. 72-84; "Rubén Darío," pp. 222-227; "Rubén Darío, centroamericanista," pp. 256-265.

517. _____. "Rubén Darío, centroamericanista," *RCPC* (50):52-53, 1964.

518. Larrea, Juan. "Amor de América," *Rendición de espíritu (introducción a un mundo nuevo)*. México, Ediciones Cuadernos Americanos, 1943, vol. 2, pp. 259-311. (Cuadernos Americanos 4.)

519. _____. "¿Rubén Darío contra Bolívar?" *EP* (7):31-35, 1940. Also in: *RepAmer*, 38:17-20, 11 ene. 1941; *RABA*, 91/92 (203/206):3-16, 1941. (See: Cuadra, Pablo Antonio. "Pequeña invectiva contra la Rojería española." Polemic.)

520. _____. "Vaticinio de Rubén Darío," *CuAm*, 1 (4):213-238, 1942. (A reply to Pablo Antonio Cuadra, "Pequeña invectiva contra la Rojería española" [q. v.], which was a reply to Larrea's "¿Rubén Darío contra Bolívar?" [q. v.]. Polemic.)

521. "Lauxar" (pseud.). See: Crispo Acosta, Osvaldo.

522. Lazar, Moshé. "Eros y cronos en la poesía de Rubén Darío. La proyección poética de una dualidad," *RCPC* (71):1-17, 1966. Trans. Fidel Coloma. Also in: *EL* (362):4-6, 1967. Augmented version in *RPC* (11/12):73-130, 1967.

523. Leal, Luis. "Rubén Darío, novelista," *EtC*, 3 (11):51-62, 1968.

524. Ledesma, Roberto. *Genio y figura de Rubén Darío*. Buenos Aires, Editorial Universitaria de Buenos Aires, Biblioteca de América, 1964, 190 pp. "Bibliografía": pp. 184-186. (Colección Genio y Figura 1.)

525. Le Fort, Emilio C. "Some Trends in Contemporary Spanish-American Letters: II. Rubén Darío and the 'Modernista'

Movement," *University of Miami Hispanic-American Studies.* (Lectures delivered at the Hispanic-American Institute.) Coral Gables, Florida, January, 1941, No. 2, pp. 220-237.

526. Lejva, Raúl. "Cuatro calas desmitificadoras de Rubén Darío," *UHab* (184/185):141-151, 1967.

527. _____. "El experimento de Luis Cernuda," *G*, 14 (149):1-2, 1967. (See: Cernuda, Luis. "Experimento en Rubén Darío." Polemic.)

528. *Letras* (Lima), 38 (76/77):13-88, 1° y 2° semestres de 1966. (Contains five articles listed separately by author.)

529. *Letras argentinas*, 2 (9):1916. (Entire number dedicated to Rubén Darío.)

530. Lhaya, Pedro. "Crítica de un académico venezolano al modernismo," *RNC*, 28 (178):68-71, 1966.

531. Lida, Raimundo. "Rubén y su herencia," *T*, 15:287-308, 1967.

532. _____. "Los cuentos de Rubén Darío," *Letras hispánicas. Estudios. Esquemas.* México, Fondo de Cultura Económica, 1958, pp. 200-259. Also in: *Diez estudios sobre Rubén Darío* [see under Loveluck, Juan], pp. 155-207.

533. _____. "Desde Rubén (Apuntes y antología)," *As*, 23 (2):7-21, 1967.

534. Lihn, Enrique. "Varadero de Rubén Darío," *CasAm* (42):21-28, 1967. "Leído el 18 de enero de 1967."

535. Lillo Catalán, V. "Dos grandes sinfonistas opuestos: Rubén Darío y Edgard Poe," *RABA*, 36 (94):148-151, 1932. Also in: *Trilogía doliente*; *Musset, Chopin, Bécquer . . . .* Buenos Aires, Edición de la Revista Americana de Buenos Aires [1935?], pp. 37-43.

536. Lindo, Hugo. "Lo mutable y lo permanente en la obra de Darío," *ECA*, 22:431-434, 436, 1967. Also in: *Cul* (43):58-64, 1967.

537. Lis, Gastón de. "Fabio Fiallo y Rubén Darío (un rato de charla con el poeta nacional)," *RepAmer*, 19:81-82, 10 ago. 1929.

538. Litz, Norman. "El dualismo en Darío y Unamuno," *CuAm*, 148 (5):186-204, 1966.

539. _____. "Las relaciones personales y la crítica mutua entre Darío y Unamuno," *CuAm*, 143 (6):205-217, 1965.

540. Lonné, Enrique Francisco. "Aspectos de la versificación de 'Prosas profanas',"

Rubén Darío [see under Universidad Nacional de La Plata], pp. 242-290.

541. López, Matilde Elena. "Encuentro con Rubén Darío," *Cul* (43):11-57, 1967.

542. López Jiménez, José. *La vida y el verbo de Rubén Darío: ensayo biográfico y crítico* [por] Bernardino de Pantorba (pseud.). Madrid, Compañía Bibliográfica Española, 1967, 454 pp. "Bibliografía": pp. 447-452.

543. López-Morillas, Juan. "El *Azul* de Rubén Darío. ¿Galicismo mental o lingüístico?" *RHM*, 10:9-14, 1944. With the title: "*Azul . . .*, de Rubén Darío. ¿galicismo mental ó lingüístico?" in *Diez estudios sobre Rubén Darío* [see under Loveluck, Juan], pp. 209-242.

544. López-Muñoz y Larraz, Gustavo A. "Influencia de Martí en Rubén Darío," *Ins*, 1 (1):53-59, 1957.

545. Lora Risco, Alejandro. "Revisión de un proceso lingüístico: Rubén Darío a César Vallejo," *FT*, 5 (17):19-26, 1958.

546. Lorenz, Erika. "Relaciones de Rubén Darío con la música," *EdM*, 1 (2):1-7, 1957. (Translated from the German, part of the longer study cited next below.)

547. _____. *Rubén Darío "bajo el divino imperio de la música".* Studie zur Bedeutung eines ästhetischen Prinzips. Hamburg, Kommissionsverlag: Cram, De Gruyter, 1956, 103 pp. (Hamburger rcmanistische Studien, B: Iberoamerikanische Reiche, Bd. 24.) In Spanish, with the subtitle, *estudio sobre la significación de un principio estético.* Trad. y notas de Fidel Coloma González. Managua, Academia Nicaragüense de la Lengua, 1960,—140 pp. (Colección "Lengua," Ediciones a cargo de Pablo Antonio Cuadra: Letras.)

548. _____. "Rubén Darío, el gran sinfónico del verbo: Interpretación del poema 'Sinfonía en gris mayor'," *Humb*, 8 (29):10-11, 16-18, 1967. Transl. José María Navarro. "Discurso pronunciado en Nicaragua, con ocasión del centenario del poeta."

549. Lorenzo, Ana María. "Rubén Darío y Antonio Machado," *Rubén Darío* [see under Universidad Nacional de La Plata], pp. 453-483.

550. *Lotería* (69):esp. pp. 1-21, 1947. (Entire number dedicated to Rubén Darío.)

551. Loveluck, Juan, ed. *Diez estudios sobre Rubén Darío*. Nota preliminar y selección de . . . Santiago de Chile, Empresa Editora Zig-Zag, 1967, 318 pp.

552. _____. "Eduardo de la Barra y el primer prólogo de Azul . . .," *A*, 165:147-171, 1967.

553. _____. "Rubén Darío, novelista: 'El hombre de oro'," *As*, 23 (1):43-57, 1967.

554. _____. "Rubén Darío y el modernismo en *La biblioteca*," *T*, 15:229-251, 1967.

555. _____. "Sobre Rubén Darío. Una polémica en torno a *Azul* . . .," *BILC*, 4 (13/14):37-51, 1967.

556. Lucio, Nodier, *La versificación de Rubén Darío hasta mediados de 1886*. Buenos Aires, Prospección, 1957, 24 pp.

557. Lugo, José María. *El caballero de la humana energía; el pensamiento oculto en Rubén Darío*. Monterrey, Mexico, Arte Universitario, 1967, 271 pp.

558. Lugones, Leopoldo. "Rubén Darío," *A*, 165:357-367, 1967.

559. Luisetto, Raúl Alberto. "El ensayo de Rodó sobre 'Prosas profanas'," *Rubén Darío* [see under Universidad Nacional de La Plata], pp. 358-372.

560. Luna Silva, Armando. *Así nació Azul* . . . . Tegucigalpa, Honduras, Publicaciones de la Embajada de Nicaragua, 1964, 24 pp.

561. Macaya Lahmann, Enrique. "Rubén Darío en Mallorca," *CHisp*, 71:490-505, 1967.

562. MacDonell, George N. "Rubén Darío: Poet of the Western World," *NMQ*, 31:105-112, 1961.

563. Maestri y Arredondo, Raoul. "Rubén Darío," *CubCon*, 35:245-266, 1924. In English: *IntAm*, 8:291-307, 1925.

564. Maeztu, Ramiro de. "El clasicismo y el romanticismo de Rubén Darío," *RepAmer*, 3:341-343, 13 feb. 1922. Also, unsigned, in: *Nos*, 40:124-129, 1922. "En el número de noviembre de la gran revista vasca *Hermes*, encontramos un estudio de Ramiro de Maeztu sobre 'El clasicismo y el romanticismo de Rubén Darío,' digno de conocerse. Hélo aquí."

565. _____. "Rubén y la muerte," *RepAmer*, 29:56, 61-62, 7 julio 1934.

566. Magdaleno, Vicente. "Imagen de un lírico universal," *PanEst*, 1 (3):21-22, 15 dic. 1966.

567. Maiorana, María Teresa. "Anánke," *Rubén Darío* [see under Universidad Nacional de La Plata], pp. 352-357.

568. _____. "Étude comparative: 'Le centaure' de Maurice de Guerin et 'Le colloque des centaures' de Rubén Darío," *AG*, 23:54-61, 1956. See also: "Rubén Darío et le mythe du centaure," *ibid.*, 25:4-30, 89-120, 1958.

569. _____. "Rubén Darío en emulación de Anatole France y de Watteau," *CuUniv*, 1 (2):63-72, 1967.

570. Maldonado de Guevara, F. "La función del alejandrino francés en el alejandrino español de Rubén Darío," *RevLit*, 4:9-58, 1953.

571. _____. "Un soneto de Rubén Darío," *SemArRD* (4):5-12, 1961. (Concerning "Urna votiva.")

572. Mallo, Jerónimo. "Las relaciones personales y literarias entre Darío y Unamuno," *RI*, 9:61-72, 1945.

573. _____. "Rubén Darío en Barcelona durante su último viaje a España (mayo-octubre de 1914)," *RHM*, 11:37-47, 1945. With different title: "Los últimos días de Rubén Darío en Barcelona," *Elite*, 7 (78):7-14, 1947.

574. Mangariello, María Esther. "Rubén Darío y Leopoldo Lugones," *Rubén Darío* [see under Universidad Nacional de La Plata], pp. 373-387.

575. Mapes, Erwin Kempton. "Escritos inéditos de Rubén Darío recogidos de periódicos de Buenos Aires," *RHM*, 2:41-59, 1935; 2:119-132, 1936; 2:233-242, 1936; 2:327-338, 1936. Also separately: New York, Instituto de las Españas en los Estados Unidos, 1938, x, 229 pp.

576. _____. *L'influence française dans l'oeuvre de Rubén Darío*. Paris, Librairie Ancienne Honoré Champion, 1925, vii, 183 pp. "Bibliographie": pp. 154-170. (Bibliothèque de la Revue de Littérature Comparée . . . t. 23.) Translated into Spanish by Fidel Coloma González: *La influencia francesa en la obra de Rubén Darío*. Managua, D. N., Comisión Nacional del Centenario Rubén Darío, 1867-1967, 1967, 192 pp.

577. _____. "Innovation and French Influence in the Metrics of Rubén Darío," *PMLA*, 49:310-326, 1934. (In answer

to Arturo Torres Ríoseco's book, *Rubén Darío, casticismo y americanismo* [q. v.].) In Spanish in *RHM*, 6:1-16, 1940.

578. _____. "Los primeros sonetos alejandrinos de Rubén Darío," *RHM*, 1:241-259, 1935. See also: "Rubén Darío's First Sonnets in Alexandrines," Supplement to the *Philological Quarterly*, 14 (4):16-37, 1935.

579. Marasso Rocca, Arturo. "El coloquio de los centauros," *Estudios literarios* [see "General References"], pp. 5-33.

580. _____. "Imágenes mitológicas de Rubén Darío," *Nos*, 23:161-172, 1929.

581. _____. "La poesía 'Lo fatal' de Rubén Darío," *RevEd*, 4:348-356, 1959.

582. _____. "Rubén Darío," *BAAL*, 1:155-192, 1933. (Concerning these poems: "Los tres reyes magos," "La hoja de oro," "El cisne," "Salutación del optimista," "La dulzura del Angelus," "¡Oh, miseria de toda lucha por lo infinito!," "Charitas," "Revelación," "In memoriam," "Caupolicán," "Pórtico," "Heraldos," each treated separately.)

583. _____. "Rubén Darío," *Nos*, 80:51-61, 1933. (Concerning the literary sources of "La canción del oro," "Marcha triunfal," "Pegaso," "Los piratas," "El verso sutil," "Cleopompo," and "Heliodemo.")

584. [_____]. *Rubén Darío, su universalidad.* Managua, Talleres Nacionales de Imprenta y Encuadernación, 1943, 20 pp. See also: "Rubén Darío, su universalidad," *Elite*, 6 (66):9-14, 1946. "De 'La Nación', Buenos Aires."

585. _____. "Rubén Darío y América," *BAAL*, 32:129-135, 1967.

586. _____. *Rubén Darío y su creación poética.* "Edición definitiva," Buenos Aires, Kapelusz, 1954, 428 pp. 2nd ed., Buenos Aires, Biblioteca Nueva, 1941, 408 pp. 1st ed., Buenos Aires, Imp. López, 1934, xxvi, 409 pp. "Bibliografía de Rubén Darío": pp. 351-355. (Biblioteca Humanidades XIII.) (See: Silva Castro, Raúl. "Rubén Darío y su creación poética. . . .")

587. _____. "La versificación de Rubén Darío," *Nos*, 21:182-188, 1916.

588. Marías, Julián. "Rubén Darío: un nivel y un temple literario," *CuUniv*, 1 (2): 31-40, 1967.

589. Marín Torres, Héctor. "Rubén Darío, o el panorama de un genio," *Br*, 4 (3): 21-24, 1959. (Part of an essay by the same title in *Rubén Darío, innovador de la lírica hispánica.* See: Organización de Estados Centroamericanos.)

590. Márquez Sterling, Manuel. "La prosa de un poeta," *Burla burlando* . . . [see "General References"], pp. 111-117.

591. Martán Góngora, Helcías. "La gloria de Rubén," *BolCB*, 8:1717-1718, 1965.

592. Martínez-Barbeito, Carlos. "Con Darío, por los cantos de vida y esperanza," *CHisp*, 71:537-544, 1967.

593. Martínez, Peñaloza, Porfirio. "L'art c'est l'azur," *G*, 13 (141):8-9, 1966.

594. Martínez Rivas, Carlos. "El envejecer, un aspecto en la poesía de Rubén Darío," *ECA*, 10:593-596, 1955. See also: "El envejecer en su poesía," *RCPC*, 13 (65)101-103, 1966.

595. _____. "Watteau y su siglo en Rubén Darío," *CHisp*, 71:445-452, 1967.

596. [Martínez Ruiz, José]. Azorín (pseud.) "Rubén Darío," *Obras completas.* Madrid, Aguilar, 1962, vol. 7, pp. 802-806.

597. Martínez Sierra, Gregorio. "Opiniones sobre Rubén Darío," *RM*, 11:368-369, 1909.

598. Mauret Caamaño, Alberto. "El pontífice. Darío y su breviario azul," *Nos*, 21: 235-237, 1916.

599. Maya, Rafael. "Las consecuencias de 'Azul' en la prosa castellana," *Consideraciones críticas sobre la literatura colombiana* [see "General References"], pp. 53-54.

600. _____. "En torno a Rubén Darío," *De perfil y de frente (estudios literarios).* Cali, Colombia, Editorial Norma, n. d., pp. 233-241. (Biblioteca de la Universidad del Valle.)

601. _____. "Los imitadores de Rubén Darío," *Consideraciones críticas sobre la literatura colombiana* [see "General References"], pp. 48-49.

602. Mazzei, Angel. "Las baladas en el modernismo—Rubén Darío," *El modernismo en la Argentina: Las baladas* [see "General References"], pp. 13-20.

603. _____. "Rubén Darío," *Lecciones de literatura americana y argentina* [see "General References"], pp. 319-323.

604. McClelland, I. L. "Bécquer, Rubén Darío, and Rosalía Castro," *BSS*, 16:63-83, 1939.

605. Mejía Nieto, Arturo. "Precursor del éxodo intelectual centroamericano hacia Argentina," *NicInd* (43):5-9, 1967.

606. Mejía Sánchez, Ernesto. "Un cuento desconocido de Rubén Darío," *G*, 13 (140):8-9, 1966. (Introduction and text of "D.Q." by Darío.)

607. _____. "Darío y Montalvo," *NRFH*, 2:360-372, 1948.

608. _____. "Las humanidades de Rubén Darío," *Libro jubilar de Alfonso Reyes* [see "General References"], pp. 243-263.

609. _____. *Los primeros cuentos de Rubén Darío*. México, Dirección General de Publicaciones, UNAM, 1961, 162 pp. (Facultad de Filosofía y Letras; Ediciones Filosofía y Letras 55.) 1st ed., México, Studium, 1951, 94 pp. (Colección Studium 2). (Includes text of 3 stories, with commentary and bibliography: "A las orillas del Rhin," "Las albóndigas del Coronel," and "Mis primeros versos.")

610. _____. "Las relaciones literarias interamericanas: el caso Martí-Whitman-Darío," *ZF* (41):12-15, 1967. Also in: *CasAm* (42):52-57, 1967. (See the various items under "José Martí" and in this section written by Boyd G. Carter, Manuel Pedro González, and Ivan A. Schulman, that are involved in the Martí—Darío polemic.)

611. _____. "Rubén Darío, poeta del siglo XX," *G*, 14 (155):6-7, 1967. (A fragment from *Rubén Darío en Oxford* [see Bowra, C. M., *et al*]. Polemic.) Also in: *Cul* (43):87-101, 1967.

612. _____. "Rubén Darío y los pintores mexicanos," *Ins*, 22 (248/249):4, 18, 1967.

613. _____. "Rubén Darío y los Reyes," *RCPC* (31):18-20, 1963. (Concerning General Bernardo Reyes.)

614. Mejía Sánchez, Ernesto y Raimundo Lida, eds. *Cuentos completos de Rubén Darío*. Edición y notas de Ernesto Mejía Sánchez. Estudio preliminar de Raimundo Lida. México-Buenos Aires, Fondo de Cultura Económica, 1950, LXXII, 357 pp. (Biblioteca Americana. Proyectada por Pedro Henríquez Ureña y publicada en memoria suya. Serie de Literatura Moderna. Vida y Ficción.) "Estudio preliminar": pp. VII-LXVII.

615. Meléndez, Concha. "Revisión de Darío," *Hisp*, 14:443-448, 1931.

616. Melfi, Domingo. "Cuando Rubén Darío estuvo en Chile," *El viaje literario*. Santiago de Chile, Editorial Nascimento, 1945, pp. 59-136.

617. Melián Lafinur, Alvaro. "El homenaje de Rubén Darío," *Nos*, 21:309-310, 1916.

618. _____. "La muerte de Rubén Darío," *Literatura contemporánea* [see "General References"], pp. 212-216. (Not merely necrological.)

619. _____. "Rubén Darío," *Figuras americanas* [see "General References"], pp. 167-191. "Conferencia pronunciada el 17 de Septiembre de 1923 en la Biblioteca del Jockey Club."

620. _____. "Rubén Darío," *Nos*, 25:145-147, 1917. Also in: *Literatura contemporánea* [see "General References"], pp. 180-183.

621. Méndez, Evar. "Rubén Darío," *Nos*, 21:140-141, 1916.

622. Méndez Plancarte, Alfonso, ed. *Poesías completas*. Edición, introducción y notas de . . . . Aumentada con nuevas poesías y otras adiciones, por Antonio Oliver Belmás [10th ed.], Madrid, Aguilar, 1967, XXIX, 1309 pp. "Notas biblio y textuales": pp. 1155-1232. 1st ed., *ibid.*, 1954, LXXII, 1487 pp. See esp. pp. LII-LXX. (Of particular interest for the comments on previous "Obras poéticas completas," and for information on the various books of poetry of Darío.)

623. _____. "Rubén: la primavera innumerable," *Abs*, 17 (1):109-123, 1953.

624. Mendioroz, Alberto. "Esto pensé en voz alta," *Nos*, 21:292-294, 1916.

625. Mendoza, Juan M. "Puntos de contacto con Rubén Darío—distanciamientos entre ambos," *Enrique Gómez Carrillo, estudio crítico-biográfico: su vida, su obra y su época*. Guatemala, 1946, pp. 115-126.

626. Mercado, Julio. "Rubén Darío," *Hisp*, 1:38-42, 1918.

627. Merino Reyes, Luis. "El soneto de Rubén Darío a d'Halmar," *Perfil humano de literatura chilena*. Santiago de Chile, Editorial Orbe, 1967, pp. 219-222.

628. Mesa, Carlos E. "El archivo de Rubén Darío," *BAC*, 10:369-370, 1960.

629. Metzidakis, Philip. "Unamuno frente a la poesía de Rubén Darío," *RI*, 25:229-249, 1960.

630. Meza Fuentes, Ernesto. See # 640 below.
631. Meza Fuentes, Roberto. "Años de iniciación," *De Díaz Mirón a Rubén Darío* [q. v.], 1st ed., pp. 145-174.
632. _____. " 'Azul'," *De Díaz Mirón a Rubén Darío* [q. v.], 1st ed., pp. 191-213.
633. _____. " 'El canto errante'," *De Díaz Mirón a Rubén Darío* [q. v.], 1st ed., pp. 289-322.
634. _____. " 'Cantos de vida y esperanza', el libro de la intimidad," *De Díaz Mirón a Rubén Darío* [q. v.], 1st ed., pp. 243-260.
635. _____. " 'Cantos de vida y esperanza', el libro de la raza," *De Díaz Mirón a Rubén Darío* [q. v.], 1st ed., pp. 261-288.
636. _____. *De Díaz Mirón a Rubén Darío; un curso en la Universidad de Chile sobre la evolución de la poesía hispanoamericana.* 2nd ed., Santiago de Chile, Editorial Andrés Bello, 1964, 329 pp. 1st ed., Santiago de Chile, Editorial Nascimento, 1940, 354 pp.
637. _____. "Emoción y recuerdo de Chile," *De Díaz Mirón a Rubén Darío* [q. v.], 1st ed., pp. 175-190.
638. _____. " 'Poema del otoño'," *De Díaz Mirón a Rubén Darío* [q. v.], 1st ed., pp. 323-346.
639. _____. " 'Prosas profanas'," *De Díaz Mirón a Rubén Darío* [q. v.], 1st ed., pp. 215-242.
640. _____. "Rubén Darío, poeta clásico," *AnUCh*, 93:1-23, 1936. Reprinted in: *De Díaz Mirón a Rubén Darío* [q. v.], 1st ed., pp. 111-143. Also separately: Santiago de Chile, Prensas de la Universidad de Chile, 1936, 23 pp. (Sometimes ascribed to Ernesto Meza Fuentes in bibliographies.)
641. Miguel, Nicasio Salvador. "Cronología de Rubén Darío con referencia a su época (1867-1916)," *EL* (360/361): 6-8, 1967.
642. [Miranda, César]. Grecia, Pablo de (pseud.). "Rubén Darío (discurso)," *Prosas: Omar Kháyyám—Julio Herrera y Reissig—Rubén Darío—Villaespesa—Guerra Junqueiro* [see "General References"], pp. 111-117.
643. Miró, Rodrigo. "Rubén Darío en Panamá," *Lot* (69):4-5, 1947.
644. Molina, Rodrigo A. "Rubén Darío: el hombre y su lenguaje," *PapSAr*, 46: 287-302, 1967.
645. Molina Núñez, Julio. "Una incompleta bibliografía sobre Rubén Darío en Chile," *A*, 35:285-293, 1936. (Author offers corrections and additions to: Raúl Silva Castro, *Obras desconocidas de Rubén Darío, escritas en Chile y no recopiladas en ninguno de sus libros*; A. Torres Ríoseco, *Casticismo y americanismo en la obra de Rubén Darío* [q. v.].)
646. Molina y Vedid de Bastianini, Delfina. "¿Rubén Darío es un gran poeta?" *Nos*, 25:356-368, 1917.
647. Molins, Wencesalo Jaime. " 'Primeras notas' de Rubén Darío," *Nos*, 21:189-201, 1916.
648. Monguió, Luis. "El origen de unos versos de 'A Roosevelt'," *Hisp*, 38:424-426, 1955. Also in: *Estudios sobre literatura hispanoamericana y española* [see "General References"], pp. 79-83.
649. Montalván, José H. *Rubén Darío y León.* León, Nicaragua, n. pub., 1955, 22 pp.
650. Montero Alonso, J. " 'La marcha triunfal': cómo la escribió Darío," *AL* (70):3-5, 1935.
651. Morán Obiol, Pedro. "Temática vital de Darío," *Rubén Darío* [see under Universidad Nacional de La Plata], pp. 298-311.
652. Morello-Frosch, Marta. "Formas del enigma: los arquetipos en la poesía amorosa de Rubén Darío," *A*, 165: 369-375, 1967.
653. Moreno Villa, José. "Palabras de cuatro siglos (en Garcilaso, en Fr. Luis de León, en Bécquer y en Rubén Darío)," *CuAm*, 2 (3):203-223, 1943.
654. _____. "Términos característicos en Rubén Darío," *Leyendo a San Juan de la Cruz, Garcilaso, Fr. Luis de León, Bécquer, Rubén Darío . . .* México, Gráfica Panamericana, 1944, pp. 46-55. (Centro de Estudios Literarios de El Colegio de México.)
655. Morínigo, Mariano. "Capítulo antimodernista en la literatura paraguaya," *RNC*, 26 (165):31-66, 1964. (In opposition to Manuel Gondra, "En torno a Rubén Darío," *Hombres y letrados de América* [q. v.].)
656. Morley, S. Griswold. "A Cosmopolitan Poet," *D*, 62:509-511, 1917.
657. Moser, Gerald M. and Hensley C. Woodbridge. "Rubén Darío y 'El cojo ilustrado'," *RHM*, 27:94-100, 1961; 28: 98-104, 1962; 28:398-404, 1962; 29: 105-106, 1963; 29:213-215, 1963;

657. Moser, Gerald M. (cont.)
29:349-351, 1963; 30:78-88, 1964;
30:173-188, 1964. Also published separately: New York, Hispanic Institute,
Columbia University, 1961-1964, 69
pp. (Along with their own critical
comments, the authors reproduce
Darío's contributions to *El cojo ilustrado*, as well as those of others writing
about Darío in that publication.)

658. *Mundo nuevo* (7): esp. pp. 6-46, 1967.
(Number dedicated to Rubén Darío.)

659. Muñoz G., Luis. "La interioridad en los
cuentos de Rubén Darío," *A*, 165:173-
192, 1967.

660. Narváez López, Carlos. "Rubén Darío
y su devoción al paganismo," *Elite*,
7 (84):3-10, 1947.

661. Navarro Tomás, Tomás. "Análisis de la
Sonatina," *Estudios de fonología española* [see "General References"], pp.
192-202.

662. _____. "La cantidad silábica en unos
versos de Rubén Darío," *RFE*, 9:1-29,
1922.

663. _____. "La pronunciación de Rubén
Darío," *RHM*, 10:1-8, 1944. Reprinted
with changes: "Fonología y pronuncia-
ción en las rimas de Rubén Darío,"
Estudios de fonología española [see
"General References"], pp. 178-191.

664. _____. "Ritmo y armonía en los versos
de Darío," *T*, 15:49-69, 1967.

665. Naveros, José Miguel. *Rubén Darío*. Madrid, Publicaciones españolas, 1967.
(Temas españoles 478.)

666. Neale-Silva, Eduardo. "Rubén Darío y la
escultura," *CuAm*, 152 (3):187-203,
1967. (Concerning his relationship with
the Chilean sculptor, Nicanor Plaza
and the latter's influence on his work.

667. _____. "Rubén Darío y la plasticidad,"
A, 165:193-208, 1967.

668. Nemes, Graciela Palau de. "Juan Ramón
en Madrid. Rubén Darío y otras influencias," *Vida y obra de Juan Ramón
Jiménez*. Madrid, Gredos, 1957, pp.
56-64. (Biblioteca Románica Hispánica. II. Estudios y Ensayos 31.)

669. Nessi, Angel Osvaldo. "El lenguaje de
la plástica en Rubén Darío," *Ruben
Darío* [see under Universidad Nacional
de La Plata], pp. 193-211.

670. *Nicaragua indígena*. "Homenaje a Ruben
Darío en el centenario de su nacimiento: 1867-1967," (43):1-86, esp.
pp. 5-69, 1967. "Año Rubén Darío."
(Number dedicated to Rubén Darío.)

671. Nims, John Frederick. "La última
traducción de Rubén Darío al inglés,"
NicInd (43):53-56, 1967. Trans. Jorge
Eduardo Arellano. (Concerning *Selected Poems of Rubén Darío*. Trans. Ly-
sander Kemp. Prólogo de Octavio
Paz.)

672. Normand, J. F. "Las ideas políticas de
Rubén Darío," *RI*, 2:435-440, 1940.

673. *Nosotros*, 21:121-312, 1916. (Entire
number dedicated to Rubén Darío.)

674. Núñez, Estuardo. "La imaginería oriental
exotista de Rubén Darío," *L*, 38 (76/
77):60-68, 1966. Reprinted in *Homenaje a Rubén Darío* [q. v.], pp. 52-60.

675. Nunn, Marshall. "The 'Americanismo' of
Rubén Darío," *Hisp*, 20:55-60, 1937.

676. _____. "Rubén Darío y los Estados
Unidos," *Amer*, 1 (2):61-64, 1939.

677. Ocón Murillo, Armando. *Azul. Libro
inicial de la revolución poética de
Rubén Darío; ensayo*. Managua, Nicaragua, Editorial Nicaragüense, 1964,
64 pp. (Medalla de Oro y Diploma de
Honor en el Concurso patrocinado por
la Sociedad de Escritores y Artistas
Americanos [Sección de Nicaragua] en
sus Bodas de Plata, 12 de octubre de
1963.)

678. _____. "Darío en Rimas y Abrojos,"
Elite, 7 (78):18-19, 1947.

679. _____. "Darío y sus *Prosas profanas*,"
Elite, 3:47-50, 1941.

680. ODECA. See: Organización de Estados
Centroamericanos.

681. Oliver, Miguel Santos. "Rubén Darío,"
Hojas del Sábado. II. *Revisiones y
centenarios* . . . Barcelona, Imp. Elze-
viriana, 1918, pp. 197-204.

682. Oliver Belmás, Antonio. "Los ameri-
canismos en Rubén Darío," *PapSAr*,
46:191-195, 1967.

683. _____. "Andalucía y Rubén Darío,"
EstAm, 15:47-51, 1958.

684. _____. "Antonio Machado y Rubén
Darío," *PE* (65):8-11, 1957.

685. _____. "Un archivero mayor," *Sem-
ArRD* (2):11-19, 1959. (Concerning
Darío's penchant for keeping and or-
ganizing papers.) See also: *BACL*,
8:95-102, 1959.

686. _____. "¡Arriba Rubén!" *RevLit*, 12:
108-110, 1957. (Concerning a letter
from "El Sátiro Fotos" to Darío, informing him of the publication of José
Asunción Silva's "Sinfonía color de

fresa con leche," which the correspondent considers an insult to Darío.)

687. _____. "Ausencia y presencia de Juan Ramón Jiménez en el archivo de Rubén Darío," *RABM*, 64:55-70, 1958.

688. _____. "Chile y Rubén Darío," *A*, 165:377-380, 1967.

689. _____. "El cuaderno de hule negro," *SemArRD* (1):11-14, 1959. (The *cuaderno* contains several autographed poems by Darío, including "Poema del otoño," with 3 unpublished strophes, and one poem without title concerning Darío's struggle between "carne y alma." See: Enguídanos, Miguel. "El cuaderno de navegación de Rubén Darío.")

690. _____. "La dislocación acentual en la poesía de Rubén Darío," *CHisp*, 71:405-409, 1967.

691. _____. *Este otro Rubén Darío;* premio de biografía Aedos. Prólogo de Francisco Maldonado de Guevara. Barcelona, Editorial Aedos, 1960, xxvi, 474 pp. (Biblioteca Biográfica 16.) Reprinted *ibid.*, 1967. (Contains much more than mere biographical data.) (See José Luis Cano, "Este otro Rubén Darío.")

692. _____. "Un extraño soneto juvenil de Rubén Darío," *SemArRD* (9):5-9, 1964. (Concerning "En la última página de El Romancero del Cid," written in Old Spanish by Darío at the age of 14.)

693. _____. "El hispanismo mental de Rubén Darío," *T*, 15:195-202, 1967.

694. _____. "La huella romántica hispánica en la poesía de Rubén Darío," *CuUniv*, 1 (2):21-30, 1967.

695. _____. "Presencia de México en el Archivo de Rubén Darío de Madrid," *UMex*, 12 (7):21, 1958.

696. [_____]. "El registro de documentación en el archivo de Rubén Darío," *SemArRD* (1):31-35, 1959.

697. _____. *Rubén Darío. Azul . . . El salmo de la pluma. Cantos de vida y esperanza. Otros poemas.* Preparó esta edición . . . . Segunda edición. México, Editorial Porrúa, 1967. ("Sepan Cuantos . . ." Núm. 42.) "Prólogo general": pp. ix-xxxi. 1st ed., ibid., 1965.

698. _____. "Rubén Darío y Andalucía," *SemArRD* (4):43-51, 1961. (Different from "Andalucía y Rubén Darío" [q. v.].)

699. _____. "Rubén Darío y la Academia," *SemArRD* (3):9-14, 1960. Also in: *RevEd*, 5:174-178, 1960.

700. _____. "Rubén Darío y Menéndez Pidal," *FH*, 2:595-600, 1964.

701. _____. "Rubén Darío y su 'Salutación al águila," *RCB*, 2 (4):53-58, 1963.

702. _____. "Lo social en Rubén Darío," *As*, 23 (1):58-63, 1967.

703. Onís, Federico de. "Bibliografía de Rubén Darío," *T*, 15:461-495, 1967.

704. _____. "Rubén Darío 1867-1916," *España en América* [see "General References"], pp. 199-206.

705. _____. "Sobre el concepto del modernismo," [See "General References"].

706. Orantes, Alfonso. "Rubén Darío y 'Azul'," *GL*, 6 (70):1-4, 1961.

707. Organización de Estados Centroamericanos. *Rubén Darío. Discursos pronunciados en el homenaje rendido al autor por el IV Congreso de Academias de la lengua española, Buenos Aires, 1964.* San Salvador, Publicaciones de la ODECA. Talleres de la Dirección General de Publicaciones del Ministerio de Educación, 1965, 156 pp.

708. _____. *Rubén Darío innovador de la lírica hispánica.* "Presentación" por Alejandro Aguilar Machado, "Rubén Darío o el panorama de un genio," por Héctor Marín Torres. "Poesía." Ediciones de la Secretaría General de la ODECA. San Salvador, El Salvador, C. A., 1959, 216 pp. (Colección Mínima 4. Biblioteca del Pensamiento Centroamericano.)

709. Oría, José A. "Rubén Darío y la Argentina," *BAAL*, 32:137-160, 1967. "Conferencia pronunciada en el Jockey Club de Buenos Aires el 8 de junio de 1966."

710. Orrego Vicuña, Eugenio. "El alba de oro," *AnUCh*, 99 (41):46-192, primer trimestre de 1941. Also: "Rubén Darío. Antología chilena." Selección, Estudio preliminar y notas de . . ., pp. 199-513.

711. _____. "Rubén Darío," *Hombres de América*. Primera serie. Santiago de Chile, Editorial Orbe, 1943, pp. 267-309.

712. _____. "Rubén Darío en Chile," *Ensayos*. Santiago de Chile, Universidad de Chile, 1947, vol. 1, pp. 95-152. Also in: *Caldas*, 2:72-111, 1952.

713. Ortega Díaz, Adolfo. "The World of Rubén Darío," *UNW*, 5 (9):53-54, 1951.

714. Ortiz, Ramiro. "Rubén Darío," *Corso di filologia romanza*. Per l'anno accademico 1943-44. Padova, Casa Editrice Dott. Antonio Milani, 1944, pp. 9-54.

715. Ortiz Armengal, Pedro. "Rubén, parisino delirante," *El* (360/361):10-13, 1967.

716. *Orto* (Manzanillo, Cuba). 5(7): feb. 20, 1916. (Number dedicated to Rubén Darío.)

717. Ory, Eduardo. *Rubén Darío: al margen de su vida y de su muerte; recuerdos de recuerdos; intimidades; opiniones de la crítica; homenajes a la muerte del poeta; detalles curiosos; elogios críticos; sus poesías olvidadas.* Cádiz, Editorial "España y América," n. d. [1917?], 174 pp.

718. Osorio, Luis Enrique. "Los grandes de América," *RepAmer*, 5:199-201, 1 ene. 1923. "De *Cromos*, Bogotá."

719. Ossa Borne, Samuel. "La historia de la Canción del oro. Recuerdo de Rubén Darío," *RC* (9):368-375, 1917.

720. _____. "Un té de amigos (recuerdos de M. Rodríguez Mendoza y Rubén Darío 1878-1890)," *RC* (1):69-80, 1917.

721. Oviedo Reyes, Pbro. Isidro A. "La influencia hebraica en la poesía de Rubén Darío," *Flores del bien*. León, Nic., Talleres Gráficos Pérez. Managua, 1935, pp. 17-28.

722. Oyuela, Calixto. "Rubén Darío," *Poetas hispanoamericanos* [see "General References"], vol. 2, pp. 39-55.

723. Pagés Larraya, Antonio. "Dos artículos de Paul Groussac sobre Rubén Darío," *ALetM*, 2:233-244, 1962.

724. *Panorama estudiantil*. Edición extraordinaria. 1 (3):1-47, 1966. "Bibliografía mínima": pp. 43-45; "Guía cronológica": pp. 46-47. (Entire number dedicated to Rubén Darío.) "Gran parte de estos ensayos han sido tomados de la Revista EL LIBRO Y EL PUEBLO . . . Los Editores."

725. Pantorba, Bernardino de (pseud.). See: López Jiménez, José.

726. *Papeles de Son Armadans*, 46:115-320, 1967. (Entire number dedicated to Rubén Darío.)

727. Parish, Helen Rand. "El camino de la muerte. Estudio psicológico del tema de la muerte en las poesías de Rubén Darío," *RI*, 5:71-86, 1942.

728. Paucker, Eleanor. "Unamuno y la poesía hispanoamericana," *CCMU*, 7:60-67, 1956.

729. Payró, Roberto J. "Rubén," *Siluetas*. Buenos Aires, Librerías Anaconda, S. Glusberg, 1931, pp. 5-20.

730. Paz, Octavio. "El caracol y la sirena (Rubén Darío)," *Cuadrivio: Darío, López Velarde, Pessoa, Cernuda*. México, Editorial Joaquín Mortiz, 1965, pp. 9-65. (Serie del Volador.) Reprinted in part in: *G*, 14 (151):6-7, 1967. Reprinted in full in: *Diez estudios sobre Rubén Darío* [see under Loveluck, Juan], pp. 243-274.

731. Paz Castillo, Fernando. *Con Rubén Darío*. Caracas, Instituto Nacional de Cultura y Bellas Artes, 1967, 121 pp. (Colección Homenajes 1.) "Poemas de Rubén Darío": pp. 71-121.

732. Pedreira, Antonio S. "Ensayo cromático. Notas para la biografía de El Azul," *Aristas, ensayos*. San Juan de Puerto Rico, Librería Editorial Campos, 1930, pp. 41-76. (Colección de Novelistas, Poetas y Ensayistas de América.)

733. Pedro, Valentín de. *Vida de Rubén Darío; biografía*. Buenos Aires, Compañía General Fabril Editora, 1961, 231 pp. (Los Libros del Mirasol.)

734. Pedro, Valentín de y Gilberto Barrios. *La universalidad de Rubén Darío*. Managua, Editorial Nicaragüense, 1965.

735. Pedroso, Margarita de. "Influencia de Rubén Darío en la poesía española," *A*, 97:297-320, 1950.

736. Pellicer, Carlos. "En el centenario de Rubén Darío," *CasAm* (42):15-16, 1967. "Leído el 18 de enero de 1967."

737. Pemán, José María. "Creación y métrica de la 'Salutación del optimista' de Rubén Darío," *BRAE*, 24:289-334, 1945.

738. _____. "Rubén Darío, de la lírica a la épica," *BRAE*, 47:25-37, 1967.

739. Perdomo Coronel, Nazareth. "José Enrique Rodó y Rubén Darío," *RNac*. 25:364-384, 1944; 27:396-411, 1944.

740. Pereda Valdés, Ildefonso. "Rubén Darío y Rodó," *RNac*, 49:211-213, 1951.

741. Pereira Rodríguez, José. "Cuando Rubén Darío vino al Uruguay," *SemArRD* (5):21-25, 1961.

742. Perelló Schroder, Francisca. "Breve opinión sobre los 'mallorquinismos' de Rubén Darío," *SemArRD* (8):5-9, 1964.

743. Pérez Martín, Norma. "América en el pensamiento de Rubén Darío," *Rev-UBA*, 5:297-302, 1960.

744. Pérez Petit, Víctor. "Rubén Darío," *Los modernistas*. Montevideo, Imp. y Encuadernación de Dornaleche y Reyes, 1903, pp. 253-282. (Biblioteca del Club "Vida Nueva.") (Not to be confused with vol. 7 of his *Obras completas. Los modernistas*. 3rd ed., Montevideo, Claudio García y Cía., 1943. 1st ed., Montevideo, 1903.) The chapter cited above is reprinted in *Obras completas. Crítica. VIII. Heliópolis*. Ed. Nacional. Montevideo, Tipografía Atlántida, 1944, pp. 233-257.

745. _____. "Rubén Darío," *RNac*, 4:381-416, 1941.

746. Petriconi, H. "Góngora und Darío," *NS*, 35:261-272, 1927. (See: [anon.], "Góngora and Darío.")

747. Phillips, Allen W. "Nueva luz sobre *Emelina*," *A*, 165:381-404, 1967.

748. _____. "Releyendo 'Prosas profanas'," *Ins* (248/249):11-12, 1967.

749. _____. "Rubén Darío y sus juicios sobre el modernismo," *RI*, 24:41-64, 1959. Also in: *Estudios y notas sobre literatura hispanoamericana* [see "General References"], pp. 19-43; and in *Diez estudios sobre Rubén Darío* [see under Loveluck, Juan], pp. 275-299.

750. _____. "Rubén Darío y Valle Inclán: historia de una amistad literaria," *RHM*, 33:1-29, 1967.

751. _____. "Sobre 'Sinfonía en gris mayor' de Rubén Darío," *CuAm*, 113 (6):217-224, 1960. Also in: *Estudios y notas sobre literatura hispanoamericana* [see "General References"], pp. 45-52.

752. Picón Rivas, Ulises. "El Rubén de 'La Marcha Triunfal'," *Rubén Darío. Canto a la Argentina*. Buenos Aires, Editorial Tor, 1947, pp. 7-30.

753. Pilar Pueyo Casaus, María. "Dante y Rubén," *SemArRD* (10):13-18, 1965.

754. Pineda, Rafael. "Darío y América," *Ins*, 16 (170):13, 1961.

755. Polidori, Erminio. "Etapas españolas en la vida de Rubén Darío," *A*, 165:405-419, 1967.

756. _____. "Il maestro Rubén Darío," *Introduzione allo studio del modernismo letterario ibero-americano* [see "General References"], pp. 117-156.

757. Poratti, Armando R. "Las poesías completas de Rubén; apostillas a la edición de Alfonso Méndez Plancarte," *Abs*, 29 (2):201-214, 1965. (Concerning the 1961 edition of *Poesías completas*, edition, introduction and notes by Alfonso Méndez Plancarte. Madrid, Aguilar, 1448 pp.)

758. Portuondo, José Antonio. "Martí y Darío, polos del modernismo," *CasAm* (42):68-72, 1967. "Leído el 20 de enero de 1967."

759. *Primerose*, 3 (45): abr. 1916. (Entire number dedicated to Rubén Darío.)

760. Prjevalinsky Ferrer, Olga. "Al margen de la explicación de texto: 'La luminosidad de la prosa de José Martí' [followed by] 'Una experiencia poética de Darío en torno al no ser'," *Hispanof*, 3 (9): 45-48, 1960.

761. Puccini, Darío. " 'Exteriorizar': de un 'barbarismo' a una poética," *RNC*, 28 (178):63-67, 1966. (Concerning Darío's usage of "exteriorizar" and "exteriorización.")

762. Punte, María Luisa. "El poema-prólogo a 'Cantos de vida y esperanza'," *Rubén Darío* [see under Universidad Nacional de La Plata], pp. 168-175.

763. Quebleen, Julieta H. "Las ideas estéticas en Rubén Darío," *USanFe* (61):229-244, 1964.

764. Quintana González, Octavio. *Apreciaciones y anécdotas sobre Rubén Darío*. León, Nicaragua, n. pub., 1950, 150 pp.

765. Rachilde. "Rubén Darío," *RAmLat*, 1:5-8, 1922.

766. Rama, Angel. "Las opciones de Rubén Darío," *CasAm* (42):29-35, 1967. "Leído el 19 de enero de 1967."

767. Ramírez, Juan Vicente. *Ensayos*. Asunción, Casa Editora de Cándido Zamphirópolos, 1917. Contains: "Rubén Darío y el catolicismo," pp. 69-71; "Rubén Darío, con motivo de su muerte," pp. 133-138.

768. Rangel Báez, Carlos. "La poesía de ideas en Darío y Nervo," *CulV*, 17:291-303, 1923. In English: "The Poetry of Ideas in Darío and Nervo," *IntAm*, 8:29-38, 1924.

769. Reichardt, Dieter. "Rubén Darío y Alemania," *Papeles* (4):173-182, 1967.

770. *Renacimiento*, 1: jun. 1907. (Entire number dedicated to Rubén Darío.)

771. *Repertorio centroamericano*. (7/8):1967. (Contains five articles on Darío, listed separately by author. Number dedicated to Darío.)

772. *Revista conservadora del pensamiento centroamericano,* 13 (65):1-138, esp. pp. 85-138, 1966. Following p. 138: "Iconografía de Rubén Darío en el cincuentenario de su muerte," n. pag. (20 pp.); then: *El viaje a Nicaragua 1909 por Rubén Darío,* pp. 1-37 (new numbering).

773. *Revista interamericana de bibliografía,* 17 (2):145-277, 1967. (Entire number dedicated to Rubén Darío.)

774. *Revista nacional de cultura,* 28 (178):1-149, 1966. (Entire number dedicated to Rubén Darío.)

775. *Revista peruana de cultura* (11/12): esp. pp. 73-146, 1967. "Poesías de Rubén Darío": pp. 131-140. (See Lazar, Moshé and Allison, Esther M., for the only two articles on Darío. Number dedicated to Ciro Alegría and Rubén Darío.)

776. Reyes, Alfonso. "Rubén Darío en México; memorias literarias," *NT,* 2:331-345, 1916. Also separately: Madrid, Imp. de "Alrededor del mundo," 1916, 19 pp. Reprinted in *Los dos caminos. Cuarta serie de Simpatías y diferencias.* Madrid, Tip. Artística, 1923, and in *Obras completas* [see "General References"], vol. 4, pp. 301-315.

777. _____. "Su presencia en México," *PanEst,* 1 (3):11-12, 15 dic. 1966.

778. Reyes Huete, Alejandro. *Darío en su prosa.* Granada, Nicaragua; León, Nicaragua, Editorial Hospicio, 1960, 237 pp. (Cover: *Rubén Darío en su prosa;* title page: *Darío en su prosa.*) Also: Granada, Edit. del autor, 1960, 240 pp.

779. _____. "La política y Rubén," *RCPC,* 13 (65):131-134, 1966.

780. Rezzano de Martini, María Clotilde. " 'Los raros' y los escritores ingleses y norteamericanos," *Rubén Darío* [see under Universidad Nacional de La Plata], pp. 315-328.

781. Río, Angel del. "El españolismo en la obra de Rubén Darío," *BSS,* 2:12-25, 1924; 2:66-73, 1925.

782. Rivas, José Pablo. "Rubén Darío," *Est.* 13:368-373, 1916.

783. Rivas Ortiz, Octavio. "Escritos sobre Rubén," *Antología de oro.* Managua, Editorial Nicaragüense, 1966, pp. 33-56.

784. Robin, Marcel, "Rubén Darío: son role dans l'évolution littéraire de l'Espagne," *MerFr,* 114:324-329, 1916.

785. Rodó, José Enrique. "Rubén Darío," *Cinco ensayos.* Madrid, Editorial América [1917?], pp. 259-312. This famous essay, written in 1899, has been reprinted many times. With a longer title, it forms the prologue to *Prosas profanas y otros poemas:* "Rubén Darío, su personalidad literaria — su última obra." Paris, México, Vda. de C. Bouret, 1925, pp. 7-46. See also: Rodó, *Obras completas.* Editadas, con introducción, prólogo y notas por Emir Rodríguez Monegal. Madrid, Aguilar, 1957, pp. 165-187. (see: Rodríguez Galán, Mercedes. "La crítica creadora. El ensayo de Rodó sobre Rubén Darío.")

786. Rodrigo, Saturnino. "Donde escribió el 'Coloquio de los centauros'," *EdM,* 4 (23/24):70-72, 1960.

787. Rodríguez Demorizi, Emilio. *Rubén Darío y sus amigos dominicanos.* Bogotá, Ediciones Espiral, 1948, 284 pp.

788. Rodríguez Galán, Mercedes. "La crítica creadora. El ensayo de Rodó sobre Rubén Darío," *Primeras jornadas de lengua y literatura* [see under Universidad de Salamanca in "General References"], pp. 369-376.

789. Rodríguez Mendoza, Emilio. "Los 'Abrojos' de Rubén Darío," *RC,* 1:278-281, 1917.

790. _____. "Darío o el hermano verso," *La flecha en el arco, ensayos.* Santiago de Chile, Ediciones Ercilla, 1940, pp. 42-54.

791. _____. "Rubén Darío en Chile," *Nos,* 21:226-234, 1916. Also in: *Remansos del tiempo.* Madrid, Mundo Latino [1929], pp. 53-92.

792. Rodríguez Mendoza, Manuel. " 'Los abrojos' de Rubén Darío," *RC,* 1:278-281, 1917.

793. Rodríguez Monegal, Emir. "Darío y Neruda: un paralelo imposible," *T,* 15: 99-105, 1967.

794. _____. "Encuentros con Rubén Darío. (Recopilación y notas de . . .)," *MN* (7):6-21, 1967. (Includes very short pieces, including poems, from Valera to Octavio Paz, chronologically.)

795. _____. "Rubén Darío en la tradición hispano-americana," *LM,* 62 (1):33-38, 1968.

796. Rodríguez Ramón, Andrés. *Desde el otro azul.* 2nd ed., Santa Barbara, California,

The Schauer Printing Studio, Inc., 1962, 58 pp. 1st ed., *ibid.*, 1959, 56 pp. (Concerning "¡Eheu!")

797. _____. "La genialidad única de Rubén Darío," *CuUniv*, 1 (2):41-52, 1967.

798. _____. *Permanencia de Rubén Darío.* Charlotte, North Carolina, Heritage Printers, Inc., 1967, x, 295 pp.

799. Rodríguez Velázquez, Jaime Luis. "Rubén Darío y el modernismo en Puerto Rico," *As*, 23 (1):64-70, 1967. (Taken from the author's Ph. D. dissertation, *La poesía del romanticismo al modernismo en Puerto Rico* [Universidad Nacíonal Autónoma de México, 1965].)

800. Roggiano, Alfredo A. "Variantes en un poema de Rubén Darío," *RI*, 25:153-155, 1960. (Concerning "Gesta del coso," first called "La tragedia del toro." Also speaks of the relationship between Darío and Jaimes Freyre.)

801. Rojas, Armando. *Bolívar y Darío.* Publicaciones de la Secretaría de la Presidencia de la República. Managua, Editorial "San Enrique," 1964, 69 pp. (Colección Ensayos de las Ediciones Cuadernos Darianos 3.) "Discurso pronunciado por . . . con motivo de su incorporación como miembro correspondiente de la Academia Nicaragüense de la Lengua, la noche del 20 de Agosto de 1964, en el Salón de Honor de la Biblioteca Nacional de Nicaragua." (Concerning the poem "Al libertador Bolívar" and an essay by Darío called "Bolívar y sus cantores," published in *El porvenir de Nicaragua*, No. 15, 19 julio 1885.) See also: "Bolívar y Darío," *RNC*, 28 (178):32-36, 1966.

802. Rojas, Gonzalo. "Darío y más Darío," *CulUn* (93):7-18, 1966. Also in: *A*, 165:209-220, 1967.

803. Rojas, Ricardo. "La obra de Rubén Darío," *El alma española.* (*Ensayo sobre la moderna literatura castellana*). Valencia, F. Sempere y Cía., n. d. [1907], pp. 201-234.

804. _____. "Un poète sud-américain," *MerFr*, 62:459-474, 1908.

805. Rojas Paz, P. "Paisajes literarios: Garcilaso de la Vega y Rubén Darío," *Sint*, 1 (8):207-221, 1927.

806. Romagosa, Carlos. "Darío y Martí," *ArJM*, 4 (2):357, 1943.

807. Romera, Antonio R. "La pintura en Rubén Darío," *A*, 165:221-232, 1967.

808. Romero, Emilio. "Nuestro Darío, periodista según un periodista español de ahora," *RCPC* (76):65-66, 1967. With a different title: "Periodista de hoy mira a periodista de ayer," *EL* (360/361):29-30, 1967.

809. Romero de Valle, Emilia. "Rafaela Contreras de Darío," *L*, 38 (76/77):79-88, 1966. With minor changes, in: *G*, 13 (142):11-13, 1966. Also in: *Homenaje a Rubén Darío* [q. v.], pp. 71-80.

810. Rosales, Julio. *El cojo ilustrado.* Caracas, Universidad Central de Venezuela, 1966, 109 pp. (Colección Letras de Venezuela 4.)

811. Rosales Luis. "Rubén: un clásico actual," *BRAE*, 47:47-78, 1967.

812. Rosenbaum, Sidonia C. "Darío, Murger y 'La vie de boheme'," *RHM*, 22:115-119, 1956. (Same author as Taupin, Sidonia C. [q. v.].)

813. _____. "La 'fortuna' de Rubén Darío en Francia," *RevAmer*, 7:424-428, 1946.

814. Rossel, Milton. "Ausencia y presencia de Rubén Darío," *A*, 165:5-24, 1967.

815. Rothschuh T., Guillermo. "Rubén Darío y los Estados Unidos," *CuUniv*, 1 (2):83-88, 1967.

816. *Rubén Darío en Oxford.* See: Bowra, C. M. *et al.*

817. Ruiz Vernacci, Enrique. "En torno a Rubén Darío," *Lot* (69):16-19, 1947. "Trabajo leído en el homenaje que rindió a Darío nuestra Universidad."

818. Rull, Enrique. "El símbolo de Psique en la poesía de Rubén Darío," *RevLit*, 27:33-50, 1965.

819. Rumado, Lupe. "Rubén Darío americano," *Yunques y crisoles americanos.* Caracas, Edime, 1967, pp. 179-201.

820. Russell, Dora Isella. "Darío y Chocano," *ND*, 41 (3):48-51, 1961.

821. _____. "El genio de Francia en el genio de Rubén Darío," *As*, 14 (4):22-37, 1958.

822. Saavedra Molina, Julio. "Una antología poética de Rubén Darío planeada por él mismo," *AnUCh*, 102 (53/54):31-38, primero y segundo` trimestres de 1944. Also separately: [Santiago], Prensas de la Universidad de Chile, 1945, 12 pp.

823. Saavedra Molina, J. *Bibliografía de Rubén Darío*. Santiago de Chile, "Revista chilena de historia y geografía," 1946, 114 pp. (Title page dated 1945.) "Esta edición de 300 ejemplares, es una tirada aparte de los números 105 a 107 de la *Revista chilena de historia y geografía*, de Santiago de Chile, en que apareció la presente *Bibliografía* repartida como sigue: No. 105, julio-diciembre 1944, pp. 3 a 23; No. 106, enero-diciembre 1945, pp. 24 a 66; y No. 107, enero-junio 1946, pp. 67 a 114." "Esta bibliografía fue premiada con 'mención honrosa' en el concurso abierto por la 'Inter-American bibliographical and library association' de Washington, D. C., para optar al premio 'José Toribio Medina' del año 1940."

824. _____. "Los hexámetros castellanos y en particular los de Rubén Darío," *AnUCh*, 93 (18):5-90, segundo trimestre de 1935. Also published separately: [Santiago], Prensas de la Universidad de Chile, 1935, 90 pp.

825. _____. "El primer libro de Rubén Darío: *Epístolas y poemas*," *AnUCh*, 100 (45/46):269-282, primero y segundo trimestres de 1942. Also separately: [Santiago], Prensas de la Universidad de Chile, 1943.

826. _____. "Rubén Darío y Sarah Bernhardt," *AnUCh*, 99 (41):17-45, primer trimestre de 1941. Also separately: [Santiago], Prensas de la Universidad de Chile, 1941, 33 pp.

827. _____. "El verso que no cultivó Rubén Darío," *AnUCh*, 91 (12):33-61, cuarto trimestre de 1933. Also separately: [Santiago], Prensas de la Universidad de Chile, 1933, 32 pp. (Concerning the 13-syllable iambic alexandrine.)

828. Sáenz, Vicente. "El caso extraordinario de Rubén Darío," *Br*, 4 (6):8-10, 1960. Fragments from: *El grito de Dolores y otros ensayos*. México, Editorial América Nueva, 1959, pp. 244-250.

829. [St. Hilaire, Martín de]. Jover, Marcelo (pseud.). *Rubén Darío*. Ensayo biográfico y breve antología por . . . . México, Secretaría de Educación Pública, 1944, esp. pp. vii-xlvi. (Biblioteca Enciclopédica Popular 20.)

830. [_____]. "Rubén Darío, nexo espiritual del continente americano," *Elite*, 3:31-32, 1941. "Primer premio y medalla de oro de la República Argentina en el concurso literario, Comité Nacional del XXV aniversario de la muerte de Rubén Darío, Managua, Nicaragua."

831. Sainz de Robles, Federico Carlos. "El postizo afrancesamiento de Rubén Darío," *T*, 15:203-214, 1967.

832. Salinas, Pedro. "El cisne y el buho. (Apuntes para la historia de la poesía modernista)" [see "General References"].

833. _____. "Paloma y esfinge, o la fatalidad erótica de Rubén Darío," *R*, 2:62-80, 1947.

834. _____. *La poesía de Rubén Darío; ensayo sobre el tema y los temas del poeta*. Buenos Aires, Losada, 1957, 294 pp; *ibid.*, 1948, 294 pp. (see: Ycaza Tigerino, Julio. "Rubén Darío y Pedro Salinas.")

835. _____. "Un poeta de América: Rubén Darío y su vida," *RevAmer*, 9:193-206, 1947.

836. Salterain y Herrera, Eduardo de. "Acerca del modernismo. Rubén Darío y Salvador Rueda. Notas y cartas," *RNac*, 4:36-53, 1959.

837. Sánchez, Alberto. "Cervantes y Rubén Darío," *SemArRD* (6):29-44, 1962.

838. Sánchez, Juan Francisco. "De la métrica en Rubén Darío," *CuDC*, 3 (35/36):37-71, 1946. Also in: *AnUSD*, 19:65-94, 1954; and separately: Ciudad Trujillo, Pol Hnos., 1955, 64 pp.

839. Sánchez, Luis Alberto. "Cuaderno de bitácora." [With two articles]: "Lo que no pasa" [Rubén Darío] [and] "Permitidme hablar de mí . . .," *RepAmer*, 47:105-106, 15 junio 1951.

840. _____. "Genio e ingenio de Darío," *PanEst*, 1 (3):13-19, 15 dic. 1966.

841. _____. " 'Melificó toda acritud el arte . . .'," *Balance y liquidación del 900* [see "General References"], pp. 44-50.

842. _____. "Otra ventana sobre Rubén Darío (1967)," *Homenaje a dos centenarios*. Lima, Universidad Nacional Mayor de San Marcos, 1967, pp. 5-28. "Este trabajo fue escrito especialmente para la Semana de Rubén Darío organizada por el Gobierno de Nicaragua, y leído en la sesión inaugural de la misma el domingo 16 de enero de 1967."

843. _____. "Rubén Darío," *Escritores representativos de América* [see "General

References"], 2nd ed., vol. 3, pp. 58-76.

844. Sánchez, Rodrigo. "Rubén Darío y la cronología de cuatro de sus primeras obras," *Elite,* 3:13-14, 1941. (Concerning *Abrojos, Canto épico a las glorias de Chile, Rimas,* and *Azul* . . . .)

845. Sánchez Astudillo, Miguel, S. J. "Doble musa dariana," *ECA,* 22 (226):451-454, 1967.

846. Sánchez-Castañer, Francisco. "El tema del tiempo. Coincidencia poética de Góngora y Rubén Darío," *CHisp,* 71: 332-346, 1967.

847. Sánchez Montenegro, Víctor. "Rubén Darío y Bruno Erdia," *BolCB,* 2:421-424, 1959.

848. Sancho, Mario. "Darío, el poeta enfermo," *Br,* 4 (4):4-6, 1959. (Written in San Salvador in September, 1915.)

849. Sanjurjo, Primitivo R. "Sobre Rubén Darío," *MP,* 10:377-388, 1923.

850. Sansón Balladares, Justino. *Nicaragua y su Rubén Darío en la República Dominicana.* Recopilación hecha por la Legación de Nicaragua. Ciudad Trujillo, Editorial Stella, 1946, 84 pp., unnumbered.

851. Santos, Dámaso. "Rubén y Unamuno, esos pilares . . .," *El* (360/361):35-36, 1967.

852. Sarduy, Severo, Tomás Segovia y Emir Rodríguez Monegal. "Nuestro Rubén Darío. Diálogo," *MN* (7):33-46, 1967. Contains: "El contexto Art Nouveau," pp. 33-34; "Para descodificar a Darío," pp. 34-36; "El casticismo hispanoamericano," pp. 37-40; "El doble telescopio del tiempo," pp. 40-41; "La retórica como erótica," pp. 41-44; "El poeta de América," pp. 44-46.

853. Schick Gutiérrez, René. *Ruben Darío y la política.* Managua, Academia Nicaragüense de la Lengua Correspondiente de la Real Española, 1966, 55 pp. "Discurso leído el día 30 de abril de 1966 en su recepción pública por . . . y contestación del Académico Don Diego Manuel Chamorro." Different content: "Rubén Darío y la política," *RCPC* (71):2-10, 1966.

854. Schulman, Ivan A. See also under "General References" and "José Martí."

855. _____. "Darío y Martí: 'Marcha triunfal', 'El centenario de Calderón' y 'Castelar'," *A,* 165:421-430, 1967.

"Este estudio amplía y completa el esbozo del tema hecho por Manuel Pedro González en su libro *José Martí en el octogésimo aniversario de la iniciación modernista 1882-1962* [q. v.]."

856. _____. "Resonancias martianas en la prosa de Rubén Darío (1898-1916). 'El pobre y grande José Martí'," *Diez estudios sobre Rubén Darío* [see under Loveluck, Juan], pp. 123-154. (A complementary article to M. P. González, "Iniciación de Rubén Darío en el culto a Martí . . ." [q. v.].)

857. Segall, Brenda. "The Function of Irony in *El rey burgués,*" *Hisp,* 49:223-227, 1966.

858. Seluja Cecín, Antonio. "Buenos Aires: cosmópolis," *El modernismo literario en el Río de la Plata* [see "General References"], pp. 37-38.

859. _____. "La trilogía modernista en Buenos Aires. I. Rubén Darío el demiurgo," *El modernismo literario en el Río de la Plata* [see "General References"], pp. 43-56. (See also under "Ricardo Jaimes Freyre" and "Leopoldo Lugones.")

860. Selva, Salomón de la. "Rubén Darío," *P,* 8:200-204, 1916.

861. *Seminario Archivo Rubén Darío.* 1959—. All articles have to do with Rubén Darío and are listed separately by author.

862. Senabre Sempere, Ricardo. "El gongorismo de Rubén Darío," *PapSAr,* 46: 273-284, 1967.

863. Sequeira, Diego Manuel. "Encuentro de otra carta de Unamuno para Darío," *SemArRD* (6):21-28, 1962. (Concerning a letter published in *La Tarde,* Managua, Año IV, Núm. 1,207 (4 feb. 1908), p. 2. Colecciones del Archivo Nacional de Nicaragua.

864. _____. "Influencia de la pintura en el cuento: El velo de la reina Mab," *PajPap,* 1 (6):18-23, 1958.

865. _____. *Rubén Darío, criollo, en El Salvador; segunda estada o atalaya de su revolución poética.* [León], Nicaragua, Editorial "Hospicio," 1965, 440 pp.

866. _____. *Rubén Darío criollo; o raíz y médula de su creación poética.* Buenos Aires, Guillermo Kraft, Ltda, 1945, 315 pp. "Bibliografía": pp. 305-309. (See: Valle, Rafael Heliodoro, "Rubén Darío criollo.")

867. *Sequeira, D. M. "El velo de la reina mab," *Philologica Pragensia* (5/6):18-23, 1950.

868. Serra-Lima, Federico. "Rubén Darío y Gérard de Nerval," *RHM*, 32:25-32, 1966.

869. Siebenmann, Gustav. *Die moderne Lyrik in Spanien. Ein Beitrag zu ihrer Stilgeschichte.* Stuttgart, Berlin, Köln, Mainz, Verlag und Druckerei Manz AG, 1965, esp. pp. 53-63, and frequent mention throughout. Several chapters are devoted to Modernism in the Peninsula.

870. Silva, Ludovico. "Situación frente a Darío," *RNC*, 28 (178):58-62, 1966.

871. Silva Castro, Raúl. See also under "General References."

872. _____. "Amigos chilenos de Rubén Darío," *T*, 15:395-404, 1967.

873. _____. "El ciclo de 'Lo azul' en Rubén Darío," *RHM*, 25:81-95, 1959. Also in: *A*, 165:233-260, 1967.

874. _____. "Esbozo de un programa de estudios sobre Rubén Darío," *Memoria del segundo congreso internacional de catedráticos de literatura iberoamericana agosto de 1940.* Berkeley, University of California Press, 1941, pp. 387-393.

875. _____. *Génesis del Azul . . . de Rubén Darío.* Managua, Academia Nicaragüense de la Lengua, 1958, 50 pp. (Colección "Lengua" 5. Letras.) Also in: *Diez estudios sobre Rubén Darío* [see under Loveluck, Juan], pp. 301-318.

876. _____. "El modernismo y Rubén Darío," *El modernismo y otros ensayos literarios.* Santiago de Chile, Nascimento, 1965, pp. 7-46.

877. _____, ed. *Obras desconocidas de Rubén Darío escritas en Chile y no recopiladas en ninguno de sus libros.* Edición recogida por . . . y precedida de un estudio. [Santiago], Prensas de la Universidad de Chile, 1934, 316 pp. See especially: "Rubén Darío, estudio crítico, biográfico y bibliográfico," pp. ix-cxxxii. (The Index lists a different title: "Rubén Darío y Chile.")

878. _____. *Rubén Darío a los veinte años.* Madrid, Gredos, 1956, 295 pp. "Bibliografía": pp. 293-295. (Biblioteca Románica Hispánica. II. Estudios y Ensayos 30.)

879. _____. "Rubén Darío, ¿clásico o romántico?" *CHisp*, 71:368-371, 1967.

880. *_____. "Rubén Darío en Chile," *BolBNSa*, jun. 1930, pp. 20-29.

881. _____. *Rubén Darío y Chile*; anotaciones bibliográficas precedida de una introducción sobre Rubén Darío en Chile, por . . . . Santiago de Chile, Imp. "La Tracción," 1930, 127 pp. Republished in: *Obras desconocidas de Rubén Darío escritas en Chile . . .* [q. v.], pp. lxxxii-cxxxii.

882. _____. "Rubén Darío y su creación poética (comentarios al libro de don A. Marasso)," *AnUCh*, 92 (16):91-120, 1934. Also published separately: [Santiago], Prensas de la Universidad de Chile, 1935.

883. _____. "Tres momentos de la vida de Rubén Darío," *RIB*, 17:183-190, 1967. (Concerning his arrival in Chile, the Certamen Varela, and the publication of *Azul . . . .*)

884. Silva Uzcátegui, R. D. *Psicopatología del soñador.* Barcelona, Casa Editorial Araluce, 1931, esp. pp. 9-116. "Introducción": pp. 9-16.

885. _____. "Rubén Darío," *Historia crítica del modernismo en la literatura castellana . . .* [see "General References"], pp. 111-196.

886. Simms, Ruth L. Conzelman. "Cómo era Rubén Darío," *RI*, 18:385-389, 1953.

887. Sister Miriam Therese, CSJ. "Rubén Darío—A Symphony in Grey Major," *Hor*, 1 (1):36-43, 1957.

888. Sobejano, Gonzalo. "El epíteto modernista: Rubén Darío," *El epíteto en la lírica española.* Madrid, Editorial Gredos, 1956, pp. 407-440. (Biblioteca Románica Hispánica. II. Estudios y Ensayos 28.)

889. Sol, Ildo (pseud.). See: Solórzano Ocón, Ildefonso.

890. Solar, Alberto del. "Rubén Darío y el océano," *Nos*, 21:238-241, 1916.

891. [Solórzano Ocón, Ildefonso]. Sol, Ildo (pseud.). *Rubén Darío y las mujeres.* Managua, Editorial Estrella de Nicaragua, 1948, 247 pp.

892. Sopeña Ibáñez, Federico. "Rubén Darío en la música," *CHisp*, 71:519-522, 1967.

893. Soto, Juan B. "Rubén Darío y Walt Whitman; su personalidad y su arte," *PR*, 1:228-238, 1919.

894. Soto-Hall, Máximo. *Revelaciones íntimas de Rubén Darío*. Buenos Aires, "El Ateneo" P. García, 1925, 308 pp.

895. Soto Verges, Rafael. "Rubén Darío y el neoclasicismo (La estética de 'Abrojos')," *CHisp*, 71:462-471, 1967.

896. Souvirón, José María. "Sobre un 'descubrimiento' de Rubén Darío," *CHisp*, 71:388-403, 1967. (Concerning the author's "discovery" of Darío.)

897. Steelquist, Karna. "Rubén Darío: Poet of America," *PanAm*, 10 (7):31-33, 1949.

898. Stimson, Frederick S. "Darío's 'Estival' and Leconte de Lisle's 'Le rêve du Jaguar'," *HR*, 34:53-58, 1966. In Spanish: "'Estival' de Darío y 'Le rêve du jaguar' de Leconte de Lisle," *A*, 165:431-436, 1967.

899. Suárez Wilson, Reyna. "Los prólogos de Darío," *Rubén Darío* [see under Universidad Nacional de La Plata], pp. 138-167.

900. Sureda Bimet, Juan. "La obra y la vida de Rubén Darío en Mallorca," *ECA*, 5 (40):13-23, 1950. "Extracto del libro en embrión: *Recuerdos de hechos y pensamientos de mi vida.*"

901. Susto, Juan Antonio. "Bibliografía de y sobre Rubén Darío, publicada en Panamá, de 1904 a 1907," *Lot* (69): 5-6, 1947. (Lists 21 items published by Darío in *El Heraldo del Istmo* and 8 in *Nuevos ritos*; also 8 items about him in the former and 3 in the latter.)

902. Sux, Alejandro. "Rubén Darío visto por Alejandro Sux," *RHM*, 12:302-320, 1946.

903. Tabernig de Pucciarelli, Elsa. "Dos olvidados modelos franceses de los modernistas," *Rubén Darío* [see under Universidad Nacional de La Plata], pp. 329-338. (Concerning Laurent de Tailhade and Armand Silvestre.)

904. Tamayo Vargas, Augusto. "La muerte de Darío y el modernismo en el Perú," *L*, 38 (76/77):15-30, primero y segundo semestres de 1966. Also in: Homenaje a Rubén Darío [q. v.], pp. 7-35.

905. *_____ et al. Homenaje a Rubén Darío*. Lima, Universidad de San Marcos, Instituto de Literatura, Facultad de Letras, 1967, 132 pp. (Publicación #25.)

906. Taupin, Sidonia C. "¿Había leído Darío a Lautréamont cuando lo incluyó en *Los raros*?" *CL*, 11:165-170, 1959. (Same author as Rosenbaum, Sidonia C. [q. v.].)

907. _____. "Posibles fuentes o simples coincidencias: La *Margarita* de Darío," *RHM*, 29:158-160, 1963.

908. Teja Zabre, Alfonso. *El adiós a Rubén Darío*. México, n. pub., 1941, 60 pp. (Cuadernos de Letras 1.) Article with the same title: *PanEst*, 1 (3):27-30, 15 dic. 1966.

909. Tejera, Humberto. "Rubén Darío; día de gloria en Indoiberia," *Hor*, 9 (47): 8-10, 15 jul. 1966.

910. Tena, Alberto. "Rubén Darío," *Nos*, 21: 252-260, 1916.

911. Testena, Folco. "Flores para un altar," *Nos*, 21:280-282, 1916.

912. [Thompson, Augusto G.]. D'Halmar, Augusto (pseud.). "Rubén Darío y los americanos en París," *AnUCh*, 99 (41):7-14, 1941. Also separately: [Santiago], Prensas de la Universidad de Chile, 1941.

913. Tilles, Solomon H. "Rubén Darío's *Emelina*," *Hisp*, 49:218-222, 1966.

914. Tomaso, Antonio. "Impresión personal," *Nos*, 21:136-139, 1916.

915. Toro y Gisbert, Miguel de. "El vocabulario de Rubén Darío," *Los nuevos derroteros del idioma* [see "General References"], pp. 60-65. (A study of the language of *Azul . . .* and *Prosas profanas*.)

916. *La torre*. "Homenaje a Rubén Darío," 15: esp. pp. 37-495, 1967. "Iconografía": pp. 496-547. (Entire number dedicated to Rubén Darío.)

917. Torre, Antonio M. de la. "Apuntes y documentos para la biografía de Rubén Darío," *RI*, 2:173-189, 1940; 3:94-108, 1941.

918. _____. "Consideraciones sobre la actitud político-social de Rubén Darío," *RI*, 19:261-272, 1954.

919. Torre, Guillermo de. *Antología poética*. Prólogo y selección por . . . . Buenos Aires, Editorial Losada, 1966, 216 pp. (Biblioteca Clásica y Contemporánea 318.)

920. _____. "El Rubén Darío hacia dentro," *PapSAr*, 46:131-140, 1967.

921. _____. "Rubén Darío (1867-1916). ¿Manifiestos? Leves teorías," *RevOc*, 6 (58):69-76, 1968.

922. Torre, G. de. "Rubén Darío, prosista," *T*, 15:135-154, 1967.

923. _____. "Rubén Darío y su hispanismo," *Ins*, 22 (248/249):1, 28, 1967.

924. _____. "Vigencia de Rubén Darío," *As*, 23 (1):7-14, 1967.

925. Torrente Ballester, Gonzalo. *"La generación del 98 e Hispanoamérica," Arbor*, 11 (36):505-515, esp. pp. 505-509, 1948. (Número extraordinario conmemorativo de 1898.)

926. Torres, Edelberto. *La dramática vida de Rubén Darío*. Barcelona, México, Ediciones Grijalbo, 1966, 537 pp. "Cronologia y bibliografía de Rubén Darío": pp. 511-535. "Bibliografía especial": pp. 535-537. Also: *ibid*., 1958, 353 pp; Guatemala, Editorial del Ministerio de Educación Pública, 1952, 459 pp.

927. _____. "Eternismo en la poesía de Rubén Darío," *RNC*, 28 (178):10-19, 1966.

928. _____. "Introducción a la poesía social de Rubén Darío," *Hum*, 7 (50/51): 74-87, 1958.

929. _____. "Rubén Darío, poeta civil y social," *Leng* (2):81-94, 1946. Also in: *RepAmer*, 47:305-309, 15 ago. 1952.

930. _____. "Rubén Darío y la cultura de Nicaragua," *Elite*, 3:25-26, 1941.

931. Torres Bodet, Jaime. "Antología de Rubén Darío," *G*, 14 (149):9-10, 1967. First printed as a fragment of the introduction to the author's *Antología de Rubén Darío*, companion volume to his *Rubén Darío—abismo y cima* [q. v.].

932. _____. "Homenaje a Rubén," *CasAm* (42):18-20, 1967.

933. _____. "Homenaje a Rubén Darío," *Abs*, 31 (1):98-109, 1967. "En la sesión solemne que la Academia mexicana de la Lengua dedicó a Rubén Darío, el 27 de enero de 1967."

934. _____. *Rubén Darío—abismo y cima*. México, Letras mexicanas, 1966, 361 pp.

935. _____. "El viaje de Darío a México," *G*, 13 (147):8-10, 1966. (A fragment from his book *Rubén Darío—abismo y cima* [q. v.].)

936. Torres Ríoseco, Arturo. *Antología poética*. Selección, estudio preliminar, cronología, notas y glosario de . . . . Berkeley, Los Angeles, University of California Press, 1949, xxxviii, 294 pp. "Introducción": pp. xvii-xxxviii.

937. _____. "I. Casticismo en la obra de Rubén Darío. II. Resurrecciones e innovaciones métricas," *RABA*, 36 (94): 117-147, 1932.

938. _____. "Evolución de la forma en Rubén Darío," *A*, 165: 261-266, 1967.

939. _____. "Génesis de la formación literaria de Rubén Darío: *Los raros*," *Atl*, 1:149-157, 1953. With the title, "Los raros," *Ensayos sobre literatura latinoamericana* [see "General References"], pp. 75-86.

940. _____. "The Modernista Influence of "Rubén Darío," *PanAm*, 4 (3):19-21, 1943.

941. _____. "Nueva evaluación de Rubén Darío," *T*, 15:121-131, 1967.

942. _____. "Perfiles hispanoamericanos del poeta, *PanEst*, 1 (3):23-26, 15 dic. 1966.

943. _____. "A Reëvaluation of Rubén Darío," *New World Literature* [see "General References"], pp. 120-137.

944. _____. "Rubén Darío," *The Epic of Latin American Literature* [see "General References"], rev. ed., pp. 102-110.

945. _____. *Rubén Darío, casticismo y americanismo; estudio precedido de la biografía del poeta*, por . . . . Cambridge, Mass., Harvard University Press; London, H. Milford, Oxford University Press, 1931, XI, 253 pp. "Bibliografía": pp. 243-253.

946. _____. "Rubén Darío, el prosista," *MLF*, 19:27-31, 1934. Also in: *RepAmer*, 29:56, 60-62, 28 jul. 1934.

947. _____. "Rubén Darío en la Argentina," *Nos*, 73:325-328, 1931. (Fragment of *Rubén Darío, casticismo y americanismo* [q. v.].)

948. _____. "Rubén Darío, poeta de la sencillez," *CuUniv*, 1 (2):13-20, 1967.

949. _____. "Rubén Darío visto por un inglés," *ND*, 39 (3):33-35, 1959. With different title: "Rubén Darío visto por un gran crítico inglés," *La hebra en la aguja* [see "General References"], pp. 105-108. (Concerning C. M. Bowra. "Rubén Darío" q. v.]. See also: Bowra, C. M. *et al. Rubén Darío en Oxford*. Polemic.)

950. _____. "Rubén Darío y la crítica," *Hisp*, 14:99-106, 1931. Also in: *CulV*, 14:24-33, 1931.

951. _____. *Vida y poesía de Rubén Darío.* Buenos Aires, Emecé Editores, 1944, 351 pp.

952 Torri, Julio. "La *Revista Moderna* de México," *LetPat,* 1:71-85, 1954.

953. Toruño, Juan Felipe. "Cómo escribió Rubén Darío la 'Marcha triunfal', lo que afirmó Francisca Sánchez del Pozo en contraposición de lo dicho por José Montero Alonso," *LetEc,* 3 (26/27): 7, 16, 1947.

954. _____. "Rubén Darío, repentista," *ND,* 26 (3):22-24, 1945.

955. Toti, Gianni. "Hipótesis cuadricontinental para una interpretación antideologista y estilística de Rubén Darío," *CasAm* (42):59-67, 1967. "Leído el 20 de enero de 1967."

956. Trend, J. B. "*Res metricae* de Rubén Darío," *Libro jubilar de Alfonso Reyes* [see under *Libro jubilar . . .* in "General References"], pp. 383-390.

957. _____. *Rubén Darío.* Cambridge [England], R. I. Severs, 1952, 23 pp.

958. Tünnermann B., Carlos. "El primer cuaderno de poemas de Rubén," *RepCent* (6):18-20, 1966.

959. Turner, John H. "Sobre el uso de los tiempos verbales en Rubén Darío," *RHM,* 30:205-214, 1964.

960. Ugarte, Manuel. "Rubén Darío," *Escritores iberoamericanos de 1900* [see "General References"], 2nd ed., pp. 107-125.

961. Uhrhan, Evelyn. See also: Irving, Evelyn Uhrhan.

962. _____. "Francisca Sánchez and the 'Seminario-Archivo de Rubén Darío,'" *Hisp,* 41:35-38, 1958.

963. _____. "Francisca Sánchez y el Seminario-Archivo de Rubén Darío," *USanC* (52):103-110, 1960.

964. _____. "Notes on the 'Seminario-Archivo de Rubén Darío'," *KFLQ,* 8:37-41, 1961. "A paper presented at the thirteenth University of Kentucky Foreign Language Conference. University of Kentucky, 1960."

965. Umphrey, George W. "Fifty Years of Modernism in Spanish-American Poetry," *MLQ,* 1:101-114, esp. pp. 105-109, 1940.

966. _____. "Spanish-American Poets of Today and Yesterday. I. Rubén Darío," *Hisp,* 2:64-81, 1919.

967. Unamuno, Miguel de. "De la correspondencia de Rubén Darío," *Obras completas.* Madrid, Afrodisio Aguado, 1958, vol. 8, pp. 531-545. "*La Nación,* Buenos Aires, 10-V-1916."

968. _____. "¡Hay que ser justo y bueno, Rubén!" *Obras completas* [see above entry], vol. 8, pp. 518-523. "*Summa,* año II, no. 11, Madrid, 15-III-1916."

969. Ungaro de Fox, Lucia. "El parentesco artístico entre Poe y Darío," *RNC,* 28 (178):81-83, 1966.

970. Universidad Nacional Autónoma de Nicaragua. *Rubén Darío; edición facsimilar.* Volumen I. Managua, Fotograbados Pérez, 1966, 120 pp. *Rubén Darío; poesías y artículos en prosa.* Volumen II, edición complementaria, Impresora Editorial "San Enrique," 1967, 172 pp. "Estudio preliminar" de Fidel Coloma González, vol. II, pp. 15-27.

971. Universidad Nacional de La Plata. *Rubén Darío. (Estudios reunidos en conmemoración del centenario). 1867-1967.* La Plata, Universidad Nacional de La Plata, Facultad de Humanidades y Ciencias de la Educación, 1968, 520 pp. (Departamento de Letras, Trabajos, Comunicaciones y Conferencias X. Instituto de Literatura Argentina e Iberoamericana.)

972. Uribe Ferrer, René. "Rubén Darío," *Modernismo y poesía contemporánea* [see "General References"], pp. 40-64.

973. Urmeneta, Fermín de. "Sobre estética rubeniana," *RIE,* 23:199-204, 1965.

974. Urquiza, Juan José de. "La amistad de Rubén Darío y Enrique García Velloso," *A,* 165:437-456, 1967.

975. Urtecho, José Coronel. "Antología de rnis 'opiniones' sobre Rubén Darío," *RCPC,* 13 (65):121-123, 1966.

976. Vaccaro, Alberto J. "Muy antiguo y muy moderno. Ecos clásicos en 'Prosas profanas'," *Rubén Darío* [see under Universidad Nacional de La Plata], pp. 212-216.

976a. Valbuena-Briones, A. "Una consideración estilística a propósito de un texto de Rubén Darío," *Ideas y palabras.* New York, Eliseo Torres Publishers, 1968, pp. 15-23. (Concerning "Responso" [a Verlaine].)

977. Valente, José Angel. "Darío o la innovación," *Ins,* 22 (248/249):5, 27, 1967.

978. Valenzuela, [Jesús] Emilio. "Rubén Darío y la juventud mexicana," *RM,* 15:131-133, 1910.

979. Valera, Juan. "*Azul . . .*" Two letters to Rubén Darío in "Los lunes" of *El Imparcial,* Madrid, 22 and 29 Oct., 1888. See them in *Cartas americanas, primera serie.* Madrid, 1889, pp. 213-237; and in *Obras completas.* Madrid, 1915, vol. 41, pp. 267-294. Commonly published now as the "Carta-prólogo" to *Azul . . . .* See, for example: *Azul . . . .* Carta-prólogo de . . . . "Décima edición," Buenos Aires-México, Espasa-Calpe Argentina, 1950. (Colección Austral.) "Carta-prólogo de Juan de Valera a Rubén Darío. Madrid, 22 de octubre de 1888": pp. 9-24.

980. Valldeperes, Manuel. "Tres etapas en la obra poética de Rubén Darío," *CuDC,* 5 (52):37-46, 1947. (Concerning: I. Entusiasmo renovador [*Azul*]; II. Plenitud creadora [*Prosas profanas*]; III. Liberación ante la vida [*Cantos de vida y esperanza*].)

981. Valle, Rafael Heliodoro. "Unas estrofas desconocidas de Rubén Darío y un soneto de Carmencita Brannon," *Rep-Amer.* 2:227, 1 abr. 1921. (In form of a letter to Joaquín García Monge, concerning "La petite Isabeau," in *Hipsipilas.*)

982. _____. "Rubén Darío criollo," *CuAm,* 28 (4):294-297, 1946. Also in *RABNH,* 25:176-179, 1946. (Concerning Diego Manuel Sequeira. *Rubén Darío criollo; o raíz y médula de su creación poética* [q. v.].)

983. Vargas Vila, José María. *Rubén Darío.* Madrid, V. H. de Sanz Calleja [1917], 177 pp. "Edición definitiva debidamente revisada y corregida por el autor." Barcelona, Ramón Sopena, n. d., 247 pp. (Contains: "Prefacio para la edición definitiva," n. d., although the Library of Congress says, "[pref. 1917]"; the "Prólogo de la edición publicada en Madrid en 1918" is dated 1917.)

984. Varo, Carlos. "La semana dariana en Nicaragua," *T,* 15:439-457, 1967.

985. Vela, Arqueles. "Lo antiguo en Rubén Darío y lo primitivo en Delmira Agustini," *Teoría literaria del modernismo* [see "General References"], pp. 173-178.

986. _____. "La crítica y Rubén Darío," *Teoría literaria del modernismo* [see "General References"], pp. 247-248.

Vela continues speaking of Darío under the title, "Naturaleza rítmica del español," pp. 249-250.

987. _____. "Darío y los símiles europes," *Teoría literaria del modernismo* [see "General References"], pp. 131-138. Vela continues speaking of Darío under the titles, "Mitología y filosofía," pp. 138-144 and "Trayectoria mística," pp. 144-148.

988. _____. "La renovación rubendariana y lo popular español," *Teoría literaria del modernismo* [see "General References"], pp. 250-256.

989. _____. "Rubén Darío: genio del modernismo," *Teoría literaria del modernismo* [see "General References"], pp. 98-101. Vela continues speaking of Darío under the titles, "Vida y poética," pp. 101-106, "Dolor individual y dolor social," pp. 106-110, "Amor y poética," pp. 110-119, "Estados eropáticos," pp. 119-122, and "Panteísmo y religiosidad," pp. 122-126.

990. _____. "Rubén Darío y los trovadores," *Teoría literaria del modernismo* [see "General References"], pp. 256-262.

991. Velásquez, Rolando. "Algo más acerca del paisaje en la auscultación de la poesía," *Cul* (9):7-9, 1956.

992. Verdevoye, Paul. "Rubén Darío et la poésie française," *LM,* 62 (1):39-47, 1968.

993. Very, Francis. "Rubén Darío y la Biblia," *RI,* 18:141-155, 1952.

994. Vian, Francesco. "Rubén Darío (1867-1916)," *Il "modernismo" nella poesia ispanica* [see "General References"], pp. 155-176.

995. Vicuña Subercaseaux, B[enjamín]. "Rubén Darío," *Gobernantes i literatos.* Santiago de Chile, Sociedad "Imprenta i Litografía Universo," 1907, pp. 275-290.

996. Videla, Gloria. "El Seminario-Archivo de Rubén Darío en Madrid," *RevLAI,* 3 (3):122-125, 1961.

997. Villagrán Bustamante, Héctor. "La evolución de Rubén Darío," *Crítica literaria* [see "General References"], pp. 29-39.

998. Villanueva, Elena. "Hispanidad e imperialismo en la obra de Rubén Darío," *UZ,* 14:507-518, 1937.

999. Vivanco, Luis Felipe. "La consciencia poética en Rubén Darío," *CHisp* (16): 67-80, 1950.

1000. Watland, Charles Dunton. *La forma-ción literaria de Rubén Darío.* Managua, Publicaciones del centenario de Rubén Darío 1966-1967, 1966, 187 pp. (A translation by Fidel Coloma González of Watland's Ph. D. dissertation, *The Literary Education of Rubén Darío; an Examination of the Extent and Nature of His Literary Culture to the Period of Azul (1888),* University of Minnesota, 1953.

1001. _____. *Poet-Errant: A Biography of Rubén Darío.* New York, Philosophical Library, 1965, 266 pp.

1002. Wohl, Helen. *Rubén Darío y Nicaragua.* Washington, Mitchell Press, 1963.

1003. Woodbridge, Hensley C. "Rubén Darío: A Critical Bibliography," *Hisp,* 50: 982-995, 1967; 51:95-110, 1968.

1004. "XXX". "Rubén Darío; A Study of His Character and Works," *IntAm,* 1:1-11, 1917.

1005. Ycaza Tigerino, Julio. "La muerte en la poesía de Rubén Darío," *Cul* (7):7-14, 1956. "Discurso pronunciado en la Noche Dariana, en Chinandega, Nicaragua, en febrero de 1956." Reprinted in *Los nocturnos de Rubén Darío* [q. v.]; see also: "En su poesía la muerte," *RCPC,* 13 (65):110-113, 1966.

1006. _____. *Los nocturnos de Rubén Darío; discurso de ingreso en la Academia Nicaragüense de la Lengua.* Managua, Imp. Granada, 1954, 58 pp. "Discurso de contestación del académico señor don Pablo Antonio Cuadra": pp. 45-53.

1007. _____. *Los nocturnos de Rubén Darío y otros ensayos.* Madrid, Ediciones Cultura Hispánica, 1964, 108 pp. (Colección Nuevo Mundo.) Contains: "Los nocturnos de Rubén Darío," pp. 7-52; "La muerte en la poesía de Rubén Darío," pp. 55-68; "Concepto vital de la hispanidad en Rubén Darío," pp. 69-91; "El paisaje nicaragüense en la obra de Darío," pp. 93-108.

1008. _____. "El paisaje nicaragüense en su prosa," *RCPC,* 13 (65):113-116, 1966.

1009. _____. *La poesía y los poetas de Nicaragua.* Premio Nacional Darío 1957. Managua, Academia Nicaragüense de la Lengua, 1958, 148 pp. (Colección Lengua 7. Letras.) Contains 3 chapters dealing especially with

Darío: "Los poetas anteriores a Rubén," pp. 31-40; "Raíz nicaragüense de la poesía de Rubén," pp. 41-52; "Los coetáneos y sucedáneos de Rubén," pp. 53-68.

1010. _____. "Rubén Darío o el carnalismo americano," *Quaderni Ibero-Americani* (Torino), 3:196-199, 1952. Also in: *Originalidad de Hispanoamérica.* Ediciones de Cultura Hispánica. Madrid, Gráfica Benzal, 1953, pp. 62-70. (Cuadernos de Monografías 9.)

1011. _____. "Rubén Darío y Pedro Salinas," *CuAm,* 53 (5):298-303, 1950. (Concerning Pedro Salinas. *La poesía de Rubén Darío* . . . [q. v.].)

1012. Ycaza Tigerino, Julio y Eduardo Zepeda-Henríquez. *Estudio de la poética de Rubén Darío.* Comisión Nacional del Centenario Rubén Darío 1867-1967. Managua, D. N., 1967; Imprenta "Policromía," México, 1967, 440 pp.

1013. Zambrano, David, hijo. "Presencia de Baudelaire en la poesía hispanoamericana. Darío. Lugones. Delmira Agustini," *CuAm,* 99 (3):217-235, 1958.

1014. Zardoya, Concha. "Rubén Darío y la fuente," *As,* 23 (1):24-37, 1967.

1015. _____. "Rubén Darío y 'La poesía castellana'," *PapSAr,* 46:229-271, 1967. (Concerning Darío's poem, "La poesía castellana," written in 1882.)

1016. Zavala, Jesús. "Rubén Darío y la literatura española," *LetMex,* 1 (34):6-7, 1938; 2 (1):10, 12, 1939.

1017. Zepeda-Henríquez, Eduardo. "A. B. C. de la poesía dariana," *NicInd* (43): 63-65, 1967.

1018. _____. "Filosofía del lenguaje en Rubén Darío," *CHisp,* 71:279-284, 1967.

1019. _____. "La poesía dariana en los nocturnos," *CHisp,* 25:363-368, 1955.

1020. _____. "Rubén Darío y Menéndez y Pelayo," *EdM,* 2 (10):25-28, 1959.

1021. Zum Felde, Alberto. "El modernismo en la narrativa," *Indice crítico de la literatura hispanoamericana* [see "General References"], vol. 2., esp. pp. 379-383. Portions are reprinted in: *La narrativa en Hispanoamérica* [see "General References"], esp. pp. 276-277. (Concerning *Azul* . . . .)

1022. Zúñiga Pallais, Darío. *Homenaje de Nicaragua a Rubén Darío.* León, Nicaragua, Tipografía G. Alaniz, 1916, xv, 381 pp.

Salvador Díaz Mirón

(1853-1928)

1. _____. "Escritores mexicanos contemporáneos. Don Salvador Díaz Mirón," *Biblos,* 3:97-98, 18 jun. 1921.
2. _____. "Quien era Díaz Mirón," *Hisp,* 11:309-311, 1928.
3. Abreu Gómez, Ermilo. "Semblanza de Díaz Mirón," *Sala de retratos, intelectuales y artistas de mi época.* Con notas cronológicas y bibliográficas de Jesús Zavala. México, Editorial Leyenda, [1946], pp. 80-81.
4. Almoina, José. *Díaz Mirón. Su poética.* México, Editorial Jus, 1958, 451 pp.
5. Amézaga, Carlos G[ermán]. *Poetas mexicanos.* Buenos Aires, Imp. de Pablo E. Coni e hijos, 1896, pp. 389-408.
6. Anderson Imbert, Enrique. "Salvador Díaz Mirón," *Historia de la literatura hispanoamericana* [see "General References"], vol. 1, pp. 322-323.
7. Argote, Joaquín, J. *Salvador Díaz Mirón.* México, Ediciones de la Secretaría de Educación Pública, 1945, 50 pp.
8. Avilés, Alejandro. "Cárcel de Veracruz, 1892-1895," *UVer,* 2 (4):15-19, 1953. (Concerning poems written in prison in Veracruz.)
9. *Benítez L., J. M. *El lisiado trágico. Apuntes sobre la interesante e íntima vida de Salvador Díaz Mirón.* México, Imp. en mimeógrafo, 1932.
10. Berisso, Luis. "Salvador Díaz Mirón," *El pensamiento de América* [see "General References"], pp. 391-405.
11. Blanco-Fombona, Rufino. "Salvador Díaz Mirón (1853-1928)," *El modernismo y los poetas modernistas* [see "General References"], pp. 51-68.
12. Browne, James R. "A Recurrent Image in the Earlier Poetry of Salvador Díaz Mirón," *Hisp,* 32:305-308, 1949.
13. Brummel (pseud.). See: Puga y Acal, Manuel.
14. Caffarel Peralta, Pedro. *Díaz Mirón en su obra.* México, Editorial Porrúa, 1956, 179 pp.
15. *_____. *La poesía de Díaz Mirón.* Orizaba, Veracruz, México. Editorial Alborada, 1930, 39 pp. "Premiado en el certamen de la Academia 'José Enrique Rodó', de Guadalajara, Jalisco."
16. Calderón Cabrera, Consuelo. *Salvador Díaz Mirón, el hombre y el poeta.* México, UNAM, 1951, 121 pp. "Bibliografía": pp. 111-122.
17. _____. "Salvador Díaz Mirón poeta," *Estilo* (26/27): 73-89, 1953.
18. Cardona, Rafael. "Salvador Díaz Mirón," *RevRev,* 16 (863):[n. pag.], 21 nov. 1926.
19. Carrillo, José. *Radiografía y disección de Salvador Díaz Mirón.* México, Bayo Libros Distribuidores y Editores, Talleres Gráficos "Galeza," 1954, 137 pp.
20. Castro Leal, Antonio. "Díaz Mirón y Víctor Hugo," *LetPat* (1):7-17, 1954.
21. _____. *Las ideas de Salvador Díaz Mirón.* México, 1956, 28 pp. "Sobretiro del volumen de homenaje del Colegio Nacional a Alfonso Reyes en su cincuentenario de escritor."
22. _____. "La naturaleza americana en Bernardo de Balbuena y Salvador Díaz Mirón," *Literatura iberoamericana* [see under "Literatura . . ." in "General References"], pp. 151-155.
23. _____. *Poesías completas.* Edición y prólogo de . . . . México, Editorial Porrúa, 1945, xiv, 369 pp. "Prólogo": pp. vii-xiv. "Bibliografía": p. xiv. (Escritores Mexicanos 12.)
24. _____. "Salvador Díaz Mirón," *LyP,* 14 (2):24-30. 1941.
25. _____. "Salvador Díaz Mirón," *Memoria del sexto congreso del Instituto Internacional de Literatura Iberoamericana, Agosto-Septiembre de 1953* [q. v.], pp. 119-128.
26. _____. *Salvador Díaz, Mirón. Antología poética.* Selección, estudio preliminar y notas de . . . . México, UNAM, 1953, xxvi, 193 pp. "Introducción": pp. ix-xxiii, "Noticia bibliográfica": pp. xxv-xxvi. (Biblioteca del Estudiante Universitario 78.)
27. _____. "Salvador Díaz Mirón: su obra y su carácter," *MemCN,* 2 (8):45-63, 1953.

28. Coester, Alfred. "Díaz Mirón's Famous Quatrain," *Hisp*, 11:320-322, 1928.

29. Colín, Eduardo. "La obra del autor de *Lascas*," *RevRev*, 8 (430):[n. pag.] 28 jul. 1918.

30. _____. "La poesia de Díaz Mirón," *RevRev*, 18 (947):24, 24 jun. 1928.

31. _____. "Salvador Díaz Mirón," *Verbo selecto* [see "General References"], pp. 37-48.

32. Cruz G., Salvador de la. "La lección poética de un solitario," *UVer*, 2 (4): 20-23, 1953.

33. Cuesta, Jorge. "Salvador Díaz Mirón," *HiPro*, 1 (5):285-287, 1943.

34. _____. "Salvador Díaz Mirón," *Poemas y ensayos*. México, UNAM, 1964, vol. 3, pp. 337-351. "*Noticias Gráficas*, enero 1°, p. 28; enero 8, p. 12; y enero 15 de 1940, p. 12."

35. Dauster, Frank. "Salvador Díaz Mirón," *Breve historia de la poesía mexicana* [see "General References"], pp. 110-113.

36. Díaz Plaja, Guillermo. "Mesetas y litorales. El sentimiento de la naturaleza en dos poetas mejicanos," *Abs*, 21 (3): 338-354, 1957. (Concerning Díaz Mirón and Manuel José Othón.)

37. _____. *El reverso de la belleza*. Barcelona, Editorial Barna, 1956, pp. 71-169.

38. _____. "Salvador Díaz Mirón y el modernismo," *CHisp*, 20:300-307, 1954. "Premio 'Henríquez Ureña' 1954."

39. _____. "El sentimiento de la naturaleza en Díaz Mirón," *CHisp*, 22:197-205, 1955.

40. *Diccionario de escritores mexicanos*. México, UNAM, 1967, pp. 99-101. "Referencias [bibliography]": pp. 100-101.

41. Dios Vanegas, Juan de. "Salvador Díaz Mirón," *UVer*, 3 (1):35-39, 1954. "Conferencia respecto a Salvador Díaz Mirón, dictada en la Universidad Nacional, de Nicaragua, por el Rector Doctor Juan de Dios Venegas [*sic*], el 14 de diciembre de 1953, centenario del nacimiento del poeta."

42. E. G. R. "El centenario de Díaz Mirón," *LetPat* (1):139-141, 1954.

43. Fernández MacGregor, Genaro. *Salvador Díaz Mirón*. Conferencias del Palacio de bellas artes, México, Talleres Gráficos de la Nación, 1935, 83 pp. "Conferencia del Palacio de bellas artes el 26 de octubre de 1934 . . . ." Amplified in: Carátulas. México, Ediciones Botas, 1935, pp. 181-284.

44. Fernández Mira, Ricardo M. *Salvador Díaz Mirón el turbulento*. Buenos Aires, Talleres Gráficos Contreras, 1936, 57 pp. "Conferencia pronunciada en la 'Biblioteca popular doctor José León Suárez', del Ateneo ibero-americano de Buenos Aires, el jueves 10 de octubre de 1935."

45. Ferro, Hellén. "Salvador Díaz Mirón." *Historia de la poesía hispanoamericana* [see "General References"], pp. 156-157.

46. González Guerrero, Francisco. "Poesías completas de Díaz Mirón," *Los libros de los otros (recensiones)*. Primera serie. México, Ediciones Chapultepec, 1947, pp. 199-224. (Concerning the editions of Antonio Castro Leal, México, Porrúa [q. v.].)

47. González Peña, Carlos. "Salvador Díaz Mirón," *Historia de la literatura mexicana* [see "General References"], pp. 319-320.

48. Henestrosa, Andrés. "Salvador Díaz Mirón," *UVer*, 2 (4):12-14, 1953.

49. Henríquez Ureña, Max. "Salvador Díaz Mirón," *Breve historia del modernismo* [see "General References"], 2nd ed., pp. 80-89.

50. Keller, Daniel S. "La poética de Salvador Díaz Mirón," *Estud*, 2 (6/7):29-37, 1953.

51. Lamothe, Louis. "Salvador Díaz Mirón," *Los mayores poetas latino-americanos de 1850 a 1950* [see "General References"], pp. 61-65.

52. Landero R., María del Carmen. "Salvador Díaz Mirón (el sentido de su vida)," *UVer*, 2 (1):26-33, 1953. (Not entirely biographical.)

53. *Loyo, Gilberto. "El paisaje en la poesía de Salvador Díaz Mirón," *Ver*, 5 (2): mar./abr. 1948.

54. Mediz Bolio, Antonio. "Salvador Díaz Mirón," *RepAmer*, 16:369-371, 30 jun. 1928.

55. *Memoria del sexto congreso del Instituto Internacional de Literatura Iberoamericana, agosto—septiembre de 1953. Homenaje a Hidalgo, Díaz Mirón y Martí*. México, Imp. Universitaria, 1954, 276 pp.

56. Méndez Plancarte, Alfonso. "Díaz Mirón, gran poeta y sumo artífice," *Abs,* 18 (1):13-35, 1954.

57. _____. *Díaz Mirón poeta y artífice.* México, Antigua Librería Robredo, 1954, 392 pp. (Clásicos y Modernos. Creación y Crítica Literaria 10.)

58. _____. "Riqueza del soneto Diazmironiano," *UVer,* 2 (4):27-34, 1953.

59. _____. "El verso heterotónico de Salvador Díaz Mirón," *LetPat* (1):18-52, 1954.

60. Méndez Plancarte, Gabriel. "Salvador Díaz Mirón (1853-1928)," *U,* sept. 1936, pp. 9-14. Part of the book, *Horacio en México.* México, Ediciones de la Universidad Nacional, 1937, pp. 223-236 et passim. (Conçerning the influence of Horace on the style of Díaz Mirón.)

61. Meza Fuentes, Roberto. *De Díaz Mirón a Rubén Darío; un curso en la Universidad de Chile sobre la evolución de la poesía hispanoamericana.* 2nd ed., Santiago de Chile, Editorial Andrés Bello, 1964, 329 pp. 1st ed., Santiago de Chile. Editorial Nascimento, 1940, 354 pp.

62. _____. "Un mártir de la perfección," *De Díaz Mirón a Rubén Darío* [q. v.], 1st ed., pp. 11-33.

63. Millán, María del Carmen. "Díaz Mirón y el paisaje," *Memoria del sexto congreso del Instituto Internacional de Literatura Iberoamericana, Agosto-Septiembre de 1953* [q. v.], pp. 101-109.

64. Monterde, Francisco. "Algunos aspectos de la poesía de Salvador Díaz Mirón," 16 (1):5-22, 1954.

65. _____. "La ambiciosa meta de Salvador Díaz Mirón," *RI,* 19:27-33, 1953.

66. _____. "El arte literario en la poesía de Díaz Mirón," *La cultura y la literatura iberoamericanas* [see under "La cultura . . ." in "General References"], pp. 89-105.

67. _____. *Díaz Mirón. El hombre. La obra.* México, Ediciones de Andrea, 1956, 106 pp. (Colección Studium 14.) "Obras de Salvador Díaz Mirón": pp. 93-94; "Obras biográficas, y críticas": pp. 95-102; "Estudios y artículos": pp. 103-105; "Homenajes en revistas": pp. 105-106.

68. _____. "Díaz Mirón, el hombre negativo y constructivo," *UMex,* 8 (5):5-6, 1954.

69. _____. "Dos aspectos en la lírica de Salvador Díaz Mirón," *FilLet,* 25:241-251, 1953.

70. _____. "Escollos en la meta de la poesía Diazmironiana," *Abs,* 21 (2):214-222, 1957.

71. _____. "Legado lírico de Salvador Díaz Mirón," *Uver,* 3 (2):31-33, 1954.

72. _____. "La poesía erótica de Salvador Díaz Mirón," *Miscelánea de estudios dedicados a Fernando Ortiz* [see "General References"], vol. 2, pp. 1125-1132.

73. _____. "El realismo de Salvador Díaz Mirón," *CCLC* (7):49-53, 1954.

74. _____. *Salvador Díaz Mirón. Documentos. Estética.* México, Imp. Universitaria, 1956, 80 pp. (Ediciones Filosofía y Letras 9.) "Dos trabajos que leyó, respectivamente, en el Segundo y Séptimo congresos del Instituto Internacional de Literatura Iberoamericana, en la Universidad de California, en 1940 y 1955. El primero apareció en la Memoria del Segundo Congreso (agosto de 1938) bajo el titulo de 'Algunos puntos oscuros en la vida de Salvador Díaz Mirón', 15 pp."

75. _____. "Salvador Díaz Mirón en 'Lascas'," *UVer,* 2 (4):24-26, 1953.

76. _____. "Trayectoria lírica de Salvador Díaz Mirón," *LetPat* (1):53-64, 1954.

77. Núñez y Domínguez, José de J. *Díaz Mirón poeta socialista.* México, Talleres Gráficos de la Nación, 1929, 9 pp. (Publicaciones de la Dirección de Acción Cívica, de Reforma y Cultural. Propaganda Cívica 39.)

78. Núñez y Domínguez, Roberto. *Díaz Mirón 1928-1938.* México, n. p., [1939?], 35 pp.

79. Onís, Federico de. "Salvador Díaz Mirón, 1853-1928," *España en América* [see "General References"], p. 194.

80. Oyuela, Calixto. "Salvador Díaz Mirón," *Poetas hispanoamericanos* [see "General References"], vol. 2, pp. 23-26.

81. Pasquel, Leonardo. *Bibliografía diazmironiana.* México, Editorial Citlaltepetl, 1966, xi, 63 pp. (Colección Suma Veracruzana. Serie Bibliografía.)

82. _____. "Díaz Mirón orador," *UVer,* 2 (4):41-44, 1953.

83. Pérez y Soto, Atenógenes. *Díaz Mirón, poeta (crítica).* México, Imp. de J. I. Muñoz, 1919, 40 pp.

84. Pomares Monleón, M. "Glorias y miserias de Salvador Díaz Mirón (Estudio

crítico de su obra poética)," *UVer,* 2 (4):35-40, 1953. "Capítulo de la obra inédita del mismo autor y título."

85. [Puga y Acal, Manuel]. Brummel (pseud.). "Crítica literaria. 'A Byron' por Salvador Díaz Mirón," *Los poetas mexicanos contemporáneos* [see "General References"], pp. 5-12. Díaz Mirón's answer follows on pp. 13-24. Brummel replies: "Salvador Díaz Mirón y su contestacion a mi crítica sobre la oda 'A Byron'," pp. 25-44.

86. _____. "Crítica literaria. 'Tristissima nox' por M. Gutierrez Najera," *Los poetas mexicanos contemporáneos* [see "General References"], pp. 57-71.

87. Puig Casauranc, J. M. "Oración en homenaje a Salvador Díaz Mirón," *Hisp,* 11:312-317, 1928.

88. _____. "Salvador Díaz Mirón," *Mirando la vida.* México, n. p., 1933, pp. 97-109. "Oración pronunciada en el Anfiteatro de la Escuela Nacional Preparatoria, en el homenaje a Salvador Díaz Mirón, el 15 de junio de 1928."

89. Ramírez, Lic. Ambrosio. "Salvador Díaz Mirón y el Czar de Rusia," *Estilo,* (25):49-56, 1953.

90. *Ramírez de la Peña, Agustín. "Salvador Díaz Mirón," *Cap,* 6 (35):49-52, 1958.

91. *Revista de revistas,* 27: 21 feb. 1937 [n. pag.]. Contains: Xavier Sorondo, "Un poeta continental;" Roberto el Diablo, "Vida y muerte de Díaz Mirón;" Aníbal Noriega, "Los familiares de Díaz Mirón;" Roberto Núñez y Domínguez, "La quinta 'Rosa' de Díaz Mirón;" [anon.], "La estética diazmironiana;" Pedro de los Santos, "Anecdotario de Díaz Mirón." (Each item occupies one page.)

92. Romero Flores, Jesús. "Salvador Díaz Mirón (1853-1928)," *BolBM,* 8 (95/96):17-18, 1947.

93. Salado Alvarez, V. "Más sobre Díaz Mirón," *RepAmer,* 17:280, 286-287, 10 nov. 1928.

94. Sánchez, Luis Alberto. "Salvador Díaz Mirón," *Escritores representativos de America* [see "General References"], 2nd ed., vol. 3, pp. 7-23.

95. Sesto, Julio. "Salvador Díaz Mirón, poeta veracruzano," *La bohemia de la muerte.* Biografías y anecdotario pintoresco de cien mexicanos célebres en el arte,

muertos en la pobreza y el abandono, y estudio crítico de sus obras. México, Editorial "Tricolor," 1929 [i. e., 1930], pp. 265-285.

96. Torres Ríoseco, Arturo. *The Epic of Latin American Literature* [see "General References"], rev. ed., p. 92.

97. _____. "Salvador Díaz Mirón," *Memoria del sexto congreso del Instituto Internacional de Literatura Iberoamericana, Agosto-Septiembre de 1953* [q. v.], pp. 111-118.

98. Trigos, Angel, "Reminiscencias conceptistas en la obra de Díaz Mirón," *UVer,* 4 (4):56-58, 1955.

99. *Universidad veracruzana,* 2 (4):1-70, 1953. "Antología Poética Diazmironiana": pp. 48-66. (Entire number dedicated to Díaz Mirón.)

100. Urbina, Luis G. *La vida literaria de México.* Madrid, Imp. Sáez Hnos., 1917, esp. pp. 263-271.

101. Valle, Rafael Heliodoro. "Más sobre Díaz Mirón," *LetPat* (1):65-70, 1954.

102. Vázquez, Jorge Adalberto. "Alba del 'modernismo'. Gutiérrez Nájera, Othón, Díaz Mirón, primeros 'dioses mayores'," *Perfil y esencia de la poesía mexicana* [see "General References"], pp. 47-57.

103. Velásquez, Rolando. "En torno a un gran poeta del pasado: Díaz Mirón y la autenticidad de lo social en la poesía," *Cul* (12):34-45, 1958.

104. Velásquez Bringas, Esperanza. "Notas bio-bibliográficas de Díaz Mirón," *Hisp,* 11:318-319, 1928.

105. *Veracruz,* 2 (12): 14 dic. 1953 [n. pag.]. Contains: "Retrato de Díaz Mirón a los 40 años;" "Vehemente discurso de Díaz Mirón;" Carta de Díaz Mirón al Coronel Fidel de la Llave, fechada en 1924; Acta del Jurado Calificador, en el certamen acerca de la obra poética de Díaz Mirón; Opiniones sobre el poeta y "Opiniones personales de Díaz Mirón;" "Obra y muerte de Salvador Díaz Mirón."

106. Vian, Francesco. "Salvador Díaz Mirón (1853-1928)," *Il "modernismo" nella poesia ispanica* [see "General References"], pp. 70-75.

107. Viesca, Sergio R. *Ensayos críticos: Salvador Díaz Mirón, Manuel Acuña.* México, Imp. Manuel León Sánchez, 1926, esp. pp. 9-31.

108. *Xalapa. Homenaje a Salvador Díaz Mirón.* 2 (13/16):102 pp. dic. 1953.

Manuel Díaz Rodríguez

(1871-1927)

1. _____. "Manuel Díaz Rodríguez," *RepAmer*, 15:166, 17 sept. 1927.
2. Agudo Freytes, Raúl. "El anacronismo literario de Díaz Rodríguez." *RNC*, 9 (67):147-156, 1948.
3. Anderson Imbert, Enrique. "Manuel Díaz Rodríguez," *Historia de la literatura hispanoamericana* [see "General References"], vol. 1, pp. 405-407.
4. Angarita Arvelo, Rafael. "Díaz Rodríguez en la novela nacional," *Historia y crítica de la novela en Venezuela*. Berlin, Imp. de August Pries Leipzig, 1938, pp. 59-67.
5. _____. *Manuel Díaz Rodríguez*. Caracas, Academia Venezolana, 1964, 2 vols. Vol I: Prólogo de . . . . *Confidencias de Psiquis. Cuentos de color. Otros cuentos. Idolos rotos*, esp. pp. xi-xxvi. Vol. II: Estudio preliminar: "La vida de Manuel Díaz Rodríguez," por Lowell Dunham. *Sangre patricia. Peregrina*. (Coleccion Clásicos Venezolanos de la Academia Venezolana de la Lengua 10-11.)
6. Araujo, Orlando. *La palabra estéril*. Maracaibo, Universidad del Zulia, Facultad de Humanidades y Educacion, 1966, 116 pp.
7. *Aveledo Urbanejo, Agustín. "Panegírico de Manuel Díaz Rodríguez," *CulV*, 33:16-23, 1927.
8. Barrios Mora, José R. "Díaz Rodríguez," *Compendio histórico de la literatura de Venezuela* [see "General References"], 4th ed., pp. 190-194.
9. Blanco-Fombona, Rufino. *Letras y letrados de Hispano-America* [see "General References"], pp. 65-66, 233-235, 251-255.
10. Bobadilla, Emilio (Fray Candil). *Grafómanos de América. (Patología literaria.)* Madrid, Librería General de Victoriano Suárez, 1902, vol. 1, pp. 224-226.
11. Bonilla, Manuel Antonio. "Manuel Díaz Rodríguez," *RepAmer*, 15:200, 202, 1 oct. 1927. "De *Lecturas Dominicales*, Bogotá." Also in: *BolAVC*, 12:256-261, 1945; and in: *RevAmer*, mayo 1945, pp. 269-272.
12. Carbonell, Diego. "Temperamento artístico," *Lo morboso en Rubén Darío* [see under "Ruben Darío"], pp. 31-47, esp. pp. 40-47.
13. Coll, Pedro Emilio. "Don Manuel Díaz Rodríguez (cuartillas leídas en la Academia Espanola)," *BolAVC*, 9:113-116, 1942.
14. _____. "Manuel Díaz Rodríguez," *El castillo de Elsinor, palabras* [see "General References"]. pp. 287-297.
15. Correa, Luis. "Manuel Díaz Rodríguez—laude," *Terra Patrum; páginas de crítica y de historia literaria*. Prólogo de J. A. Cova. Caracas, Editorial Cecilio Acosta, 1941, pp. 141-144.
16. Crema, Eduardo. "Armonía de tendencias en *Peregrina*," *RNC*, 21 (136):59-106, 1959. Bibliographical references in "Notas": pp. 104-106.
17. Dunham, Lowell. See also: Angarita Arvelo, Rafael.
18. [_____]. "Manuel Díaz Rodríguez, maestro del estilo," *BolAVC*, 16:5-105, 1949. Contains: "La vida de Manuel Díaz Rodríguez," pp. 5-27; "La obra de Manuel Díaz Rodríguez," pp. 28-66; "Estilo," pp. 67-78; "Díaz Rodríguez y el criollismo," pp. 78-103; "Bibliografía," pp. 103-105.
19. _____. *Manuel Díaz Rodríguez. Vida*

y obra. México, Ediciones de Andrea, 1959, 92 pp. "Bibliografía": pp. 85-92. (Colección Studium 25.)

20. Fabbiani Ruiz, José. "Emoción y esencia del modernismo," *Cuentos y cuentistas.* Caracas, Edición de la Librería Cruz del Sur, 1951, pp. 10-14.
21. Fray Candil (pseud.). See: Bobadilla, Emilio.
22. García Hernández, Manuel. "Venezuela intelectual contemporánea; breves anotaciones," *Nos,* 41:17-43, esp. pp. 31-34, 1922.
23. Henríquez Ureña, Max. *Breve historia del modernismo* [see "General References"], 2nd ed., esp. pp. 291-292.
24. Holland, Henry. "Manuel Díaz Rodríguez, estilista del modernismo," *Hisp,* 39:281-286, 1956.
25. Key Ayala, S. "Manuel Díaz Rodríguez: el artista y la moral de su acción (anticipio de un estudio)," *RNC,* 1 (11/12):153-162, 1939.
26. Mancera Galletti, Angel. "Manuel Díaz Rodríguez. Caracas, 1871-1927." "Fichero bibliográfico para una historia de la novela y del cuento venezolanos." In: *Quienes narran y cuentan en Venezuela.* Caracas—México, Ediciones Caribe, Talleres de Gráfica Panamericana, 1958, pp. 187-194. "Bibliografía de Manuel Díaz Rodríguez": pp. 192-194.
27. Meléndez, Concha. "Manuel Díaz Rodríguez," *REH,* 1:186-187, 1928.
28. Monguió, Luis. "Manuel Díaz Rodríguez y el conflicto entre lo práctico y lo ideal," *RI,* 11:49-54, 1946. Also in: *Estudios sobre literatura hispanoamericana y española* [see "General References"], pp. 71-77.
29. *Obras completas.* See: Angarita Arvelo, Rafael. *Manuel Díaz Rodríguez.*
30. *Orihuela, Augusto Germán. "Manuel Díaz Rodríguez, gran senor del estilo y del pensamiento," *RevLAB,* 2 (3):4-28, 1946/1947.
31. Picón Febres, Gonzalo. *La literatura venezolana en el siglo diez y nueve (ensayo de historia crítica).* 2nd ed., Buenos Aires, Ayacucho, 1947, esp. pp. 396-407. 1st ed., Caracas, "Empresa El Cojo," 1906, esp. pp. 400-410.
32. Picón-Salas, Mariano. "El modernismo y la generacion del 95," *Literatura venezolana.* 4th ed., México, Editorial Diana, 1952, esp. pp. 171-174.

33. Planchart, Julio. "Reflexiones sobre novelas venezolanas," *Temas críticos.* Caracas, Ediciones del Ministerio de Educación Nacional. Dirección de Cultura, 1948, esp. pp. 11-18 and 32-33.
34. Ratcliff, Dillwyn Fritschel. "Modernismo: The Novel. Manuel Díaz Rodríguez," *Venezuelan Prose Fiction.* New York, Instituto de las Españas en los Estados Unidos, 1933, pp. 173-189.
35. Rivera Silvestrini, José. "Modernismo en Venezuela," *El cuento moderno venezolano.* Río Piedras, Colección Prometeo, 1967, pp. 15-33.
36. Sánchez, Luis Alberto. "Díaz Rodríguez, don Perfecto y yo," *Sobre las huellas del libertador.* Lima, Editorial F. y E. Rosay, 1925, pp. 108-118.
37. Semprún, Jesús. "Del modernismo al criollismo," *Estudios críticos.* Caracas, Editorial "Elite," 1938, pp. 83-102. (Cuadernos de la "Asociacion de Escritores Venezolanos" 5.) (Concerning Díaz Rodríguez and Alejandro Fernández García.)
38. Toro y Gisbert, Miguel de. "El vocabulario de Díaz Rodríguez," *Los nuevos derroteros del idioma* [see "General References"], pp. 50-59. (A study of the language of *Camino de perfección.*)
39. Torres Ríoseco, Arturo. *The Epic of Latin American Literature* [see "General References"], rev. ed., pp. 198-200.
40. _____. "Manuel Díaz Rodríguez (1868-1927)," *Grandes novelistas de la América Hispana.* Berkeley and Los Angeles, University of California Press; London, Cambridge University Press, 1943, vol. 2, pp. 59-88.
41. _____. "Manuel Díaz Rodríguez," *Novelistas contemporáneos de América.* Santiago de Chile, Editorial Nascimento, 1939, pp. 353-378.
42. Uslar-Pietri, Arturo. *Letras y hombres de Venezuela.* México, Fondo de Cultura Económica, 1948, esp. pp. 140-141. (Colección "Tierra Firme" 42.)
43. Velasco Aragón, Luis. "Manuel Díaz Rodríguez," *CulV,* 6:251-261, 1923.
44. Zum Felde, Alberto. *Indice crítico de la literatura hispanoamericana* [see "General References"], vol. 2, esp. pp. 322-324. Portions are reprinted in: *La narrativa en Hispanoamérica* [see "General References"], esp. pp. 171-173. (Concerning *Idolos rotos.*)

José María Eguren

(1882-1942)

1. Abril, Xavier. "La evolución de la poesía moderna," *CCLC* (19):131-148, esp. pp. 142-143, 1956.
2. _____. "José María Eguren, un poeta hermético," *Fan,* 13 (53):23-29, 1957.
3. _____. "Traducción estética de Eguren," *Am* (21):12-15, 1929.
4. Adán, Martín (pseud.). See: Fuente Benavides, Rafael de la.
5. Alayza y Paz Soldán, Luis. *Historia y romance del viejo Miraflores.* Lima, Editorial Cultura Antártica, 1947, esp. pp. 95-108.
6. *_____. "Lecturas: El arte de José María Eguren," *Tur,* 15 (162):abr. 1941.
7. *Alvarado Sánchez, Jerónimo. "Algo más sobre José María Eguren," *Soc* (81):5, 1934.
8. Alvarado Sánchez, José. "Canción de amor en los temas de Eguren," *RevInd* (43):262-266, 1942.
9. *_____. "José María Eguren en su propio país," *Soc,* 12 (267):9, 1942. Also in: *Pal* (6):5, 1944; and in *Per,* nov./dic. 1945, pp. 1827-1832.
10. *Amauta* (21): feb./mar. 1929. (Entire number dedicated to Eguren.)
11. Anderson Imbert, Enrique. "José María Eguren," *Historia de la literatura hispanoamericana* [see "General References"], vol. 1, p. 386.
12. Armaza, Emilio. *Eguren.* Lima, Librería-Editorial Juan Mejía Baca, 1959, 146 pp. "Antología de José María Eguren": pp. 117-146.
13. _____. "El ser, el tiempo y la muerte en la poesía de José María Eguren," *CHisp,* 42:369-375, 1960.).
14. *Azalgara Ballón, Enrique. "Discusión y tragedia en lo de Eguren," *Tex,* 1 (2): 49-58, 1949.
15. Basadre, Jorge. "Elogio y elegía de J. M. Eguren," *Equivocaciones; ensayos sobre literatura penúltima.* Lima, Casa Editora "La Opinión Nacional," 1928, pp. 14-30. With the title, "Elogio y elegía de José María Eguren," in: *Am* (21):21-29, 1929.
16. Beltroy, Manuel. "José María Eguren, poeta simbolista," *José María Eguren. Poesías completas.* Editado por el Colegio Nacional de Varones "José María Eguren," Lima, Barranco, 1952, pp. 11-18.
17. _____. "José M. Eguren y la nueva poesía," *Am* (3):7-8, 1926.
18. *Brion, Marcel. "Eguren, el poeta pintor," *Pres,* 2 (2):15, 1931. (Translated from *Les Nouvelles Littéraires,* Paris, 16 ago. 19—?)
19. Bustamante, Norka Tatiana. "Teoría literaria, Eguren," *F,* 2:660-662, 1949.
20. Bustamante y Ballivián, Enrique. See also: E[nrique] B[ustamante] [y] B[allivián].
21.*_____. "La fantasía de Eguren, en línea y color—Las interpretaciones de Isajara," *Pres,* 1 (1):1-2, 1930.
22. Cabotin (pseud.). See: Carillo, Enrique A.
23. Calvo, E. "José María Eguren, poeta del misterio," *Barranco, su paisaje, su gente.* Prólogo de Estuardo Núñez. Barranco, Librería e Imprenta Minerva, 1960, pp. 93-100. "Obra premiada por el Honorable Concejo de Barranco."
24. Carrillo, Enrique A. "Ensayo sobre José María Eguren," *Col,* 1 (2):5-12, 1 feb. 1916. Reproduced as prologue to *La canción de las figuras.* Lima, Tipografía y Encuadernación de la Penitenciaría, 1916, pp. 7-20.
25. *Castillo, T. "Semblanzas de artistas: José María Eguren," *Var,* 5:499-502, 1919.
26. Champion, Emilio. "Breve ensayo sobre el sentido de la poesía peruana," *L,* 4:459-474, esp. pp. 466-467, 1938.
27. Chariarse, Leopoldo. "Chocano, Eguren y Vallejo o la actitud y destino del poeta," Universidad de Salamanca. *Primeras jornadas de lengua y literatura hispanoamericana* [see under Universidad de Salamanca in "General References"], pp. 395-404, esp. pp. 399, 401.
28. *Deustúa, Raúl. "Cualidades plásticas y líricas en la poesía de Eguren," *Bronce,* 2 (3): jun. 1942.
29. _____. "La poesía de José María Eguren," *3 (Tres)* (9):119-128, 1941.
30. E[nrique] B[ustamante] [y] B[allivián]. "Nota," *BolBBUMSM,* 1:223-224, 1924.

31. Englekirk, John Eugene. "Froylán Turcios, Alvaro Armando Vasseur, José
Santos Chocano, León de Greiff, José
María Eguren, and Others," *Edgar
Allan Poe in Hispanic Literature* [see
"General References"], esp. pp. 394-
396.
32. *Espinoza Saldaña, A. "La poesía en
color de José María Eguren; acuarelas
y gouaches," *Soc* (6):47-48, 1931. See
also: *"La poesía en color de José
María Eguren," *Soc,* 12 (267):10-13,
1942.
33. Florit, Eugenio. "José María Eguren,"
RHM, 12:41-43, 1946.
34. [Fuente Benavides, Rafael de la]. Adán,
Martín (pseud.). "Eguren," *MP,* 24:
246-260, 1942. (A chapter from his
doctoral dissertation, *Lo barroco en el
Perú,* 1938.)
35. Gamaniel Churata (pseud.). See: Peralta,
Arturo.
36. Goldberg, Isaac. "José María Eguren,"
*Studies in Spanish American Litera-
ture* [see "General References"], pp.
296-306.
37. *Gutiérrez, N. C. "Contribución a la
crítica de Eguren," *ULim,* 1 (3):5-9,
1930.
38. Hidalgo, Alberto. "José M. Eguren,"
Muertos, heridos y contusos [see "General References"], pp. 47-59.
39. *Iberico, Mariano. "La poesía de
Eguren," *Soc,* 12 (267):4, 1942.
40. Jiménez Borja, José. *Cien años de literatura y otros estudios críticos.* Lima,
Taller Gráfico de P. Barrantes C.,
1940, esp. pp. 30-31.
41. *_____. "José María Eguren," *Tur,*
9 (98): feb. 1944.
42. _____. "José María Eguren, poeta
geográfico," *L* (47):9-24, primer
semestre de 1952. Also in: *LetPer,*
2:45-46, 1952 (fragment); *MP,* 33:
207-218, 1952; and separately: Lima,
Editorial San Marcos, 1952, 18 pp.
"Conferencia leída en el Homenaje de
la Facultad de Letras de la Universidad Nacional de San Marcos, el 29
de abril de 1952 con motivo de cumplirse diez años de la muerte del
poeta."
43. *L[uis] A[lberto] S[ánchez]. "José María
Eguren," *Mund,* 7 (324): 1926.
44. *_____. "La poesía en el Perú," *Mund,*
2 (63): 1921.
45. *Letras.* "Homenaje de la Facultad de
Letras a José María Eguren," *L* (47):
primer semestre de 1952. Contains:
"Tributo lírico a José María Eguren,"
pp. 37-66; "Bio-bibliografía de José
María Eguren," pp. 67-102. (Entire
number dedicated to Eguren.)
46. López González, Arturo. "José María
Eguren: Sinceridad," *CulP,* 16 (92):
[6-7], 1956.
47. M. M. "Eguren, poeta de la naturaleza,"
EstAm, 14:240-241, 1957.
48. *MacLean y Estenos, R. "Con nuestros
grandes poetas: José María Eguren,"
Mund, 3 (129): 1922.
49. Mariátegui, José Carlos. "Contribución
de la crítica de Eguren," *Am* (21):
35-40, 1929.
50. _____. "Eguren," *Siete ensayos de
interpretación de la realidad peruana*
[see "General References"], 3rd ed.,
pp. 312-323.
51. *_____. "Peruanicemos al Perú: El
proceso de la literatura (XVII),"
Mund, 7 (316/317/318): 1926.
52. _____. "Poesía y verdad—preludio del
renacimiento de José María Eguren,"
Am (21):11-12, 1929.
53. *Mejía Baca, J. "Ausencia de José María
Eguren," *Per,* 2:617-618, 1942.
54. *Mercurio Peruano,* 24:237-275, 1942.
(Entire number dedicated to Eguren.)
55. *Miró Quesada, César Alfredo. "Anéc-
dota y flor de la hora simbolista," *Gar,*
3 (17):27-31, 1942.
56. Miró Quesada Laos, Carlos. *Rumbo literario del Perú.* Buenos Aires, Emecé
Editores [1947], esp. pp. 245-250.
57. Miró Quesada Sosa, Aurelio. "Ha muerto
José María Eguren," *CulP,* 2 (7):
[n. pag.] 2 pp., 1942.
58. Monguió, Luis. *La poesía postmodernista
peruana* [see "General References"],
esp. pp. 17-21, 150-152.
59. *More, Ernesto. "Charlas al humo: donde
aparece José María Eguren, cazador de
figuras," *RevSem* (175): 8 ene. 1931.
Also in: *Pal* (6):5, 1944.
60. _____. "José María Eguren," *Huellas
humanas* [see "General References"],
pp. 111-124.
61. *Núñez, Estuardo. "Eguren, poeta simbolista," *Boliv* (9):3, 1930.
62. _____. "Ensayo sobre una estética del
color en la poesía de Eguren," *Am,*
(21):32-34, 1929.

63. Núñez, E., ed. *José María Eguren. Motivos estéticos. Notas sobre el arte y la naturaleza.* Recopilación, prólogo y notas . . . . Lima, Imp. de la Universidad Nacional Mayor de San Marcos, 1959, 227 pp. (Biblioteca de Cultura General. Serie Literaria 1. No. 4.) "Introducción": pp. 9-31.

64. _____. "José María Eguren, poeta clásico," *L* (47):25-35, primer semestre de 1952.

65. _____. "José María Eguren: vida y obra," *RHM*, 27:197-298, 1961. "Antología": pp. 275-291; "Bibliografía": pp. 291-298. Also published separately: New York, Hispanic Institute in the United States, Columbia University, 1961, 109 pp; Lima, Talleres Gráficos P. L. Villanueva, 1964, 155 pp.

66. _____. *Panorama actual de la poesía peruana.* Lima Editorial Antena, 1938, esp. pp. 130-132.

67. _____. *La poesía de Eguren.* Lima, Cía. de Impresiones y Publicidad, 1932, 143 pp. (Biblioteca Perú Actual. I. Sección literatura y crítica.)

68. _____. "Sentimiento de la naturaleza en la moderna poesía del Perú. II. El modernismo. III. José Santos Chocano. IV. José María Eguren," *RI*, 7:153-186, 1943.

69. _____. "El sentimiento de la naturaleza en la poesía de Eguren," *MP*, 24:237-244, 1942.

70. _____. "Silencio y sonido en la obra poética de José María Eguren," *CuAm*, 99 (3):236-251, 1958.

71. Onís, Federico de. "José María Eguren, 1882," *España en América* [see "General References"], pp. 262-263.

72. Peña Barrenechea, Enrique. "Aspectos de la poesía de Eguren," *L*, 3 (6):68-78. primer cuatrimestre de 1937. "De 'Indagación de la intimidad'."

73. *_____. "La poesía de José María Eguren," *Bit*, 4 (11/12):67-81, 1944.

74. [Peralta, Arturo]. Gamaniel Churata (pseud.). "Valores vernáculos de la poesía de Eguren," *Am* (21):43, 1929.

75. *Portogalo, José. "Encuentro con José María Eguren," *Colum*, 2 (12):46-50, 1938.

76. Romero de Valle, Emilia. "José María Eguren, poeta preterido," *BolBNL*, 17:16-21, primer trimestre de 1964.

77. Sánchez, Luis Alberto. See also: L[uis] A[lberto] S[ánchez].

78. _____. "José María Eguren," *Escritores representativos de América* [see "General References"], 2nd ed., vol. 3, pp. 107-116.

79. _____. "Presencia de la muerte en la poesía de Eguren," *Boliv* (37):353-360, 1955.

80. _____. "*Ramona* y José María Eguren," *Am* (21):29-31, 1929.

81. Sánchez, Luis Alberto y Julio Ortega. *José Santos Chocano* [por] *Luis Alberto Sánchez*; *José María Eguren* [por] *Julio Ortega.* Lima, Editorial Universitaria, Copyright 1964 [cover dated 1965], pp. 71-130. (Biblioteca Hombres de Perú XXX, Tercera Serie.)

82. Sologuren, Javier. "José María Eguren," in: J. E. Eielson, S. Salazar Bondy [y] Javier Sologuren, *La poesía contemporánea del Perú*, I. Lima, Editorial Cultura Antártica, 1946, pp. 15-34. "Antología": pp. 23-34.

83. Spelucín, Alcides. "El simbolismo en el Perú. (Trabajo del curso de literatura americana y del Perú)," *L*, 1:181-188, 1929.

84. Spikes, Judith Doolin. "The Aesthetic of José María Eguren," *Hisp*, 49:228-231, 1966.

85. Stephan, Ruth. "Nuevos poemas del Perú," *CulP*, 10 (42): [n. pag.], 1950.

86. Tamayo Vargas, Augusto. "Un poeta extraordinario: José María Eguren," *Literatura peruana* [see "General References"], vol. 2, pp. 265-279.

87. Tauro, Alberto. "José María Eguren," *Elementos de literatura peruana.* Lima, Ediciones Palabra, 1956, pp. 114, 123-126.

88. *Undurraga, Antonio de. "Tránsito de José María Eguren." *ND*, 23 (9): 1942.

89. *Ureta, Alberto. "José María Eguren," *RepAmer*, 20:209, 213, 12 abr. 1930. "*Nueva revista peruana*, Lima."

90. *Varallanos, J. "Eternidad de José María Eguren," *Merid*, 1 (2):6-7, 1942.

91. Wiesse, María. "Elementos de la poesía de Eguren," *Am* (21):41-42, 1929.

92. Xammar, Luis Fabio. "Derrotero de la nueva poesía peruana," *RevHab*, 5 (25):75-79, 1944.

93. _____. "Eguren y la música," *Alpha*, 3 (4):46-47, 1943.

94. _____. "Eguren y Ravel," *CulP*, 6 (26/27): n. pag., 1946.

Enrique González Martínez
(1871-1952)

1. A. de Icaza, Francisco. See: Icaza, Francisco A. de.
2. Abreu Gómez, Ermilo. " 'Babel', poema de González Martínez," *La obra de Enrique González Martínez* [see under "Colegio Nacional"], pp. 273-274.
3. Abril, Xavier. "La evolución de la poesía moderna," *CCLC* (19):131-148, esp. p. 139, 1956.
4. Alonso Cortés, Narisco. "Enrique González Martínez," *La obra de Enrique González Martínez* [see under "Colegio Nacional"], pp. 109-115. Also in: *Quevedo en el teatro y otras cosas.* Valladolid, Imp. del Colegio Santiago, 1930, pp. 203-214. "Leído en el Ateneo de Valladolid para presentar a Enrique González Martínez en una lectura de sus versos."
5. Anderson Imbert, Enrique. "Enrique González Martínez," *Historia de la literatura hispanoamericana* [see "General References"], vol. 1, pp. 392-394.
6. Arenales, Ricardo. "Enrique González Martínez. Su último libro," *La obra de Enrique González Martínez* [see under "Colegio Nacional"], pp. 5-17. *"Rev. Contemporánea,* Monterrey, 20 de abril de 1909, pp. 96-106." (Concerning *Silenter.*)
7. Arroyo, César E. "Enrique González Martínez," *LyP,* 10 (7):30-32, 1932.
8. _____. "Modernos poetas mexicanos: Enrique González Martínez," *Cerv,* ene. 1920, pp. 86-96.
9. Aub, Max. "Enrique González Martínez y su tiempo," *CuAm,* 64 (4):226-236, 1952.
10. Avrett, Robert. "Enrique González Martínez—Philosopher and Mystic," *Hisp,* 14:183-192, 1931.
11. Azuela, Salvador. "Un acontecimiento literario," *La obra de Enrique González Martínez* [see under "Colegio Nacional"], pp. 193-195. *"Novedades,* México, 3 de agosto de 1944, p. 6."
12. Barba Jacob, Porfirio (pseud.). See: Arenales, Ricardo.
13. Basave, Agustín. "Un aspecto de Enrique González Martínez," *La obra de Enrique González Martínez* [see under "Colegio Nacional"], pp. 53-54. *"El Informador,* Guadalajara, 17 de diciembre de 1917."
14. Blanco-Fombona, Rufino. "Enrique González Martínez," *El modernismo y los poetas modernistas* [see "General References"], pp. 351-354.
15. Caillet-Bois, Julio. "Enrique González Martínez," *CuAm,* 57 (3):274-276, 1951.
16. *Cantón, Wilberto. "La influencia de González Martínez," *Orbe* (33):6-11, 1952.
17. Cardona Peña, Alfredo. "Una antología de González Martínez," *La obra de Enrique González Martínez* [see under "Colegio Nacional"], pp. 188-192. *"Novedades.* Magazine del libro, México, 22 de agosto de 1943."
18. _____. "Enrique González Martínez," *Pablo Neruda y otros ensayos.* México, Ediciones de Andrea, 1955, pp. 101-116. (Colección Studium 7.)
19. Carrión, Benjamín. "Enrique González Martínez, el hombre del buho," *LetEc,* 6 (75/76):8, 1952.
20. Castro Leal, Antonio. "Prólogo" to *Preludios, Lirismos, Silenter, Los senderos ocultos.* México, Editorial Porrúa, 1946, pp. vi-xii. (Colección de Escritores Mexicanos 40.) Republished as: " 'Preludios', 'Lirismos', 'Silenter' y 'Los senderos ocultos' de Enrique González Martínez," *La obra de Enrique González Martínez* [see under "Colegio Nacional"], pp. 210-213.

21. Cestero, Manuel F. "Ensayos críticos: Enrique González Martínez," *CubCon*, 35:147-159, 1924.

22. Chumacero, Alí. " 'Babel', de Enrique González Martínez," *La obra de Enrique González Martínez* [see under "Colegio Nacional"], pp. 228-229. *"México en la cultura*. Suplemento dominical de *Novedades*, México, 6 de marzo de 1949, núm. 5."

23. *Colegio Nacional. La obra de Enrique González Martínez. Estudios prologados por Antonio Castro Leal y reunidos por José Luis Martínez. Se publican con motivo del octogésimo aniversario del poeta. Homenaje del Colegio Nacional a su Miembro Fundador*. México, Editorial Cultura, Edición del Colegio Nacional, 1951, 283 pp.

24. Colín, Eduardo. "Enrique González Martínez," *Verbo selecto* [see "General References"], pp. 49-56. Also in: *La obra de Enrique González Martínez* [see under "Colegio Nacional"], pp. 82-85.

25. Cortés, Narciso Alonso. "Enrique González Martínez," *Hisp*, 11:205-210, 1928.

26. Dauster, Frank. "Enrique González Martínez," *Breve historia de la poesía mexicana* [see "General References"], pp. 118-121.

27. Díez-Canedo, Enrique. "El cóndor, el cisne y el buho," *RevOc*, 5:375-380, 1924. Also in: "Nota crítica," *El romero alucinado (1920-1922)* of E. G. M. Madrid, Editorial Saturnino Calleja, 1925, pp. 9-15. (See *Revista de revistas*.)

28. _____. "Enrique González Martínez," *Letras de América* [see "General References"], pp. 222-228. Also in: *La obra de Enrique González Martínez* [see under "Colegio Nacional"], pp. 138-142. "Palabras leídas en una velada de homenaje, celebrada en el Teatro de Bellas Artes de México, el 2 de agosto de 1939. Estas palabras resumen ideas expresadas en otros estudios."

29. _____. "Enrique González Martínez en su plenitud," *RI*, 2:383-387, 1940.

30. Domenchina, Juan José. "A propósito de Enrique González Martínez," *La obra de Enrique González Martínez* [see under "Colegio Nacional"], pp. 176-179. "Romance, México, 13 de enero de 1941, año II (núm. 20), p. 3."

31. Englekirk, John Eugene. "Enrique González Martínez," *Edgar Allan Poe in Hispanic Literature* [see "General References"], pp. 336-340.

32. Estrada, Genaro. " 'La muerte del cisne.' Ultimos versos de Enrique González Martínez," *La obra de Enrique González Martínez* [see under "Colegio Nacional"], pp. 41-47. *"Revista de Revistas*, México, 25 de abril de 1915."

33. Fernández MacGregor, Genaro. "Enrique González Martínez," *LyP*, 11 (3):87-89, 1933. Also in: *La obra de Enrique González Martínez* [see under "Colegio Nacional"], pp. 117-119.

34. _____. "El poeta en el tumulto," *La obra de Enrique González Martínez* [see under "Colegio Nacional"], pp. 240-244. *"El universal*, México, 25 de marzo de 1949, pp. 3, 13."

35. Ferro, Hellén. "Enrique González Martínez; un análisis nuevo," *Historia de la poesía hispanoamericana* [see "General References"], pp. 191-193.

36. Florit, Eugenio. "Notas sobre el último libro de González Martínez," *RHM*, 10:37-38, 1944. Also in: *La obra de Enrique González Martínez* [see under "Colegio Nacional"], pp. 183-185. (Concerning *El romero alucinado*.)

37. G. Revilla, Manuel. See: Revilla, Manuel G.

38. García Calderón, Ventura. "Enrique González Martínez," *La obra de Enrique González Martínez* [see under "Colegio Nacional"], pp. 57-58. " 'Prólogo' a *Poemas selectos*, de E. G. M., Casa Editorial Franco-Iberoamericana, Paris (ca. 1918)."

39. Garrido, Luis. " 'Babel'," *La obra de Enrique González Martínez* [see under "Colegio Nacional"], pp. 270-272. *"El universal*, México, 5 de mayo de 1949, p. 3."

40. _____. "El poeta del alma," *La obra de Enrique González Martínez* [see under "Colegio Nacional"], pp. 217-220. *"El universal*, México, 15 de enero de 1948, p. 3."

41. Goldberg, Isaac. *Studies in Spanish American Literature* [see "General References"], esp. pp. 82-92. A fragment in Spanish, with the title, "Enrique González Martínez," in *La obra de Enrique González Martínez* [see under "Colegio Nacional"], pp. 78-81. The latter from *La literatura hispanoameri-*

cana. Estudios críticos. Trad. de R. Cansinos-Assens. Madrid, Editorial América, n. d., pp. 102-107.

42. Gómez Robledo, Antonio. "Evocación de González Martínez," *Abs,* 16 (3):255-273, 1952. "Conferencia pronunciada en el Ateneo Americano de Washington, el día 8 de mayo de 1952."

43. González de Mendoza, José María. "Enrique González Martínez," *Niv* (59): 1-2, 1967.

44. González Guerrero, Francisco. "Enrique González Martínez de 'Preludios' a 'Babel'," *La obra de Enrique González Martínez* [see under "Colegio Nacional"], pp. 266-269. "*El universal,* México, 30 de abril de 1949, pp. 3, 11."

45. González Peña, Carlos. "Enrique González Martínez," *Historia de la literatura mexicana* [see "General References"], 7th ed., pp. 328-330.

46. _____. "El hombre del buho," *La obra de Enrique González Martínez* [see under "Colegio Nacional"], pp. 196-199. "*El universal,* México, 21 de septiembre de 1944, p. 3."

47. González Rojo, hijo, Enrique. "Recuerdos de mi abuelo el Dr. Enrique González Martínez," *CuAm,* 64 (4):237-241, 1952.

48. Guzmán A., Ernesto. "Los nuevos poetas de México," *Nos,* 22:289-296, esp. pp. 291-296, 1917. (Page 296 is erroneously numbered 396.)

49. Guzzy y de la Mora, Luisa. *Enrique González Martínez frente al simbolismo francés.* México, n. p., 1954, 59 pp.

50. Henríquez Ureña, Max, *Breve historia del modernismo* [see "General References"], 2nd ed., esp. pp. 492-501.

51. Henríquez Ureña, Pedro. "Enrique González Martínez," *Obra crítica* [see "General References"], pp. 283-291.

52. _____. "La poesía de Enrique González Martínez," *CubCon,* 8:164-171, 1915. Also in: *La obra de Enrique González Martínez* [see under "Colegio Nacional"], pp. 34-40. " 'Prólogo' a *Jardines de Francia,* de E. G. M., Librería de Porrúa Hermanos, México, 1915, pp. ix-xxi."

53. Herrera Carrillo, Pablo. "El color en la poesía de González Martínez," *La obra de Enrique González Martínez* [see under "Colegio Nacional"], pp. 248-265. "*Trivium,* Monterrey, abril de 1949, núm. 6, pp. 2-8."

54. Houck, Helen P. "Personal Impressions of Enrique González Martínez," *Hisp,* 23:331-335, 1940.

55. Icaza, Francisco A. de. "Enrique González Martínez" [fragmento], *La obra de Enrique González Martínez* [see under "Colegio Nacional"], p. 33. " 'Letras Americanas' (conferencia leída en el Ateneo de Madrid), en *Revista de Libros,* Madrid, enereo de 1914."

56. Jarnés, Benjamín. "Autobiografía de un poeta," *La obra de Enrique González Martínez* [see under "Colegio Nacional"], pp. 143-145. "*El nacional,* México, 8 de octubre de 1939, p. 3."

57. _____. "Poesía y verdad," *La obra de Enrique González Martínez* [see under "Colegio Nacional"], pp. 107-108. "*Ariel disperso,* Editorial Stylo, México, 1946, pp. 152-154."

58. Jiménez Rueda, Julio. "La moderna literatura mexicana," *Nos,* 55:150-184, 1927.

59. Junco, Alfonso. "González Martínez," *La obra de Enrique González Martínez* [see under "Colegio Nacional"], pp. 120-124. "*El universal,* México, 12 de octubre de 1935, p. 3."

60. _____. "González Martínez y la nostalgia de Dios," *Boliv,* 3 (11):129-136, 1952.

61. Lamothe, Louis. "Enrique González Martínez," *Los mayores poetas latinoamericanos de 1850 a 1950* [see "General References"], pp. 159-163.

62. López Velarde, Ramón. "Frente al cisne muerto. (Impresiones y apuntes de crítica)," *ArLet,* 31 dic. 1948. "No dice de qué revista o diario la copiaron." Also in: *La obra de Enrique González Martínez* [see under "Colegio Nacional"], pp. 48-50. "*Revista de Revistas,* México, mayo de 1915;" and in: *El don de febrero y otras prosas* [see "General References"], pp. 343-346.

63. Luisi, Luisa. *La poesía de Enrique González Martínez.* Montevideo, Maximino García, 1923, 29 pp. "Conferencia pronunciada en el Club Argentino de Mujeres de Buenos Aires, el 21 de julio de 1923." Also in: *A través de libros y de autores.* Buenos Aires, Ediciones de "Nuestra América," 1925, pp. 217-242; *RevRev,* 26 (1375): [n. pag.], 27 sept. 1936; *La obra de Enrique González Martínez* [see under "Colegio Nacional"], pp. 86-100.

64. Magdaleno, Mauricio. "Jubileo del poeta," *La obra de Enrique González Martínez* [see under "Colegio Nacional"], pp. 230-232, *"El universal,* México, 8 de marzo de 1949."

65. _____. "El viejo canto sigue manando," *La obra de Enrique González Martínez* [see under "Colegio Nacional"], pp. 221-223. *"El universal,* México, 31 de agosto de 1948, p. 3."

66. Martínez, José Luis. "Enrique González Martínez [fragmento]," *Literatura mexicana siglo XX.* Primera parte [see "General References"], pp. 20-22; *La obra de Enrique González Martínez* [see under "Colegio Nacional"], pp. 245-247.

67. _____. "La poesía de Enrique González Martínez," *HiPro.* 1 (1):61-62, 1943; *Literatura mexicana siglo XX.* Primera parte [see "General References"], pp. 178-180; *La obra de Enrique González Martínez* [see under "Colegio Nacional"], pp. 186-187.

68. Méndez Plancarte, Gabriel. "Enrique González Martínez," *La obra de Enrique González Martínez* [see under "Colegio Nacional"], pp. 206-209. *"Novedades,* México, 19 de marzo de 1945, pp. 4, 7."

69. Nelken, Margarita. "En torno a *Babel,*" *CuAm,* 45 (3):290-295, 1949.

70. Noyola Vázquez, Luis. "Enrique González Martínez y las mutaciones de su poética," *La obra de Enrique González Martínez* [see under "Colegio Nacional"], pp. 275-283. *"Letras potosinas,* San Luis Potosí, mayo-junio de 1950, Año VIII, núms. 89-90, pp. 4-6." "Conferencia sustentada en el Salón de Actos de la Hemeroteca Nacional."

71. *_____. "El heroísmo del sentimiento y el de la expresión en la vida y la obra de Enrique González Martínez," *Amer-RA* (67):213-216, 1952.

72. Núñes y Domínguez, José de J. González Martínez o la rectitud," *La obra de Enrique González Martínez* [see under "Colegio Nacional"], pp. 125-126. (See *Revista de revistas.*)

73. Onís, Federico de. "Enrique González Martínez," *La obra de Enrique González Martínez* [see under "Colegio Nacional"], p. 116. *"Antología de la poesía española e hispanoamericana (1882-1932).* Publicación de la Revista de Filología Española, Madrid, 1934, pp. 488-489."

74. _____. "Enrique González Martínez, 1871," *España en America* [see "General References"], p. 229.

75. Ortiz de Montellano, Bernardo. "Esquema de al literatura mexicana moderna," *Cont,* 37:195-207, esp. pp. 200-201, 1931.

76. Parra, Manuel de la. "Enrique González Martínez," *La obra de Enrique González Martínez* [see under "Colegio Nacional"], pp. 51-52. *"El nacional,* México, 7 de febrero de 1917."

77. *Peniche Vallado, Leopoldo. *"Poemas de Enrique González Martínez," Orbe,* 4 (33):17-51, 1952.

78. Quintero Alvarez, Alberto. "Vida y poesía plenas," *La obra de Enrique González Martínez* [see under "Colegio Nacional"], pp. 166-168. *"Romance,* México, 1 de febrero de 1940, Año I, número 1, pp. 18-19."

79. Recinos, Adrián. *"Los senderos ocultos," La obra de Enrique González Martínez* [see under "Colegio Nacional"], pp. 28-32. *"El Independiente,* México, 4 de agosto de 1913."

80. Revilla, Manuel G. "Carta crítica. México, 25 de abril de 1909 . . . ," *La obra de Enrique González Martínez* [see under "Colegio Nacional"], pp. 18-21. *"Revista Positiva,* México, 18 de junio de 1909, t. IX, núm. 109, pp. 257-260."

81. *Revista de revistas,* 26 (1375):[n. pag.], 27 sept. 1936. (Entire number dedicated to González Martínez.) Contains: Ventura García Calderón, "El poeta González Martínez;" Angel Sol, "González Martínez en la intimidad;" José de J. Núñez y Domínguez, "González Martínez o la rectitud;" Pedro Henríquez Ureña, "En torno a la poesía de González Martínez;" Roberto Núñez y Domínguez, "En la casa del poeta;" Manuel Toussaint, "González Martínez;" Luis G. Urbina, "El hombre y el poeta;" E. Díez Canedo, "El cóndor, el cisne y el buho;" Luisa Luisi, "La poesía de Enrique González Martínez."

82. Reyes, Alfonso. "A los años de González Martínez," *REU,* 1:461-463, 1940; *De viva voz.* México, Editorial Stylo, 1949, pp. 162-166; *La obra de Enrique Gon-*

82. Reyes, Alfonso (cont.)
zález Martínez [see under "Colegio Nacional"], pp. 171-173. "Palabras pronunciadas en una velada de homenaje, organizada por la Universidad Nacional de México, el 15 de abril de 1940."

83. _____. "Discurso del Doctor Alfonso Reyes," *MemCN*, 2 [i.e., 8] (8):165-170, 1953.

84. _____. " 'Los senderos ocultos'," *Obras completas* [see "General References"], vol. 1, pp. 303-309. Also in: *La obra de Enrique González Martínez* [see under "Colegio Nacional"], pp. 22-27. "*La revista de América*, París, 1912, Año I, núm. 2, pp. 197-203, y después como 'Prólogo' a *Los senderos ocultos*, de E. G. M., Librería de Porrúa Hermanos, México, 1915, pp. ix-xxi."

85. Salado Alvarez, Victoriano. "Enrique González Martínez," *La obra de Enrique González Martínez* [see under "Colegio Nacional"], pp. 3-4. "Diario Yucateco, Mérida, 21 de abril de 1907."

86. _____. "Máscaras. Enrique González Martínez," *RM*, 2:493-494, 1904.

87. Salazar Mallén, Rubén. " 'El diluvio de fuego'," *La obra de Enrique González Martínez* [see under "Colegio Nacional"], pp. 133-137. "*El universal*, México, 29 de septiembre de 1938."

88. Salinas, Pedro. "El cisne y el buho. (Apuntes para la historia de la poesía modernista)," RI, 2:55-77, 1940. Also in: *Literatura española siglo XX* [see "General References"], pp. 45-65; reprinted in *La obra de Enrique González Martínez* [see under Colegio Nacional], pp. 147-165.

89. Sánchez, Ana María. "Bibliografías mexicanas contemporáneas; V, Enrique González Martínez (1871-1952)," *BolBNM*, 8 (2):17-72, 1957.

90. Sánchez, Luis Alberto. "Centenario de un poeta," *La obra de Enrique González Martínez* [see under "Colegio Nacional"], pp. 233-236. "*Ciclo del Brasil*, 11 de marzo de 1949."

91. Santa Cruz, Mario. "El ideal poético de Enrique González Martínez," *RepAmer*, 15:184, 24 sept. 1927. Also in: *PaTod*, 1:20-22, 1927.

92. Sol, Angel (pseud.). See: Valle, Rafael Heliodoro.

93. Tamayo Vargas, Augusto. "Enrique González Martínez; poeta buho," *MarS*, 7 (21):69-76, 1952.

94. Topete, José M. "Enrique González Martínez en su plenitud," *RI*, 2:383-387, 1940.

95. _____. "González Martínez y la crítica," *RI*, 16:255-268, 1951.

96. _____. "La muerte del cisne (?)," *Hisp*, 36:273-277, 1953.

97. _____. "El ritmo poético de Enrique González Martínez," *RI*, 18:131-139, 1952.

98. Torres Bodet, Jaime. "Enrique González Martínez," *Abs*, 9 (2):123-127, 1945.

99. _____. "Enrique González Martínez, poeta de todas las horas," *La obra de Enrique González Martínez* [see under "Colegio Nacional"], pp. 202-205. "*Educación y concordia internacional. Discursos y mensajes* (1941-1947), El Colegio de México, México, 1948, pp. 34-37." "Pronunciado en la entrega al poeta E. G. M. del Premio Manuel Avila Camacho. México, 2 de marzo de 1945."

100. _____. "La obra de Enrique González Martínez," *A*, 2:246-253, 1925.

101. _____. "Perspectiva de la literatura mexicana actual," *Cont*, 2:1-33, esp. pp. 7-9, 1928.

102. Torres Ríoseco, Arturo. *The Epic of Latin American Literature* [see "General References"], rev. ed., esp. pp. 111-112.

103. Toussaint, Manuel. "La poesía de Enrique González Martínez," *La obra de Enrique González Martínez* [see under "Colegio Nacional"], pp. 60-77. " 'Estudio' preliminar a *Los cien mejores poemas* de E. G. M., Cultura, México, 1920, pp. vii-xlii."

104. Urbina, Luis G. "Enrique González Martínez" [fragmento], *La obra de Enrique González Martínez* [see under "Colegio Nacional"], pp. 55-56. "*La vida literaria de México*. (Conferencias leídas en la Facultad de Filosofía y Letras de la Universidad de Buenos Aires), Imprenta Sáenz, Hermanos, Madrid, 1917, pp. 285-287."

105. _____. "El hombre y el poeta," *La obra de Enrique González Martínez* [see under "Colegio Nacional"], pp. 101-106. " 'Prólogo' a *Las señales furtivas*, de E. G. M., Editorial 'Saturnino Calleja', Madrid, 1925, pp. 9-17."

106. [Valle, Rafael Heliodoro]. Sol, Angel (pseud.). "González Martínez en la intimidad," *La obra de Enrique González Martínez* [see under "Colegio Nacional"], pp. 127-131. (See *Revista de revistas.*)

107. *_____. "El mundo poético de González Martínez," *ArLet,* 9 (8): 1952.

108. Vandercammen, Edmond. "Enrique González Martínez," *La obra de Enrique González Martínez* [see under "Colegio Nacional"], pp. 169-170. "*ca.* 1940."

109. Vázquez, Jorge Adalberto. "Culminación del 'modernismo'. Tablada, Icaza. Se completa el grupo de los 'dioses mayores'. Nervo, Urbina, González Martínez," *Perfil y esencia de la poesía mexicana* [see "General References"], pp. 59-67.

110. Vian, Francesco. "Enrique González Martinez (1871-1952)," *Il "modernismo" nella poesia ispanica* [see "General References"], pp. 202-210.

111. Villaurrutia, Xavier. *"El hombre del buho,"* La obra de Enrique González Martínez* [see under "Colegio Nacional"], pp. 200-201. *"El hijo pródigo,* México, octubre de 1944, Vol. VI, núm. 19, p. 58."

112. *Xallixtlico,* 1951, 42 pp. "Homenaje del Depto. Cultural del Estado y de su órgano 'Xallixtlico' a E. G. Martínez, en el octogésimo año de su vida."

Manuel González Prada

(1848-1918)

1. Anderson Imbert, Enrique. "Manuel González Prada," *Historia de la literatura hispanoamericana* [see "General References"], vol. 1, pp. 300-302.
2. Beals, Carleton. "The Drift of Peruvian Letters," *BAbr,* 8:373-377, 1934.
3. Belaúnde, Víctor Andrés. "González Prada, escritor de combate," *MP,* 1: 65-69, 1918. Also in: *Manuel González Prada por los más notables escritores del Perú y América* [see Velazco Aragón, Luis], pp. 73-79.
4. _____. *Meditaciones peruanas.* Lima, Cía. de Impresiones y Publicidad, 1932, esp. pp. 42-67.
5. Beltroy, Manuel R. "González Prada, versificador," *MP,* 1:77-81, 1918. Also in: *Manuel González Prada por los más notables escritores del Perú y América* [see Velazco Aragón, Luis], pp. 89-96.
6. Blanco-Fombona, Rufino. "Manuel González Prada," *Páginas libres.* Madrid, Editorial América [1915], pp. vii-lxxix; *LetAs,* 1 (4):173-199, 1916; *Grandes escritores de América (siglo XIX).* Madrid, Renacimiento, 1917, pp. 267-339; reprinted in *Páginas libres.* Arequipa, Tip. lib. de A. Quiroz Perea, 1934.
7. Carpio, Campio. "Manuel y Alfredo González Prada," *Hum,* 5 (43):52-62, 1957.
8. Castillo, Luciano. "El sentido vital de la obra de González Prada," *Am,* 3 (16): 3, 1928.
9. Chang-Rodríguez, Eugenio. "Manuel González Prada (1848-1918)," *La literatura política de González Prada, Mariátegui y Haya de la Torre.* Introducción de Germán Arciniegas. México, Ediciones de Andrea, 1957, pp. 49-125. (Colección Studium 18.) Bibliography: pp. 351-375.
10. _____. "Reactualizacion de Gonzalez Prada," *Hum* 5 (40):13-20, 1956.
11. Chuquihuanca Ayulo, F. "Carta periodística de un indio," *AM,* 2 (7):13-15, 1927.
12. Cornejo, J. "'Grafitos': libro póstumo de González Prada," *EdQ,* ene./feb. 1938, pp. 91-93.
13. Cossío del Pomar, Felipe. "González Prada, el maestro," *ND,* 20 (3):18-21, 1939.
14. Elguera, Juan Francisco. "González Prada como crítico literario," *MP,* 1:74-77, 1918.
15. Fernández Sessarego, Carlos. "Manuel González Prada," *Peruanidad y cultura.* San José de Costa Rica, Ediciones "José Martí," 1945, pp. 15-32. "Conferencia sustentada en la radioemisora 'La Voz de la Víctor' el 15 de febrero de 1945."
16. _____. *Manuel González Prada.* San José, Costa Rica (Grupo "Jose Marti"), 1951, 19 pp.
17. Ferrer Canales, José. "González Prada y Darío," *Hisp,* 41:465-470, 1958.
18. Ferro, Hellén. "Manuel González Prada; defensa del indio; 'arte poetica' modernista; prototipo del liberal," *Historia de la poesía hispanoamericana* [see "General References"], pp. 157-159.
19. García Calderón, Ventura. "Un ensayista —Manuel González Prada," *Del romanticismo al modernismo. Prosistas y poetas peruanos.* Paris, P. Ollendorff [1913], pp. 387-399.
20. _____. "Manuel González Prada," *Semblanzas de América* [see "General References"], esp. pp. 175-183.
21. García Prada, Carlos, ed. *Antología poética.* Introducción y notas de . . . . México, Editorial Cultura, 1940, xlvii, 371 pp. (Clásicos de América; ediciones del Instituto Internacional de Literatura Iberoamericana.) "Reseña bibliográfica de la obra poética de González Prada": pp. 345-359. "Introducción": pp. xi-xlvii.
22. _____. "Cuando en su reuca hilaba . . . Manuel González Prada," *Estudios hispanoamericanos* [see "General References"], pp. 111-145.
23. Garro, José Eugenio. "Manuel González Prada (Ideas para un libro sobre los creadores de la peruanidad)," *RHM,* 7:193-214, 1941. Also published separately: New York, Hispanic Institute in the United States, 1942, 22 pp.

24. Garro, J. E. "Sobre la obra poética de González Prada," *AM*, 3 (16):2, 1928.
25. Goldberg, Isaac. "A Peruvian Iconoclast," *AmMerc*, 6:330-333, 1925.
26. Gómez Haedo, Juan Carlos. "Hombres y letras," *RNac*, 6:419-428, esp. pp. 422-424, 1939.
27. *González López, T. "Don Manuel González Prada," *Stu*, 2 (4):20-26, 1920.
28. González Prada, Alfredo. "Advertencias del editor," *Baladas*. Paris, Tip. de Louis Bellenand et fils, 1939, pp. 9-19. (Concerning the MS of *Baladas*. See also: "Notas y variantes" concerning sources, chronology, and bibliography of *Baladas*.)
29. _____. "Advertencias del editor," *Grafitos*. Paris, Tip. de Louis Bellenand et fils, 1937, pp. 9-25. (Concerning the sources, chronology, and bibliography of the MS of *Grafitos*.)
30. _____. "Advertencia del editor," *Libertarias*. Paris, Tip. de Louis Bellenand et fils, 1938, pp. 9-11. (Concerning the MS of *Libertarias*. See also: "Notas bibliográficas" concerning the poems themselves.)
31. _____. "Manuel González Prada: bibliografía," *RHM*, 4:27-39, 1937.
32. Haya de la Torre, Raúl. "Mis recuerdos de González Prada," *RepAmer*, 15:84-85, 1927.
33. Henríquez Ureña, Max. *Breve historia del modernismo* [see "General References"], 2nd ed., esp. pp. 333-335.
34. Hidalgo, Alberto. "Manuel González Prada," *IntAm*, 3:171-172, 1920.
35. _____. "Manuel González Prada," *Muertos, heridos y contusos* [see "General References"], pp. 13-24.
36. *Homenaje al autor de "Horas de lucha", Sr. Manuel González Prada*. Lima, Imp. Artística, 1908.
37. Iberico Rodríguez, Mariano. "González Prada, pensador," *MP*, 1:61-65, 1918. Also in: *Manuel González Prada por los más notables escritores del Perú y América* [see Velazco Aragón, Luis], pp. 66-72; and in: *El nuevo absoluto*. Lima, Editorial Minerva, 1926, pp. 43-50.
38. Iturriaga, José E. "Un gran escritor político del Perú," *CuAm*, 14 (2):178-183, 1944.
39. Jiménez Borja, José. "La poesía de González Prada," *L*, 39 (1):5-20, primer cuatrimestre de 1948.
40. Julio, Sylvio. "González Prada," *Manuel González Prada por los más notables escritores del Perú y América* [see Velazco Aragón, Luis], pp. 170-182.
41. Lamothe, Louis, "Manuel González Prada," *Los mayores poetas latinoamericanos de 1850 a 1950* [see "General References"], pp. 39-48.
42. Máñach, Jorge. "González Prada y su obra," *RHM*, 4:14-24, 1937.
43. _____. "La obra: ideas y estética," *González Prada—vida y obra—bibliografía—antología*. New York, Instituto de las Españas en los Estados Unidos, 1938, pp. 16-27 et passim.
44. Mariátegui, José Carlos. "González Prada," *RepAmer*, 15:81-84, 13 ago. 1927. Also in: *Am*, 3 (16):8-15, 1928; and in: *Siete ensayos de interpretación de la realidad peruana* [see "General References"], 3rd ed., pp. 269-281.
45. Mead, Jr., Robert G. "Cronología de la obra en prosa de Manuel González Prada," *RHM*, 13:309-317, 1947.
46. _____. "Dos poetas: una visión de España," *Hisp*, 35:83-85, 1952. (Concerning González Prada's "A España" and Antonio Machado's "A orillas del Duero.")
47. _____. "España en la obra de González Prada," *Temas hispanoamericanos* [see "General References"], pp. 41-59.
48. _____. "González Prada: el prosista y el pensador," *RHM*, 21:1-22, 1955. Also in: *Temas hispanoamericanos* [see "General References"], pp. 13-40; and separately: New York, Hispanic Institute in the United States, 1965, 24 pp.
49. _____. "González Prada y el catolicismo," *ND*, 32 (1):50-56, 1952.
50. _____. "González Prada y la prosa española," *RI*, 17:253-268, 1952.
51. _____. "Manuel González Prada: Peruvian Judge of Spain," *PMLA*, 68 (no. 4, pt. 1):696-715, 1953.
52. _____. "Panorama poética de Manuel González Prada," *RI*, 20:47-64, 1955. Also in: *Temas hispanoamericanos* [see "General References"], pp. 60-75.
53. Mejía Valera, Manuel. "El pensamiento filosófico de Manuel Ganzález Prada. A José Gaos," *CuAm*, 71 (5):122-135, 1953.

54. _____. "Rebeldía de Manuel González Prada," *UMex*, 13 (3):20-22. 1958.

55. Meléndez, Concha. "La poética de González Prada," *As*, 4 (4):72-77, 1948.

56. Melián Lafinur, Alvaro. "Manuel González Prada," *Nos*, 25:265-271, 1917. Also in: *Literatura contemporánea* [see "General References"], pp. 184-192.

57. *Mercurio peruano*, 1 (2): 1918. (Entire number dedicated to González Prada.)

58. More, Federico. "Manuel González Prada," *Manuel González Prada por los más notables escritores del Perú* [see under Velazco Aragón, Luis], pp. 16-27.

59. Navarro, Gustavo A. "El hombre de hierro," *Manuel González Prada por los más notables escritores del Perú y América* [see Velazco Aragón, Luis], pp. 152-164.

60. Núñez, Estuardo. "González Prada y la cultura inglesa," *ND*, 40 (1):73-77, 1960.

61. _____. "La poesía de Manuel González Prada," *RI*, 5:295-299, 1942.

62. Onís, Federico de. "Contemporaneidad de González Prada," *ND*, 27 (3):44-46, 1947. Also in: *España en América* [see "General References"], pp. 633-635.

63. _____. "Manuel González Prada, 1844-1918," *España en América* [see "General References"], p. 191.

64. Orrego, Antonio. "Prada, hito de juvenilidad en el Perú," *Am*, 3 (16):1, 1928.

65. Pérez Reinoso, Ramiro. *Manuel González Prada. Los grandes americanos.* Lima, Imp. Lux, 1920, 218 pp.

66. *Revista hispánica moderna.* "La literatura de hoy," 4 (1):7-39, 48-51, 1937. "Bibliografía": pp. 27-39. Contains articles by Luis Alberto Sánchez, Jorge Mañach, A. Torres Ríoseco, and Alfredo González Prada [q. v.].

67. *Riva Agüero, Jose de la. *Carácter de la literatura del Perú independiente.* Lima, Editorial Rosay, 1905, pp. 189-216.

68. Rothberg, Irving P. "The Dominant Themes in González Prada's *Minúsculas*," *Hisp*, 38:465-471, 1955.

69. Sánchez, Luis Alberto. " '¿Biblioteca de cultura peruana' o de 'cierta' cultura peruana?" *Nos*, 9:179-184, 1939. (Opposing the omission of M. González Prada from the *Biblioteca de cultura peruana* then being published in Paris by Alfredo González Prada.)

70. _____. "Clásicos de América (Manuel González Prada)," *RI*, 3:285-290, 1941.

71. _____. *Don Manuel.* Portada y exlibris de José Sabogal. Lima, F. y E. Rosay, 1930, 266 pp. Trans. Francis de Miomandre. *Don Manuel. Vie de Manuel González Prada, un précurseur sud-américain.* Paris, Edit. Excelsior, 1931, 320 pp.

72. _____. *Elogio de D. Manuel González Prada.* Lima, Imp. Torres Aquirre, 1922, 142 pp. "Bibliografía": pp. 138-142.

73. _____. "Genio y figura de Manuel González Prada," *RHM*, 4:7-13, 1937.

74. _____. "González Prada, escritor político," *UHab*, 18 (55/57):13-22, 1944. "Bibliografía": pp. 21-22.

75. _____. "González Prada, olvidado precursor del modernismo," *CuAm*, 72 (6):225-234, 1953.

76. _____. "González Prada y el destino peruano," *Comb*, 2 (11):70-78, 1960.

77. _____. "El hombre: genio y figura," *González Prada—vida y obra—bibliografía—antología.* New York, Instituto de las Españas en los Estados Unidos, 1938, pp. 8-15.

78. _____. "Las ideas y la influencia de González Prada," *RIB*, 13:271-292, 1963.

79. _____. "Innovaciones estróficas de don Manuel González Prada," *Breve tratado de literatura general y notas sobre la literatura nueva.* 4th ed., Santiago de Chile, Ediciones Ercilla, 1938, pp. 122-127 et passim.

80. _____. "Manuel González Prada," *Escritores representativos de América* [see "General References"], 2nd ed., vol. 2, pp. 155-175.

81. _____. "Manuel González Prada and Peruvian Culture," *BAbr*, 14:9-13, 1940.

82. _____. "Trozos de vida," *A*, 24:533-538, 1933. (A negative article against the publication of *Trozos de vida* by Alfredo González Prada and the publication of other works in general.)

83. Tamayo Vargas, Augusto. "Manuel González Prada," *Literatura peruana* [see "General References"], vol. 2, pp. 196-212.

84. Torres Ríoseco, Arturo. "Apúntes sobre el estilo y el carácter de Manuel González Prada," *RHM*, 4:25-26, 1937. Also in: *Ensayos sobre literatura latinoamericana* [see "General References"], pp. 189-192.

85. _____. *The Epic of Latin American Literature* [see "General References"], rev. ed., p. 80.

86. Umphrey, George W. "Peruvian Literature," *Hisp*, 6:294-308, 1923.

87. Ureta, Alberto J. "González Prada, poeta," *MP*, 1:69-74, 1918. Also in: *Manuel González Prada por los más notables escritores del Perú y América* [see Velazco Aragón, Luis], pp. 80-88.

88. Val, Encino del. "Manuel González Prada," *RevUCuz*, 28:175-179, segundo trimestre de 1939.

89. Velazco Aragón, Luis. "González Prada, crítico literario," *Manuel González Prada por los más notables escritores del Perú y América* [q. v.], pp. 110-123.

90. *_____. "González Prada, poeta," *VN*, feb. 1921.

91. _____. "González Prada: profeta y poeta," *RI*, 7:21-37, 1943. With the title, "González Prada: Profeta," in: *RevUCuz*, primero y segundo semestres de 1945, pp. 167-174.

92. _____, ed. *Manuel González Prada por los más notables escritores del Perú y América*. Cuzco, Librería e Imp. H. G. Rozas, 1924, 226 pp.

93. Vian, Francesco. "Manuel González Prada (1848-1918)," *Il "modernismo" nella poesia ispanica* [see "General References"], pp. 47-54.

94. Zum Felde, Alberto. "González Prada y el movimiento indigenista en el Perú," *Indice crítico de la literatura hispanoamericana* [see "General References"], vol. 1, pp. 271-288.

Manuel Gutiérrez Nájera

(1859-1895)

1. _____. "La obra de Manuel Gutiérrez Nájera," *RAzul,* 2:245-246, 1895.
2. *Acosta, Agustín. "En torno a la poesía de Gutiérrez Nájera," *LetHab,* 18:13-24, 1960. Also in: *BACL,* 10:5-21, 1961.
3. Amézaga, Carlos Germán. *Poetas mexicanos.* Buenos Aires, Imp. de Pablo E. Coni e hijos, 1896, pp. 275-294.
4. Anderson Imbert, Enrique. "Manuel Gutiérrez Nájera," *Historia de la literatura hispanoamericana* [see "General References"], vol. 1, pp. 329-332.
5. Argüello, Santiago. "El anunciador Manuel Gutiérrez Nájera," *Modernismo y modernistas* [see "General References"], vol. 1, pp. 185-235. Includes: "Características de su poesía," pp. 187-190; "La época," pp. 191-194; "Las posibles influencias," pp. 195-197; "La gracia," pp. 199-201; "La gracia en el dolor," pp. 203-205; "La gracia en el amor," pp. 207-218; "Bécquer y Gutiérrez Nájera," pp. 219-220; "El funambulismo del poeta," pp. 221-228; "El precursor," pp. 229-234; "Síntesis," p. 235.
6. Attolini, José. "Gutiérrez Nájera y su tristeza," *RepAmer,* 33:169, 172, 20 mar. 1937.
7. Avila, Pablo. "El Conde de la Cortina y uno de los 'Tres Amantes' de Manuel Gutiérrez Nájera," *RHM,* 16:228-231, 1950.
8. Balseiro, José A. "Cuatro enamorados de la muerte en la lírica hispanoamericana," *Expresión de Hispanoamérica* [see "General References"], vol. 1, pp. 121-137, esp. pp. 125-127. (Also concerning Martí, Casal, and Silva.)
9. Berisso, Luis. "Manuel Gutiérrez Nájera," *El pensamiento de América* [see "General References"], pp. 159-176.
10. Blanco-Fombona, Rufino. "Gutiérrez Nájera (1859-1895)," *El modernismo y los poetas modernistas* [see "General References"], pp. 69-84.
11. Bolet Peraza, N. "Manuel Gutiérrez Nájera," *RAzul,* 2:241-243, 1895.
12. Bondy, Liselotte. *El dolor en la poesía de Manuel Gutiérrez Nájera.* México, UNAM, 1962, 117 pp. "Bibliografía": pp. 110-117.

13. Brackel-Welda, Othón E. de. *Epístolas a Manuel Gutiérrez Nájera* [sobre literatura alemana antigua y moderna]. Prólogo y recopilación de Marianne O. de Bopp. México, UNAM, Dirección General de Publicaciones, 1957, 116 pp. (Ediciones Filosofía y Letras 18.)
14. Brummel (pseud.). See: Puga y Acal, Manuel.
15. Cándano, Martha. "Manuel Gutiérrez Nájera," *LyP,* 12 (3):123-129, 1934. "Plática sustentada en la conferencia que el Departamento de Bibliotecas de la Secretaría de Educación organizó en la Biblioteca 'Iberoamericana', el 29 de noviembre de 1933." (See also: "Bibliografía de Manuel Gutiérrez Nájera formada por Gustavo Pérez Trejo," pp. 129-136.)
16. _____. "Manuel Gutiérrez Nájera, precursor del modernismo en México," *UMex,* 2:494-504, 1931.
17. Cansinos-Assens, Rafael. "Luis G. Urbina," *Poetas y prosistas del novecientos (España y América)* [see "General References"], pp. 73-83. (A comparison of Urbina with Gutiérrez Nájera.)
18. Carter, Boyd G. "Backflash on the Centennial of Manuel Gutiérrez Nájera," *Hisp,* 44:675-682, 1961.
19. _____. "By Any Other Name: Manuel Gutiérrez Nájera of Mexico," *AmerW,* 12 (2):8-11, 1960.
20. _____. *En torno a Gutiérrez Nájera y las letras mexicanas del siglo XIX.* México, Ediciones Botas, 1960, 299 pp. "Bibliografía": pp. 291-299. (See: Schulman, Ivan A. *Génesis del modernismo . . .* in "General References" and "El modernismo y la teoría literaria de Manuel Gutiérrez Nájera" in this section. Polemic.)
21. _____. "Gutiérrez Nájera y Martí como iniciadores del modernismo," *RI,* 28:295-310, 1962. (See: Schulman, Ivan A. "José Martí y Manuel Gutiérrez Nájera: iniciadores del modernismo" and *Símbolo y color en la obra de José Martí.* Polemic.)

22. Carter, B. G. "Manuel Gutiérrez Nájera en Hispanoamérica," *RBA,* 1 (3):81-85, 1965.

23. _____. *Manuel Gutiérrez Nájera; estudio y escritos inéditos.* Prólogo de E. K. Mapes. México, Ediciones de Andrea, 1956, 160 pp. (Colección Studium 12.)

24. _____. "Manuel Gutiérrez Nájera: Literary Titan and Martyr," *ML,* May, 1959, pp. 17 ff; June, 1959, pp. 17 ff; July, 1959, pp. 15 ff.

25. _____. *"La Revista Azul.* La resurrección fallida: *Revista Azul* de Manuel Caballero," *Las revistas literarias de México* [see Instituto Nacional de Bellas Artes in "General References"], pp. 47-80.

26. Carter, Boyd G. and Joan L. Carter. *Manuel Gutiérrez Nájera; florilegio crítico-conmemorativo.* Introducción, edición y notas de . . . . Prólogo y traducción de Margarita Gutiérrez Nájera. México, Ediciones de Andrea, 1966, 134 pp. (Colección Studium 54.) "Prólogo": pp. 5-6; "Introducción": pp. 7-12; "Volviendo la vista hacia el centenario de Manuel Gutiérrez Nájera": pp. 13-24. (Pages 25-60 and 97-131 are critical and biographical. The other pages contain poems by Nájera.)

27. Castagnaro, R. Antonio. "Bécquer and Gutiérrez Nájera—Some Literary Similarities," *Hisp,* 27:160-163, 1944.

28. *Conmemoraciones nacionales.* Discursos pronunciados en nombre de la Cámara de Diputados. México, Edición de la Cámara de Diputados, 1960. See especially: Diputado Lic. Antonio Castro Leal, "Gutiérrez Nájera y el espíritu mexicano," pp. 149-158; Diputado José Luis Martínez, "Las ideas sociales de Gutiérrez Nájera," pp. 159-168. Both are dated December 22, 1959.

29. Contreras García, Irma. *Indagaciones sobre Gutiérrez Nájera.* México, n. p., 1957, 173 pp. Bibliography of and on M. G. N., pp. 152-173. (Colección Metáfora 2.)

30. _____. "Manuel Gutiérrez Nájera, 1859-1895. Apuntes para una bio-bibliografía," *BolBNM,* 13 (1/2):32-38, 1962.

31. Crow, John A. "Dos grandes estilistas mexicanos," *Hum,* 3 (30):160-173, 1955. (Gutiérrez Nájera and Agustín Yáñez.)

32. _____. "Some Aspects of Literary Style," *Hisp,* 38:393-403, 1955. (Concerning M. G. N., principally. A stylistic analysis of "La mañana de San Juan." Also included: "La novela del tranvía," "Los suicidios," "Los amores del cometa," "En la calle," and "Después de las carreras.")

33. Dauster, Frank. "Manuel Gutiérrez Nájera," *Breve historia de la poesía mexicana* [see "General References"], pp. 105-110.

34. Díaz Dufóo, Carlos. *De Manuel Gutiérrez Nájera a Luis G. Urbina.* Discurso del autor la noche del 15 de mayo de 1935, en el acto de su recepción como académico, correspondiente de la española (pp. 5-21). Contestación del señor don Federico Gamboa, director de la Academia Mexicana. México, Talleres Linotipográficos de "Excélsior," 1935.

35. _____. "El fundador de la 'Revista Azul'," *RAzul,* 2:229-230, 1895. Reprinted in: Carter, Boyd G. and Joan L. Carter. *Manuel Gutiérrez Nájera* . . . [q. v.], pp. 30-33.

36. Durán, Manuel. "Gutiérrez Nájera y Teófilo Gautier," *UMex,* 8 (7):6-7, 1954.

37. Englekirk, John Eugene. "Manuel Gutiérrez Nájera," *Edgar Allan Poe in Hispanic Literature* [see "General References"], pp. 240-247.

38. Ferro, Hellén. "Manuel Gutiérrez Nájera; un humorismo decadente; el color; lenguaje reiterativo; aporte musical; aspectos varios," *Historia de la poesía hispanomericana* [see "General References"], pp. 153-156.

39. Gómez Baños, Virginia. *Bibliografía de Manuel Gutiérrez Nájera y cuatro cuentos inéditos.* México, Imp. Arana, 1958, 88 pp.

40. Gómez del Prado, Carlos. *Manuel Gutiérrez Nájera. Vida y obra.* México, Ediciones de Andrea, 1964, 177 pp. (Colección Studium 47.)

41. _____. "La mística en Gutiérrez Nájera: una aclaración," *Hisp,* 45:415-418, 1962.

42. González, Manuel Pedro. "El conflicto religioso en la vida y en la poesía de Manuel Gutiérrez Nájera," *Estudios sobre literaturas hispanoamericanas* [see "General References"], pp. 121-132. "Esta monografía fue leída en

inglés por el autor en la reunión anual de la Philological Association of the Pacific Coast, el 28 de noviembre de 1931 . . . ." Reprinted in *A*, 21:228-236, 1952.

43. González Guerrero, Francisco. "Cincuentenario de una rebelión literaria," *Met*, 3 (13):3-10, 1957. (Concerning Manuel Caballero and his hapless resuscitation of Nájera's *Revista Azul* [7 abr. —12 mayo, 1907].)

44. _____. *Cuentos completos y otras narraciones*. Prólogo, edición y notas de E. K. Mapes. Estudio preliminar de . . . . México, Fondo de Cultura Económica, 1958. "Estudio preliminar": pp. v-xlv.

45. _____. *Revisión de Gutiérrez Nájera*. México, Imp. Universitaria, 1955, 105 pp. "Discurso de recepción en la Academia Mexicana Correspondiente de la Española, leído en la sesión solemne celebrada la noche del 16 de febrero de 1955 en la sala 'Manuel M. Ponce' del Palacio de Bellas Artes. Alfonso Méndez Plancarte: respuesta al discurso precedente leída en la misma sesión solemne ocho días después de la muerte de su autor, por Alfonso Junco."

46. _____. "Los sermones del duque Job," *Abs*, 23:438-446, 1959.

47. González Peña, Carlos. "Manuel Gutiérrez Nájera," *Historia de la literatura mexicana* [see "General References"], 7th ed., pp. 315-319.

48. Grant, R. Patricia. "The Poetry of François Coppée and Gutiérrez Nájera," *HR*, 13:67-71, 1945.

49. Gutiérrez Nájera, Margarita. *Reflejo; biografía anecdótica de Manuel Gutiérrez Nájera*. México, INBA, Editorial Muñoz, 1960, 233 pp. "El presente trabajo obtuvo el premio en el concurso convocado en marzo de 1959 por el Departamento de Literatura del INBA, en ocasión del primer centenario del nacimiento de Manuel Gutiérrez Nájera."

50. Henríquez Ureña, Max. "Manuel Gutiérrez Nájera," *Breve historia del modernismo* [see "General References"], 2nd ed., pp. 67-79.

51. Jiménez Rueda, Julio. "La duquesa Job," *RevUY*, 2 (9):36-42, 1960.

52. Kosloff, Alexander. "Técnica de los cuentos de Manuel Gutiérrez Nájera (I)," *RI*, 19:333-357, 1954; 20:65-93, 1955.

53. Kress, Dorothy M. "The Weight of French Parnassian Influence in the Modernista Poetry of Manuel Gutiérrez Nájera," *RLC*, 17:555-571, 1937.

54. Lamothe, Louis. "Manuel Gutiérrez Nájera," *Los mayores poetas latinoamericanos de 1850 a 1950* [see "General References"], pp. 55-60.

55. Lonné, Enrique F. "Lo nocturnal en la poesía de Manuel Gutiérrez Nájera," *Estudios literarios* [see under Universidad Nacional . . . in "General References"], pp. 49-127.

56. Magdeleno, Mauricio. "Gutiérrez Nájera en el alma de su prosa," *CuAm*, 107 (6):177-187, 1959. Also in: *RevUY*, 2 (7):52-62, 1960.

57. Magdaleno, Vicente. "Gutiérrez Nájera," *LyP*, 21 (39):56-59, 1959.

58. Mapes, Erwin Kempton. See also: González Guerrero, Francisco.

59. _____. "The First Published Writings of Manuel Gutiérrez Nájera," *HR*, 5:225-240, 1937.

60. _____. "Manuel Gutiérrez Nájera. Poesías inéditas recogidas en periódicos de México," *RHM*, 8:334-355, 1942; 9:79-99, 1943. (Only the first installment contains Mapes' text.)

61. _____. "Manuel Gutiérrez Nájera: seudónimos y bibliografía periodística," RHM, 19:132-204, 1953.

62. _____. "The Pseudonyms of Manuel Gutiérrez Nájera," *PMLA*, 64:648-677, 1949.

63. Mapes, E. K., Ernesto Mejía Sánchez, and Porfirio Martínez Peñaloza. *Obras. Crítica literaria. I. Ideas y temas literarios. Literatura mexicana*. Investigación y recopilación de E. K. Mapes. Edición y notas de Ernesto Mejía Sánchez. Introducción de Porfirio Martínez Peñaloza (pp. 15-43). México, Centro de Estudios Literarios, UNAM, 1959, 543 pp. (Nueva Biblioteca Mexicana 4.)

64. Martínez, José Luis. "Las ideas sociales de Gutiérrez Nájera," *HMex*, 10:94-101, 1960.

65. Martínez Peñaloza, Porfirio. See: Mapes, E. K.

66. _____. "*La Revista Azul*. Notas para interpretación de un color," *Triv* (9/10):11-16, 1949.

67. Martínez Peñaloza, P. "Sobre la cultura germánica en el Duque Job," *SdA,* 16(100):13-17, 1960; 16(101):11-15, 1960; 16 (102):9-11, 1960.

68. Mazzei, Angel. "Manuel Gutiérrez Nájera," *Lecciones de literatura americana y argentina* [see "General References"], 3rd ed., p. 318.

69. Mejía Sánchez, Ernesto. See also: Martínez Peñaloza, Porfirio.

70. _____. "El centenario de Manuel Gutiérrez Nájera," *Br,* 4 (6):17-18, 1960.

71. _____. *Exposición documental de Manuel Gutiérrez Nájera."* México, Universidad Nacional Autónoma de México, Dirección General de Publicaciones, 1959, 53 pp.

72. _____. "Los *pastiches* huguescos de Gutiérrez Nájera," *RI,* 25:149-152.

73. _____. "Un puñado de poesías desconocidas de Manuel Gutiérrez Nájera," *Es,* 4:476-484, 1959.

74. Mejía Sánchez, Ernesto y Porfirio Martínez Peñaloza, eds. "Homenaje a Manuel Gutiérrez Nájera," *RevML,* 4 (2):206-216, 1959. (Little-known selections from Nájera, with commentary by the editors.)

75. Meza Fuentes, Roberto. "Una sinfonía de colores," *De Díaz Mirón a Rubén Darío* [see under Díaz Mirón or Darío], 1st ed., pp. 35-52.

76. Monterde, Francisco. *Manuel Gutiérrez Nájera.* México, Publicaciones de la Secretaría de Educación Pública, Tomo 1, No. 6, 1925, 9 pp.

77. Morales, Ernesto. "Gutiérrez Nájera y sus cuentos de niños," *RepAmer,* 33: 169-170, 20 mar. 1937.

78. Novo, Salvador. "Evocación de Gutiérrez Nájera," *Letras vencidas.* Xalapa, Universidad Veracruzana, 1962, pp. 33-65. (Cuadernos de la Facultad de Filosofía y Letras 10.)

79. Núñez y Domínguez, José de J. "José Martí y Gutiérrez Nájera," *RepAmer,* 26:240, 22 abr. 1933. "Fragmento de un libro."

80. Oberhelman, Harley D. "Manuel Gutiérrez Nájera, His 'Crónicas' in the *Revista Azul,*" *Hisp,* 43:49-55, 1960.

81. _____. "La *Revista Azul* y el modernismo mexicano," *JIAS,* 1:335-339, 1959.

82. Onís, Federico de. "Manuel Gutiérrez Nájera, 1859-1895," *España en América* [see "General References"], pp. 191-192.

83. Oyuela, Calixto. "Manuel Gutiérrez Nájera," *Poetas hispanoamericanos* [see "General References"], vol. 2, pp. 14-20.

84. Paz Paredes, Margarita. "Manuel Gutiérrez Nájera, poeta del amor y de la muerte," *UMex,* 6 (61):20, 1952.

85. [Puga y Acal, Manuel]. Brummel (pseud.). "Crítica literaria. 'Tristissima nox' por M. Gutiérrez Nájera," *Los poetas mexicanos contemporáneos* [see "General References"], pp. 57-71. Nájera answers in "Carta del duque Job a Brummel," pp. 113-129.

86. *Revista mexicana de literatura.* "Homenaje a Manuel Gutiérrez Nájera," 4 (2):206-216, 1959.

87. Sabat Ercasty, C. "Manuel Gutiérrez Nájera," *Hip* (56):19-24, 1941; (57): 3-11, 1941.

88. Schons, Dorothy. "An Interpretation of 'La Serenata de Schubert'," *Hisp,* 19: 437-440, 1936.

89. Schulman, Ivan A. "Función y sentido del color en la poesía de Manuel Gutiérrez Nájera," *RHM,* 23:1-13, 1957. Also in: *Génesis del modernismo* . . . [see "General References"], pp. 139-152.

90. _____. José Martí y Manuel Gutiérrez Nájera: iniciadores del modernismo," *RI,* 30:9-50, 1964. Also in: *Génesis del modernismo* . . . [see "General References"], pp. 21-65. (See: Carter, Boyd G. "Gutiérrez Nájera y Martí como iniciadores del modernismo." Polemic.)

91. _____. "El modernismo y la teoría literaria de Manuel Gutiérrez Nájera," in: Langnas, Izaak A. and Barton Sholod, eds. *Studies in Honor of M. J. Benardete; Essays in Hispanic and Sephardic Culture.* New York, Las Americas Publ. Co., 1965, pp. 227-244. Also in: *Génesis del modernismo* . . . [see "General References"], pp. 95-114. (Opposing Boyd G. Carter. *En torno a Gutiérrez Nájera y las letras mexicanas del siglo XIX* [q. v.].)

92. Sesto, Julio. " 'El duque Job'. Poeta y cronista," *La bohemia de la muerte.* Biografías y anecdotario pintoresco de cien mexicanos célebres en el arte, muertos en la pobreza y el abandono,

y estudio de sus obras. México, Editorial "Tricolor," 1929 [i. e., 1930], pp. 161-164.

93. Sierra, Justo. "Manuel Gutiérrez Nájera," in: C. Santos González, *Poetas y críticos de América* [see "General References"], pp. 399-419.

94. Torres Ríoseco, Arturo. *The Epic of Latin American Literature* [see "General References"], rev. ed., p. 95.

95. _____. "Manuel Gutiérrez Nájera (1859-1895)," *Precursores del modernismo* [see "General References"], 1st ed., pp. 47-74.

96. Urbina, Luis G. "Febrero y los poetas. Manuel Gutiérrez Nájera, el humorista," *RepAmer*, 3:402-403, 13 mar. 1922. "De *Excelsior*, México, D. F." In English in: *IntAm*, 5:285-287, 1922.

97. _____. *La vida literaria de México.* Madrid, Imp. Sáen Hnos., 1917, esp. pp. 219-238. (Poems of Nájera: pp. 224-238.)

98. *Valle, Rafael Heliodoro. "El regreso de Gutiérrez Nájera," *ArLet*, 7 (11):1,5, 1950.

99. Vásquez, Jorge Adalberto. "Alba del 'modernismo'. Gutiérrez Nájera, Othón, Diaz Mirón, primeros 'dioses mayores'," *Perfil y esencia de la poesía mexicana* [see "General References"], pp. 47-57.

100. Vela, Arqueles. "Gutiérrez Nájera: genealogía del modernismo," *Teoría literaria del modernismo* [see "General References"], pp. 75-79. Vela continues speaking of Gutiérrez Nájera under the titles, "La complejidad modernista," pp. 79-83, "El pesimismo: producto de época," pp. 83-86, "Francesismo o germanismo," pp. 87-89, "La revolución adjetival y la imagen nueva," pp. 89-92, and "Lo individual, lo nacional y lo universal," pp. 93-94.

101. Vian, Francesco. "Manuel Gutiérrez Nájera (1859-1895)," *Il "modernismo" nella poesia ispanica* [see "General References"], pp. 103-112.

102. Villegas, Carlos. "La poesía en Manuel Gutiérrez Nájera," *UMont* (5):91-100, 1945.

103. Walker, Nell. *The Life and Works of Manuel Gutiérrez Nájera.* Columbia, Missouri, University of Missouri, 1927, 83 pp. (The University of Missouri Studies, vol. 2, no. 2.)

Julio Herrera y Reissig
(1875-1910)

1. _____. "*La revista* de Julio Herrera y Reissig," *RNac,* 31:304-310, 1945.
2. Abril, Xavier. "La evolución de la poesía moderna," *CCLC* (19):131-148, esp. pp. 143-144, 1956.
3. *Alfar,* 21 (83): [n. pag.], 1943. (Entire number dedicated to Herrera y Reissig.)
4. Anderson Imbert, Enrique. "Julio Herrera y Reissig," *Historia de la literatura hispanoamericana* [see "General References"], vol. 1, pp. 383-385.
5. Antuña, José G. "Rubén Darío y Julio Herrera y Reissig," *Litterae. Ensayos—crítica—comentarios* [see "General References"], pp. 243-247.
6. *Asociación de intelectuales, artistas, periodistas y escritores* (31): 1940. (Entire number dedicated to Herrera y Reissig.)
7. Bajarlía, Juan Jacobo. "Herrera y Reissig. 'Los éxtasis de la montaña'. ¿Quién es el primero de los tres grandes?" *Literatura de vanguardia* [see "General References"], pp. 98-101.
8. Bárcena Echeveste, Oscar. "Julio Herrera y Reissig en la poesía americana," *RNac,* 8:355-373, 1963.
9. Barreda, Ernesto Mario. Julio Herrera y Reissig," *CrSur,* 5 (28):71-72, 1930.
10. *Benítez Vinueza, Leopoldo. *Julio Herrera y Reissig y Rubén Darío.* Montevideo, La Mañana, 1952.
11. Blanco-Fombona, Rufino. "Julio Herrera y Reissig (1873-1909)," *El modernismo y los poetas modernistas* [see "General References"], pp. 191-219.
12. Blengio Brito, Raúl. "La poesía pastoril en Herrera y Reissig," *RNac,* 8:528-538, 1963.
13. *Blixen, Samuel. "Miraje," *Raz* (14): 1898. (This study is considered to be the first one written on Herrera y Reissig.)
14. Bordoli, Domingo Luis. "Herrera y Reissig," *RNac,* 32:217-221, 1945.
15. Borges, Jorge Luis. "Julio Herrera y Reissig," *CrSur,* 5 (28):49-50, 1930. Fragments also in: "Fragmento de un estudio," *Alfar,* 21 (83):[2 pp.], 1943.
16. Brenes-Mesén, R. "Vestíbulo," *Crítica americana* [see "General References"], pp. 69-74. "Para la edición de *Ciles Alucinada.* En 'El convivio'. San José de Costa Rica. 1916."
17. Bula Píriz, Roberto. "Herrera y Reissig: vida y obra. Bibliografía; antología," *RHM,* 17:1-93, 188-202, 1951. "Bibliografía": pp. 83-93. Also published separately: New York, Hispanic Institute in the United States, 1952, 113 pp. "Bibliografía": pp. 87-98.
18. _____. *Poesías completas, y páginas en prosa.* Edición, estudio preliminar y notas de . . . . 2nd ed., Madrid, Aguilar, 1961. "Estudio preliminar": pp. 13-90; contains: "El modernismo," pp. 13-32; "Julio Herrera y Reissig," pp. 33-90.
19. Calcagno, Miguel Angel. "El modernismo y Julio Herrera y Reissig," *Org,* 5 (5): 95-150, primer semestre de 1961.
20. Candia Marc, Delfor. "La poesía de Herrera y Reissig," *Nos,* 18:82-88, 1942. (Concerning *Poesías completas,* Guillermo de Torre, ed., Buenos Aires, 1942 [q. v.].)
21. Cansinos-Assens, Rafael. "Herrera y Reissig," *Poetas y prosistas del novecientos* [see "General References"], pp. 114-139.
22. _____. "Julio Herrera y Reissig," *CrSur,* 5 (28):41-48, 1930.
23. Casal, Julio J. "Julio Herrera y Reissig," *Alfar,* 21 (83): [n. pag., 2 pp.], 1943.
24. Castro, Manuel de. "Indicios vernáculos en la obra de Julio Herrera y Reissig," *RNac,* 57:72-76, 1953.
25. Colquhoun, Elizabeth. "Notes on French Influences in the Work of Julio Herrera y Reissig," *BSS,* 21:145-158, 1944.
26. Cordero y León, Rigoberto. "Julio Herrera y Reissig," *AnUCu,* 8 (3/4):137-154, 1952.
27. *Corral, J. M. "Sobre: Y. Pino Saavedra, 'La poesía de Julio Herrera y Reissig. Sus temas y su estilo'," *RCSCh,* 33: 487-488, 1933.

28. Coyné, André. "Influencias culturales y expresión personal en 'Los heraldos negros'," *L* (50/53):39-104, esp. pp. 61-104, primer y segundo semestres de 1954. (Frequent mention of the influence of Herrera y Reissig on César Vallejo's book.)

29. [Crispo Acosta, Osvaldo]. "Lauxar" (pseud.). "Julio Herrera y Reissig," *Motivos de crítica hispanoamericanos* [see "General References"], pp. 397-444. Also in: *Motivos de crítica: Juan Zorrilla de San Martín, Julio Herrera y Reissig, María Eugenia Vaz Ferreira.* Montevideo, Palacio del Libro, 1929, pp. 129-197.

30. *La cruz del sur.* "Número de homenaje a Julio Herrera y Reissig," 5 (28): 1930. (Entire number dedicated to Herrera y Reissig.)

31. *Díaz, José Pedro. "Contactos entre Julio Herrera y Reissig y la poesía francesa," *AnUMon* (162):51-68, 1948. Also published separately, with the title, *Una conferencia sobre Julio Herrera y Reissig.* Montevideo, Impresora L.I.G.U., 1948, 20 pp.

32. Dominici, Pedro César. "Julio Herrera y Reissig," *Tronos vacantes. Arte y crítica* [see "General References"]. pp. 180-194. Also in: *CrSur,* 5 (28): 61-65, 1930.

33. Englekirk, John Eugene. "Julio Herrera y Reissig," *Edgar Allan Poe in Hispanic Literature* [see "General References"], pp. 308-336.

34. Fabregat Cúneo, Roberto. "Borrador para la historia de un poeta," *RNac.* 5:235-251, 1960.

35. Ferro, Hellén. "Julio Herrera y Reissig: estilos y modalidades: modernista, superrealista, costumbrista; las obras," *Historia de la poesía hispanoamericana* [see "General References"], pp. 187-190.

36. Figueira, Gastón. "Julio Herrera y Reissig," *La sombra de la estatua* [see "General References"], pp. 47-61.

37. _____. "La obra de Julio Herrera y Reissig y la crítica estadounidense," *As,* 16 (1):46-49, 1960.

38. _____. "Tres enfoques de Herrera y Reissig," *T,* 13 (50): 101-114, 1965.

39. *Figueira, José Henrique. "Julio Herrera y Reissig. 10 de enero de 1875—10 de enero de 1955," *RevUIU,* 58 (116): 500, 1955.

40. Filartigas, Juan M. "Julio Herrera y Reissig," *Artistas del Uruguay . . .* [see "General References"], pp. 25-39.

41. Flores Mora, Magela. *Julio Herrera y Reissig, estudio biográfico.* Montevideo, Editorial Letras, 1947, 93 pp. (Not strictly biographical.)

42. Gamba, Carlos T. "Julio Herrera y Reissig. Esbozo de un ensayo de la vida y obra de este gran poeta," *CrSur,* 5 (28):36-37, 1930.

43. García Calderón, Ventura. "Julio Herrera y Reissig," *Semblanzas de América* [see "General References"], pp. 77-89. Also in: *CrSur,* 5 (28):51-54, 1930.

44. García Puertas, Manuel. *La poesía bucólica de Herrera y Reissig.* Montevideo, Universidad de la República, 1959, 18 pp.

45. Gicovate, Bernardo. *Julio Herrera y Reissig and the Symbolists.* Berkeley, University of California Press, 1957, 106 pp.

46. _____. "Nota sobre un poema de Herrera y Reissig," *RN,* 1:94-96, 1960. (Concerning an unknown version of "El laurel rosa.")

47. _____. "The Poetry of Julio Herrera y Reissig and French Symbolism," *PMLA,* 68:935-942, 1953.

48. González, Juan Antonio. *Dos figuras cumbres del Uruguay: Florencio Sánchez en el teatro; Julio Herrera y Reissig en la poesía.* Colonia, Uruguay, Talleres "El Liberal," 1944, 136 pp.

49. González Guerrero, Francisco. "Julio Herrera y Reissig," *CrSur,* 5 (28):68-70, 1930. (Includes discussion of the Lugones-Herrera y Reissig polemic, the influence of Samain on Herrera y Reissig, and *Los éxtasis de la montaña.*)

50. Grecia, Pablo de (pseud.). See: Miranda, César.

51. Hamilton, Carlos D. "Julio Herrera y Reissig," *Nuevo lenguaje poético . . .* [see "General References"], pp. 83-85.

52. Henríquez Ureña, Max. *Breve historia del modernismo* [see "General References"], 2nd ed., esp. pp. 254-272.

53. Herrera y Reissig, Herminia. *Julio Herrera y Reissig; grandeza en el infortunio.* Prólogo de Raúl Montero Bustamante. Montevideo, Talleres Gráficos "33", 1949, 157 pp. (The second edition is called *Vida íntima de Julio Herrera y Reissig* [q. v.].)

54. Herrera y Reissig, H. "Vida íntima de Julio Herrera y Reissig," *RNac,* 21: 371-380, 1943.

55. _____. *Vida íntima de Julio Herrera y Reissig.* Montevideo, Editorial Amerindia, 1943, 123 pp. (Colección moderna 7.) (This is the second edition of *Julio Herrera y Reissig; grandeza en el infortunio.* Some chapters have been rearranged and rewritten, and new material has been added.)

56. *Herrera y Reissig, Teodoro. "Algunos aspectos ignorados de la vida y la obra de Julio Herrera y Reissig," *Hip* (87):2-14, 1943.

57. Huidobro, Vicente. "Al fin se descubre mi maestro," *A,* 2:217-244, 1925.

58. Lamothe, Louis. "Herrera y Reissig," *Los mayores poetas latinoamericanos* de 1850 a 1950 [see "General References"], pp. 91-97.

59. *Larreta, Eduardo. *Julio Herrera y Reissig.* El Siglo. Libro del cincuentenario.

60. Lasplaces, Alberto. "Julio Herrera y Reissig," *CrSur,* 5 (28):4-6, 1930.

61. "Lauxar" (pseud.). See: Crispo Acosta, Osvaldo.

62. Levillier, Roberto. "Herrera y Reissig y Lugones," *RNac,* 3:342-362, 1938. Also in: *Hommage a Ernest Martinenche* [see "General References"], pp. 262-270.

63. Martinez Cuitiño, Vicente. "Julio Herrera y Reissig," *Nos,* 5:208-210, 1911.

64. Martins, Hélcio. "Afã de originalidade na poesia de Julio Herrera y Reissig," *RdL,* 3:147-169, 1958.

65. Mas y Pi, Juan. "Julio Herrera y Reissig," *Nos,* 13:234-265, 1914. Also in: *CrSur,* 5 (28):23-35, 1930.

66. Mazzei, Angel. *Lecciones de literatura americana y argentina* [see "General References"], 3rd ed., pp. 334-335.

67. [Miranda, César]. Grecia, Pablo de (pseud.). "Julio Herrera y Reissig," *CrSur,* 5 (28):15-22, 1930. "Fragmento de una conferencia dada en la ciudad del Salto, en el salón de actos públicos del Club 'Juventud Salteña' . en 1913."

68. [_____]. Grecia, Pablo de (pseud.). "Herrera y Reissig," *Prosas: Omar Kháyyám—Julio Herrera y Reissig—Rubén Darío — Villaespesa — Guerra Junqueiro* [see "General References"], pp. 53-109. "Conferencia pronunciada en la ciudad del Salto y en el salón de actos públicos del club 'Juventud Salteña' 1913."

69. Morales, Angel Luis. "Julio Herrera y Reissig y Luis Palés Matos," *Literatura iberoamericana* [see under "Literatura . . ." in "General References"], pp. 85-95.

70. Olivieri, Magda. "La poesía de Julio Herrera y Reissig a través del comentario de algunos de sus poemas representativos," *Homenaje a Julio Herrera y Reissig* [see: Seluja, Antonio, *et al.*], pp. 59-95.

71. Onís, Federico de. "Julio Herrera y Reissig," *Alfar,* 21 (83):[n. pag., 1 p.], 1943.

72. _____. "Julio Herrera y Reissig, 1875-1910," *España en América* [see "General References"], pp. 227-229.

73. Oribe, Emilio. "Julio Herrera y Reissig," *Alfar,* 21 (83):[n. pag., 2 pp.], 1943.

74. _____. "Julio Herrera y Reissig," *CrSur,* 5 (28):7-13, 1930. (Not the same as the above entry.)

75. _____. "Nota sobre Herrera y Reissig —Lugones," *Hip* (73):17-20, 1942.

76. _____. "La poesía filosófica en Julio Herrera y Reissig," *RNac,* 5:176-185, 1960. "Lectura realizada por su autor en la Academia Nacional de Letras, con motivo del Homenaje a Herrera y Reissig—Abril de 1960."

77. Oyuela, Calixto. "Julio Herrera y Reissig," *Poetas hispanoamericanos* [see "General References"], vol. 2, pp. 105-110.

78. Pedemonte, Hugo Emilio. "Las eglogánimas de Julio Herrera y Reissig," *CHisp,* 60:487-501, 1964; 61:78-100, 1965.

79. *Pereira Rodríguez, José. *Una audacia de Rufino Blanco-Fombona.* Salto, Uruguay, Imp. Margall, 1914. (Concerning the Lugones-Herrera y Reissig polemic.)

80. _____. "El caso Lugones-Herrera y Reissig," *RepAmer,* 11:10-11, 7 sept. 1925. With a different title: "Los sonetos de Herrera y Reissig," *CrSur,* 5 (28):59-60, 1930.

81. _____. "El caso Lugones-Herrera y Reissig: examen retrospectivo de la cuestión," *Nos,* 7:250-265, 1938.

82. _____. "De 'La revista' a 'La nueva Atlántida'," *Num,* 2:293-299, 1950.

83. _____. "En torno a cartas desconocidas de Julio Herrera y Reissig," *RNac,* 5:274-283, 1960. "Lectura hecha en la Academia Nacional de Letras, el 29 de abril de 1960, en la sesión

pública y solemne de homenaje a Julio Herrera y Reissig, con motivo del cincuentenario de la muerte del poeta."

84. _____. "Las revistas literarias de Julio Herrera y Reissig," *RNac*, 44:345-352, 1949; 48:178-189, 1950; 53:205-216, 1952. (The first two treat the two volumes of *La revista*, respectively; the third bears the subtitle, "*La nueva Atlántida, ¿desconocida u olvidada?*")

85. _____. "Sobre las relaciones de amistad entre Julio Herrera y Reissig y Horacio Quiroga," *RNac*, 4:104-116, 1959.

86. Pérez Petit, Víctor. "El pleito Lugones—Herrera y Reissig," *Nos*, 7:227-244, 1938.

87. Pérez Pintos, Diego. "Dos líneas fundamentales en la poesía de Julio Herrera y Reissig," *Homenaje a Julio Herrera y Reissig* [see Seluja, Antonio, *et al.*], pp. 99-151.

88. Phillips, Allen W. "La metáfora en la obra de Julio Herrera y Reissig," *RI*, 16:31-48, 1950.

89. _____. "Una revista de Herrera y Reissig," *RI*, 19:153-165, 1953. (Concerning *La Nueva Atlántida*.)

90. Pillepich, Pietro. "Poeti americani: Herrera Reissig [*sic*]," *CrSur*, 5 (28):55-57, 1930. "Estratto dalla rivista 'Colombo' (anno IV—fasc. XVIII della serie)."

91. Pinilla, Norberto. "Lírica de Julio Herrera y Reissig," *Cinco poetas*. Santiago de Chile, M. Barros Borgoño, 1937, pp. 111-135.

92. Pino Saavedra, Yolando. *La poesía de Julio Herrera y Reissig. Sus temas y su estilo.* [Santiago], Prensas de la Universidad de Chile, 1932, 148 pp.

93. Quiroga, Horacio. "El caso Lugones—Herrera y Reissig," *RepAmer*, 11:9-10, 7 sept. 1925. "De *El hogar*, Buenos Aires."

94. Riguero, M. S. "Las cosas en su lugar. Blanco-Fombona, Lugones y Herrera y Reissig," *LitAr*, 1 (8):10-11, 1929. (Concerning the Lugones-Herrera y Reissig polemic.)

95. Rodríguez Fabregat, Enrique. *El camino de la primavera. Elogio de Herrera y Reissig.—Los símbolos.—Por la senda fragante.—Más allá.* Montevideo, Imp. "El Siglo Ilustrado" de Gregorio V. Mariño, 1916, 102 pp. (Cover dated 1919.)

96. Ronchi March, Carlos A. "Julio Herrera y Reissig. *Los éxtasis de la montaña*," *Nos*, 18:285-293, 1942.

97. Rusconi, Alberto. "Julio Herrera y Reissig, poeta persona e intransferible," *Opiniones literarias*. Montevideo, Editorial Medina, 1953, pp. 71-92.

98. Sabat Ercasty, Carlos. *Julio Herrera y Reissig.* Montevideo, Comisión Nacional del Centenario, Industrial Gráfica, 1930, 46 pp.

99. *Sabella, Andrés. "Julio Herrera y Reissig," *Esp*, 79:22-41, 1961.

100. Sánchez, Luis Alberto. " 'Melificó toda acritud el arte . . .'," *Balance y liquidación del 900* [see "General References"], esp. p. 58.

101. Schade, George D. "Mythology in the Poetry of Julio Herrera y Reissig," *Hisp*, 42:46-49, 1959.

102. N. B. Seluja, Antonio is the same author as Seluja Cecín, Antonio, listed under "General References." The author's name will appear only in the short form here, regardless of the different ways it appears on the items cited.

103. Seluja, Antonio. " 'Las clepsidras'," *Homenaje a Julio Herrera y Reissig* [see: Seluja, Antonio *et al.*], pp. 7-55.

104. _____. "Dos precursores de Julio Herrera y Reissig," *El modernismo literario en el Río de la Plata* [see "General References"], pp. 107-111. (Concerning Roberto de las Carreras and Toribio Vidal Belo.)

105. _____. "Iniciación de Julio Herrera y Reissig en el modernismo literario," *El modernismo literario en el Río de la Plata* [see "General References"], pp. 113-126.

106. Seluja, Antonio, Magda Olivieri [y] Diego Pérez Pintos [see each separately]. *Homenaje a Julio Herrera y Reissig.* Montevideo, Consejo Departamental de Montevideo, Dirección de Artes y Letras, Imp. Rex, 1963, 151 pp.

107. Souza, Raymond. "Eucharistic Symbols in the Poetry of Julio Herrera y Reissig," *RN*, 1:97-100, 1960.

108. Torre, Guillermo de. "Julio Herrera y Reissig," *CrSur*, 5 (28):38-40, 1930. (Concerning influences of and on the poet.)

109. _____. "El pleito Lugones—Herrera y Reissig," [subtitle under] "Valor y medida de Julio Herrera y Reissig" [q. v.], in: *La aventura y el orden* [see "General References"], 2nd ed.,

109. Torre, Guillermo de (cont.)
pp. 90-97. Included in: "Estudio preliminar" to *Poesías completas de Julio Herrera y Reissig.* Buenos Aires, Editorial Losada, 1942, pp. 21-29.

110. _____. *Poesías completas.* Estudio preliminar por . . . . Buenos Aires, Editorial Losada, 1958, 301 pp. (Poetas de España y América.) "Estudio preliminar": pp. 7-35. First printing: *ibid.,* 1942. Contains: "Simbolismo," pp. 7-9; "Simbolismo—modernismo," pp. 9-10; ". . . Síntesis de su vida y su obra," pp. 11-16; "Su estética. Sus fases," pp. 17-21; "El pleito Lugones—Herrera y Reissig," pp. 21-29; "Medida actual de su poesía," pp. 29-35. (See: Candia Marc, Delfor, "La poesía de Herrera y Reissig.")

111. _____. "El tiempo y la distancia en la poesía de Julio Herrera y Reissig," *Alfar,* 21 (83): [2 pp.], 1943.

112. _____. "Valor y medida de Julio Herrera y Reissig," *La aventura y el orden* [see "General References"], 2nd ed., pp. 73-106.

113. Torres Ríoseco, Arturo. "En torno a seis poetas hispanoamericanos. Herrera y Reissig." *Ensayos sobre literatura latinoamericana, segunda serie* [see "General References"], pp. 148-151.

114. _____. *The Epic of Latin American Literature* [see "General References"], rev. ed., pp. 112-113.

115. _____. "Julio Herrera y Reissig en los Estados Unidos," *La hebra en la aguja* [see "General References"], pp. 151-153. (Concerning mainly Bernardo Gicovate's *Julio Herrera y Reissig and the Symbolists.*)

116. Vela, Arqueles. "Herrera y Reissig: genio musical del modernismo," *Teoría literaria del modernismo* [see "General References"], pp. 203-207. Vela continues speaking of Herrera y Reissig under the titles, "Impresionismo y expresionismo," pp. 207-213; "Ilimitación del mundo poético," pp. 214-216; "Desnaturalización de la imagen," pp. 216-218.

117. Vian, Francesco. "Julio Herrera y Reissig (1875-1910)," *Il "modernismo" nella poesia ispanica* [see "General References"], pp. 258-271.

118. Vilariño, Idea. "Julio Herrera y Reissig. Seis años de poesía. Un desconocido," *Num,* 2:118-161, 1950. Also separately: Montevideo, Número, 1950, 48 pp.

119. _____. "La rima en Herrera y Reissig," *Num,* 6:182-185, 1955.

120. _____. "*La torre de las esfinges* como tarea," *Num,* 2:601-609, 1950. (A study of the manuscripts of "La torre de las esfinges." In the author's words: ". . . éstos ayudan a destruir la leyenda de su gestación por el delirio.")

121. Walsh, Thomas. "Julio Herrera y Reissig, a Disciple of Edgar Poe," *PL,* 33:601-607, 1922. (Only the first page contains text by Walsh; the rest is taken up by "Berceuse blanca.")

122. Zum Felde, Alberto. "Julio Herrera y Reissig," *Crítica de la literatura uruguaya* [see "General References"], pp. 199-215.

123. _____. "Julio Herrera y Reissig," *Proceso intelectual del Uruguay* [see "General References"], pp. 251-274.

124. _____. "Noticia acerca de la poesía uruguaya contemporánea," *Nos,* 19: 5-35, 1925.

125. _____. *Obras poéticas.* Prólogo de . . . . Montevideo, 1966, xxxvii, 284 pp. (Colección de Clásicos Uruguayos 113.)

Ricardo Jaimes Freyre
(1868-1933)

1. _____. "Ricardo Jaimes Freyre," *Diccionario de la literatura latinoamericana*. Vol. 1, *Bolivia*. Washington, D. C., Unión Panamericana, 1958, pp. 49-52.
2. Anderson Imbert, Enrique. "Ricardo Jaimes Freyre," *Historia de la literatura hispanoamericana* [see "General References"], vol. 1, pp. 381-382.
3. Arrieta, Rafael Alberto. "II. El Ateneo. La *Revista de América*." (In "General References," under Arrieta, see: "El modernismo 1893-1900.")
4. Bajarlía, Juan Jacobo. "Jaimes Freyre y la 'Castalia bárbara'. Las leyes de la versificación castellana," *Literatura de vanguardia* [see "General References"], pp. 96-97.
5. Barreda, Ernesto Mario. "Ricardo Jaimes Freyre (un maestro del simbolismo)," *Nos,* 78:285-290, 1933.
6. Berenguer Carisomo, Arturo [y] Jorge Bogliano. "Ricardo Jaimes Freyre," *Medio siglo de literatura americana* [see "General References"], pp. 84-90.
7. Blanco-Fombona, Rufino. "Jaimes Freyre," *El modernismo y los poetas modernistas* [see "General References"], pp. 341-343.
8. Botelho Gosálvez, Raúl. "Ricardo Jaimes Freyre en el modernismo americano," *CuAm,* 156 (1):238-250, 1968.
9. Carilla, Emilio. "Jaimes Freyre, cuentista y novelista," *Th,* 16:664-677, 1961.
10. _____. "Jaimes Freyre en Tucumán," *UMex,* 12 (4):18-21, 1957.
11. _____. "La *Revista de letras y ciencias sociales,* de Tucumán," *BolUNTuc* (4): 29-33, 1955. See also: "La 'Revista de letras y ciencias sociales'," *Ricardo Jaimes Freyre* [q. v.], pp. 71-84.
12. _____. "Una revista modernista," *Estudios de literatura argentina (siglo XX)* [see "General References"], pp. 127-138. (Concerning the *Revista de letras y ciencias sociales.*)
13. _____. *Ricardo Jaimes Freyre.* Buenos Aires, Ministerio de Educación y Justicia, Dirección General de Cultura, 1962, 167 pp. (Ediciones Culturales Argentinas.)
14. _____. "Ricardo Jaimes Freyre y sus estudios sobre versificación," *RevEd,* 1:418-424, 1956.
15. Carrasco, Manuel. "Ricardo Jaimes Freyre, historiador y poeta," *Estampas históricas.* Buenos Aires, Hachette, 1963, pp. 185-241.
16. Carter, Boyd G. "Archivo Rubén Darío," *EdM,* 5 (26):49-52, 1964. (Partially concerns the *Revista de América.*)
17. _____. "Darío, periodista y redactor: en busca de la *Revista de América,*" *EdM,* 3 (18):40-50, 1961.
18. _____. *Rubén Darío y la "Revista de América."* Edición facsimilar de la *Revista de América* de Darío y Jaimes Freyre, con estudio, notas e índices. Managua, Publicaciones del Centenario de Rubén Darío, Ministerio de Educación, 1967, 126 pp.
19. Castilla, Antonio. "Rubén Darío y Jaimes Freyre, *PajPap,* 4:84-88, 1953.
20. Díez de Medina, Fernando. "Los hombres como símbolos: Ricardo Jaimes Freyre," *RepAmer,* 27:88,92, 12 ago. 1933.
21. _____. *Poesías completas.* Prólogo de . . . . La Paz, Ministerio de Educación, 1957, xvi, 210 pp.
22. Englekirk, John Eugene. "Ricardo Jaimes Freyre," *Edgar Allan Poe in Hispanic Literature* [see "General References"], pp. 305-308.
23. Fernández Moreno, César. "Las revistas literarias en la Argentina," *RHM,* 29: 46-54, esp. p. 46, 1963. (A short introduction discusses the *Revista de América, La biblioteca of* Groussac, *La montaña* of José Ingenieros and Lugones, *El mercurio de América* of Eugenio Díaz Romero, and the annual *Almanaques* of Casimiro Prieto and Peuser, both called *El sudamericano.*)
24. Ferro, Hellén. "Ricardo Jaimes Freyre; el verso 'libre'; teoría del verso; ¿visionario del futuro?" *Historia de la poesía hispanoamericana* [see "General References"], pp. 182-184.

92   Ricardo Jaimes Freyre

25. Finot, Enrique. "Ricardo Jaimes Freyre," *Historia de la literatura boliviana.* México, Librería de Porrúa Hnos. y Cía., 1943, pp. 160-166.
26. *Flores Franco, Casiano. "Ricardo Jaimes Freyre," *Sarm,* 2 (19):1-4, 1952.
27. Giusti, Roberto F. "Nuestros poetas jóvenes," *Nuestros poetas jóvenes* [see "General References"], esp. pp. 52-56.
28. Henríquez Ureña, Max. *Breve historia del modernismo* [see "General References"], 2nd ed., esp. pp. 174-176, 179-184.
29. _____. *El ocaso del dogmatismo literario.* La Habana, Impr. "El Siglo XX" de la Sociedad Editorial Cuba Contemporánea, 1919, esp. pp. 19-21. "Discurso leído el día 1 de octubre de 1918, en la apertura del curso académico de 1918 a 1919 . . . ." (Concerning *Leyes de la versificación castellana.*)
30. *"Homenaje a Ricardo Jaimes Freyre," *AnSSarm,* 1 (1): 1939.
31. Jaimes-Freyre, Mireya. "El tiempo en la poesía de Ricardo Jaimes-Freyre," *RI,* 32:61-68, 1966.
32. _____. "Universalismo y romanticismo en un poeta 'modernista'. Ricardo Jaimes Freyre," *RHM,* 31:236-246. 1965.
33. Jaimes Freyre, Raúl. *Ancecdotario de Ricardo Jaimes Freyre.* Potosí, Editorial "Potosí," 1953, XX, 168 pp. (Coleccion de la Cultura Boliviana, v. 2. Colección tercera: Los Escritores Modernos, no. 1.)
34. Joubín Colombres, Eduardo. *Poesías completas.* Con un estudio preliminar sobre la personalidad y la obra del autor por . . . . Buenos Aires, Editorial Claridad, 1944. (Colección de Grandes Poetas 1.) "Estudio preliminar sobre la personalidad y la obra del autor": pp. 7-73. See esp. *"Castalia bárbara"*: pp. 19-26; [*Leyes de la versificación castellana*]: pp. 33-35; "Los sueños son vida": pp. 42-43.
35. Lamothe, Louis. "Ricardo Jaimes Freyre," *Los mayores poetas latinoamericanos de 1850 a 1950* [see "General References"], pp. 135-139.
36. *Medinaceli, Carlos. "El alma medieval de Ricardo Jaimes Freyre," *Estudios críticos.* Sucre (Bolivia) [1938?].
37. Monguió, Luis. "Recordatorio de Ricardo Jaimes Freyre," *RI,* 8:121-133, 1944. Also in: *Estudios sobre literatura hispanoamericana y española* [see "General References"], pp. 63-70.
38. Onís, Federico de. "Ricardo Jaimes Freyre, 1872-1933," *España en América* [see "General References"], p. 220.
39. Otero, Gustavo Adolfo. "Ricardo Jaimes Freyre y el modernismo en América," *AmerQ* (88/89):357-378, 1947.
40. Pazzi, Serafín, "Ricardo Jaimes Freyre," *Sus,* 1:31-37, 1939.
41. Roggiano, Alfredo A. "Variantes en un poema de Rubén Darío," *RI,* 25:153-155, 1960. (Speaks of the relationship between Darío and Jaimes Freyre.)
42. Sánchez, Luis Alberto. " 'Melificó toda acritud el arte . . .'," *Balance y liquidación del 900* [see "General References"], esp. pp. 53-54.
43. Seluja Cecín, Antonio. "La trilogía modernista en Buenos Aires. III. Ricardo Jaimes Freyre o la voluntad de exotismo," *El modernismo literario en el Río de la Plata* [see "General References"], pp. 69-74.
44. Terán, Juan B. "Ricardo Jaimes Freyre," *Nos,* 78:280-284, 1933. Also in: *RepAmer,* 27:88, 92-93, 12 ago. 1933.
45. Torrendell, J[uan]. *"Castalia bárbara,"* *Crítica menor* [see "General References"], vol. 1, pp. 222-227.
46. Torres Ríoseco, Arturo. *The Epic of Latin American Literature* [see "General References"], rev. ed., pp. 99-100.
47. _____. "Ricardo Jaimes Freyre (1870-1933)," *Hisp,* 16:389-398, 1933. Also in: *A,* 26:56-65, 1934; and with the title, "Ricardo Jaimes Freyre (1868-1933)," in: *Ensayos sobre literatura latinoamericana* [see "General References"], pp. 193-203.
48. Villalobos, Rosendo. *Letras bolivianas. Los poetas y sus obras. Los prosistas literarios.* La Paz, Bolivia, Editorial Boliviana, 1936, esp. pp. 51-53. (In the copy I have at hand, pages 53-56 are out of sequence, being located between pages 48 and 49.)

Enrique Larreta

(1875-1961)

1. _____. *La gloria de don Ramiro en veinticinco años de crítica* [q. v.], vol. 1, pp. 103-105. "De 'El diario'." "En Buenos Aires, 1909."

2. _____. *La gloria de don Ramiro en veinticinco años de crítica* [q. v.], vol. 1, pp. 106-109. "De 'Novoie Vremia'." "En San Petesburgo, de 1909." (Translated from Russian.)

3. _____. *La gloria de don Ramiro en veinticinco años de crítica* [q. v.], vol. 1, p. 112. "De 'La vie illustrée'." "En París, el 27 de abril 1910."

4. _____. *La gloria de don Ramiro en veinticinco años de crítica* [q. v.], vol. 1, p. 145. "De 'La revue de Paris'." "En París, el 15 de nov. de 1910."

5. Acebal, Francisco. [No title], *La gloria de don Ramiro en veinticinco años de crítica* [q. v.], vol. 1, pp. 61-65. "En 'El diario de la mañana', de La Habana, del 28 de marzo de 1909."

6. _____. [No title], *La gloria de don Ramiro en veinticinco años de crítica* [q. v.], vol. 1, pp. 80-86. "En 'La nación', de Buenos Aires, en mayo de 1909."

7. Adam, Paul. [No title], *La gloria de don Ramiro en veinticinco años de crítica* [q. v.], vol. 1, pp. 121-124. "En 'Le figaro', de París, del 23 de julio de 1910."

8. Adams, N[icholson] B. "On Re-reading *Zogoibi*," *REH*, 1:181-183, 1928.

9. Aldao, Martín (pseud.). See: Vila y Chávez, Luis.

10. Alonso, Amado. *Ensayo sobre la novela histórica. El modernismo en La gloria de don Ramiro*. Buenos Aires, Instituto de Filología, Universidad de Buenos Aires, 1942, 328 pp. (Colección de Estudios Estilísticos III.) (See: Anderson Imbert, Enrique. "Amado Alonso y el modernismo.")

11. Alvarez Quintero, Serafín y Joaquín. [No title], *La gloria de don Ramiro en veinticinco años de crítica* [q. v.], vol. 1, pp. 218-219. "Madrid, octubre de 1933."

12. Anderson Imbert, Enrique. "Amado Alonso y el modernismo," *Los domingos del profesor; ensayos*. Prólogo de Alfredo A. Roggiano. México, Editorial Cultura, 1965, pp. 121-125. (Biblioteca del Nuevo Mundo 2. Estudios y Ensayos.) (Concerning Alonso's *Ensayo sobre la novela histórica . . .* [q. v.].)

13. _____. "Enrique Larreta," *Historia de la literatura hispanoamericana* [see "General References"], vol. 1, pp. 412-414.

14. "Andrenio" (pseud.). See: Gómez de Baquero, Eduardo.

15. Barreda, Ernesto Mario. "*Zogoibi*," *Nos,* 54:368-376, 1926.

16. Barrenechea, Mariano Antonio. "¿A dónde vamos?" *Nos,* 62:5-22, 1928. (Concerning *Zogoibi*.)

17. Bayo, Marcial. "La última interpretación de Avila," *CHisp,* 25:327-334, 1955. (Concerning *La gloria de don Ramiro.*)

18. Becco, Horacio Jorge. "Bibliografía de don Enrique Larreta," *BAAL,* 26:585-591, 1961.

19. Benavente, Jacinto. [No title], *La gloria de don Ramiro en veinticinco años de crítica* [q. v.], vol. 1, p. 15. "En 'El imparcial' de Madrid, el 14 de dic. de 1908."

20. Berenguer Carisomo, Arturo. "Las dos últimas novelas de Enrique Larreta," *CHisp,* 26:327-340, 1956. (Concerning *En la pampa* and *El Gerardo, o la torre de las damas.*)

21. _____. "Larreta y su época. La época literaria en que aparece Enrique Larreta. Su primer libro, *Artemis*. El destino literario de Larreta. Por . . . ," *Obras completas de Enrique Larreta*. Buenos Aires, Ediciones Antonio Zamora, 1959, vol. 1, pp. 19-39. (Colección Argentoria 12.)

22. _____. *Los valores eternos en la obra de Enrique Larreta*. Buenos Aires, Editorial Sopena Argentina, 1946, 262 pp. "Apéndice de notas y fuentes bibliográficas": pp. 231-255.

23. Berra, Camillo. [No title], *La gloria de don Ramiro en veinticinco años de crítica* [q. v.], vol. 1, pp. 207-212. "Turin, 1932."

93

24. Bertaut, Jules. [No title], *La gloria de don Ramiro en veinticinco años de crítica* [q .v.], vol. 1, pp. 129-132. "En 'La revie', de Paris, del mes de julio de 1910."

25. Bonet, Carmelo Melitón. "Enrique Larreta," *Gente de novela*. Buenos Aires, Imprenta de la Universidad, 1939, pp. 18-24. (Facultad de Filosofía y Letras de la Universidad de Buenos Aires. Instituto de Literatura Argentina. [Publicaciones]. Sección de Crítica, t. II, no. 1.)

26. _____. "*La gloria de don Ramiro* en el taller," *Palabras* . . . . Buenos Aires, Talleres Gráficos "Casa Oucinde," 1935, pp. 57-77. (Biblioteca del Colegio de Graduados de la Facultad de Filosofía y Letras. Volumen 3.)

27. _____. "La novela," in Arrieta, Rafael Alberto, dir. *Historia de la literatura argentina* [see "General References"], vol. 4, pp. 133-284, esp. pp. 250-260.

28. Bracco, Roberto. [No title], *La gloria de don Ramiro en veinticinco años de crítica* [q. v.], vol. 1 pp. 215-216. "Nápoles, octubre de 1933."

29. Capdevila, Arturo. "Releyendo a Enrique Larreta," *H*, 43 (1989):3, 4, 28 noviembre 1947. (Concerning "La calle de la vida y de la muerte.")

30. Casal Castel, Alberto. "La muerte de don Ramiro," *La gloria de don Ramiro en veinticinco años de crítica* [q. v.], vol. 1, pp. 277-287. "Conferencia pronunciada en la escuela 'Joaquín V. González', el día 2 de diciembre de 1933."

31. Casariego, Juan Eusebio. "En 1945 Pepe Arias es el intérprete de Enrique Larreta," *H*, 41 (1846): 14, 15, 50, 2 mar. 1945.

32. Chica Salas, Francisca. "Volviendo a *Zogoibi*," *V*. 22 (72):60-72, 1929.

33. Contreras, Francisco. [No title], *La gloria de don Ramiro en veinticinco años de crítica* [q. v.], vol. 1, pp. 198-201. "En el 'Mercure de France', de París, del mes de enero de 1929." (Although the article is signed by the author indicated above, the index gives credit to Francisco Grandmontagne [q. v.].)

34. _____. "Enrique Larreta, romancier de la race," *L'ésprit de l'Amérique espagnole*. Paris, Editions de la Nouvelle Revue Critique, 1931, pp. 55-61. (Essais critiques, artistiques, philosophiques et littéraires. 2. sér. 22.)

35. Cortina, A. "Las imágenes en 'La gloria de don Ramiro'," *BIIL*, 1:87-117, 1937.

36. Darío, Rubén. [No title], *La gloria de don Ramiro en veinticinco años de crítica* [q. v.], vol. 1, pp. 97-102. "En 'La Nación', de Buenos Aires, el 3 de diciembre de 1909."

37. Davison, Ned J. "Remarks on the Form of *La gloria de don Ramiro*," *RN*, 3 (1):17-22, 1961. In Spanish: "Sobre la forma de 'La gloria de don Ramiro'," *Sobre Eduardo Barrios y otros estudios y crónicas* [see "General References"], pp. 18-23.

38. Deschamps, Gaston. [No title], *La gloria de don Ramiro en veinticinco años de crítica* [q. v.], vol. 1, pp. 157-166. "En 'Le temps', de París, del 1° de enero de 1911."

39. Farinelli, Arturo. [No title], *La gloria de don Ramiro en veinticinco años de crítica* [q. v.], vol. 1, p. 217. "Roma, octubre de 1933."

40. Fernández Villegas (Zeda), Francisco. [No title], *La gloria de don Ramiro en veinticinco años de crítica* [q. v.], vol. 1, pp. 16-18. "En 'La época', de Madrid, el 4 de enero de 1909."

41. Gandía, Enrique de. "Don Ramiro en América. El último de los conquistadores," *La gloria de don Ramiro en veinticinco años de crítica* [q. v.], vol. 1, pp. 317-341. "Conferencia pronunciada en la Asociación Argentina de Estudios históricos, el 11 de diciembre de 1933."

42. _____. "Enrique Larreta y un nuevo amanecer de poesía," *Nos*, 19:92-96, 1942. Reprinted as "Enrique Larreta y el amanecer de una nueva poesía," *Orígenes del romanticismo y otros ensayos*. Buenos Aires, Editorial Atalaya, 1946, pp. 145-180. (Concerning "La calle de la vida y de la muerte.")

43. _____. "Estudio preliminar," *Las dos fundaciones de Buenos Aires*. Buenos Aires, Editorial Sopena Argentina, 1940, pp. 5-34. (Colección Orbe.)

44. _____. "Una obra de arte de España y América: *La gloria de don Ramiro*," *RevDup*, 9 (55):9-12, 16, 1944.

45. _____. *Obras completas de Enrique Larreta*. Buenos Aires, Ediciones Antonio Zamora, 1959, vol. 1, (Colección Argentoria 12.) "Palabras preliminares": pp. 9-18.

46. García de Diego, Jesús. "De *Zogoibi* a *don Ramiro*," *H,* 26 (1058):16, 65, 24 ene. 1930.

47. García Sánchez, Federico. "Enrique Larreta," *La pampa erguida.* Buenos Aires, Editora y Distribuidora del Plata, 1951, pp. 191-194.

48. Gerchunoff, Alberto. [No title], *La gloria de don Ramiro en veinticinco años de crítica* [q. v.], vol. 1, pp. 50-54. "En 'La nación', de Buenos Aires, el 11 de marzo de 1909."

49. Giménez Caballero, Ernesto. *"La gloria de don Ramiro* en la novela hispanoamericana," *CHisp,* 3:319-329, 1949.

50. Giusti, Roberto F. [No title], *La gloria de don Ramiro en veinticinco años de crítica* [q. v.], vol. 1, pp. 45-49. "En 'Nosotros', de Buenos Aires, en enero y febrero de 1909 [4:121-125]."

51. _____. "Dos novelas del campo argentino," *Nos,* 54:125-133, 1926. (Concerning *Zogoibi* and *Don Segundo Sombra.*)

52. *La gloria de don Ramiro en veinticinco años de crítica. Homenaje a don Enrique Larreta. 1908-1933.* Buenos Aires, Librerías Anaconda, 1933, vol. 1. Presidente de la Comisión de Homenaje: Rómulo Zabala. ". . . con motivo del XXX aniversario de la publicación de *La gloria de don Ramiro.*" Bibliography of the editions of Larreta's novel: pp. 365-373. (Two volumes planned; only one published.)

53. Gómez de Baquero, Eduardo. [No title], *La gloria de don Ramiro en veinticinco años de crítica* [q. v.], vol. 1, pp. 19-22. "En 'El imparcial', de Madrid, enero de 1909."

54. *Gómez Montero Rafael. *El alma de Larreta se llama Avila.* Madrid, Ediciones Iberoamericanas, 1949.

55. González Blanco, Pedro. [No title], *La gloria de don Ramiro en veinticinco años de crítica* [q. v.], vol. 1, pp. 33-37.

56. Gorostarzu Astengo, Lucas. "1895-1945; don Enrique Larreta cumple sus bodas de oro con la poesía," *H,* 40 (1836): 23-25, 22 dic. 1944.

57. Gourmont, Remy de. [No title], *La gloria de don Ramiro en veinticinco años de crítica* [q. v.], vol. 1, pp. 113-117. "En 'L'opinion', de París, el 11 juin 1910."

58. Grandmontagne, Francisco. [No title], *La gloria de don Ramiro en veinticinco años de crítica* [q. v.], vol. 1, pp. 146-

152. "En 'La Prensa', de Buenos Aires, del mes de nov. de 1910."

59. _____. [No title], *La gloria de don Ramiro en veinticinco años de crítica* [q. v.], vol. 1, pp. 175-187. "En 'La Prensa', de Buenos Aires, del 5 de abril de 1926."

60. Guixe, Juan. "Un orfebre del idioma; la leyenda de Larreta," *RNC,* 2 (14/15): 161-164, 1939/1940.

61. Henríquez Ureña, Max. *Breve historia del modernismo* [see "General References"], 2nd ed., esp. pp. 214-215.

62. _____. "El momento literario argentino," *RevCu,* 25:43-60, esp. pp. 50-51, 1949. "Conferencia pronunciada en el Lyceum Lawn Tennis Club."

63. Huneeus, Roberto. [No title], *La gloria de don Ramiro en veinticinco años de crítica* [q. v.], vol. 1, pp. 167-174. "En 'La semana', de Santiago de Chile, de 4 de junio de 1911."

64. J. J. [No title], *La gloria de don Ramiro en veinticinco años de crítica* [q. v.], vol. 1, pp. 23-26. "En 'Revista de los archivos', de Madrid, enero de 1909."

65. Jansen, André. "El cincuentenario de una gran novela. La crítica ante 'La gloria de don Ramiro'," *RHM,* 25:199-206, 1959. "La mayor parte del texto de este artículo fue dictado en forma de conferencia, el 15 de octubre de 1958, en la Casa de la América Latina en Bruselas, y el 4 de noviembre de 1958 en la tribuna de la Asociación Iberoamericana de Amberes . . . ."

65. *_____. *Enrique Larreta; romancier hispanoargentin, 1873-1961.* Brusells, 1961-1962. "Bibliographie": pp. 444-491. In Spanish: in press as of late 1967. Madrid, Ediciones Cultura Hispánica. Announced title: *Enrique Larreta, novelista hispano-argentino.*

67. _____. " 'La gloria de don Ramiro', de Enrique Rodríguez Larreta," *CHisp,* 43:175-189, 1960.

68. Koch, Herbert. "Enrique Rodríguez Larreta," *NS,* 11:379-382, 1962.

69. Leao, Mucio. "Enrique Larreta," *Nos,* 39:414-417, 1921. (Résumé and analysis of *La gloria de don Ramiro.*)

70. Lida, Raimundo. "La técnica del relato en 'La gloria de don Ramiro'," *CurCon,* 9:225-247, 1936.

71. Loprete, Carlos Alberto. "Los dos orgullos," *La literatura modernista en la Argentina* [see "General References"],

71. Loprete, Carlos Alberta (cont.)
pp. 100-124, esp. pp. 100-108. (Concerning Larreta and Leopoldo Lugones.)

72. Maeztu, Ramiro de. [No title], *La gloria de don Ramiro en veinticinco años de crítica* [q. v.], vol. 1, pp. 153-156. "Desde Londres, en el 'Nuevo mundo' de Madrid."

73 Magis, Carlos Horacio. "Enrique Larreta," *La literatura argentina* [see "General References"], p. 272.

74. Marone, Gherardo. [No title], *La gloria de don Ramiro en veinticinco años de crítica* [q. v.], vol. 1, pp. 202-206. "Napoli, 8 de marzo de 1932."

75. Maury, Lucien. [No title], *La gloria de don Ramiro en veinticinco años de crítica* [q. v.], vol. 1, pp. 133-139. "En la 'Revue bleue', de París, del 3 de septiembre de 1910."

76. Mejía Dutary, Miguel. "Las imágenes en 'La gloria de don Ramiro'," *RevMIPS*, 3 (10):140-142, 1944.

77. Melián Lafinur, Alvaro. "Las mujeres en 'La gloria de don Ramiro'," *La gloria de don Ramiro en veinticinco años de crítica* [q. v.], vol. 1, pp. 261-274. "Conferencia pronunciada en 'Los amigos del arte', de Buenos Aires, el 30 de noviembre de 1933."

78. Méndez Calzada, Enrique. [No title]. *La gloria de don Ramiro en veinticinco años de crítica* [q. v.], vol. 1, pp. 188-197. Contains: "Pasajes omitidos o reemplazados al imprimirse el libro: 'La lidia frente al solar en don Ramiro'; 'El encuentro con los Golfines, camino de Toledo'; 'Las palabras de adiós del musulmán'; 'El relato del escudero'; 'Bajel que va por la mar'." "En 'La Nación', de Buenos Aires, del 5 de agosto de 1928."

79. Montero, María Luisa y Angélica L. Tórtola. "Contribución a la bibliografía de Enrique Larreta por . . .," *BibAAL* (19):1-59, 1963.

80. Murature, José Luis. [No title], *La gloria de don Ramiro en veinticinco años de crítica* [q. v.], vol. 1, pp. 55-60. "En 'La Nación', de Buenos Aires, del 17 de marzo de 1909."

81. Onega, Gladys Susana. "Larreta: esteticismo y prosaísmo," *BLH* (4):39-56, 1962.

82. Pardal, Ramón. "La medicina en la época de don Ramiro." *La gloria de don Ramiro en vienticinco años de crítica* [q. v.], vol. 1, pp. 291-309. "Conferencia pronunciada en el Ateneo Femenino de Buenos Aires, el 9 de diciembre de 1933."

83. Pardo Bazán, La Condesa de. [No title], *La gloria de don Ramiro en veinticinco años de crítica* [q. v.], vol. 1, pp. 27-32. "En 'La ilustración artística', de Barcelona, del 1° de febrero 1909."

84. Pérez de Ayala, Ramón. [No title], *La gloria de don Ramiro en veinticinco años de crítica* [q. v.], vol. 1, pp. 38-41. "En 'El liberal', de Madrid, en febrero de 1909."

85. Peseux-Richard, H. [No title], *La gloria de don Ramiro en veinticinco años de crítica* [q. v.], vol. 1, pp. 140-144. "En 'Revue hispanique', de Burdeos, t. XXIII, No. 63 (Sept. de 1910) [pp. 327-331]."

86. Pomés, Mathilde. "Enrique Larreta y su concepto de la traducción," *CCLC* (87):89-90, 1964.

87. Raschilde. [No title], *La gloria de don Ramiro en veinticinco años de crítica* [q. v.], vol. 1, pp. 118-119. "En 'Mercure de France', de París, el 16 de junio de 1910."

88. Rageot, Gaston. [No title], *La gloria de don Ramiro en veinticinco años de crítica* [q. v.], vol. 1, p. 120. "En 'Les annales', de París, del 10 de julio de 1910."

89. Ramírez, Octavio. [No title], *La gloria de don Ramiro en veinticinco años de crítica* [q. v.], vol. 1, pp. 243-258. "Conferencia pronunciada en 'Los amigos del arte', de Buenos Aires, el 24 de noviembre de 1933."

90. Ramos, Juan P. [No title], *La gloria de don Ramiro en veinticinco años de crítica* [q. v.], vol. 1, pp. 87-96. "Buenos Aires, 8 de junio de 1909."

91. Recouly, Raymond. [No title], *La gloria de don Ramiro en veinticinco años de crítica* [q. v.], vol. 1, pp. 213-214. "París, septiembre de 1933."

92. Reyles, Carlos. "La gloria de don Ramiro," *La gloria de don Ramiro en veinticinco años de crítica* [q. v.], vol. 1, pp. 225-239. "Conferencia pronunciada en 'Los amigos del arte', de Buenos Aires, el 20 de noviembre de 1933."

93. Río, Angel del. " 'Zogoibi', novela argentina," *Hisp*, 10:241-246, 1927.

94. Roujon, Henry (De l'Académie Française). [No title], *La gloria de don Ramiro en veinticinco años de crítica* [q. v.], vol. 1, pp. 125-128. "En 'La dépeche', de París del 23 de julio de 1910."

95. Sáenz Hayes, Ricardo. "Enrique Larreta," *Antiguos y modernos*. Buenos Aires, Agencia General de Cooperativa Editorial, 1927, pp. 103-113.

96. Sanín Cano, Baldomero. "Enrique Larreta," *De mi vida y otras vidas* [see "General References"], pp. 197-205.

97. Sanz y Díaz, José. "Tránsito de Enrique Rodríguez Larreta," *ND*, 42 (1):16-17, 1962.

98. Sorimaglio, Marta. "Larreta; modernismo y barroco," *BLH* (4):19-38, 1962.

99. Soto, Luis Emilio. *Zogoibi; novela humorística*. Buenos Aires, La Campana de Palo, 1927, 34 pp.

100. Tagle, Armando. "Enrique Larreta," *Estudios de psicología y de crítica* [see "General References"], pp. 171-194.

101. Tenreiro, J. [No title], *La gloria de don Ramiro en veinticinco años de crítica* [q. v.], vol. 1, pp. 42-44. "En Madrid, febrero de 1909."

102. Unamuno y Jugo, Miguel de. [No title], *La gloria de don Ramiro en veinticinco años de crítica* [q. v.], vol. 1, pp. 66-72. "En 'La nación', de Buenos Aires, del 15 de abril de 1909." "Salamanca, marzo de 1909."

103. _____. [No title], *La gloria de don Ramiro en veinticinco años de crítica* [q. v.], vol. 1, pp. 73-79. "En 'La nación', del 20 de abril de 1909."

104. Varela Jácome, Benito. "Las novelas de Enrique Larreta," *Arbor*, 51 (195): 314-324, 1962. (Concerning *La gloria de don Ramiro, Orillas del Ebro, El Gerardo,* and *Zogoibi.*)

105. [Vila y Chávez, Luis]. Aldao, Martín (pseud.). *El caso de "La gloria de don Ramiro."* "Nueva edición corregida y aumentada," Buenos Aires, Editorial Atlas, 1943, 355 pp. "Sexta edición," Buenos Aires, A. Moen y hno., 1913, 100 pp.

106. Villagrán Bustamante, Héctor. "*Zogoibi,*" *Crítica literaria* [see "General References"], pp. 41-45.

107. Williams Alzaga, Enrique. *La pampa en la novela argentina.* Buenos Aires, Angel Estrada y Cía., 1955, esp. pp. 258-269. (Concerning *Zogoibi.*)

108. Zaldumbide, Gonzalo. "Enrique Larreta: de Avila a la pampa," *CHisp*, 5:25-48, 1950.

109. _____. "Larreta y la pampa," *AmerQ*, 24:7-25, 1948. "Disertación pronunciada para inauguración de la Exposición del Libro Argentino."

110. Zum Felde, Alberto. "El modernismo en la narrativa," *Indice crítico de la literatura hispanoamericana* [see "General References"], vol. 2, esp. pp. 385-398. Portions are reprinted in: *La narrativa en Hispanoamérica* [see "General References"], esp. pp. 281-288. (Concerning *La gloria de don Ramiro* and *Zogoibi.*)

Leopoldo Lugones

(1874-1938)

1. _____. "Con Leopoldo Lugones," *RepAmer*, 2:240-241, 15 abr. 1921.
2. _____. [García Monge, Joaquín?]. "En Lugones pensamos," *RepAmer*, 36: 227-229, 17 jun. 1939.
3. Abril, Xavier. "La evolución de la poesía moderna," *CCLC* (19):131-148, esp. pp. 133-134, 1956.
4. Acevedo Díaz, Eduardo, *jr.* "Los centauros," *Los nuestros (estudios de crítica)*. Buenos Aires, Martín García, 1910, pp. 163-200.
5. Acuña, Angel. "La curiosidad intelectual en Lugones," *Ensayos*. Buenos Aires, Espiasse y Cía., 1926, pp. 121-130.
6. Aita, Antonio. "Notas al margen de la poesía argentina," *Nos*, 63:18-29, esp. pp. 24-25, 1929.
7. Alegría, Fernando. "Leopoldo Lugones," *Walt Whitman en Hispanoamérica* [see "General References"], pp. 265-275.
8. Amadeo, Octavio R. *Doce argentinos*. Prólogo del doctor Angel Acuña. Buenos Aires, Editorial Cimera, 1945, pp. 181-199.
9. Anderson Imbert, Enrique. "Leopoldo Lugones," *Historia de la literatura hispanoamericana* [see "General References"], vol. 1, pp. 374-380.
10. Antuña, José G. "Leopoldo Lugones," *Litterae. Ensayos — crítica — comentarios* [see "General References"], pp. 7-72. Contains: "El prosista," pp. 9-22; "El poeta," pp. 23-72.
11. Ara, Guillermo. *Leopoldo Lugones*. Buenos Aires, Editorial La Mandrágora, 1958, 231 pp.
12. _____. "Leopoldo Lugones, hombre de ideas," *CurCon*, 53:238-257, 1958.
13. _____. *Leopoldo Lugones, la etapa modernista*. Buenos Aires, Industrias Gráficas Aeronáuticas, 1955, 75 pp.
14. _____. "Los temas gauchescos en Leopoldo Lugones," *Literatura iberoamericana* [see under "Literatura . . ." in "General References"], pp. 109-116.
15. Arana, Z. V. "Lugones al máximo," *Desinflando globos*. Buenos Aires, Editorial Bayardo, 192[3], pp. 5-73.

16. Arrieta, Rafael Alberto. "Leopoldo Lugones profesor y helenista," *Davar* (51):20-26, 1954.
17. _____. "La voz," *Nos*, 7:49-50, 1938.
18. Ashhurst, Anna W. "El simbolismo en 'Las montañas del oro,'" *RI*, 30:93-104, 1964.
19. Astrada, Carlos. "Leopoldo Lugones y la valoración de lo argentino," *RevUNC*, 42:225-235, 1955.
20. *Babel*, segunda época (19): 1926. (Entire number dedicated to Lugones.) Reprinted in: *RepAmer*, 13:164-167, 175, 28 ago. 1926.
21. Bajarlía, Juan Jacobo. "Lugones y 'Las montañas del oro'. Su pansexualismo simbólico," *Literatura de vanguardia* [see "General References"], pp. 91-96.
22. Barcia, Pedro Luis. "Lugones y el ultraísmo," *Estudios literarios* [see under Universidad Nacional . . . in "General References"], pp. 149-193.
23. Barreda, Ernesto Mario. "Escorzo de Lugones," *Nos*, 7:209-212, 1938.
24. Barret, Rafael. "Rimas de Lugones," *Al margen. Críticas literarias y científicas* [see "General References"], pp. 15-19. (Concerning *Lunario sentimental*.)
25. Berenguer Carisomo, Arturo [y] Jorge Bogliano. "Leopoldo Lugones," *Medio siglo de literatura americana* [see "General References"], pp. 74-84.
26. Bermann, Gregorio. "Meditación sobre Leopoldo Lugones," *RNC*, 21 (134): 122-129, 1959.
27. Bernárdez, Francisco Luis. "Los romances criollos de Lugones," *Sur*, 9 (56):70-72, 1939. (Concerning *Romances del Río Seco*.)
28. Blanco-Fombona, Rufino. "Leopoldo Lugones," *El modernismo y los poetas modernistas* [see "General References"], pp. 295-337.
29. Bonet, Carmelo M. "Leopoldo Lugones," *Nos*, 7:132-141, 1938. Also in: *Voces argentinas*. Buenos Aires, Librería del Colegio, 1940, pp. 41-65.
30. Borges, Jorge Luis. "Leopoldo Lugones," *Sur*, 8 (41):57-58, 1938. Also in: *RepAmer*, 35:172, 19 mar. 1938.

31. _____. "Leopoldo Lugones," *RIB*, 13: 137-146, 1963.

32. _____. *Leopoldo Lugones; ensayo escrito con la colaboración de Betina Edelberg.* Buenos Aires, Editorial Troquel, 1955, 99 pp. (Diálogos del presente 5.)

33. _____. "Lugones," *Nos*, 7:150-152, 1938. Also in: *Leopoldo Lugones* [q. v.], pp. 81-84.

34. _____. "Lugones, Herrera, Cartago," *CurCon*, 46:1-4, 1955. Also in: *Leopoldo Lugones* [q. v.], pp. 85-90.

35. _____. "La muerte de Leopoldo Lugones," *CCLC* (76):17-19, 1963.

36. Bravo, Mario. "Leopoldo Lugones en el movimiento socialista," *Nos*, 7:27-47, 1938.

37. Brenes Mesén, Roberto. "El gobierno de los mejores. En defensa de Lugones," *RepAmer*, 11:49-50, 28 sept. 1925. (Lugones answers in: "De Lugones a Brenes Mesén," *RepAmer*, 11:245-247, 28 dic. 1945.)

38. _____. "Leopoldo Lugones," *RI*, 1:10-12, 1939.

39. Cámara, Horacio J. de la. "Nombres de más y de menos en la poesía argentina hasta Lugones," *EstAm*, 17:273-284, esp. pp. 279-284, 1959.

40. Cambours Ocampo, Arturo. "Leopoldo Lugones frente a dos generaciones literarias argentinas," *Indagaciones sobre literatura argentina.* Buenos Aires, Albatros, 1952, pp. 37-44.

41. _____. *Lugones, el escritor y su lenguaje.* Buenos Aires, Ediciones Theoría, 1957, esp. pp. 17-29. (In spite of the title, the book is not limited to Lugones alone.)

42. Capdevila, Arturo. "La formación de Lugones," *Nos*, 7:322-330, 1938.

43. _____. "Leopoldo Lugones el semidiós," *RNC*, 2 (14/15):83-96, 1939/1940; 2 (16):115-137, 1940; 2 (17): 148-156, 1940; 2 (26):84-94, 1941; 2 (29):96-102, 1941; 2 (30):59-67, 1941.

44. Carbonell, José Manuel. *Alrededor de un gran poeta: Leopoldo Lugones.* La Lahaba, Imp. Seoane y Alvarez, 1912, 31 pp. "Conferencia pronunciada el día 17 de marzo de 1912 en el Conservatorio Nacional de Música."

45. Carilla, Emilio. "Sobre la elaboración poética en Lugones," *Hums*, 2:167-184, 1954. Reprinted in: *Estudios de literatura argentina (siglo XX)* [see "General References"], pp. 113-126.

46. Carnicé de Gallez, Esther. *Lugones y Darío en el centenario de mayo.* Bahía Blanca, Argentina, Extensión Cultural, Universidad Nacional del Sur, 1962, 45 pp. (Serie El Viento.) (Concerning "Canto a la Argentina.")

47. Carreño, Carlos H. *Lugones.* Córdoba, Argentina, Ediciones Centro, 1950, 64 pp. "De los actos de homenaje en la casa natal del poeta. Viñeta y ex-libris por Egidio Cerrito."

48. Carsuzán, María Emma. "Leopoldo Lugones. El genio y la voluntad literarios," *La creación en la prosa de España e Hispanoamérica* [see "General References"], pp. 131-152.

49. Casartelli, Manuel A. "La poesía didáctica de Leopoldo Lugones," *CHisp*, 32:3-8 in the yellow pages, 1957.

50. Castagnino, Raúl H. "¿Lugones escribió teatro?" *BolET*, 3 (9):57-63, 1945.

51. Castellani, Leonardo. *Lugones.* Buenos Aires, Ediciones Theoría, 1964, 128 pp. (Biblioteca de Ensayistas Contemporáneos.)

52. _____. "Lugones, prosa y verso," *Crit*, 8:188-190, 1935.

53. _____. *Sentir la Argentina; Leopoldo Lugones.* Buenos Aires, Editorial Adsum, 1938, 33 pp. See also: "Sentir la Argentina," *Crítica literaria.* Prólogo de Hernán Benítez. Buenos Aires, Ediciones Penca, 1945, pp. 218-230.

54. Cerretani, Arturo. "Leopoldo Lugones," *BAbr*, 12:409-411, 1938.

55. Chiappori, Atilio. "La lección de Lugones," *Nos*, 7:53-57, 1938.

56. Corro, Gaspar Pío del. *Algunos antecedentes de "La guerra gaucha" de Leopoldo Lugones.* Córdoba, Arg., Universidad Nacional de Córdoba, Facultad de filosofía y humanidades, Instituto de Literatura Argentina e Iberoamericana, 1959, 29 pp. (Typewritten, with printed covers.)

57. Cossio, Carlos. "La nueva generación y Leopoldo Lugones," *Nos*, 50:98-105, 1925. (Concerning the social doctrines of Lugones.)

58. Cowes, Hugo Washington. "Leopoldo Lugones," *Nos*, 7:102-105, 1938.

59. [Crispo Acosta, Osvaldo]. "Lauxar" (pseud.). "Leopoldo Lugones," *Motivos de crítica hispanoamericanos* [see "General References"], pp. 177-198.

60. Cúneo, Dardo. "La crisis argentina del '30 en Güiraldes, Scalabrini, Ortiz y Lugones," *CuAm,* 140 (3):158-174, 1965.

61. *_____. "Internación con Lugones," *RevSoc* (94):212-216, 1938.

62. _____. "Leopoldo Lugones," *El romanticismo político: Leopoldo Lugones, Roberto J. Payró, José Ingenieros, Macedonio Fernández, Manuel Ugarte, Alberto Gerchunoff.* Buenos Aires, Ediciones Transición, 1955, pp. 33-47.

63. _____. "Mariátegui y Lugones," *Hum,* 3 (23):47-55, 1954.

64. D'Halmar, Augusto (pseud.). See: Thompson, Augusto G.

65. Díaz Bialet, Agustín. "Leopoldo Lugones. Génesis y progreso de sus ideas," *Rev-UNC,* 27:46-78, 1940.

66. Díez-Canedo, Enrique. "Lugones y la libertad en el verso," *Letras de América* [see "General References"], pp. 323-331.

67. Díaz Pérez, Viriato. "Leopoldo Lugones," *RIP,* 10:847-850, 1908.

68. Doll, Ramón. *Lugones, el apolítico y otros ensayos.* Buenos Aires, Editorial A. Peña Lillo, 1966, pp. 13-26. (Colección Ensayos Literarios 4.)

69. Echagüe, Juan Pablo. "Leopoldo Lugones," *Seis figuras del Plata.* Buenos Aires, Editorial Losada, 1938, pp. 51-68. With minor re-working: *Escritores de la Argentina.* Buenos Aires, Emecé Editores, 1945, pp. 136-148.

70. _____. "El sentido de la obra de Lugones," *Nos,* 7:331-336, 1938. In French: "Le sens de l'oeuvre de Lugones," *RArg,* 5 (28):3-11, 1938.

71. Elmore, Edwin. *Vasconcelos frente a Chocano y Lugones; los ideales americanos ante el sectarismo contemporáneo.* "Consideraciones" [as introduction] de Teodoro Elmore Letts, [dated at] "Lima, 31 de octubre de 1926," 64 pp. On cover: "El último trabajo intelectual de mi hermano cuya primera parte 'La Crónica' no quizo publicar mostrándoselo a Chocano. — T.E.L."

72. Englekirk, John Eugene. "Leopoldo Lugones," *Edgar Allan Poe in Hispanic Literature* [see "General References"], pp. 278-304.

73. Espinoza, Enrique. "Confesión del amigo que vuelve," *Nos,* 7:310-318, 1938.

Also in: *RepAmer,* 36:41-42, 12 nov. 1938. (In the latter, the author has added a final question and has changed from the first person plural to the singular.)

74. _____. "El humorismo poético de Leopoldo Lugones," *RepAmer,* 15: 186-187, 192, 24 sept. 1927. (A very short text, with examples of Lugones' poetry.)

75. _____. "La síntesis genuina de Lugones," *RevInd* (40): 235-255, 1942. Also in: *Bab,* 11:209-214, 1948; and in: *El espíritu criollo: Sarmiento, Hernández, Lugones.* Santiago de Chile, Editorial Babel, 1951, pp. 94-118.

76. Fernández, Juan Rómulo. "Lugones, hombre de voluntad," *Nos,* 7:95-98, 1938.

77. Fernández Moreno, César. "Las revistas literarias en la Argentina," *RHM,* 29: 46-54, esp. p. 46, 1963. (A short introduction discusses the *Revista de América* of Darío and Jaimes-Freyre, *La biblioteca* of Groussac, *La montaña* of José Ingenieros and Lugones, *El mercurio de América* of Eugenio Díaz Romero, and the annual *Almanaques* of Casimiro Prieto and Peuser, both called *El sudamericano.*)

78. *Ferrari, Nicolay Mauricio y Videla Vidal Ferreyra. "Ubicación y mensaje de *La guerra gaucha,*" *EAcLP,* jun. 1948, pp. 268-278.

79. Ferro, Hellén. "Leopoldo Lugones; su vida; el mundo intelectual; las obras; 'Lunario sentimental'; 'Odas seculares'; culteranismo vernáculo; 'Romances de Río Seco'; obras en prosa; la hora de la espada," *Historia de la poesía hispanoamericana* [see "General References"], pp. 194-206.

80. Figueira, Gastón. "Evocación de Leopoldo Lugones," *RNac,* 53:194-200, 1952.

81. *Franceschi, Gustavo. *El caso Lugones.* Buenos Aires, Unión Popular Católica Argentina, 1923.

82. Frugoni, Emilio. "Lugones, precursor en poesía," *Nos,* 7:245-249, 1938. (Concerning the Lugones—Herrera y Reissig polemic.)

83. Gabriel, José. "El hombre en fuga," *Nos,* 7:99-101, 1938.

84. Gálvez, Manuel. [No title], *RepAmer,* 13:166-167, 18 sep. 1926.

85. _____. "Desencuentros con Lugones," *Amigos y maestros de mi juventud* [see "General References"], pp. 219-237.
86. [García Calderón, Ventura]. "Homenaje a Leopoldo Lugones," *FrAmer* (319): 205-217, 1938.
87. *_____. "Le génie intellectuel sud-américain. Leopoldo Lugones. Le poète et son esthétique. L'humaniste," *FrAmer*, mar. 1921, pp. 102-110.
88. _____. "Leopoldo Lugones," *Nos,* 42: 173-175, 1922. Also in: *RepAmer,* 5:155-156, 1922; and it is included in the prologue to the second edition of *El libro fiel.* Paris, Editorial Franco-Ibero-Americana, n. d. [1922], pp. 9-15.
89. _____. *Leopoldo Lugones.* Genève, Imprimerie du Journal de Genève. 1947, 68 pp. *Originally appeared in *FrAmer*, 12: jul. 1938.
90. García Medina, Vicente. "Leopoldo Lugones," *Disparates, segunda sarta.* Buenos Aires, Talleres Gráficos Porter Hnos., 1929, pp. 101-107. See also: "Lugones y Enbeita," *Disparates no usuales, pero usados por escritores de postín; Leopoldo Lugones, Ricardo Monner Sans, Ricardo Rojas, primera sarta.* 2° millar. Buenos Aires, Editorial Científica y Literaria Argentina, 1924, pp. 13-21.
91. Gellini, Antonio. "Leopoldo Lugones, periodista," *Nos,* 7:308-309, 1938.
92. Gerchunoff, Alberto. "Leopoldo Lugones," *RepAmer,* 13:165-166, 18 sept. 1926. "De *Plus ultra,* Buenos Aires, 1919."
93. _____. "Poeta de la patria fue Lugones," *RepAmer,* 37:49-50, 10 feb. 1940. "Discurso en representación de la Sociedad Argentina de Escritores en el homenaje tributado en Villa de María del Río Seco, en la casa en que nació Leopoldo Lugones."
94. Ghiano, Juan Carlos. "Actitud de Lugones," *R,* 5:342-348, 1949.
95. _____. "Algunos temas lugonianos," *CurCon,* 30:347-359, 1947.
96. _____. "Leopoldo Lugones," *Poesía argentina del siglo XX.* México, Fondo de Cultura Económica, 1957, pp. 29-40. (Colección Tierra Firme 65.)
97. _____. *Lugones escritor (notas para un análisis estilístico).* Buenos Aires, Editorial Raigal, 1955, 177 pp.
98. _____. "Lugones escritor: sus problemas (a propósito de *La guerra gaucha),*" *BAAL,* 16:735-764, 1947.
99. _____. "Lugones y el lenguaje," *RevUBA,* 2:49-75, 1948.
100. Giménez Pastor, Arturo. "Líneas sobre Lugones," *Nos,* 7:64-68, 1938.
101. Girosi, Pablo. "Resonancias itálicas en la poesía de Leopoldo Lugones," *Hist,* 9:187-194, 1948.
102. Giusso, Rubén Oscar. "Leopoldo Lugones. Los valores estéticos de *La guerra gaucha,*" *CHisp,* 60:317-320, 1964.
103. Giusti, Roberto F. "Leopoldo Lugones," *Nos,* 4:290-306, 1909. Also in: *Nuestros poetas jóvenes* [see "General References"], pp. 157-190. (Concerning *Lunario sentimental.*)
104. _____. "Leopoldo Lugones," *Nuestros poetas jóvenes* [see "General References"], pp. 34-51. (Concerning *Las montañas del oro, Los crepúsculos del jardín, Lunario sentimental,* and *Odas seculares.*)
105. _____. "Leopoldo Lugones y su obra," *Nos,* 5:226-231, 1911. Also in: *Nuestros poetas jóvenes* [see "General References"], pp. 182-190. (Concerning the work of Juan Mas y Pi by the same name [q. v.].)
106. _____. "Lugones helenista," *Nos,* 22: 180-183, 1916.
107. Glusberg, Samuel (pseud.). See: Espinoza, Enrique.
108. [Godoy Alcayaga, Lucila]. Mistral, Gabriela (pseud.). "Lugones," *RepAmer,* 13:164, 18 sept. 1926. "De Atlántida, Buenos Aires, 1919."
109. Gómez Haedo, Juan Carlos. "Leopoldo Lugones," *RNac,* 1:316-321, 1938.
110. González, Joaquín V. "El poeta y los pájaros. Sobre *El libro de los paisajes,* de Leopoldo Lugones," *Ritmo y línea.* Buenos Aires, Talleres Gráficos de L. J. Rosso, 1933, 73-93. Also in: *Obras completas.* Buenos Aires, Universidad Nacional de La Plata, Argentina, 1936, vol. 20, pp. 65-81.
111. González Arrili, Bernardo. "Lugones: el hombre que no sabía quejarse ni quería hablar de sí mismo," RBNHab, 5:51-57, 1954.
112. González Guerrero, Francisco. "Julio Herrera y Reissig," *CrSur,* 5 (28):68-70, 1930. (Includes discussion of the Lugones-Herrera y Reissig polemic.)

113. González Lanuza, Eduardo. "Lugones, la metáfora y mi generación," *H* (1430): 32, 89, 12 mar. 1937.

114. Gorbea, Guillermo Julio. "La rima en el verso de Lugones," *Nos,* 3:405-407. 1937.

115. Guerra Flores, José. "La poesía de Leopoldo Lugones," *LyP,* 21 (39):67-71, 1959.

116. Henríquez Ureña, Max. *Breve historia del modernismo* [see "General References"], 2nd ed., esp. pp. 190-202, 243-246.

117. Hidalgo, Alberto. "Leopoldo Lugones," *Muertos, heridos y contusos* [see "General References"], pp. 32-38.

118. Iglesias, Eugenio Julio. "Lugones hombre, muerto," *Nos,* 7:216-217, 1938.

119. Insúa, Alberto. "Estra gran muerte indescifrable," *Nos,* 7:195-196, 1938.

120. Jiménez, José Olivio. 'Una metáfora del tiempo en la poesía de Leopoldo Luing Lugones' ideas on aesthetics and inter-American solidarity.)

121. Jiménez Rueda, Julio. "Una entrevista con Leopoldo Lugones," *RepAmer,* 2:278-279, 17 mayo 1921. (Concerning Lugones' ideas on aesthetics and inter-American solidarity.)

122. Jitrik, Noé. *Leopoldo Lugones, mito nacional.* Buenos Aires, Editorial Palestra, 1960, 54 pp.

123. Justo, Liborio. "A propósito de Lugones: la vieja y la nueva generación literaria," *Nos,* 8:76-79, 1938.

124. Kasner, Norberto. "El concepto de patria como integración cósmica en 'La guerra gaucha'," *RI,* 30:123-131, 1964.

125. Lamarque, Nydia. "Negación de Leopoldo Lugones," *Nos,* 7:77-85, 1938. (The title explains the contents.)

126. Lamothe, Louis. "Leopoldo Lugones," *Los mayores poetas latinoamericanos de 1850 a 1950* [see "General References"], pp. 127-133.

127. "Lauxar" (pseud.). See: Crispo Acosta, Osvaldo.

128. Leguizamón, Martiniano. "Nuestros orígenes literarios," *Nos,* 5:321-329,1911. Also in: Páginas argentinas; crítica *literaria e histórica.* Buenos Aires, Librería Nacional J. Lajouane y Cía., editores, 1911, pp. 245-263. (Leguizamón is in disagreement with the work of Juan Mas y Pi, *Leopoldo Lugones y su obra (estudio crítico)* [q. v.].)

129. Levillier, Roberto. "Herrera y Reissig y Lugones," *RNac.* 3:342-362, 1938.

Also in: *Hommage a Ernest Martinenche* [see "General References"], pp. 262-270.

130. _____. "Lugones, vigía y sembrador," *Nos,* 7:346-351, 1938. In French: "Lugones, vigie et semeur," *RArg,* 5 (26):28-35, 1938.

131. Loncán, Enrique. "Significación y muerte de Leopoldo Lugones," *Nos,* 9:283-294, 1939. Also published separately, in French: *Sens et mort de Leopoldo Lugones.* Paris, Société Industrielle d'Imprimerie, 1939, 23 pp. "Conférence faite a la Sorbonne sous les auspices du Groupement des Universités et Grandes Écoles de France."

132. López Merino, Francisco. "Leopoldo Lugones habla del ambiente literario argentino. Los autores no estudian," *RepAmer,* 5:103-105, 20 nov. 1922.

133. López Palmero, Mariano. "Leopoldo Lugones. Trayectoria de una conciencia," *Nos,* 7:71-76, 1938.

134. López Velarde, Ramón. "La corona y cetro de Lugones," *El don de febrero y otras prosas* [see "General References"], pp. 268-273. "En 'Vida moderna'. México, D. F., 19 de octubre de 1916."

135. Loprete, Carlos Alberto. "Los dos orgullos," *La literatura modernista en la Argentina* [see "General References"], pp. 100-124, esp. pp. 108-124. (Concerning Larreta and Lugones.)

136. Lugones, Leopoldo, hijo. *Los enemigos de Leopoldo Lugones. II. Abusos, demasías y ridiculeces.* Buenos Aires, Centurión, 1967, 45 pp.

137. _____. *Mi padre.* Biografía de Leopoldo Lugones. Buenos Aires, Centurión, 1949, 339 pp. (Colección Ulises 14.)

138. _____. *Obras en prosa.* Selecciones y prólogo de . . . . Madrid, Aguilar, 1962, 1349 pp. "Prólogo": pp. 13-69.

139. Magis, Carlos Horacio. "Del 'Lunario sentimental', de Leopoldo Lugones, al ultraísmo," *CHisp,* 45:336-351, 1961.

140. _____. "Leopoldo Lugones," *La literatura argentina* [see "General References"], pp. 262-272.

141. _____. "Leopoldo Lugones, su visión del mundo y la expresión poética," *PalHom,* 20:629-648, 1961.

142. _____. *La poesía de Leopoldo Lugones.* México, Ediciones Ateneo, 1960, 210 pp. "Bibliografía": pp. 203-210.

143. Maiorana, María Teresa. "Huellas de Baudelaire en 'Las montañas del oro'," *RIL,* 2/3 (2/3):79-89, 1960/61.

144. _____. *"L'imitation de Notre Dame la Lune* y el *Lunario sentimental," BAAL,* 28:131-161, 1963.

145. Mallea, Eduardo. "Adiós a Lugones," *RevInd* (35):364-382, 1941. Also published separately: Buenos Aires, Talleres Gráficos "Augusta." C. Marello, 1942, 40 pp. (Colección Problemas americanos.) Republished in: *El sayal y la púrpura.* Buenos Aires, Editorial Losada, 1941, pp. 110-126.

146. Mandolini, Hernani. "Leopoldo Lugones, perfil sintético," *Nos,* 7:153-156, 1938.

146a. Mangariello, María Esther. "Rubén Darío y Leopoldo Lugones," *Rubén Darío* [see under Universidad Nacional de La .Plata, under "Rubén Darío"], pp. 373-387.

147. _____. *Tradición y expresión poética en "Los romances de Río Seco" de Leopoldo Lugones.* Estudio preliminar de Juan Carlos Ghiano. Universidad Nacional de La Plata, Departamento de Letras, Facultad de Humanidades y Ciencias de la Educación, 1966, 93 pp. (Serie Monografías y Tesis 8.)

148. *Márquez, Narciso. "En torno a Lugones," *RevSoc* (99):122-127, 1938.

149. Martínez Estrada, Ezequiel. "Leopoldo Lugones. Retrato sin retocar," *CuAm,* 102 (1):211-223, 1959.

150. _____. "Los poemas solariegos de Lugones," *Bab,* 14:191-192, 1951.

151. _____. "Quiroga y Lugones," *Cuadrante del pampero.* Buenos Aires, Editorial Deucalión, 1956, pp. 183-190.

152. Mas y Pi, Juan. *Leopoldo Lugones y su obra* (*estudio crítico*). Buenos Aires, "Renacimiento," 1911, 238 pp. (See: Leguizamón, Martiniano. "Nuestros orígenes literarios.")

153. Maza, Sara de la. "El esteta," *Nos,* 7: 111-116, 1938.

154. Mazzei, Angel. "Leopoldo Lugones," *Lecciones de literatura americana y argentina* [see "General References"], 3rd ed., pp. 327-331.

155. McMahon, Dorothy. "Leopoldo Lugones: A Man in Search of Roots," *MPh,* 51: 196-203, 1954.

156. Mejía Nieto, Arturo. "Lugones, hombre de América," *Nos,* 7:106-110, 1938.

157. Melián Lafinur, Alvaro. *"Poemas solariegos," RepAmer,* 18:345, 8 jun. 1929. "De *La nación,* Buenos Aires."

158. Méndez Calzada, Enrique. "Leopoldo Lugones," *RArg,* 4 (25):28-31, 1938.

159. Mistral, Gabriela (pseud.). See: Godoy Alcayaga, Lucila.

160. Molina, Enrique. "La ideología del señor Leopoldo Lugones," *RepAmer,* 10: 297-300, 20 jul. 1925. Amplified in: *Por los valores espirituales.* Santiago de Chile, Nascimento, 1925, pp. 129-184.

161. Montenegro, Adelmo R. "Lugones y el modernismo hispanoamericano," *RHum,* 1 (2):3-20, 1959. "Este trabajo fue leído, en noviembre de 1950, en la Sociedad Argentina de Escritores, SADE, en Buenos Aires."

162. *Montero, Belisario J. *De mi diario.* Bruselas, P. Weissembuch, Imp. del Rey, n. d., pp. 202-223. (Concerning *Las montañas del oro.*)

163. Morello-Frosch, Marta. "Metáfora cósmica y ciudadana en el 'Himno a la luna' de L. Lugones," *RI,* 30:153-161, 1964.

164. Moreno, Janice Sanders. "Silence in the Poetry of Leopoldo Lugones," *Hisp,* 46:760-763, 1963.

165. Moreno, Juan Carlos. "Las últimas ideas de Lugones," *Crit,* 22 dic. 1938, pp. 428-430.

166. Nano Lottero, Rómulo. "El cansancio de Lugones," *Nos,* 7:213-215, 1938.

167. Navarro, Carlos. "La visión del mundo en el 'Lunario sentimental'," *RI,* 30: 133-152, 1964.

168. Navarro Monzó, Julio. "La búsqueda trágica," *Nos,* 7:204-208, 1938.

169. Nelson, Ernesto. "Leopoldo Lugones, educador," *Nos,* 7:270-282, 1938.

170. Noé, Julio. "Noticia," *RepAmer,* 13:167, 18 sept. 1926. "De la *Antología* de la Poesía Argentina Moderna, Buenos Aires, 1926."

171. _____. "La poesía argentina moderna," *Nos,* 57:69-74, esp. pp. 70-72, 1927. (Número aniversario.)

172. *Nosotros,* 7:3-358, 1938. (Entire number dedicated to Lugones.)

173. Núñez, Jorge A. *Leopoldo Lugones.* Córdoba, Argentina, Universidad Nacional de Córdoba, Facultad de Filosofía y Humanidades, 1956, 43 pp. "Este ensayo fue leído como conferencia en el Colegio Nacional de Monserrat y editado más tarde en el

173. Núñez, Jorge A. (cont.)
Boletín de la Facultad de Derecho, Año II, Nos. 2 y 3. El folleto que de él se hizo, está a la fecha totalmente agotado . . . ." First separate printing: Córdoba, Imp. de la Universidad, 1938, 28 pp. "Conferencia pronunciada el 10 de agosto de 1938, en el Colegio Nacional de Monserrat."

174. Obligado, Carlos. *Antología poética.* Selección y prólogo de . . . . 5th ed., Buenos Aires, Espasa-Calpe Argentina, 1946, 339 pp. (Colección Austral 200.) "Prólogo": pp. 13-35. 1st ed., *ibid.,* 1941, 344 pp.

175. _____. *La cueva del fósil. Diálogos increíbles sobre la vida literaria argentina. I. De la poesía de Leopoldo Lugones.* Buenos Aires, "La Facultad," 1938, 201 pp.

176. Olivari, Marcelo. *Leopoldo Lugones.* Buenos Aires, Imp. López, 1940, 40 pp. (Edición "Saeta.")

177. Onís, Federico de. "Leopoldo Lugones," *España en América* [see "General References"], pp. 220-222.

178. Oría, José A. "Lugones periodista," *Nos,* 7:305-307, 1938.

179. Oribe, Emilio. "Nota sobre Herrera y Reissig — Lugones," *Hip* (73):17-20, 1942.

180. *Oriz, Lucilo. "Lugones y los críticos," *Bibliog* (16):18-21, 1956.

181. Ortiz Vargas, Alfredo. "The Poetry of Leopoldo Lugones," *BPU,* 65:1245-1255, 1931.

182. Osorio, Luis Enrique. "Los grandes de América," *RepAmer,* 5:199-201, 1 ene. 1923. "De *Cromos,* Bogotá."

183. *Pereira Rodríguez, José. *Una audacia de Rufino Blanco Fombona.* Salto, Uruguay, 1914. (Concerning the Lugones — Herrera y Reissig polemic.)

184. _____. "El caso Lugones— Herrera y Reissig," *RepAmer,* 11:10-11, 7 sept. 1925. With a different title: "Los sonetos de Herrera y Reissig," *CrSur,* 5 (28):59-60, 1930.

185. _____. "El caso Lugones — Herrera y Reissig: examen retrospectivo de la cuestión," *Nos,* 7:250-265, 1938.

186. Pérez Petit, Víctor. "El pleito Lugones — Herrera y Reissig," *Nos,* 7:227-244, 1938.

187. Phillips, Allen W. "Notas sobre una afinidad poética; Jules Laforgue y el Lugones del *Lunario sentimental,*" *RI,* 23:43-64, 1958. Republished in: *Es-*

tudios y notas sobre literatura hispano-americana [see "General References"], pp. 53-72.

188. _____. "La prosa artística de Leopoldo Lugones en *La guerra gaucha,*" *T,* 5 (17):161-198, 1957. Republished in: *Estudios y notas sobre literatura hispanoamericana* [see "General References"], pp. 73-104.

189. Picón-Salas, Mariano. "Para una interpretacíon de Lugones," *RNC,* 8 (59): 29-42, 1946.

190. Plácido, A. D. *Leopoldo Lugones; su formación, su espíritu, su obra . . .* Montevideo, Imp. "El Siglo Ilustrado," 1943, 25 pp. "Apartado de la *Revista del Instituto Histórico y Geográfico del Uruguay,* tomo XVII [pp. 7-25], año 1943."

191. *Portuondo, José Antonio. "Leopoldo Lugones y Gabrielle D'Annunzio," *Lit,* 1 (2):123-125, 1938.

192. Quiroga, Horacio. "El caso Lugones — Herrera y Reissig," *RepAmer,* 11:9-10, 7 sept. 1925. "De *El Hogar,* Buenos Aires."

193. _____. "Los crepúsculos del jardín," *RepAmer,* 13:166, 18 sept. 1926. "*Tribuna,* Buenos Aires, 1905."

194. Quirós Mouzo, Servio. "Leopoldo Lugones," *Figuras de la literatura argentina.* Santiago de Chile, Editorial Nascimento, 1942, pp. 37-42.

195. Ramos, Juan P. "Leopoldo Lugones," *Nos,* 7:18-26, 1938.

196. _____. "Leopoldo Lugones y su obra poética," in Arrieta, Rafael Alberto, dir. *Historia de la literature argentina* [see "General References"], vol. 4, pp. 17-59.

197. *Repertorio Americano.* "Homenaje de la revista bonaerense *Babel* a Lugones, con motivo de la segunda edición de *Los crepúsculos del jardín,*" *RepAmer,* 13:164-167, 175, 18 sept. 1926.

198. *Revista Iberoamericana.* "Homenaje a Leopoldo Lugones," *RI,* 30:91-187, 1964. Also published separately: México, Editorial Cultura, 1964, 94 pp.

199. Reyes, Alfonso. "Leopoldo Lugones," *Obras completas* [see "General References"], vol. 12, pp. 147-149. "Publicado primeramente en *El Nacional,* México, 27-II-1938." See also: *Nos,* 7:344-345, 1938; *RepAmer,* 35:120, 26 feb. 1938.

200. Riguero, M. S. "Las cosas en su lugar. Blanco-Fombona, Lugones y Herrera

y Reissig," *LitAr,* 1 (8):10-11, 1929. (Concerning the Lugones-Herrera y Reissig polemic.)

201. Ríos, Novión de los. "Una generación de poetas argentinos," *Sur,* 10 [i. e., 11] (84):57-62, esp. p. 58, 1941.

202. Rodríguez Monegal, E. "La 'Revista del Salto'," *La literatura uruguaya del 900* [see under "Número" in "General References"], pp. 287-292, esp. pp. 289-290. (Concerning Lugones' influence on Horacio Quiroga.)

203. Roggiano, Alfredo. "Bibliografía de y sobre Leopoldo Lugones," *RI,* 28:155-213, 1962. Also separately: México, Editorial Cultura, 1962, 156-213 pp.

204. Rohde, Jorge Max. *Las ideas estéticas en la literatura argentina.* Buenos Aires, Edición Coni, 1921, vol. 1, pp. 289-300.

205. Rojas, Ricardo. "Carta de Ricardo Rojas," *Nos,* 7:319-321, 1938.

206. Rojas Paz, Pablo. "Leopoldo Lugones," *Sus,* 1:178-183, 1939.

207. Roldán, Amado J. "Guido Spano y Lugones," *BAAL,* 29:461-466, 1964.

208. Sánchez, Luis Alberto. "Lugones, adalid y gregario," *Nos,* 7:58-63, 1938. Also in: *ND,* 19 (6):9-10 and 31-32, 1938.

209. _____. " 'Melificó toda acritud el arte ...'," *Balance y liquidación del 900* [see "General References"], esp. pp. 56-58.

210. Sánchez Trincado, José Luis. "Leopoldo Lugones ante la nueva literatura," *Stendhal y otras figuras* [see "General References"], pp. 53-62. Contains: "Lugones visto por Mallea," pp. 53-58; "Lugones estudiado por Arturo Capdevila," pp. 58-61; "Marcelo Olivari enjuicia a Lugones," pp. 61-62.

211. Sanín Cano, Baldomero. "La actitud de Lugones (réplica)," *RepAmer,* 7:87, 29 oct. 1923. "De *España,* Madrid." (In defense of Lugones against José Gabriel.)

212. _____. "Leopoldo Lugones," *De mi vida y otras vidas* [see "General References"], pp. 105-110.

213. _____. "Un libro siempre nuevo," *RepAmer,* 13:167, 18 sept. 1926. "*Babel,* Buenos Aires." (Concerning *Los crepúsculos del jardín.*)

214. _____. "Lugones ha muerto," *Nos,* 7:337-343, 1938.

215. Scari, Robert M. "Ciencia y ficción en los cuentos de Leopoldo Lugones," *RI,* 30:163-187, 1964.

216. _____. " 'Los crepúsculos del jardín' de Leopoldo Lugones," *RI,* 30:105-121, 1964.

217. Seluja Cecín, Antonio. "La trilogía modernista en Buenos Aires. II. Leopoldo Lugones: una estación en los jardines," *El modernismo literario en el Río de la Plata* [see "General References"], pp. 57-67.

218. Selva, Juan B. *"La guerra gaucha,* de Lugones: su estructura léxica," *BRAE,* 34:257-261, 1954.

219. Sola González, Alfonso. "Las *Odas seculares* de Leopoldo Lugones," *RI,* 32-23-50, 1966.

220. Soto, Emilio. "Advenimiento de Lugones," *RepAmer,* 44:33-36, 30 jul. 1948.

221. Soto, Luis Emilio. "El cuento. XI. Leopoldo Lugones: *La guerra gaucha,*" in Arrieta, Rafael Alberto, dir. *Historia de la literatura argentina* [see "General References"], vol. 4, pp. 313-316.

222. _____. "Leopoldo Lugones y 'Las fuerzas extrañas'," *Crítica y estimación.* Buenos Aires, Ediciones Sur, 1938, pp. 139-143.

223. Speratti Piñero, Emma Susana. "La expresión de *Las fuerzas extrañas* en Leopoldo Lugones," *UMex,* 9 (7):19-21, 1955. (Same as next entry):

224. Speratti Piñero, Emma Susana y Ana María Barrenechea. "La expresión de *Las fuerzas extrañas* en Leopoldo Lugones," *La literatura fantástica en Argentina.* México, Imp. Universitaria, 1957, pp. 1-16.

225. Storni, Alfonsina. "Alrededor de la muerte de Lugones," *Nos,* 7:218-221, 1938.

226. T., J. C. de. "Cincuenta años del *Lunario sentimental* de Lugones," *EstAm,* 18:183-185, 1959.

227. Tagle, Armando. "Leopoldo Lugones," *Estudios de psicología y de crítica* [see "General References"], pp. 47-82.

228. _____. "Leopoldo Lugones: le poète," *RArg,* 2 (15):31-40, 1936.

229. Talamón, Gastón O. "Leopoldo Lugones y el 'folklorismo'," *Azul,* 2 (10):87-94, 1931.

230. Testena, Folco. "Lugones, poeta pagano," *Nos,* 7:87-94, 1938.

231. [Thompson, Augusto G.]. D'Halmar, Augusto (pseud.). "Tres amigos que se nos van," *A,* 55:78-84, 1939. (Concerning Lugones, Chaliapin, and Serafín Alvarez Quintero.)

232. Toro y Gisbert, Miguel de. "El idioma de un argentino: *La guerra gaucha,* de Leopoldo Lugones," *BRAE,* 9:526-548 and 705-728, 1922.

233. Torre, Guillermo de. "El pleito Lugones-Herrera y Reissig," [subtitle under] "Valor y medida de Julio Herrera y Reissig" [see under "Herrera y Reissig"], in: *La aventura y el orden* [see "General References"], 2nd ed., pp. 90-97. Included in: "Estudio preliminar" to *Poesías completas de Julio Herrera y Reissig.* Buenos Aires, Editorial Losada, 1942, pp. 21-29.

234. Torrendell, J[uan]. *"Las industrias de Atenas," Crítica menor* [see "General References"], vol. 2, pp. 211-216.

235. _____. *"Libro de los paisajes," Crítica menor* [*see* "General References"], vol. 1, pp. 25-29.

236. Torres Bodet, Jaime. "El defraudador defraudado o el retórico sofista," *Rep-Amer,* 15:368, 17 dic. 1927. (Torres Bodet defends a letter he wrote against Lugones.)

237. _____. *Contemporáneos. Notas de crítica.* México, Herrero, 1928, esp. pp. 49-53.

238. Torres Ríoseco, Arturo. *The Epic of Latin American Literature* [see "General References"], rev. ed., esp. pp. 113-114.

239. Ugarte, Manuel, "Leopoldo Lugones," *Escritores iberoamericanos de 1900* [see "General References"], 2nd ed., pp. 163-176.

240. _____. "Leopoldo Lugones," *Nos,* 7:51-52, 1938.

241. Uriarte, Gregorio. "La obra intelectual de Leopoldo Lugones," *Nos,* 30:530-563, 1918. In English: "The Intellectual Work of Leopoldo Lugones," *IntAm,* 2:368-386, 1919.

242. *Valldeperes, M. "Evocaciones. Lugones, poeta de la exaltación patriótica," *Rom,* 1 (11):6, 1940.

243. Vázquez Cañas, Juan. *Leopoldo Lugones y el zodíaco lugoniano.* Buenos Aires, Ateneo Ibero-Americano, 1940, 45 pp.

244. Vela, Arqueles. "Lugones: interludio decadente," *Teoría literaria del modernismo* [see "General References"], pp. 218-225.

245. *Vélez, Juan José. *Discursos y conferencias.* Córdoba, Argentina, Editorial Pereyra, 1929, pp. 137-164. (Concerning *El libro de los paisajes.*)

246. Vera, Humberto B. *Evocación lírica de Leopoldo Lugones.* La Plata, Argentina, Talleres Gráficos Olivieri y Domínguez, 1940, 35 pp. "Conferencia pronunciada en la Biblioteca popular "Rafael Castilla" (Santa María-Catamarca), con los auspicios de la 'Asociación de maestros y profesores'."

247. Vian, Francesco. *Il "modernismo" nella poesia ispanica* [see "General References"], pp. 218-229.

248. Vidal Peña, Leónidas. *El drama intelectual de Lugones.* Buenos Aires, Librería y Editorial "La Facultad," 1938, 137 pp.

249. _____. "La personalidad de Lugones," *Nos,* 7:157-161, 1938. (Concerning Lugones' style and the Lugones-Herrera y Reissig polemic.)

250. Villalobos Domínguez, Carlos. "Las ideas regresivas de Lugones," *Nos,* 50:361-383, 1925.

251. *Viñas, David. "Leopoldo Lugones. Mecanismo, contorno y destino," *Cent,* 3 (5):3-22, 1953.

252. Wáshington Cowes, Hugo. "Leopoldo Lugones," *Nos,* 7:102-105, 1938.

253. Zambrano, David (h.). "Presencia de Baudelaire en la poesía hispanoamericana. Darío. Lugones. Delmira Agustini," *CuAm,* 99 (3):217-235, 1958.

254. Zingone, Nelva E. "La celebración poética del Centenario de Mayo: Lugones y Banchs," *Algunos aspectos de la cultura literaria de mayo.* La Plata, Argentina, Universidad Nacional de La Plata, 1961, pp. 211-232. "Homenaje de la Facultad de Humanidades y Ciencias de la Educación de la Universidad Nacional de La Plata en el 150 aniversario de la Revolución de Mayo."

255. Zocchi, Juan. "Pasión de Lugones," *Nos,* 7:182-194, 1938.

256. Zum Felde, Alberto. "Lugones ante la posteridad," *Nos,* 7:142-149, 1938.

257. _____. "El modernismo en la narrativa," *Indice crítico de la literatura hispanoamericana* [see "General References"], vol. 2, esp. pp. 384-385. Portions are reprinted in: *La narrativa en Hispanoamérica* [see "General References"], esp. p. 281. (Concerning *La guerra gaucha.*)

José Martí

(1853-1895)

1. *A ta memoria de Martí. La república cubana con todos y para todos. O- frenda consagrada a Martí.* La Habana, 1901, 15 pp.
2. Abreu Licairac, Rafael. "José Martí," *Mi óbolo a Cuba; colección de artículos editados en la prensa dominicana y de algunos otros inéditos.* New York, Imp. "Patria," 1897, pp. 11-15.
3. Acevedo Escobedo, Antonio. "Huellas de Martí en México," *RepAmer,* 26: 296, 301-302, 20 mayo 1933.
4. Acosta, Agustín. "Ya sería un viejo," *BACL,* 1:776-778, 1952.
5. Agramonte y Pichardo, Roberto. "Martí y el mundo de lo colectivo," *UHab,* 12 (38/39):16-43, 1941. Also in: *RevMS,* 3 (4):7-34; and in: *ArJM,* 3 (1):126- 142, 1943. "Conferencia leída en el curso de ampliación de la Escuela de Verano de la Universidad de la Habana."
6. Aguirre, Mirta. " 'La edad de oro' y las ideas martianas sobre educación infantil," *Lyc,* 9 (33/34):33-58, 1953.
7. Alazraki, Jaime. "El indigenismo de Martí y el antindigenismo de Sarmiento," *CuAm,* 140 (3):135-157, 1965.
8. Alba, Pedro de. "Martí, amigo del indio," *Del nuevo humanismo y otros ensayos.* México, Ediciones de la Universidad Nacional, 1937, pp. 209-213. Also in: *RBC,* 41:200-201, 1938; and in: *ArJM,* 2 (2):150-154, 1941.
9. _____. "Martí and His Pilgrimage. Tribute on the Fiftieth Anniversary of His Death," *BPU,* 79:265-269, 1945.
10. _____. "La ruta de Martí," *AANALH,* 14:315-318, 1930.
11. _____. "Semblanza y ruta de José Martí," *ArJM,* 3 (1):57-62, 1945. "Boletín de la Unión Panamericana, Washington, D. C., mayo, 1945."
12. Albornoz, Alvaro de. "Homenaje de un español a José Martí," *Hum,* 3 (13): 10-17, 1953.
13. Albuquerque de Lima, Sílvio Júlio. See: Júlio, Sílvio.
14. Aldao, Carlos. "Martí," *RevCu,* 29:202- 206, 1951/1952.
15. Alegría, Fernando. "El Whitman de. José Martí," *Hum,* 3 (24):239-247, 1954. Slightly revised in: *Walt Whitman en Hispanoamérica* [see "General References"], esp. pp. 22-34.
16. Almendras, Herminio. *A propósito de "La edad de oro" de José Martí; notas sobre literatura infantil.* Santiago de Cuba, Universidad de Oriente, Departamento de Extensión y Relaciones Culturales, 1956, 268 pp.
17. Alone (pseud.). See: Díaz Arrieta, Hernán.
18. Alvarado García, Ernesto. "José Martí, Adolfo Zúñiga y Jerónimo Zelaya," *ArJM,* 4 (4):456-460, 1949.
19. *Anales de la Universidad de Chile.* "Homenaje a José Martí en el centenario de su nacimiento," *AnUCh,* 111 (89): esp. pp. 1-165, primer trimestre de 1953. "Antología": pp. 168-261. (Entire number dedicated to Martí.)
20. Anderson Imbert, Enrique. "Comienzos del modernismo en la novela," *NRFH,* 7:515-525, 1953. (Concerning *Amistad funesta.*)
21. _____. "José Martí," *Historia de la literatura hispanoamericana* [see "General References"], vol. 1, pp. 325-329.
22. _____. "La prosa poética de José Martí. A propósito de *Amistad funesta,*" *Memoria del congreso de escritores martianos* [q. v.], pp. 570-616. Also in: *Antología crítica de José Martí* [see under González, Manuel Pedro], pp. 93-131. Reprinted in part: "El impresionismo en *Amistad funesta* de Martí," *As* 9 (3):13-20, 1953.
23. Andino, Alberto. "Reflejos teresianos en la prosa de José Martí," *DHR,* 4 (3): 135-151, 1965.
24. *Aportes para una bibliografía de José Martí.* Montevideo, Universidad de la República, Facultad de Humanidades y Ciencias, 1954, 39 pp.
25. Araquistáin, Luis. "Martí," *RepAmer,* 14:328, 4 jun. 1927.
26. *Archivo José Martí.* "Al cuidado de Félix Lizaso. La Habana, vols. 1-8, 1940. I,

26. *Archivo José Martí* (cont.)
1940: publicado por el Consejo Co-
operativo de Educación, Sociedad y
Beneficencia. II, 1940; III, 1941; IV,
1942; V y VI, 1944; VII, 1944: publicados por el Ministerio de Educación,
Dirección de Cultura, hasta el No. 22,
dic. 1952."

27. *Archivo José Martí*. "Homenaje a Martí
en Washington," *ArJM*, 6 (1/4): 418-
425, 1952.

28. *Archivo Nacional de Cuba. El archivo
nacional en la conmemoración del centenario del natalicio de José Martí y
Pérez 1853-1953*. Prefacio de Jorge
Quintana. La Habana, Publicaciones
del Archivo Nacional de Cuba, 1953.
805 pp.

29. Arciniegas, Germán. "José Martí, símbolo
de América," *CCLC* (2):3-5, 1953.

30. Ardura, Ernesto. "Martí y la libertad,"
ArJM, 5 (1):90-95, 1950.

31. Argilagos, Rafael G. "Estampas martianas: con guante blanco," *ArJM*, 5
(2):266, 1950.

32. _____. "¿Qué entiende usted por
patria?" *ArJM*, 5 (3):402-406, 1951.

33. Argüello, Santiago. "José Martí," *Rep-
Amer*, 17:120, 127, 25 ago. 1928;
17:143-144, 1 sept. 1928; 17:326-327,
1 dic. 1928.

34. _____. "El Martí-poeta," *AANALH*,
13 (1):30-52, 1929.

35. Arias, Augusto. "José Martí," *AmerQ*,
12:157-168, cuarto trimestre de 1938.

36. _____. "Martí siempre," *Memoria del
congreso de escritores martianos* [q.
v.], pp. 162-188.

37. _____. "Prosa y estilística de José
Martí," *UAnt*, 29 (113):73-80, 1953.

38. Armas Cárdenas, José de. "Martí," *Ensayos críticos de literatura inglesa y
española*. Madrid, Suárez, 1910, pp.
207-214. Also in: *ArJM*, 4 (2):361-
364, 1943; *BACL*, 1:483-487, 1952;
and in: *RevCu*, 29:170-175, 1951/
1952.

39. Arrom, José Juan. "Raíz popular de los
Versos sencillos de José Martí," *Memoria del sexto congreso del Instituto
Internacional de Literatura* Iberoamericana [q. v.], pp. 155-168. Also in: *Antología crítica de José Martí* [see under
González, Manuel Pedro], pp. 411-
426; *Certidumbre de América; estudios
de letras, folklore y cultura*. La Habana, Anuario Bibliográfico Cubano,
1959, pp. 61-81.

40. *Ateneo*, 40 (197):3-54, 1953. (Contains
several articles on Martí.)

41. Aubrun, Charles U. "'Homagno,' un
poema de José Martí: ensayo de un
nuevo método de crítica literaria,"
CCLC (75):51-59, 1963.

42. Augier, Angel I. "Martí, poeta, y su in-
fluencia innovadora en la poesía de
América," *Vida y pensamiento de
Martí* [q. v.], vol. 2, pp. 265-333.

43. Avila, Julio Enrique. "Exaltación de José
Martí," *ArJM*, 3 (1):47-52, 1945.
"Repertorio americano. San José, C.
R., junio 15 de 1945."

44. Avilés Ramírez, Eduardo. "Defensa y
explicación de Rubén Darío de Avilés
Ramírez a M. P. González." *CCLC*
(78):48-50, 1963. Also in: *SemArRD*
(9):27-32, 1964. (See this item under
"Rubén Darío.")

45. _____. "Influencia de Martí en Darío,"
ArJM, 6 (1/4):436-437, 1952.

46. Baeza Flores, Alberto. "Agonía y deber
en José Martí," *A*, 69:90-101, 1942.

47. _____. "De país en país. Martí en
Darío," *RNC*, 28 (178):37-45, 1966.

48. _____. "José Martí, el poeta de su
apostolado," *A*, 72:26-46, 1943.

49. _____. Martí, el poeta de la muerte
suya," *A*, 79:44-63, 1945. Also in:
ArJM, 5 (2):188-198, 1945.

50. Ballagas, Emilio. "'Lalla Rookh', el
poema que Martí tradujo," *ArJM*, 6
(1/4):201-202, 1952.

51. Balseiro, José A. "Cuatro enamorados de
la muerte en la lírica hispanoamericana," *Expresión de Hispanoamérica*
[see "General References"], vol. 1,
pp. 121-137, esp. pp. 121-125. (Also
concerning Nájera, Casal, and Silva.)

52. _____. "El sentido de la justicia en
José Martí," *Expresión de Hispanoamérica* [see "General References"],
vol. 1, pp. 139-151.

53. Bar-Lewaw, Itzhak. "La prosa de José
Martí y de Julián del Casal," *Temas
literarios iberoamericanos* [see "General References"], pp. 33-46.

54. Baralt, Luis A. "Martí y el teatro,"
UHab, 6 (38/39):182-210, 1941.

55. Barrial Domínguez, José. "Relación de
lo publicado, durante 50 años, por don
Federico Henríquez i Carvajal sobre
José Martí," *RBNHab*, 4 (3):88-95,
1953.

56. Barrios, Gilberto. "Martí, Darío y el
modernismo," *EdM* (20):43-47, 1962.

Reprinted in: *Nuestro Rubén* [see Barrios under "Rubén Darío"], pp. 56-63. (See: Schulman, Ivan A. *Símbolo y color en la obra de José Martí*. Polemic.)

57. Bazil, Osvaldo. *Vidas de iluminación. La huella de Martí en Rubén Darío. Cómo era Rubén Darío*. La Habana, Julio Arroyo y Cía., 1932, 76 pp. See also: "La huella de Martí en Rubén Darío," *ArJM*, 4 (4):481-494, 1949; same title in *Antología crítica de José Martí* [see under González, Manuel Pedro], pp. 237-245. Reprinted in: Rodríguez Demorizi, Emilio. *Rubén Darío y sus amigos dominicanos* [see under "Rubén Darío"], pp. 204-219.

58. Béguez César, J. A. *Martí y el krausismo*. La Habana, Cía. Editora de Libros y Folletos, 1944, 88 pp. "Bibliografía": pp. 86-88.

59. Benvenuto, Ofelia M. B de. *José Martí*. Prólogo de C. Benvenuto. Montevideo, Editorial González Panizza Hnos., 1942, XXXIX, 221 pp.

60. Bernal, Emilia. "Martí, por sí mismo," *RBC*, 33:445-473, 1934; 34:125-144, 1934. Also published separately: La Habana, Imp. Molina y Cía., 1934, 63 pp.

61. Bernal del Riesgo, Alfonso. "Estampa psíquica de Martí," *RBC*, 41:233-242, 1938. "Conferencia leída en la sesión martiana celebrada por la Resp. Logia 'Bartolomé Masó', de La Habana."

62. Bisbé, Manuel. "Martí, los clásicos y la enseñanza humanística," *Vida y pensamiento de Martí* [q. v.], vol. 1, pp. 253-273.

63. _____. "El sentido del deber en la obra de José Martí," *RBC*, 37:330-341, 1936.

64. Blanck, Willy de. "José Martí, el gran político cubano que se adelantó a su tiempo," *ArJM*, 5 (2):219-228, 1950.

65. Blanco-Fombona, Rufino. "José Martí," *ArJM*, 6 (1/4):130-132, 1952. (Article dated 1899.)

65a. Blomberg, Héctor Pedro. *Martí, el último libertador*. Buenos Aires, Editorial La Universidad, 1945, 140 pp. (On cover: *Perfiles*.)

66. Blondet, Olga. "José Martí: bibliografía selecta," *RHM*, 18:151-161, 1952. Also in: *José Martí (1853-1895)* [see under Hispanic Institute in the United States], pp. 163-173. (A bibliography of and on Martí.)

67. *Bohemia*, 45 (5):1-127, 1953. "Edición extraordinaria en homenaje a nuestro apóstol José Martí."

68. Bolet Peraza, Nicanor. "José Martí como literato," *ArJM*, 5 (2):199-209, 1950.

69. *Boletín de la Academia Cubana de la Lengua*. "Homenaje a José Martí en el centenario de su nacimiento," *BACL*, 1:481-787, 1952. (Entire number dedicated to Martí.) "El material de este *Homenaje* fue seleccionado por Félix Lizaso."

70. *Boletín del Archivo Nacional de Cuba*. "Homenaje a Martí. 28 de enero de 1940," *BolANC*, 39:5-317, 1940. (Entire number dedicated to Martí.)

71. Bonilla, Juan. "Impresiones de una velada," *RevCu*, 29:418-421, 1951/1952. (Concerning Martí as a "practical philosopher.")

72. Borrero de Luján, Dulce María. "Martí, poeta," *CubCon*, 32:293-307, 1923. "Conferencia leída en la velada que celebró el Colegio de Abogados de Santa Clara, el 19 de mayo de 1923."

73. Borroto Mora, Thomas. "José Martí," *Clar*, 15 (312): n. pag., 1937.

74. Boti, Regino E. "De re martiana," *RevCu*, 11:175-186, 1938.

75. _____. "Martí en Darío," *CubCon*, 37:112-124, 1925. Also published separately: La Habana, Imp. El Siglo XX, 1925, 17 pp. And in: *ArJM*, 4 (2):378-388, 1943; and: *BACL*, 1:584-596, 1952.

76. *_____. "La obra poética de José Martí: su cronología y antología," *RevOr*, 2 (20/21):6-7, 9, 1930.

77. Boydston, Jo Ann Harrison. "José Martí y Oklahoma," *RepAmer*, 43:373-375, 26 jun. 1948. Also in: *ArJM*, 4 (2):195-201, 1948.

78. Brenes-Mesén, Roberto. "José Martí, poeta," *Crítica americana* [see "General References"] pp. 13-27. Also in: *ArJM*, 4 (2):368-375, 1944. "Para la edición de *Versos*, San José de Costa Rica, 1914, de José Martí."

79. _____. "Martí en México," *RepAmer*, 30:3, 5 ene. 1935.

80. Brito, H. C. "José Martí," *RevCu*, 29:404-415, 1951/1952. "Fragmento del folleto 'Suum cuique', publicado en La Habana en 1910."

81. Bueno, Salvador. "Contorno del modernismo en Cuba," *CHisp*, 71:481-489, 1967. Also see "General References."

82. Caillet-Bois, Julio. "José Martí," *CurCon*, 28:277-299, 1946. Also in: *ArJM*, 6:314-322, 1946.

83. _____. "Martí y el modernismo literario," *Memoria del congreso de escritores martianos* [q. v.], pp. 474-489.

84. Camacho, Pánfilo Daniel. *Martí, un genio creador*. La Habana, El Siglo XX, 1956, 26 pp. "Discurso leído . . . en la sesión celebrada el día 27 de enero de 1956."

85. _____. *Martí, una vida en perenne angustia*. La Habana, El Siglo XX, 1948, 34 pp. "Discurso leído en la sesión pública celebrada el 27 de enero de 1948."

86. Campillo, J. F. "El maestro; sus versos: su biografía," *RevFLCH*, 16:98-111, 1913.

87. Campos, Jorge. "Gavidia, Rubén, Martí y el modernismo," *Ins*, 17 (192):11, 1962.

88. Cañas, Salvador. "Plenitud de José Martí," *Sint*, 2 (20):25-27, 1955.

89. Caraballo y Sotolongo, Francisco. *José Martí*. Matanzas, Imp. de T. González, 1916, 21 pp. "Conferencia pronunciada el 28 de enero en el aula magna del Instituto provincial."

90. _____. *José Martí, poeta, pensador y revolucionario (estudio crítico)*. Matanzas, Imp. de T. González, 1916, 161 pp.

91. Carbonell, José Manuel. "Las ideas americanistas de Martí," *A*, 17:499-503, 1931.

92. _____. "José Martí," *RevCu*, 29:317-324, 1951/1952.

93. _____. "José Martí," *La poesía lírica en Cuba*. Recopilación dirigida, prologada y anotada por . . . (Ed. oficial). La Habana, Imp. El Siglo XX, 1928, vol. 4, pp. 160-167. (Evolución de la Cultura Cubana [1608-1927].)

94. Carbonell, Miguel Angel. "Martí: su obra literaria y su obra política," *BACL*, 1:763-775, 1952. Also in: *CubPro*, 5:94-96, 1953. "Oración pronunciada el 25 de febrero de 1922, en el salón de actos del Colegio de Arquitectos, en velada organizada por la 'Sociedad de Conferencias'."

95. Carbonell, Néstor. *José Martí: apóstol, héroe y mártir*. Buenos Aires, J. Suárez, 1933, 48 pp. "Oración pronunciada en el Instituto popular de conferencias,

sala de fiestas de 'La Prensa', el día 16 de junio de 1933."

96. _____. *Martí, carne y espíritu*. La Habana, Seoane, Fernández y Cía., 1952, 2 vols. "Edición-homenaje a la República de Cuba en el cincuentenario de su independencia."

97. _____. *Martí: su vida y su obra*. La Habana, Imp. Rambla y Bouza, 1911, 38 pp. "Oración pronunciada el día 23 de febrero de 1911 en el Ateneo de La Habana."

98. _____. *Martí: su vida y su obra. II. El poeta*. La Habana, Imp. Seoane y Alvarez, 1913, 23 pp. "Conferencia pronunciada el domingo 23 de febrero de 1913 en los salones del Ateneo de La Habana."

99. _____. *Martí: su vida y su obra*. La Habana, Imp. El Siglo XX, 1923, 226 pp.

100. _____. "Martí y el Uruguay," *RABA*, 28 (77):121-129, 1930. Also in: *AANALH*, 15:391-399, 1930.

101. _____. "Martí y la Argentina," *RABA*, 23 (66):136-155, 1929; *AANALH*, 13:438-460, 1929; *ArJM*, 4 (2):151-166, 1948.

102. _____. "Un trabajo de Martí desconocido," *AANALH*, 11:5-27, 1927.

103. Carbonell, Reyes. "José Martí y sus versos libres," Estud, 2 (6/7): 39-44, 1953.

104. Carilla, Emilio. "Perfil moral de José Martí," *Hums*, 1:317-335, 1953.

105. Carrancá y Trujillo, Camilo. *Acerca de Martí en México (de una polémica)*. México, Imp. Mundial, 1934, 18 pp.

106. _____. "El americanismo de Martí," *RepAmer*, 26:296, 300-301, 20 mayo 1933.

107. _____. *Martí. Traductor de Víctor Hugo*. México, Telleres Gráficos de la Nación, 1933, 62 pp.

108. _____. *Las polémicas de José Martí en México. Los cubanos en el Centenario americano*. México, Ediciones del Bloque de Obreros Intelectuales de México, 1931, 15 pp.

109. Carricarte, Arturo R. de. *La cubanidad negativa del apóstol Martí*. La Habana, M. I. Mesa Rodríguez, 1934, 46 pp.

110. Carrillo, José. "En la huella de Martí," *Ensayos literarios y didácticos*. México, Tipografía Mercantil, 1949, pp. 105-121.

111. _____. *El verdadero José Martí; tres ensayos críticos*. México, Bayo Libros, 1953, 272 pp. "Bibliografía": pp. 176-195.

112. Carsuzán, María Emma. "José Martí, el precursor americano," *La creación en la prosa de España e Hispanoamérica* [see "General References"], pp. 63-68.

113. *Carteles, 34 (5):1-150, 1953. (Entire number dedicated to Martí.)

114. Carter, Boyd G. "Gutiérrez Nájera y Martí como iniciadores del modernismo," *RI*, 28:295-310, 1962. (See: Schulman, Ivan A. "José Martí y Manuel Gutiérrez Nájera: iniciadores del modernismo." Also: Schulman, *Símbolo y color en la obra de José Martí*. Polemic.)

115. Caso, Quino. "El sentimiento amoroso en la obra libertadora de Martí," *Cul* (12):133-139, 1958.

116. Castelar, Emilio. "Murmuraciones europeas," *ArJM*, 4 (1):31-34, 1947.

117. Castro, José R. "El centenario de José Martí en Guatemala," *ArJM*, 6 (1/4): 414-417, 1952.

118. Castro de Morales, Lilia. "Proemio" to *Diccionario del pensamiento de José Martí*. Proemio, selección, ordenación y notas por , . . . Edición del Centenario. La Habana, Editorial Selecta, 1953, pp. 7-29.

119. Catalá, Raquel. "Martí y el espiritualismo," *Vida y pensamiento de Martí* [q. v.], vol. 1, pp. 297-339. Also published separately: La Habana, Molina y Cía., 1942, 47 pp.

120. Céspedes Ponce, Silvia M. "Recuerdos de un curso martiano," *ArJM*, 5 (3): 381-383, 1951.

121. Chacón, Francisco. "Martí en la vida social," *RevCu*, 29:430-434, 1951/1952.

122. Chacón y Calvo, José María. "Una figura continental," *ArJM*, 1 (1):28-31, 1940. Also in: *BACL*, 1:634-639, 1952.

123. Cimorra, Clemente. "Cómo amaban los grandes," *ArJM*, 5 (3):398-401, 1951.

124. Clavijo Tisseur, Arturo. "Honrar, honra," *ArJM*, 5 (3):396-397, 1951.

125. Concheso, Aurelio F. See: Fernández Concheso, Aurelio.

126. Conte Agüero, Luis. *José Martí y la oratoria cubana*. Prólogo de Gaspar Mortillaro. Buenos Aires, Talleres Gráficos El Sol, 1959, 172 pp. (Ediciones de Sarmiento, Tribuna de Educación Popular.) "Biblografía": pp. 169-172.

127. Cordero Amador, Raúl. "América y Martí," *ArJM*, 6 (1/4): 426-432, 1952.

128. _____. "Martí y la prensa," *Memoria del congreso de escritores martianos* [q. v.], pp. 729-734.

129. Córdova, Federico de. "Martí americanista," *UHab*, 15 (46/48):83-102, 1943.

130. _____. "Martí idealista," *UHab*, 16 (49):23-42, 1943.

131. _____. "Martí escritor," *UHab*, 16 (50/51):114-132, 1943.

132. _____. "Martí orador," *UHab*, 17 (52/54):97-114, 1944.

133. Cortina, José Manuel. *Apología de José Martí*. La Habana, Imp. Rambla, Bouza y Cía., 1935, 29 pp. Also in: *ArJM*, 6 (1/4):87-105, 1952. "Oración pronunciada . . . en la Asociación de reporters de la Habana con motivo de la celebración de la segunda 'noche buena de Martí', la noche del 27 al 28 de enero de 1930." In French: *Apologie de José Martí*. Trad. de F. de Miomandre. Paris, Messein, 1938, 48 pp.

134. Costa, Octavio R. "El sentimiento de la amistad en José Martí," *ArJM*, 4 (2): 167-175, 1942.

135. _____. "Visión americanista de Martí," *RevHab*, 7:534-544, 1946.

136. Cova, Jesús A. "Venezuela y los venezolanos en la prosa de José Martí," *Memoria del congreso de escritores martianos* [q. v.], pp. 735-743.

137. Cox, Carlos Manuel. "Marx, Martí y Marinello," *Clar*, 14 (289): [n. pag.], 1935.

138. Coya, Mercedes García Tuduri de. "Las conversaciones filosóficas interamericanas y el centenario de Martí," *CubPro* (5):38, 1953.

139. Cruz, Manuel de la. "José Martí," *Literatura cubana. Obras*, vol. III [see General References"], pp. 409-424. *"La Nación*, Buenos Aires, 16 de noviembre de 1895."

140. *Cuadernos americanos*. "Corona a José Martí," *CuAm*, 21 (3):157-214, 1945.

141. *Cuba profesional*. Año del centenario de José Martí. (5): esp. pp. 11-102, 1953. (Entire number dedicated to Martí.)

142. Cue Cánovas, A. *Martí, el escritor y su época*. México, Ediciones Centenario, 1961, 88 pp.

143. Daireaux, Max. "José Martí (1853-1895)," *ArJM,* 2 (2):123-140, 1941. Also published separately: Paris, Éditions France-Amérique, 1939, 31 pp. (Cahiers de Politique Étrangére.)

144. Darío, Rubén. "José Martí," *Los raros.* Barcelona, Casa Editorial Maucci, 1905, pp. 217-228.

145. _____. "José Martí, poeta," *Antología crítica de José Martí* [see under González, Manuel Pedro], pp. 267-295.

146. Delfín Avila, Germán. "Sobre un poema inédito de Martí," *ArJM,* 5 (4):517-530, 1951. (Concerning several poems written between 1871 and 1874.)

147. Díaz Abreu, Antonio. "Reflexiones martianas," *ArJM,* 6 (1/4):219-221, 1952.

148. *Díaz Arrieta, Hernán. "Gabriela Mistral y José Martí," *Ind,* 5 (3):11-13, 1940.

149. Díaz Ortega, Enrique. "Humanismo y amor en José Martí," *ArJM,* 5 (3):331-340, 1951.

150. _____. "El sentimiento de la amistad en José Martí," *ArJM,* 4 (2):176-185, 1948.

151. _____. "Los valores educacionales en José Martí," *ArJM,* 5 (1):77-89, 1950.

152. Díaz Plaja, Guillermo. "Lenguaje, verso y poesía en José Martí," *CHisp,* 14:312-322, 1953. Also in: *Memoria del congreso de escritores martianos* [q. v.], pp. 617-631.

153. _____. "Martí," *Modernismo frente a noventa y ocho* [see "General References"], pp. 305-307. Also in: *ArJM,* 6 (1/4):441-442, 1952; *BACL,* 1:542-544, 1952; and in: *Antología crítica de José Martí* [see under González, Manuel Pedro], pp. 247-249.

154. _____. *Martí desde españa.* La Habana, Editorial Librería Selecta, 1956, 117 pp.

155. Díez-Canedo, Enrique. "Heredia y Martí," *RBC,* 29:179-183, 1932. Also in: *Letras de América* [see "General References"], pp. 179-183.

156. _____. "Martí en edición española," *Letras de América* [see "General References"], pp. 184-186.

157. Dominici, Pedro César. "José Martí," *Tronos vacantes. Arte y crítica* [see "General References"], pp. 123-136.

158. Dougé, Joubert. *Essai sur José Martí.* Port-au-Prince, Haiti, Imprimerie Telhomme, 1943, 173 pp.

159. _____. "José Martí, crítico literario," *Memoria del congreso de escritores martianos* [q. v.], pp. 691-705. "Trad. por la Secretaría del Congreso."

160. Echagüe, Juan Pablo. "José Martí, personalidad de América," *ArJM,* 5 (1):19-28, 1950.

161. *Embajada de Venezuela en Cuba. Venezuela a Martí.* Publicación de la Embajada de Venezuela en Cuba, 1953, 278 pp.

162. Entralgo, Elías. "El centenario de Martí," *ArJM,* 5 (2):253-256, 1950.

163. *Erenberg, Elías. "Homenaje de la URSS a José Martí en el centenario de su nacimiento," *CulSov,* 17 (102):36-37, 1953.

164. Escala, Víctor Hugo. "Evocación de Martí en el primer centenario de su muerte," *AmerQ* (81/82):416-433, 1945.

165. Escudero, Alfonso M. "Martí. I. Los 42 años de José Martí. II. Más trazos para su retrato espiritual. III. El escritor y los géneros literarios. IV. El intelectual y el artista. V. Al cabo de los años," *A,* 110:16-54, 1953.

166. Esténger, Rafael. "Esbozo de Martí," *Memoria del congreso de escritores martianos* [q. v.], pp. 90-119, esp. pp. 104-119.

167. _____. *Martí frente al comunismo. Glosas de contrapunteo entre el hombre libre y el autómata marxista.* Miami, Talleres de la Editorial AIP, 1966, 133 pp. (Ediciones del Directorio Magisterial Cubano 27.)

168. Estrada, Domingo. *José Martí.* 2nd ed., La Habana, "El Mundo," 1901, 27 pp. 1st ed., Guatemala, Tipografía de A. Síguere y Cía., 1899, iv, 53 pp.

169. _____. "José Martí;" *ArJM,* 5 (2):210-218, 1950. Also in: *RevCu,* 29:108-118, 1951/1952.

170. Estrella Gutiérrez, Fermín y Emilio Suárez Calimano. "José Martí," *BACL,* 1:557-560, 1952.

171. F. M. Z. "El magisterio de Martí," *ArJM,* 5 (4):541, 1951.

172. Fabbiani Ruiz, José. "Martí y nosotros," *ArJM,* 5 (3):393-395, 1951.

173. Febres Cordero G., Julio. "Glosas martianas," *RNC,* 12 (86):88-109, 1951.

174. *El federal escolar, ene./feb., 1953, pp. 1-52. (Entire number dedicated to Martí.)

175. Fernández, Justino. "Política y arte en la crítica de Martí," *Memoria del con-*

greso de escritores martianos [q. v.], pp. 714-717.

176. Fernández Concheso, Aurelio. "José Martí, filósofo," *IAA*, 11:107-121, 1937. Also published separately: Berlin, Ferd. Dümmler, 1937, 16 pp. (A lecture given in the Humboldt Club in Berlin.)

177. Fernández Marcané, Luis. "Maura y Martí," *BolANC*, 39:311-317, 1940.

178. Fernández Retamar, Roberto. "Martí en su (tercer) mundo," [prologue to] José Martí, *Páginas escogidas*. La Habana, Editora Universitaria, 1965, 2 vols.

179. Ferrara, Orestes. *Martí y la elocuencia*. La Habana, Monotipos de C. López Bustamante, 1926, 22 pp.

180. Ferrer Canales, José. "José Martí y José de Diego," *As*, 22 (3):53-80, 1966.

181. _____. "Martí y Puerto Rico," *CuAm*, 80 (2):141-169, 1955.

182. _____. "Rousseau y Martí en Roa," *Literatura iberoamericana* [see "Literatura..." in "General References"], pp. 165-182.

183. Ferro, Hellén. "José Martí; un precursor 'antimodernista'; poeta de la nacionalidad; poesía infantil; sencillismo de Martí," *Historia de la poesía hispanoamericana* [see "General References"], pp. 146-150.

184. Figueroa, Pedro Pablo. "José Martí," *RevCu*, 29:180-191, 1951/1952.

185. Flores, Saúl. "José Martí, educador," *ArJM*, 6 (1/4):443-447, 1952.

186. Florit, Eugenio. "Bécquer en Martí," *T*, 3 (10):131-140, 1955.

187. _____. "José Martí: vida y obra. 2. Versos," *RHM*, 18:20-71, 1952. Also in: *José Martí (1853-1895)* [see under Hispanic Institute in the United States], pp. 27-78.

188. _____. "Notas sobre la poesía en Martí," *ArJM*, 2 (2):15-27, 1941. Also in: *RI*, 4:253-266, 1942; *BACL*, 1:605-619, 1952; *AnUCh*, 111 (89): 82-96, primer trimestre de 1953.

189. _____. "La poesía de Martí," *ArJM*, 6 (1/4):106-117, 1952.

190. _____. "Versos," *RHM*, 18:20-71, 1952. Selected pages of this article appear in: *Antología crítica de José Martí* [see under González, Manuel Pedro], pp. 297-342.

191. Franco, Luis. "Martí, escritor," *ArJM*, 5 (3):325-330, 1951. Also in: *BACL*, 1:597-604, 1952.

192. Garasino, Ana María. "Trayectoria laicista de José Martí," *UHab*, 21 (130/132):41-119, 1957.

193. García Agüero, Salvador. "Martí orador," *Vida y pensamiento de Martí* [q. v.], vol. 2, pp. 249-263.

194. García Espinosa, Juan M. "En torno a la novela del Apóstol," *UHab*, 29 (171): 7-99, 1965. (Concerning *Amistad funesta*.)

195. García Godoy, F[ederico]. "José Martí," *Americanismo literario* [see "General References"], pp. 25-72.

196. García Kohly, Mario. "Homenaje a José Martí," *ArJM*, 6 (1/4):163-168, 1952.

197. García Marruz, Fina. "José Martí," *Lyc*, 8 (30):5-41, 1952. Also in: *ArJM*, 6 (1/4):52-86, 1952; *Antología crítica de José Martí* [see under González, Manuel Pedro], pp. 193-213. "Estas páginas forman parte de un extenso y lúcido ensayo de carácter general que se reproduce como prólogo en el libro *Diarios* por José Martí. La Habana, Editorial Libro Cubano, 1956. Aquí se transcriben solamente las páginas en que su autora comenta el arte de la prosa y la poética de Martí."

198. García Monge, J. "José Martí en Costa Rica," *RepAmer*, 39:97-98, 11 abr. 1942. Also in: *ArJM*, 4 (2):410-412, 1944.

199. Garrigó, Roque E. *América. José Martí*. La Habana, Imp. y Papelería de Rambla y Bouza, 1911, x, 250 pp. "Bibliográfia de José Martí"; pp. 211-250. "Obra premiada con medalla de oro y regalo del honorable Presidente de la República por el Colegio de Abogados de La Habana."

200. Gay Calbó, Enrique. "Americanismo en Martí," *Vida y pensamiento de Martí* [q. v.], vol. 1, pp. 27-59. "Obras consultadas": pp. 57-59.

201. _____. "Martí americano," *RBC*, 58: 145-154, 1946. Also in: *ArJM*, 4 (2): 202-211, 1948.

202. _____. "Martí y la conducta humana," *ArJM*, 6 (1/4):338-349, 1952.

203. Ghiano, Juan Carlos. *José Martí*. Buenos Aires, Centro Editor de América Latina, 1967, 54 pp. (Enciclopedia Literaria 6. España e Hispanoamérica.) Bibliography: pp. 51-54.

204. Ghiano, J. C. "Martí poeta" [prologue to] *Poesías*. Buenos Aires, Editorial Raigal, 1952, pp. 7-52. (Biblioteca Juan María Gutiérrez 2.) Also in: *Antología crítica de José Martí* [see under González, Manuel Pedro], pp. 343-365.

205. Gicovate, Bernardo. "Aprendizaje y plenitud de José Martí," *Conceptos fundamentales de literatura comparada* [see "General References"], pp. 79-103.

206. _____. "El hallazgo lingüístico en José Martí," *RI*, 20:13-17, 1955.

207. Giusti, Roberto F. "José Martí," *ArJM*, 3 (1):23-28, 1945. "*La Prensa*. Buenos Aires, 13 de mayo de 1945."

208. Godoy, Armand. "Una bibliografía y una carta inédita," *RepAmer*, 26:339, 10 jun. 1933.

209. _____. "José Martí, poète et libérateur," *ND*, 34 (1):86-90, 1954.

210. [Godoy Alcayaga, Lucila]. Mistral, Gabriela (pseud.). "La condición mágica de José Martí," *CubPro* (5):20, 92-93, 1953.

211. _____. *La lengua de Martí*. La Habana, Ediciones de la Secretaría de Educación, 1934, 43 pp. (Cuadernos de Cultura 1.) Also in: *ArJM*, 5 (2):139-152, 1950; *BACL*, 1:508-527, 1952; *AnUCh*, 111 (89):97-116, primer trimestre de 1953; *RBNHab*, 8:141-164, 1957; *Antología crítica de José Martí* [see under González, Manuel Pedro], pp. 23-39. "Conferencia leída en la Habana en 1930."

212. _____. "Los 'Versos sencillos' de José Martí," *RBC*, 41:161-175, 1938. Also in: *ArJM*, 5 (2):153-163, 1950; *Antología crítica de José Martí* [see under González, Manuel Pedro], pp. 253-265.

213. Goldarás, Roberto L. "La ruta de Martí," *CubPro* (5):11-15, 102, 1953.

214. Gómez Haedo, Juan Carlos. "Hombres y letras," *RNac*, 6:419-428, esp. pp. 424-425, 1939.

215. González, Manuel J. "El maestro," *RevCu*, 29:121-125, 1951/1952.

216. González, Manuel Pedro. See also under "General References" and "Rubén Darío."

217. _____. "Aclaraciones en torno a la génesis del modernismo," *CCLC* (75):41-50, 1963. (See: Avilés Ramírez, Eduardo. "Defensa y explicación de Rubén Darío." Polemic.)

218. _____. *Antología crítica de José Martí*. México, Editorial Cultura, 1960, 543 pp. "Bibliografía mínima": pp. 541-543.

219. _____. "Aspectos inexplorados en la obra de José Martí," *CurCon*, 45:313-325, 1954.

220. _____. "El culto a Martí en la Argentina," *RBNHab*, 5 (2):45-57, 1954.

221. _____. "En el centenario de Rubén Darío. (Deslindes indeclinables)," *CasAm* (42):36-51, 1967. "Leído el 19 de enero de 1967." (Another of M. P. G.'s polemical articles on the beginnings of Modernism, Darío, Martí.)

222. _____. "Evolución de la estimativa martiana," *Antología crítica de José Martí* [q. v.], pp. xi-xxix.

223. _____. *Fuentes para el estudio de José Martí; ensayo de bibliografía clasificada*. La Habana, Ministerio de Educación, 1950, vii, 517 pp. (Bibliografía Cubana 1.)

224. _____. "Fuentes para el estudio de José Martí: I. por José I. Mantecón. II. por Antonio Martínez Bello. III. por Salvador Buenos," *ArJM*, 5 (2):276-288, 1950.

225. _____. *Indagaciones martianas*. [La Habana], Departamento de Relaciones Culturales, Universidad Central de las Villas, Santa Clara, Cuba, 1961, 273 pp.

226. _____. "I. Iniciación de Rubén Darío en el culto a Martí. II. Resonancias de la prosa martiana en la de Darío (1886-1900)," *Memoria del congreso de escritores martianos* [q. v.], pp. 503-569. Also in: Loveluck, Juan. *Diez estudios sobre Rubén Darío* [see under "Rubén Darío"], pp. 73-122. (See: Schulman, Ivan A. "Resonancias martianas en la prosa de Rubén Darío . . . .")

227. _____. "José Martí, anticlerical irreductible," *CuAm*, 73 (1):170-197, 1954.

228. _____. *José Martí en el octogésimo aniversario de la iniciación modernista 1882-1962*. Caracas, Ministerio de Educación, Dirección de Cultura y Bellas Artes, Departamento de Publicaciones, 1962, xv, 132 pp. (See: Schulman, Ivan A. "Darío y Martí: 'Marcha triunfal', 'El centenario de Calderón' y 'Castelar'.")

229. _____. "José Martí en Rusia," *RBC*, 73:77-84, 1957. Also in: *Hum*, 6 (45):19-27, 1957.

230. _____. *José Martí, Epic Chronicler of the United States in the Eighties;* with an introd. by Sturgis E. Leavitt. La Habana, Center of Studies on Martí, 1961, 79 pp; Chapel Hill, N.C., University of North Carolina Press, 1953, 79 pp.

231. _____. "José Martí, epistológrafo," RI, 13:23-37, 1947. Also in: *ArJM*, 4 (4):465-476, 1949.

232. _____."José Martí: Jerarca del modernismo," *Miscelánea de estudios dedicados a Fernando Ortiz* [see under "Miscelánea..." in "General References"], vol. 2, pp. 727-762.

233. _____. "La revaloración de Martí (acotaciones en torno a su bibliografía)," UHab, 4 (11/12):5-22, 1935. Also published separately: La Habana, Editorial Cultural, 1936, 20 pp. Reprinted in: *Estudios sobre literaturas hispanoamericanas* [see "General References"], pp. 133-150.

234. _____. "Semblanza de José Martí; glosa del centenario," *Hisp*, 36:43-51, 1953.

235. _____. *Variaciones en torno a la epistolografía de José Martí.* San José, C. R., Ediciones del Repertorio Americano, 1948, 70 pp.

236. González, Manuel Pedro e Iván A. Schulman. *José Martí, esquema ideológico.* México, Editorial Cultura, 1961, 551 pp. Contains: "José Martí, su circunstancia y su tiempo," pp. 9-30; "Aclaraciones," pp. 31-34; "El creador," pp. 35-112; "Teoría y expresión literarias," pp. 113-301; "El pensador," pp. 303-424; "Reflexiones en torno a temas más concretos," pp. 425-546; "José Martí: bibliografía mínima," pp. 547-551.

237. González Blanco, Edmundo. "Martí y su obra," *ArJM*, 6 (1/4):175-177, 1952.

238. González Calzada, Manuel. "Apologética de Martí," *RevCu*, 26:112-179, 1950.

239. González Guerrero, Francisco. "Martí, escritor," *ArJM*, 3 (1):108-110, 1945. Also in: *BACL*, 1:628-631, 1952. (Concerning Andrés Iduarte. *Martí escritor* [q. v.].) *"El universal.* México 23 de junio de 1945."

240. González Palacios, Carlos. "Exaltación a la fe: intimidad de Martí," *ArJM*, 6 (1/4):145-160, 1952.

241. _____. "Valoración de Martí," *ArJM*, 6 (1/4):16-51, 1952.

242. González Veranes, Pedro N. *¿Quién fué el progenitor espiritual de Martí?* La Habana, Editorial Luz-Hilo, 1942, 28 pp. "Conferencia pronunciada por el doctor Pedro N. González Veranes en el Club "Atenas" la noche del 19 de mayo del 1941."

243. Gray, Richard Butler. *José Martí, Cuban Patriot.* Gainesville, University of Florida Press, 1962, 307 pp. "Bibliography": pp. 285-298.

244. _____. "The Quesadas of Cuba: Biographers and Editors of José Martí," *RIB*, 16:369-382, 1966.

245. Guandique, José Salvador. "José Martí, vocación humana," *ArJM*, 4 (4):497-501, 1949.

246. Guerra, Armando (pseud.). See: Martín Llorente, Francisco.

247. Guerra de la Piedra, Agustín. "El sentimiento de la amistad en José Martí," *ArJM*, 4 (2):186-194, 1948.

248. Guerra Iñiguez, Daniel. "José Martí y su ideal de patria," *RNC*, 14 (98):93-98, 1953.

249. Guevara, Ernesto (Che). "Apología de Martí," *HumH*, 8 (58/59):35-40, 1959/1960.

250. *Guía bibliográfica sobre José Martí.* La Habana, Publicaciones de la Biblioteca Municipal, 1937, 4 pp. (Guías bibliográficas, serie C, núm. 2.)

251. Gutiérrez Corrales, Miguel. "Martí y el americanismo," *Memoria del congreso de escritores martianos* [q. v.], pp. 348-361.

252. Halperin, Renata Donghi de. "Nuestra América y su vocero: José Martí," *CurCon*, 30:329-346, 1947. Also in: *ArJM*, 4 (1):93-105, 1947.

253. Halperin Donghi, Tulio. "Martí, novelista del fin de siglo," *ArJM*, 6 (1/4):400-402, 1952.

254. Hammitt, Gene M. "Función y Símbolo del hijo en el *Ismaelillo* de Martí," *RI*, 31:71-81, 1965.

255. Hedberg, Nils. *José Martí y el artista Norrman.* Madrid, Ediciones Insula, 1958, 112 pp.

256. Henríquez Ureña, Max. "José Martí," *Breve historia del modernismo* [see "General References"], 2nd ed., pp. 53-66.

257. _____. "José Martí," *CubCon*, 2:5-10, 1913.

258. Henríquez Ureña. M. "Marti en Santo Domingo," *CubCon*, 2:177-203, 1913. Also in: *ArJM*, 4 (3):245-264, 1948.

259. _____. "Martí, iniciador del modernismo," *Memoria del congreso de escritores martianos* [q. ʻ v.], pp. 447-465.

260. _____. "Martí, iniciador del modernismo," *Antología crítica de José Martí* [see under González, Manuel Pedro], pp. 167-186. (Different from the previous entry.)

261. Henríquez Ureña, Pedro. "José Martí," *BACL*, 1:506-507, 1952. "Introducción al volumen *Nuestra América*. Ed. Losada, Buenos Aires."

262. _____. "Martí," *RepAmer*, 23:33-34, 18 jul. 1931. Also in: *Sur* (1):220-223, 1931; and *ArJM*, 6 (1/4):483-485, 1952.

263. _____. "Martí, escritor," *ArJM*, 4 (2):358-360, 1944.

264. _____. "El modernismo en la poesía cubana," *Ensayos críticos* [see "General References"], pp. 33-42. Also in: *Obra crítica* [see "General References"], pp. 17-22.

265. Henríquez i Carvajal, Federico. "Martí en la prensa," *BolANH*, 12:310-314, 1929. Also in: *RBC*, 25:321-327, 1930; *BolANC*, 39:228-233, 1940.

266. _____. *Martí; próceres, héroes i mártires de la Independencia de Cuba.* Ciudad Trujillo, R. D., Imp. "San Francisco," Publicaciones de la Editorial Quisqueya, 1945, 342 pp.

267. Heredia, Nicolás. "La obra de José Martí," *ArJM*, 5 (2):193-198, 1950.

268. Heredia, Nicolás y N. Bolet Peraza. *Homenaje a José Martí.* New York, Imp. América, 1898, 36 pp. "Discursos pronunciados el 19 de mayo de 1898."

269. Hernández Catá, Alfonso. "Martí en Portugués," *BACL*, 1:545-548, 1952.

270. _____. *Mitología de Martí.* 2nd ed., Buenos Aires, Club del libro Amigos del Libro Americano, 1939, primera serie, vol. XII, 211 pp. 1st ed., Madrid, Renacimiento, 1929, 442 pp. See: Pérez, Dionisio. "La mitología de Martí en la historia de España.")

271. Herrera, Darío. "Crítica literaria: Martí, iniciador del modernismo americano," *Lot*, 5 (59):56-58, 1960. "Por tratarse del modernismo, se reproduce este artículo, publicado en la Revista Letras y ciencias. Santo Domingo (R. D.) no. 79, julio 1895." (See next entry.)

272. _____. "Martí, iniciador del modernismo americano," *RevDC*, 1:255-256, 1955. "Por tratarse del discutido tema del modernismo se reproduce este artículo, publicado en la revista Letras y Ciencias, Santo Domingo, No. 79, de julio de 1895."

273. Hispanic Institute in the United States, Columbia University, and Departamento de estudios hispánicos, Universidad de Puerto Rico. *José Martí (1853-1895). Vida y obra. Bibliografía. Antología.* Nueva York—Río Piedras, Úcar García, 1953, 243 pp.

274. *Homenaje a José Martí, 1853-1895.* Santiago de Cuba, Impresora "Pinillos," 1954, 93 pp.

275. *Homenaje a Martí en el cincuentenario de la fundación del Partido revolucionario cubano, 1892-1942.* La Habana, Municipio de la Habana, 1942, 70 pp. "Bibliografía": p. 61.

276. Huré, Claude. "Les dernières notes de voyage de José Martí," *Les langues néo-latines* (161):62-81, 1962.

277. Ibáñez, Roberto. "Imágenes del mundo y del trasmundo en los 'Versos sencillos'," *Antología crítica de José Martí* [see under González, Manuel Pedro], pp. 367-380.

278. _____. *José Martí; introducción al estudio de su obra lírica.* Montevideo, Organización Taquigráfica Medina, 1946, 205 pp., mimeo. "Curso dictado en la Facultad de Humanidades."

279. Ibarbourou, Juana de. "La poesía de Martí," *Memoria del congreso de escritores martianos* [q. v.], pp. 632-637.

280. Ichazo, Francisco. "Lo español y lo europeo en Martí," *Memoria del congreso de escritores martianos* [q. v.], pp. 276-284.

281. _____. "Martí y el teatro," *Vida y pensamiento de Martí* [q. v.], vol. 2, pp. 63-90. Also in: *BACL*, 1:734-762, 1952.

282. Iduarte, Andrés. "De cómo honrar a José Martí," *ArJM*, 6 (1/4):11-15, 1952. (Suggestions for a Martí anthology.)

283 _____. "Ideas económicas de José Martí," *ND*, 26 (9):10-12, 29, 1945.

284. _____. "Ideas filosóficas," *Antología crítica de José Martí* [see under González, Manuel Pedro], pp. 513-526.

285. _____. "Ideas pedagógicas de Martí," *ND*, 26 (8):3-5, 1945.

286. _____. "Las ideas políticas de José Martí (capítulos de un libro inédito)," *CuAm*, 14 (2):155-177, 1944.

287. _____. "Ideas religiosas, morales y filosóficas de Martí," *ND*, 25 (2):3-7, 26-32, 1944.

288. _____. "José Martí: vida y obra. 4. América," *RHM*, 18:83-113, 1952. Also in: *José Martí (1853-1895)* [see under Hispanic Institute in the United States], pp. 92-122.

289. _____. "José Martí: vida y obra. 3. Prosa," *RHM*, 18:71-83, 1952. Also in: *José Martí (1853-1895)* [see under Hispanic Institute in the United States], pp. 79-91.

290. _____. "Martí," *RHM*, 8:193-204, 1942.

291. _____. "Martí en las letras hispánicas," *Boliv* (17):279-295, 1953.

292. _____. *Martí escritor*. 2nd ed., La Habana, Publicaciones del Ministerio de Educación, Dirección de Cultura, 1951, xvii, 354 pp. 1st ed., México, Cuadernos Americanos, 1945, 402 pp. "Bibliografía": pp. 380-397. (Cuadernos americanos 9.)

293. _____. "México y América en el centenario de Martí," *ArJM*, 6 (1/4):409-413, 1952.

294. _____. *Sarmiento, Martí y Rodó*. La Habana, Imp. El Siglo XX, 1955, 35 pp. "Trabajo leído en la sesión pública celebrada el día 18 de agosto de 1955. Presentado por Emeterio S. Santovenia."

295. _____. "Sobre el americanismo de José Martí," *Memoria del sexto congreso del Instituto Internacional de Literatura Iberoamericana* [q. v.], pp. 149-154.

296. _____. "Valoración literaria de Martí," *BACL*, 1:529-535, 1952. Also in: *Martí escritor* [q. v.], 1st ed., pp. 287-293.

297. Iraizoz y de Villar, Antonio. *La estética acrática de José Martí*. La Habana, Imp. El Siglo XX, 1924, 20 pp.

298. _____. "La evolución artística de Martí," *BACL*, 1:662-675, 1952.

299. _____. "Las ideas pedagógicas de Martí," *CubCon*, 23:5-30, 1920. "Mucho agradece *Cuba Contemporánea* al ilustrado director de *La Noche*, señor Antonio Iraizoz, el envío de este bello y buen trabajo, que constituye su tesis

para optar al grado de Doctor en Pedagogía." Also published separately: La Habana, Imp. El Siglo XX, 1920, 30 pp. In English: "Martí's Ideas Upon Education," *IntAm*, 3:350-363, 1920.

300. _____. *Ideología de José Martí*. Lisboa, La Bécarre [1926], 39 pp. "Conferencia realizada no Salão Nobre do Teatro S. Carlos, na tarde de 17 de Abril de 1925."

301. _____. "Las siete palabras de Martí," *ArJM*. 6 (1/4):187-189, 1952.

302. _____. "Tres notas martianas," *ArJM*, 4 (2):225-230, 1948. "Pertenecen al libro *Penumbras del recuerdo*, La Habana, 1948."

303. Isaacson, William D. "Un análisis de la crítica de José Martí del ensayo *La Naturaleza* de Ralph Waldo Emerson," *Memoria del congreso de escritores martianos* [q. v.], pp. 706-713.

304. _____. "José Martí y el 'Club Crepúsculo'," *ArJM*, 5 (1):112-118, 1950.

305. Izaguirre, José María. "Martí en Guatemala," *RevCu*. 29:332-342, 1951/1952.

306. Jarnés, Benjamín. "La prosa heroica de Martí," *RepAmer*, 18:344, 8 jun. 1929.

307. Jiménez, Gildardo. "Martí, un precursor, *UAnt*. 28 (110):404-406, 1953.

308. Jiménez, Juan Ramón. "José Martí," *RepAmer*, 37:129-130, 16 abr. 1940. Also in: *BACL*, 1:536-539, 1952; *AnUCh*, 111 (89):42-45, primer trimestre de 1953; *Antología crítica de José Martí* [see under González. Manuel Pedro], pp. 215-217.

309. Jiménez Monge. E. "Homenaje a la memoria del apóstol," *ArJM*, 3 (1):39-40, 1945. "*La tribuna*. San José, C. R. Domingo 20 de mayo de 1945."

310. Jinesta, Carlos. *José Martí en Costa Rica*. San José, C. R., Librería Alsina, Josef Sauter y Cía., 1933, 46 pp.

311. Jones, Willis Knapp. "José Martí dramaturgo," *Memoria del congreso de escritores martianos* [q. v.], pp. 718-728.

312. _____. "The Martí Centenary," *MLJ*, 37:398-402, 1953.

313. Jorrín, Miguel. "Ideas filosóficas de Martí," *RBC*, 47:41-61, 1941. Also in: *ArJM*, 4 (1):35-49, 1947 ("Conferencia dictada en la Institución *Hispano Cubana de Cultura* el día 9 de octubre de 1940"); and in: *Antología crítica de José Martí* [see under González. Manuel Pedro], pp. 479-496.

314. Jorrín, M. "Martí y la filosofía," *Vida y pensamiento de Martí* [q. v.], vol. 1, pp. 61-81. Also in: *Antología crítica de José Martí* [see under González, Manuel Pedro], pp. 459-478.

315. Júlio, Sílvio. "José Martí," *Escritores antilhanos* [see "General References"], pp. 92-146.

316. Kelin, Fedor. "José Martí y los estudios latino-americanos en la Unión Soviética," *ArJM,* 6:376-377, 1946. *"Literatura soviética.* Moscú. No. 3, 1946."

317. Key-Ayala, Santiago. "Caracas en Martí," *RNC,* 14 (96):9-17, 1953.

318. _____. "Martí, las rosas, la guerra y la muerte," ArJM, 6 (1/4):222-224, 1952.

319. Lagos Lisboa, Jerónimo. "José Martí," *A,* 110:12-15, 1953.

320. Laguado Jaime, F. "La diestra de Martí," *RepAmer,* 14:328, 4 jun. 1927.

321. Lamothe, Louis. "José Martí," *Los mayores poetas latinoamericanos de 1850 a 1950* [see "General References"], pp. 31-37.

322. Landa, Rubén. "Martí como maestro," *CuAm,* 71 (5):77-96, 1953.

323. Larrea, Elba M. "La prosa de José Martí en *La edad de oro,"* *CCLC* (61):3-10, 1962.

324. Larrea, Juan. *Rendición de espíritu (introducción a un mundo nuevo)* . . . México, Cuadernos Americanos, 1943, 2 vols. Bolívar, Martí, Darío: vol. 2, pp. 259-311.

325. Lavín, Pablo F. "Martí, filósofo," *CubPro* (5):21, 100, 1953.

326. Lázaro, Angel. "Los *Versos sencillos* de Martí," *ArJM,* 2 (1):68-80, 1941. Also in: *BACL,* 1:567-583, 1952.

327. Lazo, Raimundo. "Martí y su obra literaria," *RevFLCH,* 38:241-365, 1928. Contains: "Introducción," pp. 241-246; "El hombre," pp. 246-266; "El poeta," pp. 266-303; "El orador," pp. 304-318; "El prosista," pp. 318-341; "El novelista," pp. 341-344; "El moralista," pp. 345-350; "El crítico literario," pp. 350-360; "El precursor del modernismo," pp. 361-363; "Conclusión," p. 364; "Bibliografía," p. 365. Also published separately: Prólogo del Dr. J. A. Rodríguez García. La Habana, "La Propagandista," 1929, 159 pp.

328. _____. "La personalidad de Martí en el estudio de su estilo," *BACL,* 1:657-661, 1952.

329. _____. "La personalidad y el mensaje de Martí," *Pensamiento y acción de José Martí* [q. v.], pp. 31-48. "Conferencia pronunciada el 28 de enero de 1953."

330. Lemus, José María. "Apuntes y reflexiones sobre la vida y obra de José Martí," *At,* 40 (197):26-37, 1953. Also published separately: San Salvador, Talleres de la Imprenta Nacional, 1957, 48 pp.

331. Lens y de Vera, Eduardo Félix. *Heredia y Martí; dos grandes figuras de la lírica cubana.* La Habana, Editorial Selecta, 1954, 43 pp.

332. León de la Barba, Luis. "El canto a Cuba en tres poetas del siglo pasado: Martí, Santacilia y de la Barra," *Memoria del congreso de escritores martianos* [q. v.], pp. 744-753.

333. Le Riverend Brusone, Eduardo. "Martí y el derecho," *Vida y pensamiento de Martí* [q. v.], vol. 2, pp. 7-34.

334. Le Riverend Brusone, Julio J. "Teoría martiana del partido político," *Vida y pensamiento de Martí* [q. v.], vol. 1, pp. 83-110.

335. Lida, Raimundo. "José Martí. Su vida. Su obra," *BACL,* 1:549-556, 1952. Also in: *AnUch,* 111 (89):35-41, primer trimestre de 1953.

336. Lizaso, Félix. "Busca y hallazgo del hombre en Martí," *CuAm,* 21 (3):170-184, 1945. Also in: *AANALH,* 26:61-75, 1945/1946; *ArJM,* 6 (1/4):225-236, 1952. "Discurso de ingreso del Académico de la Sección de Literatura, Sr. Félix Lizaso y González, pronunciado en la sesión solemne celebrada el día 22 de febrero de 1945."

337. _____. "Ensayo de bibliografía martiana," *RepAmer,* 26:339-341, 10 jun. 1933.

338. _____. "Hombre de servicio y de pensamiento," *RepAmer,* 26:289-291, 20 mayo 1933.

339. _____. "La intimidad literaria de Martí," *RevCu,* 5:306-328, 1936. Also in: *BACL,* 1:715-733, 1952.

340. _____. "José Martí," *CubCon,* 35:281-289, 1924.

341. _____. "José Martí, precursor de la UNESCO," *CubPro* (5):89-91, 102, 1953.

342. _____. *José Martí; recuento de centenario.* La Habana, vol. 1: Imp. Úcar, García, 1953; vol. 2: P. Fernández y Cía., 1953.

343. _____. "Martí, crítico de arte," *Vida y pensamiento de Martí* [q. v.], vol. 1, pp. 275-295.

344. _____. "Martí en la Argentina," *ArJM*, 5 (4):542-548, 1951.

345. _____. "Martí en los Estados Unidos," *RBNHab*, 4 (4):61-69, 1953.

346. _____. "Martí en México (Especial para 'América')," *Amer*, 5 (2/3):28-30, 1940.

347. _____. *Martí, espíritu de la guerra justa.* La Habana, Úcar, García y Cía., 1944, 79 pp. (Colección Ensayos.) "Conferencia leída el 27 de agosto de 1942 en el 'Lyceum'."—p. 10.

348. _____. *Martí, místico del deber.* Buenos Aires, Editorial Losada, 1940, 330 pp.

349. _____. "Martí y el libro," *RBC*, 37: 53-60, 1936.

350. _____. *Martí y la utopía de América.* La Habana, Úcar, García y Cía., 1942, 46 pp. (Colección Ensayos.)

351. _____. "Normas periodísticas de José Martí," *RI*, 29:227-249, 1963.

352. _____. *Pasión de Martí.* La Habana, Úcar, García y Cía., 1938, 202 pp.

353. _____. "Un poema desconocido de Martí," *RBC*,. 29:332-342, 1932.

354. _____. *Posibilidades filosóficas en Martí.* La Habana, Molina y Cía., 1935, 23 pp.

355. _____. *Proyección humana de Martí.* Buenos Aires, Editorial Raigal, 1953, 160 pp.

356. Lizaso, Félix y Ernesto Ardura. *Personalidad e ideas de José Martí.* La Habana, Úcar, García y Cía., 1954, 73 pp.

357. Llaverías [y Martínez], Joaquín. "Martí en el Archivo nacional," *ArJM*, 6 (1/4):237-271, 1952. Also separately: La Habana, Imp. El Siglo XX, 1945, 58 pp.

358. _____. *Los periódicos de Martí.* La Habana, Imp. Pérez, Sierra y Cía., 1929, 131 pp. Also in: *BolANC*, 39: 59-227, 1940.

359. López, Dorticós, Pedro. "Intimidad de Martí en sus cartas a Manuel A. Mercado," *ArJM*, 5 (1):44-76, 1950.

360. _____. "José Martí: norma y vida," *ArJM*, 5 (4):484-498, 1951.

361. López, Fuentevilla, Armando. "Un hombre, un aniversario. José Martí, apóstol, poeta y mártir," *ArJM*, 4 (1):112-115, 1947. (Contains data concerning the newspapers in which Martí published.)

362. López Morales, Humberto. "Un aspecto olvidado del Martí literario," *CHisp*, 49:53-60, 1962.

363. López-Muñoz y Larraz, Gustavo A. "Influencia de Martí en Rubén Darío," *Ins*, 1 (1):53-59, 1957.

364. López Pellón, Nivio. "Martí y la mujer," *RBNHab*, 4 (2):5-19, 1953.

365. Lugo, Américo. "José Martí," *ArJM*, 4 (3):354-371, 1948. Three sections of this article appear in: "José Martí. El orador. El escritor. El poeta," *BACL*, 1:488-493, 1952.

366. Luz León, José de la. "La imagen de cumbre en la prosa de Martí," *AANALH*, 31:79-98, 1950.

367. _____. "José Martí, gloria de Cuba y honor de América," *ArJM*, 5 (2):229-242, 1950.

368. _____. "El 'narcisismo' en la vida y en la obra de Martí," *Homenaje a Enrique José Varona.* La Habana, 1935, pp. 245-253.

369. _____. "Un sembrador de estrellas," *RepAmer*, 13:225-227, 16 oct. 1926.

370. Maldonado-Denis, Manuel. "Vigencia de Martí en el Puerto Rico de hoy," *CuAm*, 152 (3):131-146, 1967.

371. Mañach, Jorge. *El espíritu de Martí. Curso de 1951.* La Habana, Cooperativa Estudiantil, n. d., 255 pp. Mimeo.

372. _____. "Fundamentación del pensamiento martiano," *Antología crítica de José Martí* [see under González, Manuel Pedro], pp. 443-457.

373. _____. *Historia y estilo.* La Habana, Editorial Minerva, 1944, esp. pp 177-182.

374. _____. "José Martí," *AANALH*, 29: 109-129, 1949.

375. _____. *Martí, el apóstol.* 2nd ed., Buenos Aires, Espasa-Calpe, n. d. [1942], 265 pp. 1st ed., Madrid-Barcelona, Espasa-Calpe, 1933, 319 pp. Also: New York, Las Americas Publishing Co., 1963, 292 pp. Prólogo de Gabriela Mistral.

376. _____. "Martí en 'The Hour'," *ArJM*, (1):34-39, 1940.

377. _____. *El pensamiento político y social de Martí (discurso en el Senado).* La Habana, Edición Oficial del Senado, 1941, 37 pp.

378. _____. "Perfil de Martí," *BACL*, 1:640-656, 1952. Also in: *AnUCh*, 111 (89):55-71, primer trimestre de 1953.

379. Mañach, J. "Significación del centenario martiano," *Lyc*, 9 (33/34):5-31, 1953. Also published separately: La Habana, Talleres de Editorial Lex, 1953, 27 pp.

380. Marinello, Juan. *Actualidad americana de José Martí*. La Habana, Arrow Press, 1945, 30 pp.

381. _____. "Caminos en la lengua de Martí," *Antología crítica de José Martí* [see under González, Manuel Pedro], pp. 219-236. Also in: *Miscelánea de estudios dedicados a Fernando Ortiz* [see under "Miscelánea . . ." in "General References"], vol 2, pp. 969-986.

382. _____. "El caso literario de José Martí," *Pensamiento y acción de José Martí* [q. v.], pp. 103-124. "Conferencia pronunciada el 13 de marzo de 1953." With a different title: "Sobre el caso literario de José Martí," *RepAmer*, 48:257-262, 15 oct. 1954. (Five introductory paragraphs have been deleted in the latter.)

383. _____. *Ensayos martianos*. La Habana, Universidad Central de las Villas, 1961, 216 pp.

384. _____. "La españolidad literaria de José Martí," *ArJM*, 2 (2):42-66, 1942. Also in: *Vida y pensamiento de Martí* [q. v.], vol. 1, pp. 159-186.

385. _____. "Gabriela Mistral y José Martí," *Sur*, 1 (4):156-163, 1931. Also in: *RepAmer*, 24:49-51, 30 ene. 1932; *RBC*, 30:232-238, 1932; *Literatura hispanoamericana; hombres, meditaciones* [see "General References"], pp. 23-32.

386. _____. "Homenaje a José Martí en el 38 aniversario de su muerte," *RepAmer*, 26:290-295, 20 mayo 1933.

387. _____. "José Martí," *RevGua*, 6 (6): 59-83, 1953.

388. _____. "José Martí, artista," *RepAmer*, 26:292-295, 20 mayo, 1933. Also in: *A*, 33:191-205, 1936.

389. _____. *José Martí, escritor americano; Martí y el modernismo*. 2nd ed., La Habana, n. pub., 1962, 331 pp. 1st ed., México, Editorial Grijalbo, 1958, 333 pp.

390. _____. "Martí, escritor americano," *Literatura hispanoamericana; hombres, meditaciones* [see "General References"], pp. 33-43.

391. _____. "Martí y México," *LyP*, 11 (5):183-186, 1933.

392. _____. *Once ensayos martianos*. La Habana, Comisión Nacional Cubana de la UNESCO, 1964, 239 pp.

393. _____. "El poeta José Martí," *RepAmer*, 18:232, 236-237, 20 abr. 1929; 18:245-246, 27 abr. 1929; 18:263, 267-269, 4 mayo 1929.

394. _____. "Sobre la filiación filosófica de José Martí," *Rep Amer*, 38:225-226, 30 ago. 1941.

395. Márquez Sterling, Carlos. *Martí, ciudadano de América*. New York, Las Americas Publishing Co., 1965, 419 pp.

396. _____. *Martí, maestro y apóstol*. La Habana, Seoane, Fernández y Cía., 1942, 685 pp.

397. _____. "El universo de Martí," *Centro* (1):38-40, 1965.

398. [Martí Llorente, Francisco]. Guerra, Armando (pseud.). *Martí y los negros*. Palabras iniciales de Juan Marinello. La Habana, Imp. "Arquimbau," 1947, 158 pp.

399. Martínez, José Luis. "Palabras para José Martí," *CuAm*, 21 (3):160-161, 1945. Also in: *BACL*, 1:626-627, 1952.

400. Martínez Bello, Antonio. *Ideas sociales y económicas de José Martí*. Prólogo de Andrés de Piedra-Bueno. Carta crítica de J. Marinello. La Habana, Imp. La Verónica, 1940, 219 pp.

401. _____. "Objetividad del pensamiento de Martí," *Memoria del congreso de escritores martianos* [q. v.], pp. 763-768.

402. Martínez Estrada, Ezequiel. "Apostolado de José Martí: el noviciado," *CuAm*, 134 (3):65-84, 1964.

403. _____. *Familia de Martí*. La Habana, Editorial Nacional de Cuba, 1962, 47 pp. (Cuadernos de la Casa de las Américas 1.)

404. _____. "Sarmiento y Martí," *CuAm*, 28 (4):197-214, 1946.

405. Martínez-Fortún y Foyo, Carlos A. "Algunas facetas de Martí jurista," *RBNHab*, 4 (4):83-94, 1953.

406. Martínez Gómez, Yolanda. "Algunas consideraciones sobre el Martí crítico," *ArJM*, 5 (3):374-380, 1951.

407. Martínez Rendón, Miguel D. "En torno a la poesía de Martí," in *José Martí. La clara voz de México*. Compilación y notas de Camilo Carrancá y Trujillo. México, B. O. I. Editorial, 1933,

vol. 1, pp. 21-56. Also separately: México, Talleres Gráficos de la Nación, 1933, 40 pp.

408. Massuh, Víctor. "El activismo creador de José Martí," *ArJM*, 6 (1/4):403-408, 1952.

409. Maza Rodríguez, Emilio. "Significación de José Martí," *RBC*, 41:272-281, 1938. "Fragmento de un discurso pronunciado en la Juventud Atlética Viboreña de la Habana con motivo de la develación de un óleo del apóstol."

410. Mazzei, Angel. "José Martí," *Lecciones de literatura americana y argentina* [see "General References"], pp. 315-318.

411. Medina, Waldo. "Martí, capitán de arcángeles," *ArJM*, 5 (3):347-349, 1951.

412. Medrano, Higinio J. "Martí: maestro de niños y de hombres," *CubCon*, 28:97-102, 1922.

413. Mejía Sánchez, Ernesto. "Las relaciones literarias interamericanas: el caso Martí—Whitman—Darío," *ZF* (41):12-15, 1967. Also in: *CasAm* (42):52-57, 1967. (See the various items under "José Martí" and "Rubén Darío" written by Boyd G. Carter, Manuel Pedro González, and Ivan A. Schulman that are involved in the Martí-Darío polemic.)

414. Meléndez, Concha. "El crecer de la poesía de Martí," *Memoria del congreso de escritores martianos* [q. v.], pp. 638-657.

415. _____. "*Versos libres* de José Martí," *Rueca*, 1 (3):5-7, 1942.

416. Mella, Julio Antonio. "Glosando los pensamientos de José Martí," *La lucha revolucionaria contra el imperialismo*. La Habana, Ediciones Sociales, 1940, pp. 53-59.

417. *Memoria del congreso de escritores martianos (febrero 20 a 27 de 1953)*. La Habana, Publicaciones de la Comisión Nacional Organizadora de los Actos y Ediciones del Centenario y del Monumento de Martí, 1953, 864 pp.

418. *Memoria del sexto congreso del Instituto Internacional de Literatura Iberoamericana, agosto—septiembre de 1953. Homenaje a Hidalgo, Díaz Mirón y Martí*. México, Imp. Universitaria, 1954, 276 pp.

419. Méndez, Manuel Isidro. "Humanidad de Martí," *Vida y pensamiento de Martí* [q. v.], vol. 1, pp. 9-25.

420. _____. *Martí; estudio crítico-biográfico*. Portada por Lilliana Cullen. La Habana, Imp. P. Fernández y Cía., 1941, 310 pp. "Obra premiada en el Concurso literario inter-americano de la Comisión central pro-monumento a Martí, celebrado en la Habana el año de 1939."

421. _____. "Sugerencias martianas," *RBN-Hab*, 4 (1):153-169, 1953.

422. _____. "Sugerencias martianas. Los versos a sus hermanas," *RBNHab*, 8 (1):121-123, 1957.

423. Méndez Pereira, Octavio. "La prosa de Martí a la luz de Martí," *Memoria del congreso de escritores martianos* [q. v.], pp. 672-679.

424. Meo Zilio, Giovanni. *De Martí a Sabat Ercasty*. Montevideo, El Siglo Ilustrado, 1967, 255 pp. Contains: "Iteración y estructura en el estilo de Martí," pp. 9-74; "Prolepsis, imágenes e ideología de un texto martiano," pp. 75-94; "Notas de fonología en torno a un texto cubano," pp. 95-102. These articles were orginally published as follows: "L'iterazione nella prosa di José Martí," *Le lingue straniere*, 14 (4):3-12, 1965; "Prolepsis, imágenes e ideología en un texto martiano," *ALetM*, 5:141-160, 1965; "Note di fonologia letteraria in torno a un testo cubano," *Quaderni dell'Istituto di Glottologia*, 5:119-124, 1960.

425. Meruelo, Otto. "Estampa de José Martí," *Boh*, 44 (4):34-36, 76-78, 1952.

426. Mesa Rodríguez, Manuel I. "Letra y espíritu de Martí a través de su epistolario," *ArJM*, 6 (1/4):315-337, 1952.

427. Meza Fuentes, Roberto. "El creador de una patria," *De Díaz Mirón a Rubén Darío* [see under "Rubén Darío" or "Salvador Díaz Mirón"], pp. 53-68. (A study of his poetry, in spite of the title.)

428. Mijares, Augusto. "Martí, utopía y realidad de América," *CuAm*, 6 (6):164-168, 1942.

429. Mikulski, Richard M. "Martí en tierra yanqui," *ArJM*, 4 (4):428-443, 1949.

430. Mistral, Gabriela (pseud.). See: Godoy Alcayaga, Lucila.

431. Molina de Galindo, Isis. "'El presidio político en Cuba', de José Martí (1871). Intento de un análisis estilístico," *RI*, 28:311-336, 1962.

432. Monterde, Francisco. "Amigos mexicanos de Martí en el modernismo," *Memoria del congreso de escritores martianos* [q. v.], pp. 490-502.

433. ———. "La poesía de Martí en México," *Memoria del sexto congreso del Instituto Internacional de Literatura Iberoamericana* [q. v.], pp. 143-148.

434. Montero, Marco Arturo. "Primer centenario de José Martí," *ArJM*, 6 (1/4): 438-440, 1952.

435. Mora y Varona, Gastón. "Martí," *RevCu*, 29:232-236, esp. pp. 234-235, 1951/1952.

436. Morales, Ernesto. "Martí y 'La edad de oro'," *Los niños y la poesía en América*. Santiago de Chile, Editorial Ercilla, 1936, pp. 44-50. Also in: *RBC*, 41: 224-232, 1938.

437. Mortillaro, Gaspar. "Martí, poeta del aula," *Memoria del congreso de escritores martianos* [q. v.], pp. 781-800.

438. Munilla, Alberto. "Martí, el poeta de la libertad," *ArJM*, 5 (1):135-136, 1945. *"El tiempo*. Montevideo, mayo 19 de 1945."

439. Nassif, Ricardo. "Aproximación a José Martí como pedagogo y educador," *Hums*, 1:379-400, 1953. "Conferencia pronunciada en el anfiteatro el 2 de septiembre de 1953."

440. Nolasco, Sócrates. *Martí, el modernismo y la poesía tradicional*. Santiago de Cuba, Universidad de Oriente, Departamento de Extensión y Relaciones Culturales, 1955, 26 pp. (Cuadernos 39.)

441. Novás Calvo, Lino. "El estilo que falta," *ArJM*, 6:392-394, 1946. Also in: *BACL*, 1:620-623, 1952.

442. Núñez Mata, Efren. "Presencia de Martí en América," *ArJM*, 4 (4):421-427, 1949.

443. Núñez Ponte, J. M. "Palabras de clausura del acto académico en honor de Martí," *BolAVC*, 21 (77):19-24, 1953.

444. Núñez y Domínguez, José de J. "José Martí y Gutiérrez Nájera," *RepAmer*, 26:240, 22 abr. 1933.

445. ———. *Martí en México*. Carta prólogo del Dr. José Manuel Puig Cassaurana. México, Imp. de la Secretaría de Relaciones Exteriores, 1933 [i. e., 1934], 313 pp.

446. ———. "El mexicanismo de José Martí," *ArJM*, 5 (1):119-123, 1945. Also in: *CuAm*, 21 (3):199-204, 1945.

447. Núñez y Domínguez, R. "Martí y México," *ArJM*, 3 (1):95-96, 1945. *"Excelsior*, México, 19 de mayo de 1945."

448. Olivera, Otto. "José Martí y la expresión paralela de prosa y verso," *RI*, 22:71-82, 1957.

449. Onís, Federico de. "José Martí, 1853-1895," *España en América* [see "General References"], pp. 193-194.

450. ———. "José Martí: vida y obra. 5.[i. e., 6]. Valorización," *RHM*, 18: 145-150, 1952. Also in: *José Martí (1853-1895)* [see under Hispanic Institute in the United States], pp. 154-159; *España en América* [see "General References"], pp. 615-621; and in: *Antología crítica de José Martí* [see under González, Manuel Pedro], pp. 13-21.

451. ———. "Martí y el modernismo," *Memoria del congreso de escritores martianos* [q. v.], pp. 431-446. Also in: *Antología crítica de José Martí* [see under González, Manuel Pedro], pp. 155-166; *España en América* [see "General References"], pp. 622-632.

452. ———. "Valor actual de José Martí. Tiene que hacer todavía en América." *CubPro* (5):17, 93, 1953.

453. Onís, José de. "Martí y los Estados Unidos," *Memoria del sexto congreso del Instituto Internacional de Literatura Iberoamericana* [q. v.], pp. 135-141.

454. ———. "Una página blanca: poesía inédita de José Martí," *RI*, 20:225-233, 1955.

455. ———. "Valoración de Martí," *ND*, 36 (2):64-71, 1956.

456. Oroz, Rodolfo. "Los chilenismos de José Martí," *BolFCh*, 10:161-203, 1958 [i. e., 1959].

457. Ortiz [y Fernández], Fernando. "'Cañales' dijo Martí," *RBC*, 44:291-295, 1939.

458. ———. "Cuba, Martí and the Race Problem," *Phylon*, 3:253-276, 1942.

459. ———. "Martí y las razas," *RBC*, 48: 203-233, 1941. Also in: *Vida y pensamiento de Martí* [q. v.], vol. 2, pp. 335-367.

460. ———. "Martí y las 'Razas de librería'," *CuAm*, 21 (3):185-198, 1945. Also in: *ArJM*, 5 (2):166-174, 1945; *AnUCh*, 111 (89):117-130, primer trimestre de 1953.

461. ———. "La religión de Martí," *ND*, 38 (2):52-57, 1958.

462. Pabón Núñez, Lucio. "El cincuentenario de Martí," *ArJM*, 3 (1):31-36, 1945. *"El siglo.* Bogotá, Colombia, 19 de mayo de 1945."

463. Pagés Larraya, Antonio. "Nueva visión de Martí," *Nos*, 17:177-186, 1942.

464. Páladini, María Delia. "José Martí, vida y literatura," *Hums*, 1:337-350, 1953. "Conferencia pronunciada en el Anfiteatro de la Facultad, el 2 de julio de 1953."

465. _____. "Literatura en José Martí," *Sarm*, 2 (24):1-3, 1953.

466. Palcos, Alberto. "Goya, Sarmiento y José Martí," *ArJM*, 4 (4):449-452, 1949.

467. Pazos y Roque, Felipe de. "Las ideas económicas de Martí," *Vida y pensamiento de Martí* [q. v.], vol. 2, pp. 177-209.

468. *Pensamiento y acción de José Martí.* Santiago de Cuba, Universidad de Oriente, Departamento de Extensión y Relaciones Culturales, 1953, 432 pp.

469. Peraza Sarausa, Fermín. *Bibliografía de José Martí 1949.* La Habana, Anuario Bibliográfico Cubano, 1950, 56 pp. (Biblioteca del Bibliotecario 32.) (Mimeo).

470. _____. *Bibliografía de José Martí. 1950.* La Habana, Anuario Bibliográfico Cubano, 1951, 46 pp. (Biblioteca del Bibliotecario 35.) (Mimeo.)

471. _____. *Bibliografía martiana, 1853-1953.* Ed. del centenario. La Habana, Comisión Nacional Organizadora de los Actos y Ediciones del Centenario y del Monumento de Martí, 1954, (ix) x-xvi, 682 pp.

472. _____. *Bibliografía martiana, 1853-1955.* La Habana, Anuario Bibliográfico Cubano, 1956, xvi, 720 pp.

473. _____. *Bibliografía martiana 1940.* La Habana, Publicaciones de la Biblioteca Municipal de la Habana, 1941, 13 pp. (Serie C: Guías Bibliográficas 4.)

474. _____. *Bibliografía martiana 1941.* La Habana, Departamento de Cultura, 1943, 40 pp.

475. _____. *Bibliografía martiana 1943.* La Habana, Departamento de Cultura, 1944, 36 pp.

476. _____. *Bibliografía martiana 1944.* La Habana, Departamento de Cultura, 1945, 38 pp.

477. _____. *Bibliografía martiana 1955.* La Habana, Municipio de la Habana, Departamento de Educación, 1956, 12 pp. (Serie:C:Guías Bibliográficas 24.)

478. _____. *Cronología de la obra martiana.* La Habana, Anuario Bibliográfico Cubano, 1955, 41 pp. (Biblioteca del Bibliotecario 45.) "Publicada por primera vez como un índice de la Bibliografía martiana, 1853-1953, edición del centenario."

479. _____. "Martí, los libros y sus libros," *RIB*, 3:245-251, 1953. "Bibliografía selecta": pp. 248-251.

480. Pérez, Dionisio. "La mitología de Martí en la historia de España," *RBC*, 41: 191-193, 1938. Also in: *ArJM*, 4 (1): 110-111, 1947. (In argument against: Hernández Catá, *Mitología de Martí* [q. v.].)

481. Phillips, Allen W. "Sobre una prosa de José Martí: 'El terremoto de Charleston'," *Influencias extranjeras en la literatura iberoamericana* [see under "Influencias . . ." in "General References"], pp. 99-111. Also in: *Estudios y notas sobre literatura hispanoamericana* [see "General References"], pp. 5-18.

482. Picón-Salas, Mariano. "Arte y virtud en José Martí," *Cron.* 3 (20):13-14, 1953. Also in: *Memoria del congreso de escritores martianos* [q. v.], pp. 150-156; *Cord*, 1 (1):20-23, 1956; and in: *ND*, 40 (1):40-41, 1960.

483. Piedra-Bueno, Andrés de. *Evocación de Byrne y Martí americanista.* La Habana, Escuela Tipográfica de la Institución Inclán, 1942, 74 pp.

484. _____. "Martí americanista," *ArJM*, 3 (1):104-125, 1942.

485. Pillepich, Pietro. "El último libertador de América," *RBC*, 41:194-199, 1938.

486. Piñera, Humberto. "Martí, pensador," *Pensamiento y acción de José Martí* [q. v.], pp. 167-188. "Conferencia pronunciada el 26 de marzo de 1953." Also in: *Antología crítica de José Martí* [see under González, Manuel Pedro], pp. 527-537. "Por falta de espacio y porque el tema que las inspira es de carácter general, se omiten aquí las páginas iniciales de este enjundioso análisis del brillante expositor y crítico de filosofía, Humberto Piñera"—p. 527.

487. Pinto Albiol, Angel César. *El pensamiento filosófico de José Martí y la revolución cubana.* La Habana, Editorial "Jaidy,' 1946, esp. pp. 9-66.

488. Pitchón, Marco. *José Martí y la comprensión humana.* La Habana, P. Fernández y Cía., 1957, 372 pp.

489. Ponte Rodríguez, Francisco J. "Pensamiento laicista de Martí," *Lib* (27): 4-16, 1954. Bibliography: pp. 14-16.

490. Portundo, José Antonio. "Aspectos de la crítica literaria en Martí," *Vida y pensamiento de Martí* [q. v.], vol. 1, pp. 233-252.

491. _____. "Hidalgo y Martí," *Memoria del sexto congreso del Instituto Internacional de Literatura Iberoamericana* [q. v.], pp. 129-134.

492. _____. "Introducción al estudio de las ideas sociales de Martí," *Vida y pensamiento de Martí* [q. v.], vol. 2, pp. 227-248.

493. _____. *José Martí, crítico literario.* Washington, D. C., Unión Panamericana [1953], 112 pp. (Pensamiento de América.)

494. _____. "José Martí: vida y obra. 5. Crítica," *RHM,* 18:114-144, 1952. Also in: *José Martí (1853-1895)* ... [see under Hispanic Institute in the United States], pp. 123-153.

495. _____. "Martí, escritor," *CuAm,* 21: 205-214, 1945.

496. _____. "Martí y Darío, polos del modernismo," *CasAm* (42):68-72, 1967. "Leído el 20 de enero de 1967."

497. _____. "La voluntad de estilo en José Martí," *Pensamiento y acción de José Martí* [q. v.], pp. 285-310. "Conferencia pronunciada el 27 de mayo de 1953."

498. Prío Socorrás, Carlos. "Martí, arquetipo de lo cubano," *ArJM,* 6:380-391, 1946.

499. Prjevalinsky Ferrer, Olga. "Al margen de la explicación de texto: 'La luminosidad de la prosa de José Martí' [followed by] 'Una experiencia poética de Darío en torno al no ser'," *Hispanof,* 3 (9): 45-48, 1960.

500. Quesada y Miranda, Gonzalo de. *Anecdotario martiano: nuevas facetas de Martí.* La Habana, Seoane, Fernández y Cía., 1948, 209 pp.

501. _____. *Facetas de Martí.* La Habana, Editorial Trópico, 1939, 241 pp. (Historia Cubana 4.)

502. _____. *Guía para las obras completas de Martí.* La Habana, Editorial Trópico, 1947, 181 pp.

503. _____. *Martí, hombre.* 2nd ed., La Habana, Seoane, Fernández y Cía., 1944, 254 pp. 1st ed., *ibid.,* 1940, 316 pp.

504. _____. *Martí periodista.* La Habana, Imp. Rambla, Bouza y Cía., 1929, ix, 204 pp.

505. _____. "Martí periodista," *Vida y pensamiento de Martí* [q. v.], vol. 2, pp. 35-61.

506. _____. "Martí y su amor a los libros," *RBNHab,* 4 (3):39-43, 1953.

507. Quijano, Alejandro. "Conferencia sobre José Martí," *RBNHab,* 7 (4):21-31, 1956. "Conferencia pronunciada en México el 11 de octubre de 1954."

508. Quintana, Jorge. "Algunas indagaciones en torno a José Martí," *ArJM,* 5 (2): 259-265, 1950.

509. _____. *José Martí; cronolía bibliográfica.* Caracas, Impresora DELTA, 1964, 262 pp.

510. Quinteros, Alberto (hijo). "El pensamiento vivo de José Martí," *ArJM,* 3 (1):53-54, 1945. " 'El Nacional,' San Salvador, 19 de mayo."

511. Rabassa, Gregory. "Walt Whitman visto por José Martí," *ND,* 39 (4):88-93, 1959.

512. Redondo, Susana. "José Martí: vida y obra. Vida," *RHM,* 18:1-20, 1952. Also in: *José Martí (1853-1895)* ... [see under Hispanic Institute in the United States], pp. 7-26.

513. Remos, Juan J. "La emoción histórica en la prosa de Martí," *ArJM,* 6 (1/4): 380-399, 1952. Also in: *BACL,* 1:685-706, 1952.

514. _____. "Los precursores del modernismo. José Martí," *Historia de la literatura cubana* [see "General References"], vol. 3, pp. 5-42; followed by "José Martí (conclusión)," pp. 43-71. (Concerning his poetry, theater, novel, oratory, criticism, and his political and social writings.)

515. *Repertorio americano.* "Homenaje a José Martí en el 38 aniversario de su muerte," *RepAmer,* 26:20 mayo 1933. (Entire number dedicated to Martí. Includes an index of articles on Martí from vol. 1 through vol. 26 called "Tarjeta bibliográfica de José Martí en el 'Repertorio americano'.")

516. *Revista bimestre cubana.* "José Martí," *RBC,* 41:161-303, 1938. (Entire number dedicated to Martí.)

517. *Revista cubana.* "Homenaje a José Martí," *RevCu,* 29:7-517, 1951/1952. (Entire number dedicated to Martí.)

518. *Revista hispánica moderna.* "José Martí: vida y obra," *RHM,* 18: esp. pp. 13-161, 1952. "Bibliografía selecta": pp. 151-161. (Entire number dedicated to Martí.)

519. Reyes, Alfonso. "José Martí," *CuAm,* 21:162-163, 1945. Also in: *BACL,* 1:528, 1952.

520. _____. "Martí a la luz de la nueva física," *BACL,* 7:221-222, 1958.

521. Ríos, Fernando de los. "Ofrenda en torno al sentido de la vida en Martí," *REH,* 1:345-360, 1928. With a different title: "Reflexiones en torno al sentido de la vida en Martí," *MIHC,* 1 (2):89-109, 1928; *RBC,* 41:176-190, 1938; *ArJM,* 4 (1):21-30, 1947; *Antología crítica de José Martí* [see under González, Manuel Pedro], pp. 429-441. "Conferencia dada en la Habana el 29 de enero de 1928."

522. _____. "Significación de lo humano en José Martí," *UHab,* 6 (38/39):97-109, 1941.

523. Roa Kouri, Raúl. "La ética política de José Martí," *Hum,* 3 (27):62-68, 1955.

524. _____. "Martí y el fascismo," *Clar,* 15 (312):[n. page.], 1937. Also published separately: La Habana, Úcar, García y Cía., 1937, 31 pp. "Conferencia leída el 28 de enero de 1937 en el Liceo de Guanabacoa."

525. _____. "Rescate y proyección de Martí," *ArJM,* 5 (3):307-317, 1951.

526. Rodríguez-Cáceres, Armantina. "Martí y su labor periodística," *ArJM,* 5 (3):366-373, 1951.

527. Rodríguez Demorizi, Emilio. "Henríquez y Carvajal y el culto de Martí en Santo Domingo," *ArJM,* 4 (3):265-268, 1948.

528. _____. "Martí y *Enriquillo,*" *Memoria del congreso de escritores martianos* [q. v.], pp. 257-275.

529. _____. *Martí y Máximo Gómez en la poesía dominicana.* Ciudad Trujillo, Editora Montalvo, 1953, 205 pp.

530. Rodríguez-Embil, Luis. "Martí y el presente," *Amer,* 14 (3/4):10-12, 1942.

531. _____. "Preparación y creación," *José Martí, el santo de América; estudio crítico-biográfico.* La Habana, Imp. P. Fernández, 1941, pp. 109-223.

532. Rodríguez Monegal, Emir. "La poesía de Martí y el modernismo," *Num,* 5:38-67, 1953.

533. Roggiano, Alfredo A. "Poética y estilo de José Martí," *Hums,* 1:351-378, 1953. Also in: *Antología crítica de José Martí* [see under González, Manuel Pedro], pp. 41-69. "Conferencia pronunciada el 16 de junio de 1953 en el anfiteatro de la Facultad de Filosofía y Letras de la Universidad Nacional de Tucumán."

534. Roig de Leuchsenring, Emilio. "La benemérita labor de los escritores martistas," *ArJM,* 6 (1/4):178-184, 1952.

535. _____. "Las dos Españas de Martí," *RBNHab,* 4 (1):37-57, 1953.

536. *_____. Los dos primeros periódicos de Martí y los únicos publicados en La Habana," *Cart,* 34 (4):90-92, 1953.

537. _____. *La España de Martí.* La Habana, Editorial Páginas, 1938, 177 pp. (Biblioteca Cubana Contemporánea 1.)

538. _____. "Hostos y Martí, dos ideologías antillanas concordantes," *RBC,* 43:5-19, 1939.

539. _____. *Martí, antimperialista.* 2nd ed., "notablemente aumentada," La Habana, Ministerio de Relaciones Exteriores, 1961, 148 pp. "Cronología de Martí": pp. 137-148.

540. _____. "Martí en los Liceos de Guanabacoa y Regla," *ArJM,* 5 (4):499-516, 1951.

541. _____. "Martí y las religiones," *Vida y pensamiento de Martí* [q. v.], vol. 1, pp. 111-158.

542. _____. "La república de Martí," *Vida y pensamiento de Martí* [q. v.], vol. 2, pp. 369-433. With a different title: "Algunos conceptos martianos de la república," *ArJM,* 3 (1):60-79, 1942.

543. Rojas, Manuel. "José Martí," *AnUCh,* 111 (89):5-9, primer trimestre de 1953.

544. _____. "José Martí y el espíritu revolucionario de los pueblos," *De la poesía a la revolución.* Santiago de Chile, Ediciones Ercilla, 1938, pp. 193-204.

545. Rojas Jiménez, Oscar. "La huella del peregrino: José Martí, el viajero," *RNC,* 14 (96):22-31, 1953.

546. Romagosa, Carlos. "Darío y Martí," *ArJM,* 4 (2):357, 1943.

547. Romera, Antonio R. "José Martí y la pintura española," *A*, 114:74-84, 1954.

548. Rosenblat, Angel. "Los venezolanismos de Martí," *RNC*, 14 (96):32-53, 1953.

549. Sabat Ercasty, Carlos. "Habla Sabat Ercasty sobre la efemérides de Martí," *ArJM*, 6 (1/4):126-129, 1952.

550. Sabella, Andrés. "José Martí en la huella de su gloria," *A*, 110:66-79, 1953.

551. Sacoto, Antonio. "El indio en la obra literaria de Sarmiento y Martí," *CuAm*, 156 (1):137-163, esp. pp. 149-163, 1968.

552. Sáenz, Vicente. "Raíz y ala de José Martí," *CuAm*, 68 (2):7-62, 1953.

553. Salazar y Roig, Salvador. *El dolor en la lírica cubana*. La Habana, Imp. El Siglo XX, 1925, 72 pp. "Discurso leído . . . en la sesión solemne celebrada por la Academia Nacional de Artes y Letras el día 25 de abril de 1925 al ser recibido como miembro de número de la Sección de literatura . . . . Discurso de contestación, por el Sr. Nestor Carbonell."

554. _____. "Martí," *CubCon*, 17:5-16, 1918.

555. Salinas de Aguilar, Norberto. "José Martí: la cristalización del ritmo de nuestra América," *Memoria del congreso de escritores martianos* [q. v.], pp. 658-671.

556. Salinas Quiroga, Genaro. "Martí, el cubano inmortal," *ArJM*, 5 (3):362-365, 1951.

557. Sánchez, Luis Alberto. "Dos notas sobre Martí," *A*, 110:55-65, 1953.

558. _____. "José Martí," *Escritores representativos de América* [see "General References"], 2nd ed., vol. 2, pp. 189-202.

559. _____. "Perenne actualidad de Martí," *ArJM*, 5 (1):123-124, 1950.

560. _____. "Sobre el pensamiento americano de José Martí," *Boliv* (23):483-496, 1953.

561. Sánchez-Trincado, J. L. "En el cincuentenario de José Martí," *ArJM*, 5 (1):139-143, 1945. *"El Universal*. Caracas, Venezuela, 20 de mayo de 1945."

562. Santovenia y Echaide, Emeterio S. "Alabanza de Martí por una autoridad lincolniana," *ArJM*, 5 (3):341-344, 1951.

563. _____. *Bolívar y Martí*. La Habana, Imp. El Siglo XX, 1934, 243 pp.

564. _____. "Dos centenarios," *ArJM*, 6 (1/4):456-457, 1952.

565. _____. *Dos creadores, Mazzini y Martí*. La Habana, Editorial Trópico, 1936, 209 pp. "Bibliografía": pp. 203-209.

566. _____. *Genio y acción, Sarmiento y Martí*. La Habana, Editorial Trópico, 1938, 270 pp. "Bibliografía": pp. 263-268.

567. _____. "Juicios de Sarmiento sobre el estilo de Martí," *BACL*, 1:676-684, 1952.

568. _____. *Lincoln en Martí*. Prólogo de Félix Lizaso. La Habana, Editorial Trópico, 1948, 157 pp.

569. _____. "Martí en francés e inglés," *ArJM*, 6 (1/4):185-186, 1952.

570. _____. "Martí, hombre de estado," *CubPro* (5):98, 101, 1953.

571. Schulman, Ivan A. "Bécquer y Martí: coincidencias en su teoría literaria," *DHR*, 3 (2):57-87, 1964. Reprinted in *Génesis del modernismo* [see "General References"], pp. 66-94.

572. _____. "Darío y Martí: 'Marcha triunfal', 'El centenario de Calderón' y 'Castelar'," *A*, 165 (415/416):421-430, 1967. "Este estudio amplía y completa el esbozo del tema hecho por Manuel Pedro González en su libro *José Martí en el octogésimo aniversario de la iniciación modernista 1882-1962* [q. v.]."

573. _____. "Las estructuras polares en la obra de José Martí y Julián del Casal," *RI*, 29:251-282, 1963. Reprinted in *Génesis del modernismo* [see "General References"], pp. 153-187.

574. _____. "Génesis del azul modernista," *RI*, 25:251-271, 1960. Reprinted, omitting second and third paragraphs, in *Génesis del modernismo* [see "General References"], pp. 115-138.

575. _____. "José Martí and Mark Twain: A Study of Literary Sponsorship," *Sym*, 15:104-113, 1961.

576. _____. "José Martí y Manuel Gutiérrez Nájera: iniciadores del modernismo," *RI*, 30:9-50, 1964. Reprinted in *Génesis del modernismo* [see "General References"], pp. 21-65. (See: Carter, Boyd G. "Gutiérrez Nájera y

Martí como iniciadores del modernismo." Polemic.)

577. _____. "José Martí y el 'Sun' de Nueva York: nuevos escritos desconocidos," *AnUCh*, 124 (139):30-49, 1966.

578. _____. "Resonancias martianas en la prosa de Rubén Darío (1898-1916). 'El pobre y grande José Martí'," *Diez estudios sobre Rubén Darío* [see: Loveluck, Juan, under "Rubén Daro"], pp. 123-154.

579. _____. *Símbolo y color en la obra de José Martí*. Madrid, Editorial Gredos, 1960, 541 pp. "Bibliografía": pp. 527-541. (Biblioteca Románica Hispánica. II. Estudios y ensayos 47.) (See: Barrios, Gilberto. "Martí, Darío y el modernismo." Polemic.)

580. _____. (Co-author of *José Martí, esquema ideológico* [see under González, Manuel Pedro].)

581. Schultz de Mantovani, Fryda. "Dimensión íntima de Martí," *RevCu*, 27:5-22, 1950. Also in: *ArJM*, 6 (1/4):133-144, 1952.

582. _____. "'La edad de oro' de José Martí," *CuAm*, 67 (1):217-235, 1953.

583. _____. *Genio y figura de José Martí*. Buenos Aires, Eudeba, 1968, 192 pp.

584. Shuler, Esther Elise. "José Martí. Su crítica de algunos autores norteamericanos," *AnUCh*, 111 (89):131-153, primer trimestre de 1953. Also in: *ArJM*, 5 (2):164-192, 1950.

585. Solís, Carlos A. (hijo). "La libertad en el pensamiento de Martí," *RevUT*, 16 (12):13-15, 1953.

586. Soto-Hall, Máximo. *La niña de Guatemala: el idilio trágico de José Martí*. Guatemala, Tipografía Nacional, 1942, 172 pp.

587. Stabb, Martin S. "Martí and the Racists," *Hisp*, 40:434-439, 1957.

588. Stolbov, V. S. "José Martí, patriota, revolucionario y poeta cubano," *UHab*, 29 (175):7-52, 1965. "Moscú. Novaya Basmannaya 19."

589. Tirado, Modesto A. "Vacilaciones," *RBC*, 32:226-234, 1933. Also in: *RevCu*, 29:81-91, 1951/1952.

590. Torres Ríoseco, Arturo. *The Epic of Latin American Literature* [see "General References"], rev. ed., pp. 91-92.

591. _____. "Estudios literarios: José Martí. El hombre," *Hisp*, 5:282-285, 1922.

592. _____. "Estudios literarios: José Martí, el poeta," *Hisp*, 6:323-327, 1923. (This item and the preceding one are combined with the title, "José Martí (1853-1895)," in *Precursores del modernismo* [see "General References"], 1st ed., pp. 75-92.

593. Unamuno, Miguel de. "Desde Salamanca: sobre los *Versos libres* de Martí," *ArJM*, 4 (1):7-9, 1947.

594. _____. "Notas de estética. Cartas de poeta," *ArJM*, 4 (1):16-18, 1947.

595. _____. "Sobre el estilo de Martí," *Germ*, 1 (2):2-4, 1921. Also in: *ArJM*, 4 (1):11-14, 1947; *BACL*, 1:500-505, 1952; and in: *Antología crítica de José Martí* [see under González, Manuel Pedro], pp. 187-191.

596. _____. "Sobre los versos libres de Martí," *ArJM*, 4 (1):7-9, 1947.

597. _____. "Los versos libres de Martí," *AnUCh*, 111 (89):72-81, primer trimestre de 1953.

598. Universidad de Oriente. See: *Pensamiento y acción de José Martí*.

599. Valle, Rafael Heliodoro. "Bibliografía de Martí en México," *LyP*, 10 (9):28-31, 1932.

600. _____. "Honduras en Martí," *RevUT*, 16 (12):4-6, 1953.

601. _____. "Martí en México," *ND*, 15 (5):13-14, 1934.

602. _____. "Martí modernista," *At*, 40 (197):50-54, 1953. Also in: *Memoria del congreso de escritores martianos* [q. v.], pp. 466-473.

603. _____. "Poemas desconocidos de Martí," *RHM*, 13:305-309, 1947. Also in: *RepAmer*, 45:369-370, 10 dic. 1949; *ArJM*, 4 (4):444-448, 1949.

604. Varona, Enrique José. "Martí en los Estados Unidos," *ArJM*, 3 (1):89-90, 1942.

605. Vasconcelos, José. "El genio en Ibero-América," *RepAmer*, 17:8-9, 7 jul. 1928.

606. Vela, David. *Martí en Guatemala*. Guatemala, Ministerio de Educación Pública, 1954, 366 pp. (Colección Contemporáneos 41.) La Habana, Mundial, 1953, 452 pp.

607. Vélez, Román. "José Martí," *RevCu*, 29:217-223, 1951/1952.

608. Vian, Francesco. "José Martí (1853-1895)," *Il "modernismo" nella poesia ispanica* [see "General References"], pp. 55-69.

609. *Vida y pensamiento de Martí. Homenaje de la ciudad de La Habana en el cincuentenario de la fundación del Partido Revolucionario Cubano. 1892-1942.* La Habana, 1942, 2 vols. (Colección Histórica Cubana y Americana 4, dirigida por Emilio Roig de Leuchsenring, Historiador de la Ciudad de La Habana.)

610. Villalba Villalba, Luis y Sotillo, Pedro. "Martí y la educación fundamental," *ArJM*, 5 (3):409-412, 1951.

611. Vitier, Cintio. "Algo más sobre el apóstol," *CuAm*, 134 (3):85-94, 1964.

612. _____. "Casal como antítesis de Martí. Hastío, forma, belleza, asimilación y originalidad. Nuevos rasgos de lo cubano. 'El frío' y 'lo otro'," *Lo Cubano en la poesía.* Universidad Central de las Villas, Departamento de Relaciones Culturales, 1958, pp. 242-268. Republished as part of the "Escritos sobre Julián del Casal," [introduction to] *Julián del Casal. Prosas.* Tomo I. Edición del Centenario. La Habana, Consejo Nacional de Cultura, 1963, pp. 90-111. (Biblioteca Básica de Autores Cubanos.)

613. _____. "Martí futuro," *CuAm,* 156 (1):217-237, 1968.

614. _____. "Los 'Versos libres' de Martí," Lyc, 9 (33/34):59-69, 1953. Also in: *Antología crítica de José Martí* [see under González, Manuel Pedro], pp. 381-390.

615. Vitier, Medardo. "Aspectos en la figura de Martí," *RevCu*, 5:48-53, 1936.

616. _____. "La capacidad de magisterio en Martí," *Vida y pensamiento de Martí* [q. v.], vol. 2, pp. 211-225.

617. _____. "Dimensión filosófica, sobre todo en su sentido de la vida," *Antología crítica de José Martí* [see under González, Manuel Pedro], pp. 497-512.

618. _____. "Estudio técnico de su estilo en prosa," *Antología crítica de José Martí* [see under González, Manuel Pedro], pp. 133-153.

619. _____. *Las ideas en Cuba; proceso del pensamiento político, filosófico y crítico en Cuba, principalmente durante el siglo XIX.* La Habana, Editorial Trópico, 1938, vol. 2, pp. 37-230.

620. _____. *Martí; estudio integral.* La Habana, Comisión Nacional Organizadora de los Actos y Ediciones del Centenario y del Monumento de Martí, 1954, 334 pp.

621. _____. *Martí; su obra política y literaria.* Matanzas, Cuba, Editorial La Pluma de Oro, 1911, 97 pp., esp. pp. 73-97.

622. _____. *La ruta del sembrador; motivos de literatura y filosofía.* Matanzas, Cuba, Imp. Casas y Mercado, 1921, iv, 223 pp.

623. _____. "Sobre el estilo de Martí," *BACL*, 1:713-714, 1952.

624. Weber, Fryda. "Martí en 'La Nación' de Buenos Aires (1885-1890)," *RevCu*, 10:71-105, 1937. Also in: *ArJM*, 6 (1/4):458-482, 1952.

625. Yépez, Luis. "Martí, arquetipo moral," *RNC*, 14 (96):18-21, 1953.

625a. Yoskowitz, Marcia. "El arte de síntesis e interpretación: Un estudio de 'El terremoto de Charleston' de José Martí," *CuAm*, 161 (6):135-148, 1968.

626. Zayas, Lincoln de. "La apoteosis de Martí," *RevCu*, 29:143-150, 1951/1952.

627. Zéndegui, Guillermo de. "La dimensión heroica en Martí," *RevCu*, 30:97-109, 1956.

628. _____. "Martí en México," *AmerW*, 15:12-16, 1963.

629. Zulueta, Luis de. "Martí, el luchador sin odio," *RBC*, 43:161-177, 1939.

Amado Nervo

(1870-1919)

1. Abreu Gómez, Ermilo. *Un epistolario inédito. XLIII cartas a don Luis Quintanilla.* Prólogo y notas de . . . . México, Imp. Universitaria, 1951, x, 104 pp. (Serie Letras 5.) "Prólogo": pp. v-x.

2. Alvarez Molina, Rodrigo. "Amado Nervo: His Mysticism and Franciscan Influence," *Estudios; Francisco Ayala. Antonio Machado, Amado Nervo y otros ensayos.* Madrid, Insula, 1961, pp. 77-108.

3. *Amado Nervo; homenaje a la memoria del poeta, organizado por la Universidad, Nacional.* México, Universidad Nacional, 1919, 131 pp.

4. *Amado Nervo y la crítica literaria.* Prosa inicial de Guillermo Jiménez. Noticia biográfica de J. M. González de Mendoza. México, Andrés Botas e Hijo, Editores [1919], 190 pp. "Antología": pp. 133-190.

5. Anderson Imbert, Enrique. *Historia de la literatura hispanoamericana* [see "General References"], vol. 1, pp. 389-391.

6. Arévalo Martínez, Rafael. "Alrededor de Darío y de Nervo, poetas y poetisos," *PAG,* 2:153-173, 1934.

7. Argüello, Santiago. "Amado Nervo. El misticismo y el amor," *Modernismo y modernistas* [see "General References"], vol. 2, pp. 197-249. Includes: "Del misticismo," pp. 199-204; "El misticismo y la liberación," pp. 205-207; "El panteísmo no es el misticismo," pp. 209-211; "Amado el místico," pp. 213-214; "La poesía mística de Amado el místico," pp. 215-221; "La musa," pp. 223-224; "El poeta y el amor," pp. 225-237; "¡Su gran amor humano!" pp. 239-242; "El dolor del místico," pp. 243-248.

8. **Atenea* (La Plata), mayo/jun. 1919. (Entire number dedicated to Nervo.)

9. Báez, V. D. " 'En voz baja' de Amado Nervo," *RM,* (4):223-224, 1909.

10. Báez-Camargo, Gonzalo. "La nota evangélica en la poesía de Amado Nervo," *ND,* 29 (4):26-33, 1949.

11. Berenguer Carisomo, Arturo [y] Jorge Bogliano. "Amado Nervo," *Medio siglo de literatura americana* [see "General References"], pp. 102-114.

12. Berisso, Luis. "Amado Nervo," *Nos,* 32: 305-307, 1919.

13. Blanco, Marcos Manuel. "El misticismo de Amado Nervo," *Nos,* 32:277-284, 1919.

14. Blanco-Fombona, Rufino. "Amado Nervo (1870-1919)," *El modernismo y los poetas modernistas* [see "General References"], pp. 253-270.

15. Bollo, Sarah. "La poesía de Amado Nervo," *RNac,* 23:219-224, 1943.

16. Bonet, Carmelo M. "El poeta bueno," *Nos,* 32:198-204, 1919. (Includes remarks concerning Nervo's interest in astronomy.)

17. Brushwood, John S. *México in Its Novel; a Nation's Search for Identity.* Austin, University of Texas Press, 1966, esp. pp. 146-148. (Texas Pan-American Series.)

18. Bunge, Augusto. "Homenaje de la Cámara de Diputados a la memoria de Amado Nervo," *Nos,* 32:352-354, 1919. " . . . palabras pronunciadas . . . en la Cámara de Diputados, en la sesión del día 28 de mayo."

19. Bunge de Gálvez, Delfina. "El poeta de Dios," *Nos,* 32:252-263, 1919.

20. Calou, Juan Pedro. "Amado Nervo. Algunas notas marginales," *Nos,* 32:302-304, 1919.

21. Cansinos-Assens, Rafael. "Amado Nervo," *Poetas y prosistas del novecientos* [see "General References"], pp. 22-49.

22. Castagnino, Raúl H. "Imágenes de Amado Nervo," *Imágenes modernistas . . .* [see "General References"], pp. 59-86.

23. Castro Leal, Antonio. "Amado Nervo," *Hisp*, 2:265-267, 1919.

24. Celso Tíndaro, Jorge (pseud.). See: Franco, Pedro B.

25. Chocano, José Santos. "Redescubrimiento de Rubén y de Nervo," *Obras completas* [see: Sánchez, Luis Alberto, under "José Santos Chocano"], pp. 1610-1612.

26. Coester, Alfred. "Amado Nervo," *Hisp*, 4:285-300, 1921. Published separately as: *Amado Nervo y su obra*. Montevideo, Editorial Claudio García, 1922, 30 pp. (A hand-written note in the copy at the University of Colorado reads: "This is a translation into Spanish of an article I wrote and published in Hispania. When I was in Montevideo in 1925, I saw these booklets offered for sale. I do not know who did the translation, *not* authorized.")

27. Colín, Eduardo. "Amado Nervo," *Verbo selecto* [see "General References"], pp. 19-27.

28. Colmo, Alfredo. "La filosofía de Amado Nervo," *Nos*, 32:236-245, 1919.

29. Cordone, Alberto. "El poeta muerto," *Nos*, 32:296-301, 1919.

30. [Crispo Acosta, Osvaldo]. "Lauxar" (pseud.). "Amado Nervo," *Motivos de crítica hispanoamericanos* [see "General References"], pp. 199-211.

31. Dauster, Frank. "Amado Nervo," *Breve historia de la poesía mexicana* [see "General References"], pp. 121-124.

32. Davison, Ned. "El frío como símbolo en 'Los pozos' de Amado Nervo," *RI*, 26: 111-126, 1961. Also in: *Sobre Eduardo Barrios y otros estudios y crónicas* [see "General References"], pp. 87-103.

33. Delgado, F. "Amado Nervo. (Revisión y análisis.)," *EstAm*, 9:5-26, 1955.

34. Díez-Canedo, Enrique. "Amado Nervo," *Letras de América* [see "General References"], pp. 123-131.

35. _____. "'En voz baja, por Amado Nervo," *RM* (4):222-223, 1909.

36. Dominici, Pedro César. "Amado Nervo," *Tronos vacantes. Arte y crítica* [see "General References"], pp. 49-62.

37. Englekirk, John Eugene. "Amado Nervo," *Edgar Allan Poe in Hispanic Literature* [see "General References"], pp. 247-277.

38. Estrada, Genaro. "Ascensión de la poesía," *LyP*, 12 (11):536-545, 1934.

Also published separately: Madrid, Béquer, 1934, 16 pp.

39. _____. *Bibliografía de Amado Nervo*. México, Imp. de la Secretaría de Relaciones Exteriores, 1925, 36 pp. (Monografías Bibliográficas Mexicanas [núm 1].)

40. Fariña Núñez, Eloy. "El misticismo de Amado Nervo," *Nos*, 32:273-276, 1919.

41. [Franco, Pedro B.]. Celso Tíndaro, Jorge (pseud.). *Amado Nervo. Acotaciones a su vida y a su obra*. Buenos Aires, Establecimiento "Océana," 1919, 163 pp.

42. _____. *La vida espiritual de Amado Nervo*. Buenos Aires, n. p., 1919, 30 pp. "Conferencia leída . . . en la rama Vi-Dharmah de la Sociedad teosófica, en Buenos Aires, a 21 días del mes de sept. del año 1919."

43. Gatti, J. F. "Amado Nervo, prosista," *Nos*, 1:297-303, 1936.

44. Gellini, Antonio. "Amado Nervo," *Nos*, 32:347-348, 1919.

45. Gómez Jaime, Alfredo. "El recuerdo. Amado Nervo," *RevAmer*, 5:66-68, 1946.

46. González, Manuel Pedro. "Apuntes sobre la lírica hispano-americana. Amado Nervo," *Hisp*, 12:147-162, 1929.

47. González Arrili, Bernardo. "Amado Nervo, diplomático," *Nos*, 32:212-225, 1919.

48. González Guerrero, Francisco y Alfonso Méndez Plancarte. *Obras completas*. Edición, estudios y notas de F. González Guerrero [prosas] y A. Méndez Plancarte [poesías]. 2nd ed., Madrid, Aguilar, 1955-56, 2 vols.

49. González Peña, Carlos. "Amado Nervo," *Historia de la literatura mexicana* [see "General References"], pp. 324-328.

50. Guglielmini, Homero M. "Notas sobre Amado Nervo," *Nos*, 39:358-372, 1921.

51. Hamilton, Carlos D. "Amado Nervo," *Nuevo lenguaje poético* [see "General References"], pp. 69-74.

52. Henríquez Ureña, Max. *Breve historia del modernismo* [see "General References"], 2nd ed., esp. pp. 472-477.

53. Iduarte, Andrés. "Amado Nervo en sus cartas," *RepAmer*, 47:145-147, 1 sept. 1951.

54. Korn, Alejandro. "Su filosofía," *Nos*, 32: 232-235, 1919.

55. Korn Villafañe, Adolfo. "La serena inquietud," *Nos,* 32:340-341, 1919.

56. *Kress, Dorothy. *Confessions of a Modern Poet: Amado Nervo.* Boston, Bruce Humphries, 1935, 50 pp.

57. Lagorio, Arturo. "Diálogo de Leonardo y Kempis," *Nos,* 32:328-337, 1919.

58. Lamothe, Louis. "Amado Nervo," *Los mayores poetas latinoamericanos de 1850 a 1950* [see "General References"], pp. 115-125.

59. _____. [G.]. *Hábleme del modernista mexicano Amado Nervo.* Haiti, Tal. Perman, 1962, 134 pp.

60. "Lauxar" (pseud.). See: Crispo Acosta, Osvaldo.

61. Leal, Luis. "La poesía de Amado Nervo: a cuarenta años de distancia," *Hisp,* 43:43-47, 1960.

62. Leguina, Enrique de. "Amado Nervo," *Nos,* 32:342-344, 1919.

63. López Velarde, Ramón. "La magia de Nervo," *El don de febrero y otras prosas* [see "General References"], pp. 321-325.

64. Maillefert, Alfredo. "Amado Nervo," *Abs,* 2 (5):17-23, 1938.

65. Maldonado, Horacio. "El último libro de Nervo," *Nos,* 32:309-313, 1919. Concerning *El estanque de los lotos.*)

66. Malvigne, Pedro César. *Amado Nervo. Fraile de los suspiros.* Buenos Aires, Editorial Difusión, 1964, 132 pp. "Bibliografía": pp. 131-132.

67. Marasso Rocca, Arturo. "Amado Nervo," *Nos,* 32:169-181, 1919. Also in: *Estudios literarios* [see "General References"], pp. 125-154.

68. Martínez, José Luis. "Situación de Amado Nervo," *LetMex,* 1 (11):1-2, 10, 1943. Reprinted in *Literatura mexicana siglo XX* [see "General References"], Primera Parte, pp. 147-153.

69. Martínez Peñaloza, Porfirio. "La *Revista moderna*," *Las revistas literarias de México* [see Instituto Nacional de Bellas Artes, in "General References"], pp. 81-110.

70. Mazzei, Angel. "Amado Nervo," *Lecciones de literatura americana y argentina* [see "General References"], pp. 326-327.

71. Mejía Sánchez, Ernesto. "De Unamuno y Nervo," *ALetM,* 4:203-236, 1964.

72. Meléndez, Concha. *Amado Nervo.* New York, Instituto de las Españas en los Estados Unidos, 1926, 83 pp.

73. Melián Lafinur, Alvaro. "Serenidad," *Literatura contemporánea* [see "General References"], pp. 203-205.

74. Méndez Plancarte, Alfonso. See also: González Guerrero, Francisco.

75. _____. "Arte y alma de Nervo," *Abs,* 2 (5):3-16, 1938.

76. Mendioroz, Alberto. "Amado Nervo," *Nos,* 32:190-197, 1919. "Fragmento de una conferencia leída en el aula magna de la Universidad de La Plata . . . ."

77. Mercante, Víctor. "Amado Nervo, su morada interior," *Nos,* 32:246-251, 1919.

78. Molina O. F. M., Rodrigo A. "Amado Nervo: His Mysticism and Franciscan Influence," *Americ,* 6:173-196, 1949. In Spanish: "Misticismo y franciscanismo de Amado Nervo," *Cul* (9):75-85, 1956; *Estudios.* Madrid, Insula, 1961, pp. 77-108.

79. Monterde, Francisco. *Amado Nervo.* México, Talleres Gráficos de la Nación, 1929, 7 pp. (Publicaciones de la Secretaría de Educación Pública. Tomo XX, no. 18. Departamento de Bibliotecas.) Reprinted: México, Porrúa, 1953.

80. Morgan, P. "Amado Nervo, su vida y su obra," *A,* 121:196-225, 1955.

81. *Nosotros,* 32:esp. pp. 149-366, 1919. (Entire number dedicated to Nervo.) (See: Torrendell, J. "Amado Nervo.")

82. Obligado, Pedro Miguel. "Amado Nervo," *Nos,* 32:182-189, 1919. "Conferencia leída . . . en el teatro Odeón el día 21 de junio."

83. Onís, Federico de. "Amado Nervo, 1870-1919," *España en América* [see "General References"], pp. 222-223.

84. Ortiz de Montellano, Bernardo. *Figura, amor y muerte de Amado Nervo.* México, Ediciones Xochitl, 1943, 164 pp. (Vidas mexicanas 10.) "Nota" [bibliography]: pp. 171-173.

85. Ory, Eduardo de. *Amado Nervo (estudio crítico).* Cádiz, Editorial "España y América," n. d. [1917?], 97 pp.

86. Osorios, Luis Enrique. "Los grandes de América," *RepAmer,* 5:199-201, 1 ene. 1923. "De *Cromos,* Bogotá."

87. Oyuela, Calixto. "Amado Nervo," *Nos,* 32:149-166, 1919. (Concerning the influence of oriental philosophy on Nervo's mysticism.)

88. Oyuela, C. "Amado Nervo," *Poetas hispanoamericanos* [see "General References"], vol. 2, pp. 26-39.
89. Pascarella, Luis. "Nervo y su medio," *Nos,* 32:226-229, 1919.
90. Plácido, A. D. "Amado Nervo y su poesía," *Impresiones literarias; crítica* [see "General References"], pp. 5-29.
91. Quijano, Alejandro. *Amado Nervo, el hombre.* México, Antigua Imp. de Murguia, 1919, 27 pp. "Discurso leído en la Velada que la Universidad Nacional dedicó al poeta, la noche del 17 de noviembre de 1919."
92. *Rafael, A. *Amado Nervo, el místico que no pudo ser.* La Habana, Editorial Alfa, 1939, 37 pp.
93. Rangel Báez, Carlos. "La poesía de ideas en Darío y Nervo," *CulV,* 17:291-303, 1923. In English: "The Poetry of Ideas in Darío and Nervo," *IntAm,* 8:29-38, 1924.
94. *Revista de revistas,* 26 (1358): [n. pag.], 24 mayo 1936. Contains: Próspero Mirador, "Nervo, poeta amadísmo"; Orosman Rivas, "Amado Ruiz de Nervo y Ordaz"; Genaro Estrada, "La familia de Nervo"; Roberto Núñez y Domínguez, "El barbero Mecenas de Nervo"; Rubén M. Campos, "Amado Nervo en su juventud"; Carlos Díaz Dufóo, "Monsieur le Christ"; Rufino Blanco-Fombona, "La personalidad de Amado Nervo"; Alfonso Reyes, "El camino de Nervo [fragment]"; José Luis Velasco, "La vida de Nervo en anécdotas"; César Carrizo, "Confidencia de Amado Nervo"; Ginés de Alcántara, "Los últimos momentos de Amado Nervo, relatados por Juan Zorrilla de San Martín"; Lic. Perfecto Méndez Padilla, "Las exequias de Nervo."
95. Reyes, Alfonso. "Tránsito de Amado Nervo," *Obras completas* [see "General References"], vol. 8, pp. 9-49. Also separately: Santiago de Chile, Ediciones Ercilla, 1937, 92 pp. In French: "Le chemin d'Amado Nervo [fragments]," *RAmLat,* 9:144-148, 1925. Transl. Francis de Miomandre.
96. Rinaldini, Rivaldo. "Amado Nervo," *Nos,* 26:555-563, 1917.
97. Rosales, Hernán. *Amado Nervo, la Peralta y Rosas.* México, Herrero Hermanos Sucs., 1926, 204 pp. (Amado Nervo: pp. 5-82.)

98. Rusconi, Alberto. "Las metamorfosis poéticas de Amado Nervo," *RNac,* 42:75-95, 1949. Also in: *Ensayos estilísticos* [see "General References"], pp. 27-51.
99. Sáenz Peña, Carlos Muzzio. "El misticismo de Amado Nervo," *Nos,* 32:266-272, 1919. (Concerning *Místicas* and *El estanque de los lotos.*)
100. Salaverri, Vicente A. "El poeta del silencio de los silencios. Su agonía dolorosa," *Nos,* 32:315-322, 1919.
101. Sánchez, Luis Alberto. " 'Melificó toda acritud el arte . . .'," *Balance y liquidación del 900* [see "General References"], esp. pp. 55-56, 149-150.
102. Suárez Calimano, Emilio. "Arco de triunfo," *Nos,* 32:345-346, 1919.
103. Talero, Eduardo. "Amado Nervo," *Nos,* 32:288-295, 1919.
104. *_____. *Amado Nervo.* Buenos Aires, Ediciones Selectas América, 1919, 34 pp.
105. Tarzia, Miguel. "Amado Nervo," *Nos,* 10:312-338, 1939.
106. Tíndaro, Jorge Celso (pseud.). See: Franco, Pedro B.
107. Torre Ruiz, A. *La poesía de Amado Nervo.* Universidad de Valladolid, Talleres Tipográficos "Cuesta," [1924?], 26 pp. (Universidad de Valladolid, Publicaciones de la Sección de Estudios Americanistas. Serie Primera, Número VI.)
108. Torrendell, J[uan]. "Amado Nervo," *Crítica menor* [see "General References"], vol. 2, pp. 169-174. (Concerning *Nosotros,* vol. 32 [1919], q. v.)
109. _____. *"Elevación,"* *Crítica menor* [see "General References"], vol. 2, pp. 120-125.
110. _____. *"Selección,"* *Crítica menor* [see "General References"], vol. 1, pp. 215-221.
111. Torres Ríoseco, Arturo. *The Epic of Latin American Literature* [see "General References"], rev. ed., pp. 100-102.
112. Ugarte, Manuel. "Amado Nervo," *Escritores iberoamericanos de 1900* [see "General References"], 2nd ed., pp. 177-190.
113. Umphrey, George W. "Amado Nervo and Hinduism," *HR,* 17:133-145, 1949.
114. _____. "Amado Nervo and Maeterlinck: on Death and Immortality," *RR,* 40:35-47, 1949.

115. _____. "The Mysticism of Amado Nervo and Maeterlinck," *MLQ*, 10: 131-140, 1949.

116. Unamuno, Miguel de. " 'En voz baja'," *RM* (4):225-229, 1909.

117. *Unión Social del Uruguay. *Amado Nervo. Rasgos biográficos. Poesías. Juicios críticos.* Montevideo, Publicaciones de la Unión Social del Uruguay, 1920, 31 pp.

118. *Universidad Nacional Autónoma de México. *Homenaje a la memoria del poeta, organizado por la Universidad Nacional.* México, Imp. Franco-Mexicana, 1919, 136 pp.

119. Urbina, Luis G. *La vida literaria de México.* Madrid, Imp. Sáez hnos., 1917, esp. pp. 271-280.

120. Valdés Valdés, Héctor. *Introducción al estudio de la Revista moderna 1898-1903.* México, UNAM, 1964, 174 pp. "Bibliografía": pp. 170-174.

121. Vázquez, Jorge Adalberto. "Culminación del 'modernismo'. Tablada, Icaza. Se completa el grupo de los 'dioses mayores'. Nervo, Urbina, González Martínez," *Perfil y esencia de la poesía mexicana* [see "General References"], pp. 59-67.

122. Vian, Francesco. "Amado Nervo (1870-1919)," *Il "modernismo" nella poesia ispanica* [see "General References"], pp. 196-201.

123. Villagrán Bustamante, Héctor. "Amado Nervo," *Crítica literaria* [see "General References"], pp. 55-59.

124. Wellman, Esther Turner. *Amado Nervo, Mexico's Religious Poet.* New York, Instituto de las Españas en los Estados Unidos, 1936, xii, 292 pp.

125. *Zapiola, Eduardo O. *Amado Nervo. Su vida, su calvario y su muerte.* La Plata, Edición de "Bases," 1931.

José Enrique Rodó

(1871-1917)

1. Abreu Gómez, Ermilo. "Dos notas críticas inéditas: José Enrique Rodó y Andrés Bello," *ArLet,* 7 (3):1, 7, 1950.

2. Aguiar, Justo Manuel. "José Enrique Rodó," *IntAm,* 6:113-123, 1922.

3. _____. *José Enrique Rodó.* Prólogo de Daniel Martínez Vigil. Montevideo, Editorial Renacimiento, 1922, 32 pp.

4. _____. *José Enrique Rodó y Rufino Blanco-Fombona.* Montevideo-Buenos Aires, Agencia General de Librería y Publicaciones, 1925, esp. pp. 7-31. "De la primera parte de esta obra se han hecho dos ediciones: la primera, impresa por la Editorial Renacimiento en 1922, y la segunda, también en 1922, por la revista "Inter-América . . . ."

5. Albarrán Puente, Glicerio. "El pensamiento de Rodó," *CHisp* (41):199-214, 1953. Book with same title: Madrid, Ediciones Cultura Hispánica, 1953, 782 pp. (Colección Hombres e Ideas.)

6. Albuquerque de Lima, Sílvio Júlio. See also: Júlio, Sílvio.

7. _____. *José Enrique Rodó e o cinqüentenário do seu livro "Ariel".* Rio de Janeiro, Ministério da Educaçao e Cultura, Serviço de Documentaçao, Departamento de Imprensa Nacional. 1954, 99 pp.

8. Almada, Amadeo. "José Enrique Rodó. 'Motivos de Proteo'," *Vidas y obras (estudios de crítica).* Montevideo, Librería Cervantes, José María Serrano, Editor, 1912, pp. 161-200.

9. Amador Sánchez, Luis. "El pensamiento vivo de Rodó," *UAnt,* 25 (99):275-283, 1950.

10. Anderson Imbert, Enrique. "José Enrique Rodó," *Historia de la literatura hispanoamericana* [see "General References"], vol. 1, pp. 437-440.

11. Andrade Coello, Alejandro. *Al margen de "El camino de Paros".* Quito, Ecuador, Imp. Mejía, 1919, 34 pp.

12. _____. *Rodó.* 4th ed., Quito, Imp. y Encuadernaciones Nacionales, 1917, 83 pp.

13. "Andrenio" (pseud.). See: Gómez de Baquero, Eduardo.

14. Antuña, Hugo. "Rodó," *Ariel,* 1 (8/9): 90-107, 1920.

15. Antuña, José Gervasio. "El americanismo de Ariel," *RBC,* 65:181-189, 1950.

16. _____. "Ariel y la civilización soviética," *ND,* 31 (4):114-128, 1951.

17. _____. " 'Ariel' y la democracia," *ND,* 30 (4):64-74, 1950.

18. _____. "José E. Rodó," *Ariel,* 1 (8/9): 139-144, 1920. "Discurso pronunciado en la velada organizada por el Centro de E. Ariel, en el Teatro Solís, el 2 de mayo de 1918, primer aniversario de la muerte de José E. Rodó." Also in: *Litterae. Ensayos—crítica—comentarios* [see "General References"], pp. 127-135.

19. _____. *Un panorama del espíritu. En el cincuentenario de "Ariel".* Montevideo, Editorial Florensa y Lafon, 1952, 552 pp.

20. Arciniegas, Germán. "Rodó es nuestro," *RepAmer,* 39:296, 302, 26 sept. 1942.

21. Ardao, Arturo. "La conciencia filosófica de Rodó," *Num,* 2:65-92, 1950.

22. _____. "José Enrique Rodó," *La filosofía en el Uruguay en el siglo XX.* México, Fondo de Cultura Económica, 1956, 25-44. (Colección Tierra Firme, Historia de las Ideas en América 1.) Contains: "El escultor y el pensador," pp. 25-26; "Relaciones con el positivismo," pp. 26-29; "Del postivismo al idealismo," pp. 29-31; "El lenguaje y el pensamiento vivo," pp. 31-34; "Filosofía de la acción y de la vida," pp. 34-37; "Idealismo estético, ético y especulativo," pp. 37-41; "El problema religioso," pp. 41-44.

23. _____. *Orígenes de la influencia de Renan en el Uruguay.* Montevideo, Instituto Nacional de Investigaciones y Archivos Literarios, Ministerio de Instrucción Pública y Previsión Social,

1955, esp. pp. 7-10. (Serie II. Estudios y Testimonios 1.)

24. Arias, Alejandro C. "Ideario de Rodó," *Estudios literarios y filosóficos*. Con un prólogo de José Pereira Rodríguez. Montevideo, Claudio García y Cía., 1941, pp. 101-161.

25. *Ariel*. "Homenaje a José Enrique Rodó," *Ariel*, 1 (8/9):1-224, 1920. (Entire number dedicated to Rodó.)

26. Arroyo, César E. "Rodó y Montalvo," *Cerv*, mayo 1918, pp. 69-72.

27. Bacheller, C. C. "An Introduction for Studies on Rodó," *Hisp*, 46:764-769, 1963..

28. _____. "Rodó's Ideas on the Relationship of Beauty and Morality," *CMLR*, 19:19-22, 1962/1963.

29. _____. "Rodó's Philosophy of the Personality," *XUS*, 2:22-29, 1963.

30. Barbagelata, Hugo D. "José Enrique Rodó," *Quatre héros uruguayens. Artigas, le héros par excellence; Larrañaga, le savant; Rodó le grand penseur et prosateur; Zorrilla le grand poète national*. Alençon (Orne), Imprimerie Alençonnaise, 1964, pp. 33-51. (Les Éditions "France-Amérique.")

31. _____. ed. *Rodó y sus críticos*. Publicación hecha por la Biblioteca Latino-Americana. Paris, Agencia General de Librería, 1920, 345 pp.

32. _____. *Rubén Darío (1867-1916) et José Enrique Rodó (1871-1917)* Préface de Francis de Miomandre. Paris, Éditions France-Amérique, 1958, 35 pp.

33. Barrett, Rafael. " 'Motivos de Proteo'. El libro de Rodó," *Al margen. Críticas literarias y científicas* [see "General References"], pp. 25-33.

34. *Becchi, Constantino. *"Ariel"*. Montevideo, Imp. del autor, 1900, 13 pp.

35. Benedetti, Mario. *Genio y figura de José Enrique Rodó*. Buenos Aires, Editorial Universitaria, 1966, 191 pp. (Biblioteca de América. Colección genio y figura 12.) Bibliography: pp. 180-189.

36. Benvenuto, Carlos. "Ariel, genio de la liberalidad," *AnAt*, 2:140-146, 1947.

37. Benvenuto, Ofelia M. B. de. "Rodó y un tono de alma buscado," *RNac*, 31: 396-401, 1945.

38. Berenguer Carisomo, Arturo [y] Jorge Bogliano. "José Enrique Rodó," *Medio siglo de literatura americana* [see "General References"], pp. 114-125.

39. Berisso, Emilio. "José Enrique Rodó. Breves reflexiones," *Nos*, 26:75-78, 1917.

40. _____. "José Enrique Rodó," *Nos*, 26:68-70, 1917.

41. Berrien, William. "Nota sobre las fechas de Rodó," *RHM*, 3:40-42, 1936.

42. Blanco, Marcos Manuel. "José Enrique Rodó," *Nos*, 26:200-201, 1917.

43. Bollo, Sarah. *Sobre José Enrique Rodó*. Montevideo, Imp. Uruguaya, 1951, 47 pp.

44. Bonet, Carmelo M. "Rodó y la graforrea," *Nos*, 26:196-198, 1917.

45. Botelho Gosálvez, Raul. *Reflexiones sobre el cincuentenario del "Ariel" de José Enrique Rodó*. La Paz, Editorial Centenario, 1950, 30 pp.

46. Bunge, Augusto. "De la crítica," *Nos*, 26:59-63, 1917.

47. Burbano, Eliecer L. *José Enrique Rodó y la juventud hispanoamericana de 1936 (ensayo)*. Quito, Ecuador, Talleres Gráficos de Educación, 1938, 46 pp.

48. Callorda, Pedro Erasmo. "El recuerdo. José Enrique Rodó," *RevAmer*, 8 (23): 259-269, 1946.

49. Carbonell y Rivera, Miguel Angel. "José Enrique Rodó," *Hombres de nuestra América*. Prólogo de Ismael Clark. La Habana, Imp. "La Prueba," 1915, pp. 167-180.

50. Carreño, Eduardo. "La muerte de Rodó y un libro póstumo suyo," *RNC*, 9 (69):51-54, 1948.

51. Carrizo, César. "Rodó y la sabiduría," *Nos*, 26:193-195, 1917.

52. Cassou, Jean. "Renan et Rodó," *RAmLat*, 5:232-234, 1923.

53. Castellanos, Jesús. *Rodó y su "Proteo"* La Habana, Imp. Comas y López, 1910. Also in: *Los optimistas*. Madrid, Editorial América [1918?], pp. 21-69.

54. Castro, Cristóbal de. "El peregrino ilusionado," *Cerv*, mayo 1918, pp. 38-44.

55. *Cervantes*. "Homenaje de la revista hispano-americana *Cervantes* a la gloriosa memoria del maestro. D. José Enrique Rodó en el primer aniversario de su fallecimiento," mayo 1918, pp. 3-123. (Entire number dedicated to Rodó.)

56. Charras, Julián de. "La última entrevista del maestro," *Cerv*, mayo 1918, pp. 110-115.

57. Colmo, Alfredo. "La filosofía de Rodó," *Nos*, 26:173-185, 1917.
58. Contreras, Francisco. "José Enrique Rodó y sus críticos," *RepAmer*, 15:137, 142, 3 sept. 1927.
59. Cortinas, Ismael. "Algo sobre Rodó. El artista y el hombre," *Ariel*, 1 (8/9): 124-130, 1920.
60. Couture, Eduardo J. "Tres poetas del derecho: Bentham, Valéry, Rodó," *USanFe* (32):99-121, 1956.
61. Crema, Edoardo. "Rodó y Rubén Darío," *RNC*, 28 (178):72-79, 1966. (Concerning Rodó's essay on Darío [see under Rodó in "Rubén Darío"].)
62. Crespo, José D. "Rodó y el americanismo," *RNPan*, 3:411-422, 1917. "Conferencia dictada en el Aula Máxima del Instituto Nacional con motivo de la colocación del retrato de Rodó en la Biblioteca de este establecimiento."
63. [Crispo Acosta, Osvaldo]. "Lauxar" (pseud.). "José Enrique Rodó," *Motivos de crítica hispanoamericanos* [see "General References"], pp. 365-395.
64. _____. *Rubén Darío y José Enrique Rodó*. Montevideo, Editorial Mosca Hnos., 1945, 173 pp. (Colección "Estudios Literarios.") 1st ed., Montevideo, Agencia General de Librería y Publicaciones, 1924, 235 pp.
65. Cuenca, Héctor. "Homenaje al Uruguay y a Rodó," *RNac*, 3:514-531, 1958.
66. Cuervo, Angel. *José Enrique Rodó*. Fray Bentos, Talleres Gráficos "La Nacional," 1919, 31 pp.
67. *Deambrosis Martíns, C. "José Enrique Rodó," *Prot*, 1 (4):15-30, 1922. "Conferencia pronunciada en la Facultad de Filosofía de Columbia, el 14 de mayo de 1921."
68. Díaz Quiñones, Alvaro. "Rodó," *Cerv*, junio 1918, pp. 156-158.
69. Dickmann, Enrique. "¿Poeta, filósofo o moralista?" *Nos*, 26:170, 1917.
70. Dominici, Pedro César. "José Enrique Rodó," *Tronos vacantes. Arte y crítica* [see "General References"], pp. 93-107.
71. Donoso, Armando. "Rodó. Evocación del espíritu de Ariel," *Nos*, 26:40-52, 1917.
72. Ellis, Havelock. "Rodó," *The Philosophy of Conflict and Other Essays in War-Time*. Second Series. Boston and New York, Houghton Mifflin Co, 1919, pp. 235-245. Translated into Spanish by Aldo Torres Púa, *A*, 90:24-35, 1948. "This was written in the autumn of 1917."
73. Elmore, Edwin. "Sobre el españolismo de Rodó," *MP*, 2:364-374, 1919.
74. Endara, Julio César. "José Enrique Rodó," *Cerv*, mayo 1918, pp. 85-93.
75. Escardó, Florencio. *Ariel o el discípulo*. Buenos Aires, Instituto Amigos del Libro Argentino, 1962, 74 pp. (Colección Cuadernos del Instituto 7.)
76. Etcheverry, José E. "El americanismo de Rodó en su inicial perspectiva rioplatense," *RevLAI*, 2 (2):9-29, 1960.
77. _____. "La 'Revista nacional'," *Num*, 2:263-286, 1950. (Concerning the *Revista nacional de literatura y ciencias sociales*.)
78. _____. *La Revista nacional, 1895-1897, iniciación americanista de Rodó*. Montevideo, Número, 1950, 30 pp. "Apartado de la revista *Número* año 2, no. 6-7-8."
79. Falcao Espalter, Mario. "Páginas olvidades: Rodó y Zorrilla de San Martín," *RNac*, 46:459-467, 1950.
80. _____. "El Rodó que yo conocí," *Interpretaciones* . . . [see "General References"], pp. 337-349.
81. _____. "Rodó y Darío vistos por la crítica," *Interpretaciones* . . . [see "General References"], pp. 239-251.
82. Farias, Zulema Sclavi de. "José Enrique Rodó. Monografía. Retrato." *RNac*, 47:427-438, 1950.
83. Fariña Núñez, Eloy. "El canto de Ariel," *Nos*, 26:219-221, 1917.
84. Fernández Artucio, Hugo. *Rodó y nuestro tiempo*. Montevideo, Ensayos, 1937, 19 pp.
85. Ferrándiz Alborz, Francisco. "José Enrique Rodó el nuevo estilo hispanoamericano," *CuAm*, 80 (2):206-227, 1955.
86. Ferreira, Eduardo. "Alejamiento del maestro," *Cerv*, mayo 1918, pp. 99-105.
87. Ferreira, João Francisco. "Significado da obra de José Enrique Rodó," *Capítulos de literatura hispano-americana* [see "General References"], pp. 346-357.
88. Filartigas, Juan M. "José Enrique Rodó," *Artistas del Uruguay* . . . [see "General References"], pp. 9-24.
89. Fogelquist, Donald F. "La corresponden-

cia entre José Enrique Rodó y Juan Ramón Jiménez," *RI*, 25:327-336, 1960.

90. Frugoni, Emilio. "La orientación espiritual de Rodó," *La sensibilidad americana* [see "General References"], pp. 171-185. (The Index begins the section erroneously on p. 172.)

91. _____. "Presentación del 'Ariel' de José Enrique Rodó en Moscú," *RNac*, 33:21-39, 1946.

92. Gabriel, José. "Vuelta a los grandes," *RNC*, 9 (69):92-99, 1948.

93. García, Maximino. See: *Ariel*.

94. García Calderón, Francisco. "Ariel y Calibán," *Hombres e ideas de nuestro tiempo*. Prólogo de Émile Boutroux. Valencia, F. Sempere y Cía., n. d. [prólogo dated 1907], pp. 189-199.

95. _____. "El 'Mirador de Próspero'," *Cerv*, mayo 1918, pp. 48-51.

96. García Calderón, Ventura. "José Enrique Rodó 1872-1917," *Semblanzas de América* [see "General References"], pp. 7-26.

97. _____. "Rodó o el optimista desesperado," *MarS*, 9 (25):21, 1953.

98. García Calderón, Ventura y Hugo D. Barbagelata. "La literatura uruguaya (1757-1917)," *RevHisp*, 40:415-542, 1917.

99. García Godoy, F[ederico]. "José Enrique Rodó," *Americanismo literario* [see "General References"], pp. 73-151. Contains: "Su filosofía," pp. 77-80; "El pensador," pp. 80-84; "El estilista," pp. 84-87; "Su producción," pp. 87-89; "*Ariel*," pp. 89-101; "Liberalismo y jacobinismo," pp. 101-108; "*Motivos de Proteo*," pp. 108-124; "Bolívar," pp. 124-133; "Montalvo," pp. 133-139; "Juan María Gutiérrez y su época," pp. 139-149; "Del trabajo obrero en el Uruguay," pp. 149-151.

100. _____. "El Renanismo de Rodó," *CubCon*, 19:108-119, 1919. "Discurso de recepción en la Academia Nacional de Artes y Letras, leído en la sesión solemne celebrada el 4 de enero de 1919."

101. García Landa. "El amor a la claridad," *Nos*, 26:199, 1917.

102. Garnier, José Favio. "José Enrique Rodó," *Perfume de Belleza*. Valencia, F. Sempere y Cía [1909?], pp. 103-128.

103. Gastaldi, Santiago. "Rodó, Verlaine y Rubén Darío," *At*, 42 (203):44-46, 1954.

104. Gellini, Antonio. "José Enrique Rodó," *Nos*, 26:204-205, 1917.

105. Genta, Estrella. "Actualidad de Rodó," *RJav*, 32:156-157, 1949.

106. Gerchunoff, Alberto. "El aspecto argentino de Rodó," *Nos*, 26:90-92, 1917.

107. _____. "Un maestro. 'Motivos de Proteo'," *Nos*, 5:57-62, 1910.

108. Gil Salguero, Luis, ed. *Ideario de Rodó*; *preludios de una filosofía del heroísmo*. Montevideo, Ministerio de Instrucción Pública, Impresora L. I. G. U., 1943, 314 pp.

109. _____. "Nota sobre la idea de personalidad en la obra de Rodó," *AnAt*, 2:106-132, 1947.

110. _____. "Rodó; su ideario americanista," *RNac*, 27:353-363, 1944.

111. Giménez Pastor, Arturo. "Discurso del doctor Arturo Giménez Pastor, representante de 'La Nación' de Buenos Aires," *Homenaje a José Enrique Rodó* [see under Ariel], pp. 200-204.

112. _____. "José Enrique Rodó," *Nos*, 26:9-22, 1917. "Discurso para el homenaje realizado en la Facultad de Filosofía y Letras a iniciativa del Centro de estudiantes de dicha Facultad."

113. Goldberg, Isaac. "José Enrique Rodó (1872-1917)," *Studies in Spanish American Literature* [see "General References"], pp. 184-245.

114. Gomensoro, Javier. "Impresiones. I. José Enrique Rodó," *RNac*, 22:275-278, 1943. See also: *ND*, 29 (4):102-105, 1949.

115. _____. "Rodó historiador," *RNac*, 2:125-233, 1957.

116. [Gómez de Baquero, Eduardo]. "Andrenio" (pseud.). [No title], *EM*, 138:126-130, 1900.

117. Gómez Restrepo, Antonio. "José Enrique Rodó," *Nos*, 3:137-147, 1908.

118. _____. "Rodó y sus críticos," *José Enrique Rodó*. Paris, Agencia General de Librería, 1920, pp. 263-274.

119. González, Ariosto Domingo. "Bolívar y Rodó," *RNac*, 3:376-382, 1958.

120. _____. "Rodó," *Crítica*. Montevideo, Talleres Gráficos F. Perciavalle, 1924, pp. 133-149.

121. _____. "Rodó, su bibliografía y sus críticos," *CulV*, 14:76-99, 1931. Also in: *Política y letras*. Montevideo, J. M. Serrano, 1937, pp. 309-351.

122. González-Blanco, Andrés. "I. El crítico. José Enrique Rodó," *Escritores representativos de América* [see "General References"], pp. 1-75.

123. _____. "José Enrique Rodó," *Cerv*, mayo 1918, pp. 55-62.

124. González Olmedilla, Juan. "Divagación crepuscular en torno al recuerdo del maestro," *Cerv*, mayo 1918, pp. 64-68.

125. Grillo, Max. "Ariel y Calibán. A José Enrique Rodó," *Alma dispersa* [see "General References"], pp. 191-201.

126. Guevara, Darío C. *Magisterio de dos colosos: Montalvo, Rodó*. Quito, Talleres Gráficos "Minerva," 1963, 62 pp. "Bibliografía": pp. 57-58.

127. Guillot, Víctor Juan. "Una carta trunca," *Nos*, 26:206-209, 1917.

128. Guzmán, Ernesto A. "José Enrique Rodó," *Nos*, 26:86-87, 1917.

129. Haedo, Eduardo Víctor. "Rodó, escritor y ciudadano," *RNac*, 35:31-46, 1947.

130. Henríquez Ureña, Max. *Breve historia del modernismo* [see "General References"], 2nd ed., esp. pp. 224-232.

131. _____. "The Decline of Literary Dogmatism," *IntAm*, 3:178-190, 1920.

132. _____. "José Enrique Rodó," *CubCon*, 17:293-340, 1918.

133. _____. "José Enrique Rodó," *BAAL*, 15:573-635, 1946.

134. _____. "Problemas de nuestra América. Lecturas de Bunge y Rodó," *CubCon*, 15:97-104, 1917.

135. _____. *Rodó y Rubén Darío*. La Habana, Sociedad Editorial Cuba Contemporánea, 1918, 152 pp. Bibliography of and on Rodó: pp. 63-69; of and on Darío: pp. 141-149. "Dos conferencias dadas en Santiago de Cuba: la de Darío el 22 de febrero de 1916; la de Rodó el 9 de junio de 1918." For the article on Rodó, see also: *BAAL*, 15:573-635, 1946.

136. Henríquez Ureña, Pedro. "Ariel," *Ensayos críticos* [see "General References"], pp. 71-80. Also in: *Obra crítica* [see "General References"], pp. 23-28.

137. _____. "La obra de Rodó," *Nos*, 9:225-238, 1913.

138. Hermano Damasceno. *José Enrique Rodó*. Montevideo, "Casa A. Barreiro y Ramos," 1926, 422 pp.

139. *Homenaje a José Enrique Rodó*. See: *Ariel*.

140. *Homenaje a Rodó*. Selección de *Motivos de Proteo*. Santiago de Chile, Imp. Universitaria, 1917, 126 pp. (Ediciones de Filosofía, Artes y Literatura.) "Impresiones y estudios de Armando Donoso, Ernesto Guzmán, Pedro Prado y Licenciado Vidriera": pp. 7-43.

141. Ibáñez, Roberto. "Sobre Motivos de Proteo," *AnAt*, 2:133-139, 1947.

142. Ibarguren, Carlos. "José Enrique Rodó," *Nos*, 26:64-67, 1917.

143. *Iduarte, Andrés. *Sarmiento, Martí y Rodó*. La Habana, Imp. "El Siglo XX," 1955, 35 pp. "Trabajo leído en la sesión pública celebrada el día 18 de agosto de 1955. Presentado por Emeterio S. Santovenia."

144. Irazusta, Julio. "De literatura hispanoamericana," *Nos*, 35:257-261, 1920.

145. Jiménez Rueda, Julio. "With a Great Man of Letters," *IntAm*, 4:225-227, 1921.

146. Jordán, Luis María. "Rodó," *Nos*, 26:171-172, 1917.

147. Júlio Sílvio. See also: Albuquerque de Lima, Sílvio Júlio.

148. _____. "Núcleo y contorno de 'Ariel'," *RNac*, 1:590-618, 1956. (Transl. from Portuguese by Carlos Sabat Ercasty.)

149. Lagorio, Arturo. "El único," *Nos*, 26:210-212, 1917.

150. "Lauxar" (pseud.). See: Crispo Acosta, Osvaldo.

151. Licenciado Vidriera. "José Enrique Rodó," *Nos*, 26:71-74, 1917.

152. Linnig, Samuel. "El sentido espiritual de la obra de Rodó," *Nos*, 26:190-192, 1917.

153. Lockhart, Washington. *Rodó. Vigencia de su pensamiento en América*. Mercedes, Uruguay, 1964, 18 pp.

154. Luisi, Luisa. "José Enrique Rodó," *Ariel*, 1 (8/9):5-28, 1920. "Conferencia pronunciada bajo los auspicios del Centro de Estudiantes 'Ariel', en el salón de Actos públicos de la Universidad, el 2 de mayo de 1918 . . . ."

155. Luquín, Eduardo. "José Enrique Rodó," *FilLet*, 24:79-115, 1952.

156. Maeztu, Ramiro de. "Dos artículos sobre José Enrique Rodó," *Hip* (97):3-14, 1945.

157. _____. "Rodó and the United States," *IntAm*, 9:460-464, 1926.

158. Maldonado, Horacio. "Rodó," *Mientras el viento calla* . . . . Montevideo, José María Serrano, Editor, 1916, pp. 218-220.

159. Mancebo, Noel A. "El pensador José Enrique Rodó," *RNac*, 51:188-213, 1951.
160. Marasso Rocca, Arturo. "José Enrique Rodó," *Estudios literarios* [see "General References"], pp. 93-122.
161. Martínez Sierra, Gregorio. "José Enrique Rodó," *Motivos*. Paris, Garnier hnos., 1906, pp. 83-86.
162. Massera, José P. "Algunas reflexiones sobre la moral y la estética de Rodó," *Ariel*, 1 (8/9):43-89, 1920.
163. Mathieu, Beltrán. "The Spanish Language and Literature," *IntAm*, 5:232-237, 1921.
164. Melián Lafinur, Alvaro. "José Enrique Rodó," *Figuras americanas* [see "General References"], pp. 131-140.
165. _____. "*El mirador de Próspero*," *Literatura contemporánea* [see "General References"], pp. 171-179.
166. _____. "Motivos de Proteo," *Nos*, 4:351-356, 1909; 4:445-454, 1909.
167. Méndez, Evar. "José Enrique Rodó," *Nos*, 26:202-203, 1917.
168. Mezzera, Rodolfo. "Discurso del doctor Rodolfo Mezzera, Ministro de Instrucción Pública," *Ariel*, 1 (8/9):171-176, 1920.
169. Monterde, Francisco. "Nueva salida de Ariel," *CuAm*, 3 (3):101-106, 1942.
170. Montero, Marco Arturo. "José Enrique Rodó; mentalidad símbolo del liberalismo burgués," *Clar*, 18 (336):[n. pag.], 1939.
171. Montero Bustamante, Raúl. "Comentarios sobre Rodó," *RNac*, 35:190-210, 1947.
172. _____. "Iniciación del Uruguay en el modernismo literario," *RNac*, 46: 173-212, 1950. (Concerning mainly the *Revista nacional de literatura y ciencias sociales*.)
173. _____. "Qué es Rodó," *Ariel*, 1 (8/9): 121-123, 1920.
174. Mora, José Antonio. "Valoración del pensamiento de Rodó," *Amer*, 47 (1/3):6-14, 1956.
175. Morales, Ernesto. "José Enrique Rodó," *Nos*, 26:79-82, 1917.
176. Nin Frías, Alberto. "José Enrique Rodó y el íntimo sentido de su obra," *Nos*, 42:192-200, 1922.
177. *Nosotros*, 26:6-221, 1917. (Entire number dedicated to Rodó.)
178. Núñez, Estuardo. "A los 50 años de la aparición del Ariel de Rodó," *CulP*, 11 (46): [2-3], 1951.
179. _____. "José Enrique Rodó en la media centuria de su Ariel," *IPNA*, 5 (15):19-22, 1950.
180. Núñez Regueiro, Manuel. "Contemporary Uruguayan Literature," *IntAm*, 3:306-315, 1920.
181. O. M. P. "La personalidad de José Enrique Rodó. A propósito de su último libro 'El mirador de Próspero'," *RevN*, 2:362-368, 1917.
182. Obligado, Pedro Miguel. "La serenidad del artista," *Nos*, 26:53-56, 1917.
183. Oneca Carrillo, Niceto. "Don José Enrique Rodó y sus obras literarias," *Cerv*, mayo 1918, pp. 94-97.
184. Oribe, Emilio. "El cincuentenario de 'Motivos de Proteo'," *RNac*, 4:494-504, 1959. "El 27 de noviembre, la Academia Nacional de Letras celebró una sesión pública y solemne, en homenaje al cincuentenario de la publicación de 'Motivos de Proteo' de José Enrique Rodó. El Presidente de la corporación, Don Emilio Oribe, realizó una lectura académica que mereció unánime aprobación."
185. _____. *El pensamiento vivo de Rodó*. Buenos Aires, Editorial Losada, 1944, 222 pp.
186. Palomo, Luis. "José Enrique Rodó," *Cerv*, mayo, 1918, p. 63.
187. Pardo Tovar, Andrés. "De la aventura realista en América. Carlos Arturo Torres: 1867-1911. José Enrique Rodó: 1872-1917," *RevInd*, 23:17-44, 1945: 23:323-341, 1945.
188. Perdomo Coronel, Nazareth. "Estudios sobre la primera etapa de Rodó. 'El que vendrá'," *RNac*, 30:74-85, 1945.
189. _____. "José Enrique Rodó y Rubén Darío," *RNac*, 25:364-384, 1944; 27: 396-411, 1944.
190. Pereda, Clemente. *Rodo's Main Sources*. San Juan, P. R., Imp. Venezuela, 1948, 252 pp. "Bibliography": pp. 238-252. (Diss. Columbia University.)
191. Pereda Valdés, Ildefonso. "Rubén Darío y Rodó," *RNac*, 49:211-213, 1951.
192. Pereira Rodríguez, José. *Ariel. Liberalismo y jacobinismo*. Prólogo de . . . . Montevideo, Ministerio de Instrucción Pública y Previsión Social, 1964, LV, 188 pp. "Prólogo": pp. VII-LIII. (Biblioteca Artigas. Colección de Clásicos Uruguayos 44.)

193. Pereira Rodríguez, J. "La técnica de lo poética en Rodó," *Nos,* 23:134-146, 1943.
194. Pérez-Marchand, Monelisa Lina. "José Enrique Rodó, escritor de signo filosófico," *As,* 13 (4):51-67, 1957.
195. Pérez Petit, Víctor. *El espíritu de Rodó y las características de su obra.* Montevideo, Comisión Nacional del Dentenario, 1930, 54 pp. (Cover title: *Conferencias literarias.*) Reprinted in: *Obras completas. Crítica. XI. En la Atenas del Plata.* Montevideo, Tipografía Atlántida, 1944, pp. 229-279. "Conferencia dada en el salón de actos públicos de la Universidad de Montevideo, el día 30 de Agosto de 1930."
196. _____. "Páginas del maestro desaparecido: Rodó y nuestro medio literario," *RNac,* 34:325-338, 1947.
197. _____. *Rodó; su vida, su obra.* Montevideo, C. García y Cía. [193-], 512 pp. (Biblioteca Rodó de Literatura e Historia.) "Notas sobre las principales obras, ensayos y críticas, consagradas a estudiar la personalidad y los escritores de José Enrique Rodó": pp. 495-501. "Obras de José Enrique Rodó": p. 503. See also: *Rodó; su vida, su obra.* Montevideo, Imp. Latina, 1918, 325 pp.
198. *Perotti, It. Eduardo. *Rodó y su obra.* Montevideo, Tipografía "La Comercial," 1917, 42 pp. "Conferencia que bajo los auspicios del Club Italia pronunció, en el Victoria Hall, el 17 de sept. de 1917." See also: *RNac,* 9: 303-311, 1964.
199. Pi, Wifredo. "La obra de Rodó," *Nos,* 26:83-85, 1917.
200. _____. "Lo vivo y permanente de 'Ariel'," *RNac,* 58:415-420, 1953.
201. Prado, Pedro. "José Enrique Rodó," *Nos,* 26:214-215, 1917.
202. Prando, Carlos María. "Discurso del doctor Carlos María Prando," *Homenaje a José Enrique Rodó* [see under Ariel], pp. 185-191.
203. Quesada, Ernesto. "Rodó y su obra," *Nos,* 26:35-39, 1917.
204. Quinteros Delgado, Juan C. "La vinculación intelectual de Pedro Cosio y Amadeo Almada con José Enrique Rodó," *Semblanzas y comentarios críticos . . . José Enrique Rodó—Pedro Cosio—Amadeo Almada—Julio Martínez Lamas—Ricardo Cosio.* Prólogo de Vicente A. Salaverri. Montevideo, "Casa A. Barreiro y Ramos," 1945, pp. 11-33. "Conferencia dada por intermedio de la Radio CX14 El Espectador, el día 24 de septiembre de 1944."
205. Ramírez, Juan Vicente. "Discurso del señor Juan Vicente Ramírez, Presidente de la Delegación de estudiantes paraguayos," *Ariel,* 1 (8/9):211-218, 1920.
206. Ras, Matilde. "Apuntes para un ensayo crítico sobre Rodó," *Cerv,* mayo 1918, pp. 52-54.
207. Reissig, Luis. "Ingenieros y Rodó," *Nos,* 51 bis:677-678, 1925.
208. Relgis, Eugen. "Hacia un nuevo humanismo, Segunda 'Revisión' de Rodó," *RNac,* 61:328-346, 1954. Also in: *CCLC* (19):163-167, 1956.
209. Remos, Juan J. "Rodó, apóstol de la esperanza," *RNac,* 14:335-347, 1941.
210. Renzi Segura, Atilio. *Rodó profeta del espíritu. Ariel, catecismo ético de la democracia.* Biblioteca de los institutos penales, junio 19 de 1936. Día de Artigas, n. pag. "Conferencia pronunciada por . . . en los salones de la escuela de funcionarios penales." (Pamphlet bound under *Bibliographical pamphlets Spanish America,* no. 33 in the Library of Congress, Washington, D. C.)
211. Reyes de Viana, Calia. "Valores permanentes de Ariel," *EnEd,* 16 (1):3-45, 1956.
212. Rodríguez, Cristóbal. "La personalidad de José Enrique Rodó. A propósito de su libro 'El mirador de Próspero'," *RNPan,* 2:362-368, 1917. Also in: *Cerv,* mayo 1918, pp. 73-84.
213. Rodríguez Galán, Mercedes. "La crítica creadora. El ensayo de Rodó sobre Rubén Darío," in Universidad de Salamanca. *Primeras jornadas de lengua y literatura hispanoamericana* [see under Universidad de Salamanca in "General References"], pp. 369-376.
214. Rodríguez Monegal, Emir. "Imagen documental de José Enrique Rodó," *CuAm,* 41 (5):214-226, 1948.
215. _____. *José E. Rodó en el novecientos.* Montevideo, Número, Imp. Rosgal, 1950, 96 pp.

216. _____. *Obras completas.* Editadas, con introducción, prólogas y notas por . . . . Madrid, Aguilar, 1957, 1481 pp. "Introducción general. I. Vida y carácter. II. Obra," pp. 17-136.

217. _____. "Rodó, crítico y estilista. A propósito de 'Juan María Gutiérrez y su época'," *Num,* 4:366-378, 1952.

218. _____. "Rodó y algunos coetáneos," *Num,* 2:300-313, 1950.

219. Rossi, Santín Carlos. "La serenidad de Rodó," *Ariel,* 1 (8/9):117-120, 1920.

220. Rusconi, Alberto. "Algunos aspectos lexicográficos y fraseológicos de 'Ariel'," *BolFM,* 5:553-563, 1949.

221. _____. "Extranjerismos y neologismos en la obra de Rodó," *Ensayos estilísticos* [see "General References"], pp. 101-117.

222. Sábat Pebet, Juan Carlos. *Rodó en la cátedra.* Montevideo, Impresora Uruguaya, 1931, 102 pp.

223. Salterain, Germán Joaquín. "José Enrique Rodó; sobre el sudamericanismo: breves párrafos," *Ariel,* 1 (8/9):145-147, 1920.

224. Salterain, Joaquín de. "Rodó, en la política," *Ariel,* 1 (8/9):29-32, 1920.

225. Salterain y Herrera, Eduardo de. "El espiritualismo de los pueblos de América, según Rodó y Zorrilla de San Martín," *IES,* 1 (1):62-71, 1956. Also in: *RevEd,* 1:652-663, 1956.

226. _____. "Rodó, el idealismo y Estados Unidos de Norteamérica," *RNac,* 27:51-59, 1944.

227. _____. "Rodó y la crítica impura," *Ariel,* 1 (8/9):135-138, 1920.

228. Sánchez, Luis Alberto. "El anti-Rodó," *Nos,* 79:319-322, 1933. Also in: *RepAmer,* 27:240, 21 oct. 1933.

229. _____. "*Ariel* y Co.," *RNC,* 2 (16):138-147, 1940. See also: "Ariel y compañía," *Balance y liquidación del 900* [see "General References"], pp. 89-108.

230. _____. "José Enrique Rodó," *Escritores representativos de América* [see "General References"], 2nd ed., vol. 3, pp. 77-94.

231. _____. "Rodó, el guía," *Balance y liquidación del 900* [see "General References"], pp. 71-88.

232. Sánchez Trincado, José Luis. "Glosa a Rodó," *Stendhal y otras figuras* [see "General References"], pp. 63-70.

233. Scarone, Arturo (Director de la Biblioteca Nacional). *Bibliografía de José Enrique Rodó. El escritor. Las obras. La crítica.* Precedido de un estudio de Ariosto D. González, sobre Rodó, su bibliografía y sus críticos. Montevideo, Imp. Nacional, 1930, 2 vols.

234. Schinca, Francisco Alberto. "Discurso del doctor Francisco Alberto Schinca," *Ariel,* 1 (8/9):192-199, 1920.

235. Segundo, José Pedro. "El crítico literario de la 'Revista nacional de literatura y ciencias sociales' (1895-1897)," *BolANL,* 1:253-285, 1947. "De los 60 quincenales cuadernos que constituyen el haber bibliográfico de la benemérita 'Revista . . .', 28 números . . . exhiben, al pie de sus principales trabajos la firma entonces apenas conocida de José Enrique Rodó."

236. _____. "José E. Rodó," *Ariel,* 1 (8/9):33-42, 1920. "Conferencia pronunciada al iniciarse los cursos en el Instituto Normal de Señoritas, el 14 de mayo de 1917."

237. _____. *Obras completas de José Enrique Rodó.* Edición oficial al cuidado de José Pedro Segundo y Juan Antonio Zubillaga. Montevideo, Casa A. Barreiro y Ramos, 1945-1956, 4 vols. See esp. vol. 1: *Los escritos de "La Revista Nacional de Literatura y Ciencias Sociales." Poesías dispersas.*

238. Silva, Goy de. "Ofrenda a Rodó," *Cerv,* mayo 1918, pp. 45-47.

239. *Silván Fernández, Joaquín. *El "Proteo" de Rodó.* Montevideo, Imp. "El Siglo Ilustrado," 1909, 16 pp.

240. Sosa, Isabel Sesto de. "Ensayos. I. Un llamado al optimismo, de tres pensadores uruguayos: José Enrique Rodó, Carlos Vaz Ferreira y Clemente Estable," *RNac,* 33:232-270, 1946.

241. Souvirón, José María. "El problema vigente de José E. Rodó," *MH,* 21 (230):13, 1967.

242. Tejera, Humberto. "Cincuentenario de Ariel," *RepAmer,* 46:257-258, 15 sept. 1950.

243. Testena, Folco. "José Enrique Rodó," *Nos,* 26:216-218, 1917.

244. Tiempo, César (pseud.). See: Zeitlin, Israel.

245. Tomé, Eustaquio. "Un precursor de las ideas y del estilo de Rodó en 'Ariel'," *RNac,* 56:354-357, 1952. (Concerning Julio Herrera y Obes, once president of Uruguay.)

246. Toro y Gisbert, Miguel de. "El vocabulario de Enrique Rodó," *Los nuevos derroteros del idioma* [see "General References"], pp. 89-95. (A study of the language of Rodó's prologue, "Rubén Darío, su personalidad literaria —su última obra," to *Prosas profanas y otros poemas* [see under Rubén Darío].)

247. Torrendell, J[uan]. "*El camino de Paros,*" *Crítica menor* [see "General References"], vol. 1, pp. 167 ff.

248. _____. "Rodó," *Crítica menor* [see "General References"], vol. 2, pp. 80-89.

249. Torres Ríoseco, Arturo. *The Epic of Latin American Literature* [see "General References"], rev. ed., esp. pp. 116-118.

250. _____. "José Enrique Rodó," *New World Literature* [see "General References"], pp. 138-153.

251. _____. "José Enrique Rodó," *RevGua*, 6 (2):72-86, 1946. (Concerning principally *Ariel*.)

252. _____. "José Enrique Rodó and His Idealistic Philosophy," *Aspects of Spanish-American Literature*. Seattle, University of Washington Press, 1963, pp. 31-50.

253. Townsend Ezcurra, Andrés. "Recuerdo y revisión de Rodó," *RepAmer*, 34: 241-244, 30 oct. 1937.

254. Ugarte, Manuel. "Respuesta al señor Rodó," *Las nuevas tendencias literarias* [see "General References"], pp. 59-73.

255. Ugarte Figueroa, Elías. "José Enrique Rodó, maestro de la juventud de América," *Hist*, 11 (132):29-30, 1950.

256. Unamuno, Miguel de. "De literatura hispano-americana," *Lect*, 1 (1):58-63, 1901.

257. Vaccaro, Alberto José. *Obras completas de José Enrique Rodó*. Compilación y prólogo por . . . . 2nd ed., Buenos Aires, Ediciones Antonio Zamora, 1956, 1010 pp. "Rodó," pp. 9-40. (Colección Los Genios 5.) 1st ed., *ibid.*, 1948.

258. Velasco, Carlos de. "Un duelo de América: Rodó," *Nos*, 27:49-60, 1917.

259. Velasco Ibarra, José María (Tres veces pres., Ecuador, 1893-). "Rodó, filósofo," *RNac*, 2:161-171, 1957.

260. Velasco y Pérez, Carlos de. "La gloria de Rodó," *CubCon*, 17:412-414, 1918.

261. Vicuña Luco, Osvaldo. "El regreso a Rodó," *A*, 69:236-248, 1942.

262. Villagrán Bustamante, Héctor. *José E. Rodó; a propósito de Los últimos motivos de Proteo*. Montevideo, A. Monteverde y Cía., 1933, 58 pp. "Bibliografía y notas": pp. 57-58.

263. _____. "Rodó y la crítica," *Crítica literaria* [see "General References"], pp. 47-54. (The Index begins the section erroneously on p. 49.)

264. _____. "Rodó y la soledad," *RNac*, 6:220-224, 1939.

265. Vitier, Medardo. "El mensaje de Rodó," *Del ensayo americano*. México, Fondo de Cultura Económica, 1945, pp. 117-136. (Colección Tierra Firme 9.)

266. Zaldumbide, Gonzalo. *De Ariel*. Quito, Imp. de la Universidad Central, por J. Sáenz R., 1903, 95 pp. "Discurso pronunciado por Gonzalo Zaldumbide en la distribución de premios de la Universidad Central del Ecuador, verificada al fin del año escolar de 1902-1903."

267. _____. "José Enrique Rodó," *IntAm*, 2:44-54, 1918. Without the first paragraph, in: *Cerv*, mayo 1918, pp. 15-37; and in: *MerFr*, 122:229-243, 1917.

268. _____. "José Enrique Rodó. Su personalidad y su obra," *RevHisp*, 43: 205-307, 1918. Also separately: *José Enrique Rodó*. New York, Paris, Imp. de la Casa Editorial Bailliere, 1918, 103 pp. "Nota bibliográfica": pp. 70-72.

269. _____. *José Enrique Rodó; única reimpresión autorizada*. New York, Paris, Revue Hispanique, 1921, 104 pp. (Reprinted from vol. 43, 1918, of the *Revue Hispanique*.)

270. _____. *José Enrique Rodó; su personalidad y su obra*. Montevideo, Claudio García y Cía., Editores, 1944, 146 pp. First printed as: *José Enrique Rodó*. Madrid, Editorial América, 1919, 189 pp. (Biblioteca Andrés Bello.)

271. _____. *José Enrique Rodó*. Montevideo, Imp. Nacional, 1933, 197 pp.

272. _____. "José Enrique Rodó," *Cuatro grandes clásicos americanos*. Buenos Aires, Academia Argentina de Letras, 1947 [i. e., 1948], pp. 1-128. Republished in later edition called: *Cuatro clásicos americanos; Rodó—Mon-*

talvo—Fray Gaspar de Villarroel—
P. J. B. Aguirre. Madrid, Imp. ARBA,
1951, pp. 11-123. Contains: "Su aparición en el continente," pp. 13-33; "Cir-
cunvalción de su obra," pp. 35-50;
"Análisis de sus libros," pp. 51-88; "Su
estilo," pp. 89-101; "Su contenido espiritual," pp. 103-123. (Ediciones Cultura Hispánica.)

273. [Zeitlin, Israel]. Tiempo, César (pseud.).
"Vistazo a José Enrique Rodó," *Hisp,*
39:269-274, 1956.

274. Zolesi, Jerónimo. "José Enrique Rodó en
su obra," *Exaltaciones.* Montevideo,
Editorial Fides, 1928, pp. 37-69. "Conferencia pronunciada en el Ateneo de
Montevideo el 12 de Septiembre de
1918." Followed by: "Homenaje a
Rodó. El maestro espiritual," pp. 71-
81.

275. Zubillaga, Juan Antonio. "José Enrique
Rodó. El escritor y las obras," *Crítica
literaria.* Montevideo, A. Monteverde
y Cía., 1914, pp. 85-304.

276. _____. "De una larga amistad. Algunos recuerdos de Rodó," *Nos,* 27:
355-360, 1917.

277. Zuccarini, Emilio. "El pensamiento
filosófico de Rodó," *Nos,* 26:186-189,
1917.

278. Zum Felde, Alberto. "José Enrique
Rodó," *Crítica de la literatura uruguaya*
[see "General References"], pp. 145-
165. Amplified in: *Proceso intelectual
del Uruguay* [see "General References"], pp. 223-250.

279. _____. *La literatura del Uruguay.*
Buenos Aires, Imp. de la Universidad,
Facultad de Filosofía y Letras, Instituto de Cultura Latino-Americana,
1939, esp. pp. 100-105. (Las Literaturas Americanas II.)

280. _____. "Revisión de Rodó," *Pluma,*
5:7-9, 1928.

281. _____. "Rodó — Significación de
'Ariel'," *Indice crítico de la literatura
hispanoamericana* [see "General References"], vol. 1, pp. 289-309.

José Asunción Silva

(1865-1896)

1. Alvarez Garzón, Juan. "Vigencia inmortal de Silva," *AnUN*, 4 (34/35): 1-20, 1951.
2. Anderson, Robert Roland. "Naturaleza, música y misterio: teoría poética de José Asunción Silva," *T*, 16(61):201-214, 1968.
3. Anderson Imbert, Enrique. "José Asunción Silva," *Historia de la literatura hispanoamericana* [see "General References"], vol. 1, pp. 336-338.
4. Arango, Daniel. "José Asunción Silva y el modernismo," *RevInd* (90):367-385, 1946.
5. Arango Ferrer, Javier. "Abel Farina: El simbolismo en Colombia," *BolCB*, 7: 1174-1178, 1964. (A comparison of Farina, Silva, and Guillermo Valencia.)
6. _____. *2 horas de literatura colombiana* [see "General References"], esp. pp. 136-138.
7. _____. "Gabriel y Galán imitó a Silva," *UAnt*, 30 (118):403-415, 1954.
8. _____. *La literatura de Colombia* [see "General References"] esp. pp. 122-125.
9. Arguedas, Alcides. "La muerte de José Asunción Silva," *A*, 26:188-198, 1934.
10. Argüello, Santiago. "El anunciador José Asunción Silva," *Modernismo y modernistas* [see "General References"], vol. 1, pp. 137-183. Contains: "De su biografía," pp. 139-143; "La vida interna," pp. 145-148; "El pesimismo poético," pp. 149-164; "Explicación de la poesía de Silva," pp. 165-175; "Por qué es un precursor," pp. 177-179; "Nocturno," pp. 181-183.
11. _____. "José Asunción Silva," *RABA*, 12 (138):109-119, 1935. "Fragmentos del libro próximo *Modernismo y modernistas.*" (See above.)
12. Arias, Alejandro C. *Ensayos: Goethe, José Asunción Silva, Stefan Zweig.* Salto (Uruguay), Editado por Tipografía Mazzara, 1936, esp. pp. 89-110. (Concerning Elvira, *Gotas amargas*, and the "Nocturnos.")
13. Arias Argáez, Daniel. "Recuerdos de José Asunción Silva," *Boliv*, 1:939-964, 1951. (Contains a reference to Silva's collection of butterflies, each of which he named after a woman he had seduced. [Cf. his poem, "Mariposas"].)
14. Bajarlía, Juan Jacobo. "El modernismo en América. Asunción Silva y el 'Nocturno mayor'. El verso libre o polimorfo," *Literatura de vanguardia* [see "General References"], pp. 81-84.
15. Balseiro, José A. "Cuatro enamorados de la muerte en la lírica hispanoamericana," *Expresión de Hispanoamérica* [see "General References"], vol. 1, pp. 121-137, esp. pp. 132-137. (Also concerning Martí, Gutiérrez Nájera, and Casal.)
16. Bar-Lewaw, Itzhak. "José Asunción Silva: apuntes sobre su obra," *Temas literarios iberoamericanos* [see "General References"], pp. 47-77.
17. Bayona Posada, Nicolás. *Panorama de la literatura colombiana* [see "General References"], pp. 100-103.
18. Bengoechea, Alfredo de. "A propósito de una edición de los poemas de Silva," *RevAm*, 1:94-102, 1914. (Concerning a projected edition, not published.)
19. Blanco-Fombona, Rufino. "José Asunción Silva," *RevAm*, 2:191-209, 1913.
20. _____. "José Asunción Silva (1865-1896)," *El modernismo y los poetas modernistas* [see "General References"], pp. 103-145.
21. Botero, Ebel. "José A. Silva. Apostillas a diversos escritos sobre el poeta bogotano," *Cinco poetas colombianos* [see "General References"], pp. 13-40.
22. Botero Isaza, Horacio. *José Asunción Silva.* "Prefacio epistolar" de Abel Farina. Medellín, Litografía e Imprenta J. L. Arango, 1919, 35 pp.

23. Caparroso, Carlos Arturo. "Dos maestros del modernismo. Aparición del modernismo. La incomprendida vida de Silva. La vida fulgurante de Valencia. Silva, precursor del modernismo. El *Nocturno.* El poeta de *Ritos.* El parnasianismo de Valencia. El traductor, *Catay," Dos ciclos de lirismo colombiano.* Bogotá, Publicaciones del Instituto Caro y Cuervo, 1961, pp. 115-144. "Bibliografía": pp. 143-144. Series Minor VI.)

24. _____. *Silva.* 2nd ed., Bilbao, Gráficas Ellacuria, 1954, 71 pp. 1st ed., [Bogotá?], Librería Nueva, 1931, 69 pp.

25. Carbonell, Diego. "El amor y el arte," *Lo morboso en Rubén Darío* [see under "Rubén Darío"], pp. 112-134, esp. pp. 114-127.

26. Carreño, Eduardo. "En el cincuentenario de la muerte de José Asunción Silva," *BolAVC,* 13 (50):308-321, 1946.

27. _____. "Silva contra Darío," *RNC,* 2 (26):107-113, 1941.

28. Carrera Andrade, Jorge. "En un centenario: Asunción Silva, el novio de la muerte," *CCLC* (98):23-30, 1965.

29. Carrier, Warren. "Baudelaire y Silva," *RI,* 7:39-48, 1943.

30. Castillo, Homero. "Función del tiempo en 'Los maderos de San Juan'," *Hisp,* 47:703-704, 1964.

31. Charry Lara, Fernando. "Silva en el modernismo," *Es,* 3:15-17, 1958.

32. Cobb, Carl W. "José Asunción Silva and Oscar Wilde," *Hisp,* 45:658-661, 1962.

33. Coll, Pedro Emilio. "El recuerdo. José Asunción Silva," *RevAmer,* 3:446-449, 1945.

34. Córdova, Ramiro de. *Neurosis en la literatura centroamericana . . .* [see "General References"], esp. pp. 30-37. Contains: "La neurosis en los caudillos, los políticos y los poetas;" "El caso típico de Silva;" "Paralelismo entre el poeta colombiano y Rafael Angel Troyo."

35. Cortes Ahumada, Ernesto. "La explicación mágica y 'Una noche'," *BolCB,* 4:36-39, 1961.

36. Crema, Edoardo. "El poeta de los contrastes. Naturaleza y ambiente en José Asunción Silva," *Boliv,* 10:439-447, 1957.

37. Cross, Leland W. "Poe y Silva: unas palabras de disensión," *Hisp,* 44:647-651, 1961.

38. Dominici, Pedro César. "José Asunción Silva," *Tronos vacantes. Arte y crítica* [see "General References"], pp. 33-48.

39. Englekirk, John Eugene. "José Asunción Silva," *Edgar Allen Poe in Hispanic Literature* [see "General References"], pp. 210-230.

40. Esténger, Rafael A. "José Asunción Silva. El hombre y su influencia literaria," *CubCon,* 23:31-44, 1920. In English: "José Asunción Silva. The Man and His Literary Influence," *IntAm,* 4:108-116, 1920.

41. _____. José A. Silva y Calibán sonríe (recuerdos inéditos de Casal)," *CubCon,* 23:31-44, 1920.

42. Ferro, Hellén. "José Asunción Silva; ¿romántico o modernista?; confusionismo crítico; 'Nocturno'; su vida," *Historia de la poesía hispanoamericana* [see "General References"], pp. 150-153.

43. Figueira, Gastón. "José Asunción Silva," *La sombra de la estatua* [see "General References"], pp. 37-45.

44. Finlayson, Clarence. "La poesía nocturna de José Asunción Silva," *UAnt,* 20 (77):75-82, 1946.

45. Fogelquist, Donald F. "José Asunción Silva y Heinrich Heine," *RHM,* 20:282-294, 1954.

46. _____. "More About Silva, Darío, and García Prada," *Hisp,* 43:572-574, 1960. (See: Fogelquist, "The Silva-Darío Controversy;" García Prada, Carlos. "¿Qué se propone Fogelquist?" Polemic.)

47. _____. "The Silva-Darío Controversy," *Hisp,* 42:341-346, 1959. (See: García Prada, Carlos. "¿Silva contra Darío?" Polemic.)

48. García Calderón, Ventura. "José Asunción Silva," *Semblanzas de América* [see "General References"], pp. 27-34.

49. García Prada, Carlos. "José Asunción Silva, poeta colombiano," *Hisp,* 8:69-84, 1925.

50. _____. "El paisaje en la poesía de José Eustacio Rivera y José Asunción Silva," *Hisp,* 23:37-48, esp. pp. 43-48, 1940. "Read at the twenty-third annual meeting of the American Association of Teachers of Spanish, San Francisco, December 27, 1939." Also in: *A,* 60:254-268, esp. pp. 262-268, 1940. Reprinted in *Estudios hispanoamericanos* [see "General References"], esp. pp. 41-48.

51. García Prada, C. *Prosas y versos*. Introducción, selecciones y notas de . . . . Madrid, Ediciones Iberoamericanas, 1960, 233 pp. (Biblioteca de Autores Hispanoamericanos II.) "Introducción": pp. 7-42. Republished in *Estudios hispanoamericanos* [see "General References"], pp. 147-177.

52. _____. "¿Qué se propone Fogelquist?" *Hisp*, 44:309-311, 1961. (See: Fogelquist, Donald F. "More About Silva, Darío, and García Prada." Polemic.)

53. _____. "¿Silva contra Darío?" *Hisp*, 43:176-183, 1960. (See: Fogelquist, Donald F. "More About Silva, Darío, and García Prada." Polemic.)

54. García Valencia, Abel. "José Asunción Silva. Prosas y versos," *UAnt*, 16 (61/62):165-167, 1944.

55. Garganta, Juan de. "La política en la obra de José Asunción Silva," *RevAmer*, 11 [i. e., 12] :58-69, 1947.

56. _____. "La política en la poesía de Silva," *RevAmer*, 13:118-134, 1948.

56a. Ghiano, Juan Carlos. "Notas y comentarios. El centenario de José Asunción Silva," *CI*, 1 (4):89-98, 1966.

57. Gicovate, Bernardo. "Estructura y significado en la poesía de José Asunción Silva," *RI*, 24:327-331, 1959.

58. _____. "José Asunción Silva y la decadencia europea," *Conceptos fundamentales de literatura comparada* [see "General References"], pp. 117-138.

59. Gil Sánchez, Alberto. "José Asunción Silva," *UAnt*, 22 (86):304-308, 1948.

60. Giusti, Robert F. "Un corazón atormentado; José Asunción Silva," *RevAmer*, 7:341-353, 1946.

61. Goldberg, Rita. "El silencio en la poesía de José Asunción Silva," *RHM*, 32: 3-16, 1966.

62. Gómez, Laureano. "A propósito de un escrito sobre Silva," *Nos*, 45:321-326, 1923. (Concerning Arturo Torres Ríoseco's article, "José Asunción Silva," *Nos*, 45:179-198, 1923.)

63. González, José Ignacio. "Soledad, evasión e ironía en la poesía de Silva," *UPB*, 12:343-348, 1946.

64. González-Prada, Alfredo. "Clásicos de América. Prosas y versos de José Asunción Silva," *RI*, 6:297-301, 1943.

65. Grillo, Max. "José A. Silva," *Alma dispersa* [see "General References"], pp. 175-179.

66. Halliburton, Charles Lloyd. "La importancia de Colombia en el desarrollo de la poesía hispanoamericana: 1825-1963. II," *BolCB*, 6:1483-1487, esp. pp. 1484-1487, 1963.

67. Hamilton, Carlos D. "Un poeta modernista: José Asunción Silva," *Nuevo lenguaje poético* . . . [see "General References"], pp. 19-31.

68. Henríquez Ureña, Max. "José Asunción Silva," *Breve historia del modernismo* [see "General References"], 2nd ed., pp. 135-157.

69. Holguín, Andrés. "El sentido del misterio en Silva," *RevInd* (90):351-365, 1946. Also in: *La poesía inconclusa y otros ensayos* [see "General References"], pp. 119-130.

70. Jaramillo Zuleta, José. "José Asunción Silva, el hombre," *UAnt*, 20 (77):83-93, 1946.

71. Jiménez Borja, José. "Elogio de José Asunción Silva," *UAnt*, 20 (78/79): 181-190, 1946.

72. King, Georgiana Goddard. *A Citizen of the Twilight, José Asunción Silva*. Bryn Mawr, Pa., Bryn Mawr College Publications, New York, Longmans, Green and Co., 1921, 38 pp.

73. Knowlton, John F. "Silva's *Nocturno* and Bécquer's *El rayo de luna*," *RN*, 3 (1): 23-24, 1961.

74. Lagorio, Arturo. "Leyendo a José Asunción Silva," *Nos*, 28:108-111, 1918.

75. Lamothe, Louis. "José Asunción Silva," *Los mayores poetas latinoamericanos de 1850 a 1950* [see "General References"], pp. 23-30.

76. Lee, Muna. "Brother of Poe," *SR*, 11: 305-312, 1926.

77. Liévano, Roberto. *En torno a Silva; selección de estudios e investigaciones sobre la obra y la vida íntima del poeta*. Bogotá, Editorial El Gráfico, 1946, 73 pp.

78. _____. "José Asunción Silva," *RC*, 14:294-311, 1922.

79. Liévano Aguirre, Indalecio. "Lo que Silva debe a Bogotá," *RevInd*, 22:365-371, 1944.

80. Loveluck, Juan. "*De sobremesa*, novela desconocida del modernismo," *RI*, 31:17-32, 1965.

81. Mancini, Guido. "Notas marginales a las poesías de José Asunción Silva," *Th*, 16:614-638, 1961.

82. Manrique, J. E. "José Asunción Silva (recuerdos íntimos)," *RevAm*, 1:28-41, 1914.

83. Martinenego, Alessandro. "Papeles inéditos de Miguel de Unamuno referentes a la edición de las poesías de Silva," *Th*, 16:740-745, 1961.

84. Maya, Rafael. "Cuatro estampas de Silva," *BolCB*, 8:337-344, 1965.

85. ———. "José A. Silva," *De Silva a Rivera* (*elogios*). Bogotá, Publicaciones de la revista "Universidad," 1929, pp. 3-35.

86. ———. "José Asunción Silva 1865-1897," *Consideraciones críticas sobre la literatura colombiana* [see "General References"], pp. 37-38.

87. Mazzei, Angel. "José Asunción Silva," *Lecciones de literatura americana y argentina* [see "General References"], pp. 323-325.

88. Mejía Sánchez, Ernesto. [No title], *G*, 13 (146):1-2, 1966.

89. Mendoza Varela, Eduardo. "José Asunción Silva," *UNCol* (6):173-178, 1946.

90. Meza Fuentes, Roberto. "Nocturno de amor y muerte," *De Díaz Mirón a Rubén Darío* [see under "Salvador Díaz Mirón" or "Rubén Darío"], 1st ed., pp. 69-92.

91. Miramón, Alberto. *José Asunción Silva. Ensayo biográfico con documentos inéditos.* Prólogo y notas de B. Sanín Cano. Suplemento de la *Revista de las Indias*, núm. 7. Bogotá, Imp. Nacional, 1937, 196 pp.

92. Molina, Felipe Antonio. "José Asunción Silva," *HCPC*, 6: [10-11], 1951.

93. Mora, Luis María. *Los maestros de principios del siglo* [see "General References"], pp. 132-135.

94. Núñez Segura, José A., S. J. "José Asunción Silva," *Literatura colombiana* . . . [see "General References"], pp. 297-306.

95. Oliver, Antonio. "¡Arriba Rubén!" *RevLit*, 12:108-110, 1957. (Concerning a letter from "El Sátiro Fotos" to Darío, informing him of the publication of Silva's "Sinfonía color de fresa con leche," which the correspondent considers an insult to Darío.)

96. Onís, Federico de. "José Asunción Silva, 1865-1896," *España en América* [see "General References"], pp. 195-196.

97. Ortega Torres, José Joaquín. "José Asunción Silva (1865-1896)," *Historia de la literatura colombiana* [see "General References"], pp. 578-586.

98. Osiek, Betty Tyree. *José Asunción Silva: Estudio estilístico de su poesía.* México, Andrea, 1968. (Colección Studium 61.)

99. Oyuela, Calixto. "José Asunción Silva," *Poetas hispanoamericanos* [see "General References"], vol. 2, pp. 92-93.

100. Paniagua Mayo, Bélgica. *José Asunción Silva y su poesía.* México, Facultad de Filosofía y Letras, U. N. A. M., 1957, 118 pp.

101. Pérez Villa, Joaquín. "Iniciación a la estilística de Silva," *UAnt*, 20 (77): 59-82, 1946.

102. Riaño Jauma, Ricardo. "José Asunción Silva," *RBC*, 51:239-247, 1943.

103. Rico, Edmundo. *La depresión melancólica en la vida, en la obra y en la muerte de José Asunción Silva.* Tunja, Colombia, Imp. Departamental, 1964, 87 pp.

104. Rivas, Raimundo. "Influencias literarias en José Asunción Silva," *RNac*, 11: 329-337, 1940.

105. Roggiano, Alfredo A. "José Asunción Silva (aspectos de su vida y de su obra)," *CHisp* (9):593-612, 1949.

106. ———. "La obsesión de lo imposible en la poesía de José Asunción Silva," *RevLL*, 1 (1):39-54, 1949.

107. Ross, Waldo. "Itinerario de la muerte en José Asunción Silva," *UAnt*, 40 (153):322-337, 1963.

108. Sánchez, Luis Alberto. "La idea de la muerte en José Asunción Silva," *CuAm*, 79 (1):275-283, 1955.

109. ———. "José Asunción Silva," *Escritores representativos de América* [see "General References"], 2nd ed., vol. 3, pp. 43-57.

110. Sanín Cano, Baldomero. "José Asunción Silva," *RevInd* (89):161-178, 1946.

111. ———. "José Asunción Silva," *De mi vida y otras vidas* [see "General References"], pp. 41-47.

112. ———. "Las memorias de los otros," *RepAmer*, 18:185-187, 189, 23 mar. 1929. "De *Lecturas Dominicales*, Bogotá."

113. ———. "I. El modernismo. II. José Asunción Silva; Guillermo Valencia," *Letras colombianas.* México, Fondo de Cultura Económica, 1944, pp. 177-192. (Colección Tierra Firme 2.)

114. Sarmiento, E. "Un aspecto de la obra de Silva," *BHi,* 35:286-293, 1933.
115. Schulman, Ivan A. "Tiempo e imagen en la poesía de José Asunción Silva," *Génesis del modernismo* [see "General References"], pp. 188-215.
116. Schwartz, Rosalind J. "En busca de Silva," *RI,* 24:65-77, 1959.
117. *Soto, Mariano. "Sobre José Asunción Silva," *Lot,* 124:4-5, sept. 1951.
118. Torres Ríoseco, Arturo. *The Epic of Latin American Literature* [see "General References"], rev. ed., esp. pp. 95-97.
119. _____. "José Asunción Silva (1865-1896)," *Nos,* 45:179-198, 1923. Also in: *CulV,* 20/22:75-94, 1924; and in: *Precursores del modernismo* [see "General References"], 1st ed., pp. 93-124. (See: Gómez, Laureano. "A propósito de un escrito sobre Silva.")
120. _____. "Las teorías poéticas de Poe y el caso de José Asunción Silva," *HR,* 18:319-327, 1950. Also in: *Ensayos sobre literatura latinoamericana* [see "General References"], pp. 65-74.
121. Unamuno, Miguel de. "José Asunción Silva," *BolCB,* 6:529-548, 1963. Republished as "Prólogo" to *Obras completas de José Asunción Silva.* Bogotá, Talleres, Gráficos del Banco de la República, 1965, pp. v-xvi.
122. Valencia, Guillermo. "José Asunción Silva," *Nos,* 4:162-176, 1909. (Concerning *Poesías,* 1908.)
123. Vallejo, Alejandro. *Homenaje a Silva. Una interpretación del Nocturno,* por . . . . . *Dos cartas de Silva.* Bogotá, Editorial Kelly, 1946, 62 pp.
124. Vian, Francesco. "José Asunción Silva (1865-1896)," *Il "modernismo" nella poesia ispanica* [see "General References"], pp. 145-159.
125. *Vieira, Maruja. "Silva visto por Carrasquilla," *IlN,* 9 (126):22-24, 1957.

Guillermo Valencia

(1873-1943)

1. A. I. "Guillermo Valencia," *AANALH*, 24:187-188, 1943.
2. Acosta Polo, Benigno. *La poesía de Guillermo Valencia*. Barranquilla, Colombia, Imp. Departamental del Atlántico, Marco F. Quintero y Galvis, Director, 1965, 293 pp.
3. Aguilar, E. "Crítica al Himno de la raza," *RevCol*, 10 (111):75-78, 1938.
4. Alvarez, S. J., Juan. "Guillermo Valencia," *RJav*, 20:49-50, 1943.
5. Anderson Imbert, Enrique. "Guillermo Valencia," *Historia de la literatura hispanoamericana* [see "General References"], vol. 1, pp. 386-388.
6. Aragón, Arcesio. "Valencia, cifra de un pueblo," *RevInd* (54):354-357, 1943.
7. Aragón, V. "Guillermo Valencia," *Pop*, 28:413-415, 1943.
8. Arango, Jorge Luis. "Guillermo Valencia," *RevEdM* (1):81, 1943.
9. Arango Ferrer, Javier. "Abel Farina: El simbolismo en Colombia," *BolCB*, 7: 1174-1178, 1964. (A comparison of Farina, Silva, and Guillermo Valencia.)
10. _____. *2 horas de literatura colombiana* [see "General References"], esp. pp. 138-140.
11. _____. *La literatura de Colombia* [see "General References"], esp. pp. 125-126.
12. *Azuero, L. de. "Guillermo Valencia," *UBog* (146):160-161, 167, 1929.
13. Bayona Posada, Nicolás. *Panorama de la literatura colombiana* [see "General References"], pp. 104-105.
14. Belaúnde, V. A. "Recordando a Guillermo Valencia," *MP*, 25:302-305, 1943.
15. Berenguer Carisomo, Arturo [y] Jorge Bogliano. "Guillermo Valencia," *Medio siglo de literatura americana* [see "General References"], pp. 90-102.
16. Blanco-Fombona, Rufino. "Guillermo Valencia," *El modernismo y los poetas modernistas* [see "General References"], pp. 221-235.
17. *_____. "Un poeta de Colombia," *RevCol*, sept. 1943, pp. 146-153.
18. Botero, Ebel. "Guillermo Valencia. Observaciones a sus traducciones, poéticas," *Cinco poetas colombianos* [see "General References"], pp. 41-67.
19. _____. "Versiones colombianas de la 'Balada de la cárcel de Reading'," *UPB*, 27:88-95, 1964.
20. Caballero Calderón, Eduardo. "Guillermo Valencia: el hombre," *RevInd* (54): 350-353, 1943.
21. Caparroso, Carlos Arturo. "Clásicos colombianos. El maestro Valencia," *BolCB*, 4:321-324, 1961.
22. _____. "Dos maestros del modernismo. Aparición del modernismo. La incomprendida vida de Silva. La vida fulgurante de Valencia. Silva, precursor del modernismo. El *Nocturno*. El poeta de *Ritos*. El parnasianismo de Valencia. El traductor, *Catay*," *Dos ciclos de lirismo colombiano*. Bogotá, Publicaciones del Instituto Caro y Cuervo, 1961, pp. 115-144. "Bibliografía": pp. 143-144. (Series Minor VI.)
23. Carranza, E. "Anarkos," *RevInd*, 9:447-448, 1941.
24. Carreño, E. "A propósito de *Catay*," *RNC*, 5 (40):85-90, 1943.
25. Castillo, Eduardo. "Guillermo Valencia," *NTL*, 7:226-227, 1908.
26. _____. "Guillermo Valencia íntimo," *RepAmer*, 9:13-14, 8 sept. 1924. "De *Cromos*, Bogotá."
27. Castro Leal, Antonio. "Guillermo Valencia ha muerto," *CuAm*, 11 (5):241-244, 1943. Also in: *RevUCau* (2): 65-68, 1944. (Not strictly necrological.)
28. Colín, Eduardo. "Guillermo Valencia," *Verbo selecto* [see "General References"], pp. 29-36.
29. Cruz Santos, Camilo. *De mi vida inquieta, selección de crítica y discursos de . . . .* San José de Costa Rica, Editorial Alsina, 1930, pp. 5-17.

30. Cruz Santos, C. "La influencia del medio ambiente en la carrera literaria de Guillermo Valencia," *RepAmer,* 17: 209-211, 13 oct. 1928.
31. Duarte French, Alberto. *Guillermo Valencia.* Bogotá, Editorial Jotadé, 1941, 241 pp.
32. E. E. "Guillermo Valencia," *CIB,* 5 (34): 18-19, 1943.
33. Echeverri Mejía, Oscar. *Guillermo Valencia. Estudio y antología.* Madrid, Compañía Bibliográfica Española, 1965, 226 pp. "Antología": pp. 85-193; "Bibliografía": pp. 223-226. (Un Autor en un Libro 24.)
34. Esténger, Rafael A. "En torno a la estética de Valencia," *CubCon,* 34: 122-127, 1924.
35. Ferro, Hellén. "Guillermo Valencia," *Historia de la poesía hispanoamericana* [see "General References"], pp. 175-176.
36. Gálvez, J. "Guillermo Valencia en la Universidad de Lima," *MP,* 6:671-699, 1923.
37. *Garavito Rodríguez, A. "Guillermo Valencia o el espíritu humano," *RevCol,* sept. 1943, pp. 157-159.
38. García Prada, Carlos. "El paisaje en la poesía de Guillermo Valencia," *Hisp,* 24:285-308, 1941. Also in: *Estudios hispanoamericanos* [see "General References"], pp. 49-80. "Read by title at the twenty-fourth Annual Meeting of the American Association of Teachers of Spanish, Albuquerque, New Mexico, December 27, 1940."
39. _____. *Prosas y versos.* Introducción, selecciones y notas de . . . . Madrid, Ediciones Iberoamericanas, 1959, 226 pp. (Biblioteca de Autores Hispanoamericanos I.) "Introducción": pp. 7-38.
40. García Valencia, Abel. "Diatriba de los poetas. (De las relaciones entre 'Anarkos' y 'Los doce' de Alexander Block; y cómo Valencia fue el verdadero poeta de la revolución rusa)," *UAnt,* 16 (61/62):11-20, 1944.
41. *_____. "¿Guillermo Valencia fue plagiado en Rusia?" *RCMNSR,* 47 (434):167-175, 1952.
42. Gómez Jaime, Alfredo. "El recuerdo. Guillermo Valencia," *RevAmer,* 11 [i. e., 12]:105-112, 1947.
43. Góngora Echenique, Manuel. *Lo que he visto en Colombia.* Madrid, Imp. Góngora, 1932, pp. 158-164.

44. Gutiérrez, J. F. "Guillermo Valencia. Capítulo I, Una teoría y una manera de crítica," *TN,* 4 (182):1-5, 1930; "Capítulo II, Popayán; Capítulo III, El hombre," 4 (183):1-4, 1930; "Capítulo IV, El orador," 4 (184):1-4, 1930; Capítulo V, Tendencias literarias que predominan en Valencia; Capítulo VI, Parnasianismo," 4 (185):1-3, 1930; Capítulo VII, Simbolismo o decadentismo," 4 (186):1-4, 1930; Capítulo VIII, Modernismo," 4 (187): 1-4, 1930; "Capítulo IX, El poeta. Caracteres generales de su poesía," 4 (188):1-5, 1930; "Capítulo X, Algunas composiciones," 4 (189):1-4, 1930; "Capítulo XI, Sonetos," 4 (190): 1-2, 1930; "Capítulo XII, Los poemas," 4 (191):1-6, 1930; "Capítulo XII, Los poemas," 4 (192):1-4, 1930; "Capítulo XIII, Traducciones poéticas," 4 (193): 1-4, 1930; "Capítulo XIII, Traducciones poéticas," 4 (194):1-4, 1930.
45. Halliburton, Charles Lloyd. "La importancia de Colombia en el desarrollo de la poesía hispanoamericana. Guillermo Valencia," *BolCB,* 6:1689-1691, 1963.
46. Hamilton, Carlos D. "Guillermo Valencia," *Nuevo lenguaje poético . . .* [see "General References"], pp. 75-82.
47. Henríquez Ureña, Max. *Breve historia del modernismo* [see "General References"], 2nd ed., esp. pp. 306-320.
48. Henríquez Ureña, Pedro. "Guillermo Valencia," *BAAL,* 11:617-618, 1943.
49. Hispano, Cornelio. "Recuerdos de Guillermo Valencia," *RepAmer,* 41:33-34, 19 feb. 1944.
50. *Holguín, Andrés. "El arte contradictorio de Guillermo Valencia," *Fuego,* dic. 1944, pp. 5-8.
51. _____. "Guillermo Valencia y el parnasianismo," *La poesía inconclusa y otros ensayos* [see "General References"], pp. 131-146.
52. Karsen, Sonja. *Guillermo Valencia, Colombian Poet, 1873-1943.* New York, Hispanic Institute in the United States, 1951, 269 pp. Bibliography of and on Valencia: pp. 233-269.
53. Lacau, María Hortensia. "Guillermo Valencia," *Nos,* 23:167-180, 1943.
54. Lamothe, Louis. "Guillermo Valencia," *Los mayores poetas latinoamericanos de 1850 a 1950* [see "General References"], pp. 99-105.

55. Latcham, Ricardo. "Guillermo Valencia," *BCCCI*, 5 (34):1-5, 1943. Also in: *RevUCau* (2):75-78, 1944.

56. Leal G., Jorge Enrique. "Guillermo Valencia," *BolCB*, 1:144-150, 1958.

57. Loaiza, Arenas. "Homenaje al maestro Valencia," *RevUCau* (2):69-74, 1944. "Texto . . . pronunciado . . . ante la tumba del maestro Valencia." (Not strictly necrological.)

58. López Narváez, Carlos. "D'Annunzio en Colombia," *BolCB*, 6:104-109, 1963. (Concerning D'Annunzio's influence on Valencia.)

59. _____. "De un anecdotario. I. Una carta de Sanín Cano a Guillermo Valencia. II. Un 'Apólogo' de Valencia," *BolCB*, 3:510-513, 1960.

60. _____. "Una hora escasa de literatura colombiana," *BolCB*, 6:975-983, esp. pp. 979-980, 1963.

61. López Narváez, C., O. de Greiff y C. Airó. *Fe de erratas de las Obras poéticas completas de Guillermo Valencia publicadas por M. Aguilar, Editor, Madrid, España, 1948.* Bogotá, Editorial Espiral, 1949.

62. López Velarde, Ramón. "La coronación de Valencia," *El don de febrero y otras prosas* [see "General References"], pp. 291-294. "En 'Revista de Revistas', México, D. F., 21 de enero de 1917."

63. Lozano y Lozano, Carlos. "Guillermo Valencia," *BHAB*, 30:1122-1127, 1943.

64. Lozano y Lozano, J. "Guillermo Valencia," *Ensayos críticos.* Bogotá, Editorial Santa Fe, 1934, pp. 65-89.

65. Manrique Terán, G. "Valencia," *SFyB*, 1:235-238, 1923.

66. *Martínez, A. "Guillermo Valencia," *AmerQ*, mayo/ago. 1943, pp. 458-459.

67. Martínez, Modesto. "Guillermo Valencia y Santiago Argüello," *HonRot*, 1 (11):12-13, 1944.

68. Maya, Rafael. "Capítulo de un estudio sobre Guillermo Valencia," *RevInd* (78):323-336, 1945.

69. _____. "Elogio de Guillermo Valencia," *RI*, 8:9-20, 1944.

70. _____. "Guillermo Valencia 1873-1943," *Consideraciones críticas sobre la literatura colombiana* [see "General References"], pp. 28-29.

71. *_____. "Guillermo Valencia, poeta," *UBog* (146):145-149, 1929. Repub-

lished in *Nos*, 66:282-287, 1929 under "Las revistas."

72. _____. "La influencia de 'Ritos'," *Consideraciones críticas sobre la literatura* [see "General References"], pp. 29-30.

73. _____. "La poesía de Guillermo Valencia," *Boliv*, 2:951-969, 1952.

74. _____. "Sobre Guillermo Valencia," *RevAmer*, 2 (4):56-68, 1945.

75. Mejía Robledo, A. "Cuatro maestros actuales de la literatura colombiana," *UAnt*, 10 (39):401-431, esp. pp. 412-421, 1940.

76. Méndez Plancarte, A. "Un concepto sobre Guillermo Valencia," *RevInd* (62):127-130, 1944.

77. *Molina Garcés, C. *De re metrica.* Bogotá, Arboleda y Valencia, 1914.

78. Mora, Luis María. *Los maestros de principios del siglo* [see "General References"], pp. 136-144.

79. Muñoz Obando, Genaro. "Estudios críticos: Del Parnasianismo," *Pop*, 11:78-85, 1925.

80. _____. "Interpretación del poeta Guillermo Valencia," *RevAmer*, 8:393-412, 1942.

81. Nugent, Robert. "Guillermo Valencia and French Poetic Theory," *Hisp*, 45:405-409, 1962.

82. Núñez Segura, José A., S. J. "Guillermo Valencia," *Literatura colombiana . . .* [see "General References"], pp. 306-323.

83. Onís, Federico de. "Guillermo Valencia, 1872," *España en América* [see "General References"], pp. 219-220.

84. Ortega Torres, José Joaquín. "Guillermo Valencia (1873)," *Historia de la literatura colombiana* [see "General References"], pp. 808-825.

85. Ortiz Vargas, A. "Guillermo Valencia, Colombia's Master Poet," *PL*, 41:419-423, 1930.

86. Osorio, Luis Enrique. "Los grandes de América," *RepAmer*, 5:199-201, 1 ene. 1923. "De *Cromos*, Bogotá."

87. Osorio Lizarazo, José Antonio. "Guillermo Valencia, poeta y político," *Hist*, 12 (137):47-48, 1950.

88. Paz, U. M. "Wilde y Valencia," *Pop*, 12:202-205, 1932.

89. Picado Chacón, Manuel. "El maestro Valencia," *RepAmer*, 40:195-196, 31 jul. 1943.

90. Porras Troconis, Gabriel. "El alexandrismo de Guillermo Valencia," *Cub-Con,* 8:251-258, 1915.
91. Ramiro, E. "Guillermo Valencia," *Pop,* 26:11-12, 1938.
92. Reid John T. "Una visita a don Guillermo Valencia," *RI,* 2:199-202, 1940. (Includes Valencia's ideas on the relationship between poetry and music.)
93. Restrepo, D. " 'La parábola del foso', poema de Guillermo Valencia," *RJav,* 9:41-46, 1938.
94. *Revista colombiana,* sept. 1943, pp. 137-164. (Number dedicated to Valencia.)
95. Riaño Jauma, Ricardo. "Guillermo Valencia," *RBC,* 52:49-55, 1943.
96. Ritter Aislán, Eduardo. "El endecasílabo en Guillermo Valencia," *Lot,* 2 (24):83-91, 1957.
97. Rocha, A. "Guillermo Valencia y el humanismo colombiano," *RevUCau* (4):139-151, 1944. "Discurso leído ...en el homenaje que la Universidad Nacional rindió a la memoria de Guillermo Valencia, con ocasión del primer aniversario de su muerte."
98. Rojas, José Domingo. "Guillermo Valencia. II. El canto a Popayán," *RJav,* 14:155-162, 1940.
99. Salazar Flor, Carlos. "Guillermo Valencia la más alta cumbre de América," *UAnt,* 16 (61/62):149-152, 1944.
100. Sánchez, Luis Alberto. " 'Melificó toda acritud el arte...'," *Balance y liquidación del 900* [see "General References"], esp. pp. 54-55.
101. Sanín Cano, Baldomero. "Discurso pronunciado por el maestro Baldomero Sanín Cano en el paraninfo de la Universidad del Cauca, el 8 de julio de 1944," *RevUCau* (4):91-100, 1944.
102. _____. "Guillermo Valencia," *RevAm,* 1:126-136, 1913. With the title "El poeta Guillermo Valencia" in *Nos,* 53:145-153, 1926; *RepAmer,* 13:113-115, 28 ago. 1926. "Prológo a la nueva edición de *Ritos:* Editorial Excelsior, París."
103. _____. "Guillermo Valencia. La amistad y el genio," *De mi vida y otras vidas* [see "General References"], pp. 57-61.
104. _____. "Guillermo Valencia o el modernismo," *Crítica y arte.* Bogotá, Librería Nueva, 1932, pp. 139-154. Also in: *BCCCI,* 5 (34):6-17, 1943.
105. _____. "Guillermo Valencia y el espíritu," *Ensayos.* Bogotá, Editorial A. B. C., 1942, pp. 57-60. (Biblioteca Popular de Cultura Colombiana.)
106. _____. "I. El modernismo. II. José Asunción Silva; Guillermo Valencia," *Letras colombianas.* México, Fondo de Cultura Económica, 1944, pp. 177-192. (Colección Tierra Firme 2.)
107. _____. *Obras poéticas completas.* Prólogo de . . . . Madrid, Aguilar, 1948, xxxix, 869 pp. "Prólogo": pp. xv-xxxix.
108. Sassone, Felipe. "Ha muerto un poeta," *RevUCau* (2):79-81, 1944. "De *ABC,* Madrid." (Not strictly necrological.)
109. Schade, George. "La mitología en la poesía de Guillermo Valencia," *RI,* 24:91-104, 1959.
110. *Serrano Blanco, Manuel. *Valencia.* Bucaramanga, Imp. del Departamento, 1945.
111. Soto, Alberto. "Cómo escribe Guillermo Valencia un discurso," *SFyB,* 10:214-217, 1927. (Concerning the funeral oration for Miguel Antonio Caro.)
112. Torres Ríoseco, Arturo. *The Epic of Latin American Literature* [see "General References"], rev. ed., pp. 97-99.
113. Uribe Ferrer, René. "Guillermo Valencia," *Modernismo y poesía contemporánea* [see "General References"], pp. 65-89.
114. Vásconez H., Gustavo. "Guillermo Valencia," *AmerQ* (77):458-459, 1943.
115. Vejarano, Jorge Ricardo. "Guillermo Valencia," *BHAB,* 30:1127-1130, 1943.
116. Vian, Francesco. "Guillermo Valencia (1873-1943)," *Il "modernismo" nella poesia ispanica* [see "General References"], pp. 211-217.
117. *Villegas, A. "Guillermo Valencia y la Balada de la cárcel de Reading," *Arte,* 3:1071-1079, 1936.
118. *Villegas, Silvio. "La evolución estética de Valencia," *HumP* (16):722-724, 1943.
119. _____. "Guillermo Valencia," *UAnt,* 21 (83):351-361, 1947.

Index

SALVADOR DÍAZ MIRÓN

pagan: 230.
patriotism: 242.
El payador: 14.
Poe, Edgar Allan: 72.
Poemas solariegos: 14, 150, 157, 196.
polemic (see also: Herrera y Reissig, Julio):
   82, 112, 129, 179, 183, 184, 185, 186, 192,
   200, 233, 236, 249.
politics (see also: socialism): 62, 68, 227.
professor: 16.
prose (see also under individual works): 10,
   52, 188, 215, 221.
Quiroga, Horacio: 151, 202.
Revista del Salto: 202.
rhyme: 114.
Romances del Río Seco: 14, 27, 79, 147.
Samain, Albert: 112.
science: 215.
sexualism: 21.
silence: 164.
socialism: 36, 57.
Spano, Guido: 207.
structure: 218.
style: 97, 249, 252.
symbolism: 18, 21.
theater: 50.
themes: 95.
time: 120.
tradition: 147.
ultraísmo: 22, 139.
Vasconcelos, José: 71.
versification (see: rhyme).
Whitman, Walt: 7.
world view: 141, 167.
Zodiac: 243.

JOSÉ MARTÍ

"Abdala": 402.
activism: 408.
aesthetics: 297.
agonía: 46.
America: 127, 428.
Americanism: 29, 91, 106, 129, 135, 200, 201,
   251, 252, 295, 350, 365, 389, 390, 395,
   483-485, 560, 563.
Amistad funesta: 20, 22, 194, 253, 327, 514.
anticlericalism: 227.
anti-imperialism: 539.
anti-modernist: 183.
Archivo Nacional: 357.
Argentina: 101-220, 344.
art: 175, 343.
beauty: 612.
Bécquer, Gustavo Adolfo: 186, 571.
bibliography: 24, 55, 58, 66, 111, 126, 199,
   203, 208, 218, 223, 224, 233, 236, 242,
   243, 250, 273, 288, 289, 292, 327, 337,
   365, 469-477, 479, 509, 579.

biographers: 244.
biography: 57, 84, 86, 97-99, 187, 218, 270,
   273, 330, 335, 348, 365, 420, 450, 500, 501,
   503, 512, 531.
Bolívar, Simón: 563.
books: 479, 506.
boredom: 612.
Byrne, James: 483.
Casal, Julián del: 573, 612.
"Castelar": 572.
centennial: 117, 138, 162, 221, 312, 342, 379,
   434.
children's literature: 6, 16, 183, 323, 436.
Chileanisms: 456.
chronology: 76, 478, 539.
Clemens, Samuel (see: Twain, Mark).
Club Crepúsculo: 304.
color: 574, 579.
Communism: 167.
córrespondence: 208, 231, 235, 289, 359, 426,
   514.
Costa Rica: 198, 310.
Darío, Rubén: 44, 45, 56, 57, 75, 87, 217, 221,
   226, 363, 413, 496, 546, 572, 578.
death: 49, 51, 318, 507.
Diego, José de: 180.
drama (see: theater).
duty: 46, 63, 348.
economics: 283, 400, 467.
La edad de oro: 6, 16, 323, 436, 582, 618.
editors of Martí's works: 244.
eloquence: 179.
Emerson, Ralph Waldo: 303.
Enriquillo: 528.
faith: 240.
Fascism: 524.
form: 612.
France: 501.
friendship: 134, 150, 247.
Gavidia, Francisco: 87.
Góngora, Luis de: 194.
Goya y Lucientes, Francisco de: 154, 466.
Guatemala: 117, 305, 606.
Gutiérrez Nájera, Manuel: 114, 444, 576.
Henríquez y Carvajal, Federico: 527.
Heredia, José María: 155, 331.
heroism: 627.
Hispanism: 384.
"Homagno": 41.
homenaje: 1, 19, 27, 28, 40, 67, 69, 70, 113,
   140, 141, 161, 163, 174, 268, 274, 275, 417,
   418, 515-518, 609.
Honduras: 600.
honor: 124.
Hostos, Eugenio María: 538.
The Hour: 376.
human conduct: 202.
human understanding: 488.

AMADO NERVO

astronomy: 16.
El bachiller: 17.
bibliography: 39, 66, 84, 120.
biography: 4, 41, 80, 84, 91, 94, 117, 125.
Buddha: 65.
cold: 32.
correspondence: 1, 53, 95.
cosmopolitanism: 89.
criticism: 4, 117.
Darío, Rubén: 6, 25, 67, 93.
death: 62, 76, 100, 114.
diplomat: 47.
El donador de almas: 17.
Elevación: 90, 109
En voz baja: 9, 35, 67, 116.
El estanque de los lotos: 65, 99.
eternity: 28.
evangelism: 10.
faith: 103.
Franciscans: 78.
God (see: religion).
goodness: 16, 76.
"La hermana agua": 90.
Hinduism: 113.
homenaje: 3, 8, 18, 81, 94, 118.
humility: 103.
idealism: 28.
ideas: 93.
images: 22.
immortality: 114.
influences: 67, 76, 78, 82, 87, 113.
journals: 69, 120.
love: 7, 18, 67, 87, 95, 103.
Maeterlinck, Maurice: 114, 115.
magic: 63.
metamorphosis: 98.
metrics: 51.
Místicas: 67, 90, 99.
musicality: 51.
mysticism: 7, 13, 20, 40, 44, 46, 55, 67, 76, 78, 87, 92, 99, 103, 105, 115.
optimism: 28.
pantheism: 7.
Pascual Aguilera: 17.
philosophy: 28, 54.
Plato: 82.
Poe, Edgar Allan: 37.
"Los pozos": 32.
prose: 17, 43, 48, 67.
Quintanilla, Luis: 1.
religion (see also: mysticism): 18, 19, 46, 51, 124.
La revista moderna: 69, 120.
science: 28.
Selección: 110.
Serenidad: 67, 73, 90.
serenity: 55, 95.
sighs: 66.

silence: 100.
simplicity: 87.
sincerity: 44.
spirituality: 51, 67, 87.
style: 85, 98.
subjectivism: 55.
symbolism: 32.
themes: 85.
Unamuno, Miguel de: 71.
versification (see: metrics).
women: 105.

JOSÉ ENRIQUE RODÓ

aesthetics: 24, 162.
Almada, Amadeo: 204.
Americanism: 15, 19, 24, 62, 76, 78, 110.
anti-arielismo: 19.
Ariel: 7, 15-17, 19, 34, 36, 43, 45, 71, 83, 85, 88, 91, 94, 99, 125, 148, 169, 178, 179, 192, 200, 210, 211, 241, 251, 266, 268, 274, 281.
Arielismo (see also: *Ariel*): 24, 85.
beauty: 28.
Bello, Andrés: 1.
Bentham, Jeremy: 60.
bibliography: 35, 121, 126, 135, 190, 233, 262.
biography: 197.
Blanco-Fombona, Rufino: 4.
Bolívar, Simón: 99, 119.
Calibán (see: *Ariel*).
El camino de Paros: 11, 247.
Christianity: 19.
chronology: 41.
clarity: 101.
correspondence: 89.
Cosio, Pedro: 204.
critics: 31, 58, 118, 121, 227, 263.
Darío Rubén: 31, 61, 64, 81, 103, 135, 189, 191, 213, 246.
Darwin, Charles: 19.
democracy: 17, 19, 210.
Descartes, René: 19.
dogmatic quietism: 19.
eclecticism: 133.
Einstein, Albert: 19.
El que Vendrá: 133, 188, 268.
Eliot, T. S.: 19.
Emerson, Ralph Waldo: 19.
ethics: 24.
existentialism: 19.
form: 133.
Hamlet: 19.
Helenism: 19.
heroism: 108.
Herrera y Obes, Dr. Julio: 245.
Hispanism: 19, 73.
historian: 115.
homenaje: 25, 55, 65, 139, 177.
humanism: 19, 208.